桑日年鉴

ཟངས་རིའི་ལོ་རིམ་མེ་ལོང་།

2022

（总第 7 卷）

桑日县地方志办公室　编

图书在版编目（CIP）数据

桑日年鉴．2022 / 桑日县地方志办公室编．—北京：方志出版社，2023.6

ISBN 978-7-5144-5751-3

Ⅰ．①桑… Ⅱ．①桑… Ⅲ．①桑日县－2022－年鉴 Ⅳ．①Z527.54

中国国家版本馆CIP数据核字（2023）第120565号

责任编辑：王娜
责任校对：刘玉霞
责任印制：梅中英
出 版 者：方志出版社
地　　址：北京市朝阳区潘家园东里9号（国家方志馆4层）
邮　　编：100021
网　　址：http://www.zgfzcb.cn
发　　行：方志出版社图书营销中心（010-67110500）
印　　刷：云南美嘉美印刷包装有限公司
开　　本：889毫米×1194毫米　1/16
印　　张：21.25
字　　数：655千字
版　　次：2023年6月第1版
印　　次：2023年6月第1次印刷
定　　价：380.00元

《桑日年鉴（2022）》编纂委员会名单

《桑日年鉴（2022）》编辑部

编辑说明

一、《桑日年鉴》是由中共桑日县委、桑日县人民政府主办，桑日县地方志办公室编纂的年度资料性文献。

二、《桑日年鉴》以马克思列宁主义、毛泽东思想、邓小平理论、“三个代表”重要思想、科学发展观、习近平新时代中国特色社会主义思想为指导，坚持辩证唯物主义和历史唯物主义的立场、观点和方法，以全面反映桑日上一年度县情、忠实记载桑日历史为宗旨。

三、《桑日年鉴（2022）》为总第7卷，全面系统地客观记述2021年1月1日至12月31日桑日县政治文明、物质文明、精神文明和生态文明建设的历史进程，旨在为社会各界了解桑日、研究桑日、建设桑日提供基础性、权威性的信息资料。

四、《桑日年鉴（2022）》遵循年鉴体例，除特载及附录采用综合性文章或表格外，其余均用分类编辑法记述，设特载、大事记、桑日概览、中共桑日县委员会、桑日县人民代表大会、桑日县人民政府、政协桑日县委员会、纪检监察、对口援藏、群体团体、法治、军事、综合管理监督、农业·林业·水利、交通·邮政·通信·电力、商务·旅游、城乡建设·生态环境、财税·金融、教育·文化·广电、医疗卫生、社会民生、应急救援、乡镇、附录。

五、《桑日年鉴（2022）》中的政区、机关及会议等名称均系2021年名称，首次用全称，之后即用简称。地名除桑日概览“历史沿革”中使用到不同时期的不同历史名称之外，一律使用现行标准地名。“组织机构负责人”中性别为男性的不标注，民族为汉族的不标注。

六、为有效减少重复，《桑日年鉴（2022）》记载2021年内信息时间表述一般省略年份，直接标注月日，但跨年度信息时间表述则年月日俱全，以免发生误解。

七、除特载、附录文件为保留其文稿原貌，度、量、衡计量单位保留部分非国家法定计量单位外，《桑日年鉴（2022）》正文度、量、衡计量单位一律使用国家法定计量单位。

八、《桑日年鉴（2022）》数字书写以2011年7月29日发布的国家标准《中华人民共和国国家标准出版物数字用法》规定为准，标点符号以2012年6月30日发布的中华人民共和国国家标准《标点符号用法（GB/T 15834-2011）》规定书写。全书所有数据均精确到小数点后两位。

九、《桑日年鉴（2022）》统计数据由各供稿单位主管业务部门提供并审核，但由于统计时间、统计口径不同等原因，反映国民经济和社会发展情况的个别数据在不同稿件中不尽一致，使用时请以附录中桑日县统计局提供的《统计数据》为准。

数字桑日·2021

◎辖区面积　　　　2633.62 平方千米
◎最高海拔　　　　6220 米
◎最低海拔　　　　3143 米
◎林地面积　　　　122499.86 公顷
◎森林覆盖率　　　37.48%
◎林木绿化率　　　45.46%
◎活立木总蓄积量　5.65 亿立方米
◎全县辖 1 个镇、3 个乡、43 个行政村
◎年末常住人口　　18041 人
◎年末户籍人口　　17800 人

◎地区生产总值　　21.72 亿元
◎第一产业增加值　0.59 亿元
◎第二产业增加值　12.92 亿元
◎第三产业增加值　8.21 亿元
◎规模以上工业增加值
　　　　　　　　　6.33 亿元
◎人均地区生产总值　119942 元
◎全社会固定资产投资总额
　　　　　　　　　22.45 亿元
◎全社会消费品零售总额
　　　　　　　　　17949.6 万元
◎地方公共财政预算收入
　　　　　　　　　10133 万元
◎一般公共预算支出　70631 万元
◎招商引资到位资金　4.92 亿元
◎农牧民人均可支配收入
　　　　　　　　　19909 元
◎城镇居民人均可支配收入
　　　　　　　　　40305 元

◎年末中国农业银行有限公司桑日县支行
　各项存款余额　　67134 万元
◎年末中国农业银行有限公司桑日县支行
　各项贷款余额　　57779 万元

◎粮食播种面积　　17453 亩
◎粮食总产量　　　9576.01 吨
◎农林牧渔业总产值　10314.72 万元
◎年末牲畜总存栏数
　　　　　　　　　83064 头（只、匹）
◎全年牲畜总出栏数　24577 头（只、匹）
◎葡萄种植面积　　533.33 公顷

◎旅游人次　　　　34.92 万人次
◎旅游业总收入　　1244.5 万元
◎公路总里程　　　561.23 千米
◎年供电量　　　　1679 万千瓦时

◎普通中学　　　　1 所
◎小学　　　　　　5 所
◎幼儿园　　　　　19 所
◎在校（园）学生　2767 人
◎在编教师　　　　257 人

◎新冠疫苗接种数　33775 万剂次
◎核酸检测人数　　2713 人次
◎农牧区义务教育阶段学生营养监测人数
　　　　　　　　　1500 人

桑日县各界庆祝中国共产党成立100周年暨西藏和平解放70周年

6月19日，桑日县举行“光荣在党50年”纪念章颁发仪式（县委组织部 提供）

6月29日，桑日县召开庆祝中国共产党成立100周年暨“三优一先”表彰大会（县委组织部 提供）

6 月 30 日，桑日县举行“百年守初心 · 永远跟党走”庆祝中国共产党成立 100 周年和西藏和平解放 70 周年文艺会演（县委宣传部　提供）

9 月 26 日，县林业和草原局党支部组织党员深入增期乡雪巴村宣讲习近平总书记“七一”重要讲话精神（县林业和草原局　提供）

7 月 16 日，桑日县举行以“巾帼心向党　礼赞百年史”为主题的庆祝中国共产党成立 100 周年暨西藏和平解放 70 周年巾帼文艺演出活动　　　　（县妇联　提供）

8 月 19 日，纪念西藏和平解放 70 周年大会在拉萨市举行，桑日县组织干部职工集中收听收看大会直播　　　　（县委宣传部　提供）

11 月 26 日，桑日县在新时代文明实践中心广场举办西藏和平解放 70 年成就展参观活动，图为活动现场中小学生专心听讲解员讲解 （县委宣传部　提供）

6 月 26 日，桑日县中小学生参加学校组织的庆祝中国共产党成立 100 周年活动 （县教育局　提供）

重要会议

6 月 26 日，中国共产党桑日县第十次代表大会第一次全体会议召开　（县委组织部　提供）

7 月 4 日，中国人民政治协商会议第三届桑日县委员会第一次会议召开　（县政协办公室　提供）

7月5日，桑日县第十四届人民代表大会第一次会议第一次全体会议召开（县人大常委会办公室　提供）

6月27日，中国共产党桑日县第十届纪律检查委员会第一次全体会议召开　　（县委宣传部　提供）

领导关怀

4月22日，山南市委副书记、市长次仁平措（左二）到桑日县调研工作

7月2日，市委常委、宣传部部长燕红（右二），到桑日镇检查党史学习教育开展情况，桑日县委书记康爱民（左一）陪同

（县委办公室　提供）

12 月 6 日，县委书记康爱民（中）到增期乡雪巴村宣讲中共十九届六中全会和中国共产党西藏自治区第十次代表大会精神（县委办公室　提供）

3 月 18 日，县委副书记、县长索朗巴珠（左四）到乡镇调研产业发展情况

平安桑日

3 月，桑日县组织全县政法各单位开展武装拉动演练 （县委国家安全委员会办公室 提供）

2021 年，县消防救援大队贴近实战，强化日常训练，图为县消防救援大队日常训练场景 （县消防救援大队 提供）

10月9日，县人民检察院干警到县垃圾掩埋场现场监督县市场监督管理局工作人员销毁收缴的过期食品、化妆品、日用品（县人民检察院 提供）

2021年，桑日县基层人民调解员在调解矛盾纠纷（县信访局 提供）

2月2日，桑日县卫生服务中心医务人员深入水电七局进行现场核酸采样（县人民医院 提供）

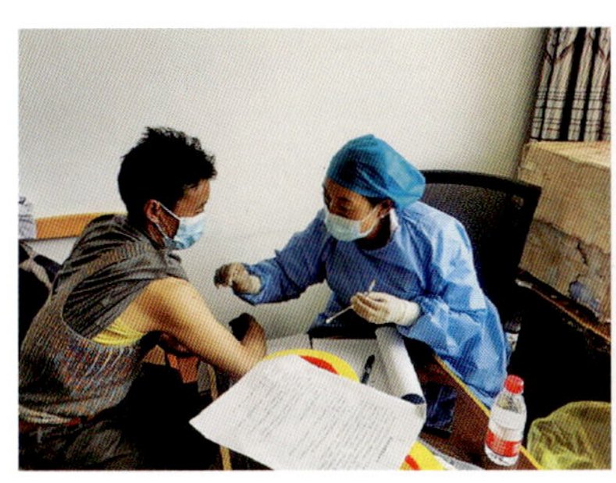

2021年，桑日县持续推进新冠疫苗接种工作，图为医务人员在接种新冠疫苗（县卫生健康委员会 提供）

6月29日，县交通运输局联合县公安局交警大队、绒乡派出所及时清理处置绒乡扎嘎沟堆绒公路巴资段泥石流灾害（县交通运输局 提供）

3月14日，桑日县武警、公安开展联勤巡逻（武警桑日县中队 提供）

基础设施建设

5月27日，投资3326万元的桑日县火车站站前广场配套设施建设项目竣工并通过验收，图为实施配套设施建设项目后的桑日火车站站前广场 （勾昆 摄）

2021年，位于桑日镇卡努村的桑日县公共体育场通过竣工验收，投入使用 （勾昆 摄）

2021 年，经过改造升级的沃卡温泉　　（县旅游发展局　提供）

9 月 26 日，总投资 530 万元的县疾病预防控制中心核酸检测实验室建设项目及附属设施设备配套项目正式动工，图为县卫生健康委员会工作人员在工程建设现场与施工方就工程建设方面问题进行交流

（县卫生健康委员会　提供）

对口援藏

6月，岳阳市第九批援藏工作队启动实施投资1400万元的桑日县帕竹文化乡村特色产业基础设施建设，10月项目通过竣工验收，投入使用　　（岳阳市第九批援藏工作队　提供）

9月，由岳阳市第九批援藏工作队实施的增期乡乡镇（村）供水工程开工，总投资1250万元

（县委宣传部　提供）

9月8日，岳阳市委统战部、市工商联、市民族宗教事务局联合考察组一行8人到桑日县委统战部、县工商联开展交流考察活动，图为联合考察组向桑日县赠送《岳阳楼记》书法长卷（县工商联　提供）

12月，由岳阳市第九批援藏工作队实施的绒乡卫生院标准化建设项目动工，工程总投资435万元（勾昆　摄）

特色产业

2021 年，桑日县葡萄种植基地发展至 533.33 公顷　　（县委宣传部　提供）

9 月，桑日县葡萄丰收　　（县委宣传部　提供）

9 月，桑日县葡萄进入采摘季，图为农牧民在采摘葡萄　（县委宣传部　提供）

9 月 30 日，山南桑日葡萄酒荣获“山南市旅游必购产品”铜奖　（桑日县旅游发展局　提供）

颗粒饱满的桑日葡萄　（县旅游发展局　提供）

生态文明建设

9月9日，市生态环境局桑日县分局人员前往白堆乡组织各村第一支部书记及驻村工作队队长召开创建生态乡镇安排部署会议，安排部署2021年度桑日县自治区级生态文明建设示范村创建工作（市生态环境局桑日县分局　提供）

3月16日，桑日县在桑日镇拉龙村开展2021年国土绿化暨全民义务植树活动，7621人参加，共种植油松、河北杨、刺槐等82930株，图为义务植树现场（县林业和草原局　提供）

6月17日，县妇联组织开展桑日县巾帼志愿者"冰天雪地也是金山银山"主题环保活动

（县妇联　提供）

2021年，桑日县生态环境质量持续向好，图为活动于桑日县原野上的马鹿

（县旅游发展局　提供）

2021年，桑日县生态环境质量持续向好，图为在桑日镇雪巴村耕地中越冬的黑颈鹤、赤麻鸭

（勾昆　摄）

2021年，桑日县公安局持续开展严打破坏野生动物资源违法犯罪专项行动，图为10月18日，县公安局民警在开展破坏野生动物资源违法犯罪线索排查工作　（县公安局　提供）

特色活动

6月10日，桑日县文化局联合县全国民族团结进步示范区创建工作领导小组办公室在县城友谊广场举行以“人民的非遗　人民共享”为主题的2021年“文化和自然遗产日”系列宣传活动（县文化局　提供）

9月5日，山南市新时代文明实践领导小组办公室联合桑日县新时代文明实践中心、白堆乡新时代文明实践所以“建设美丽幸福西藏 共圆伟大复兴梦想”为主题举行“党的恩情话不完 百姓生活甜如蜜”理论+文艺宣讲暨新时代文明实践推动日启动仪式（县委宣传部　提供）

9月23日，2021年西藏山南庆祝“中国农民丰收节”暨桑日县葡萄采摘节在桑日县举行

（县农业农村局　提供）

9月28日，县创先争优强基础惠民生活动领导小组办公室联合县总工会开展驻村帮扶“心连心”暨职工福利消费，助力拓展脱贫攻坚成果展销会，图为开幕式文艺表演现场

（县委组织部　提供）

社会民生

1月25日，桑日县平安建筑工程有限责任公司在桑日镇比巴村举行以“践行社会担当，凝聚民族情感”为主题的年前慰问活动，为比巴村197户家庭送去价值58.66万元的电冰柜　　（县工商联　提供）

2月8日，县委书记康爱民（前排左一）到山南市儿童福利院看望桑日籍孤儿　（县委办公室　提供）

3 月 28 日，桑日县妇联开展“人人争做团结模范 处处盛开民族团结之花”巾帼志愿服务，纪念西藏民主改革 62 周年　　（县妇联　提供）

3 月 30 日，桑日县人民法院举行系列合同纠纷工资集中兑现仪式　　（县人民法院　提供）

7 月 1 日，县行政审批和便民服务局工作人员到增期乡达杰村开展“为民办实事”活动　　（县行政审批和便民服务局　提供）

7 月 1 日，绒乡各村开展农家书屋红色阅读活动　　（绒乡人民政府　提供）

7 月，县人民武装部工作人员到白堆乡慰问结对帮扶户　　（县人民武装部　提供）

7月6日，桑日县工商联（商会）会员企业鲁定建筑有限责任公司以庆祝中国共产党成立100周年和西藏和平解放70周年为契机，结合党史学习教育，开展“献爱心、送温暖”主题党日活动，为桑日镇奴卡村群众送去价值311628元的慰问品

（县工商联　提供）

7月20日，县医疗保障局与县乡村振兴局工作人员一起到返贫监测户家中摸底调查

（县医疗保障局　提供）

10月14日，县委组织部机关党支部联合县民政局和县文化局党支部在县特困人员集中供养服务中心举行“九九重阳节，浓浓敬老情”主题党日活动，与县特困人员集中供养服务中心老人欢度重阳节

（县民政局　提供）

12 月 15 日，县人力资源和社会保障局在桑日镇雪巴村举行桑日县 2021 年度高校毕业生暨农牧民转移就业冬季专场招聘会，图为招聘会现场（县人力资源和社会保障局　提供）

11 月 20 日，桑日镇人民政府举行参加西藏和平解放 70 周年庆祝活动的中央代表团赠送纪念品发放仪式（桑日镇人民政府　提供）

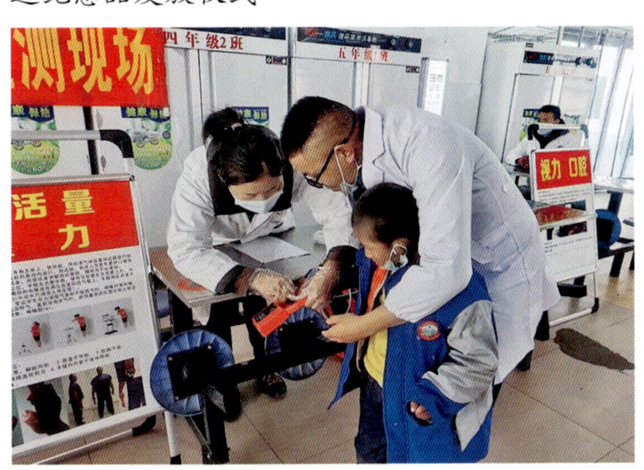

2021 年，桑日县卫生健康委员会组织县疾病预防控制中心持续开展农牧区学校学生营养监测工作（县卫生健康委员会　提供）

2021 年，游客在沃卡温泉惬意享受（县旅游发展局　提供）

魅力桑日

思金拉措　　　　（县旅游发展局　提供）

杜鹃花海　　（县旅游和发展局　提供）

措母钦湖　　（县旅游发展局　提供）

沃德贡杰　　（县旅游发展局　提供）

沃德贡杰雪山　　（县旅游发展局　提供）

奴觉湖　　（县旅游发展局　提供）

达古景区　　（县旅游发展局　提供）

真措湖　　（县旅游发展局　提供）

目　录

特　载

大事记

桑日概览

中共桑日县委员会

桑日县人民代表大会

桑日县人民政府

政协桑日县委员会

纪检监察

对口援藏

群众团体

法　治

军 事

综合管理监督

农业 · 林业 · 水利

城乡建设 · 生态环境

财税 · 金融

教育·文化·广电

医疗卫生

社会民生

应急救援

乡　镇

附　录

特　载

在县委经济工作会议上的讲话

（2022年1月12日）

中共桑日县委书记　康爱民

这次会议的主要任务是，坚持以习近平新时代中国特色社会主义思想为指导，深入学习贯彻党的十九届六中全会、中央经济工作会议精神，学习贯彻自治区第十次党代会、区党委经济工作会议精神，学习贯彻市第二次党代会、市委二届二次全会和市委经济工作会议精神，总结2021年经济工作，分析当前经济形势，部署2022年经济工作，推动我县经济工作实现平稳较快增长。一会儿，索朗巴珠同志还会作具体安排。下面，我先讲几点意见。

一、深入学习领会中央、区党委和市委经济工作会议精神，切实把思想和行动统一到党中央、区党委和市委决策部署上来

中央经济工作会议是党的十九届六中全会之后党中央召开的一次重要会议。习近平总书记作了重要讲话，站在战略和全局的高度，全面总结2021年经济工作，深入分析当前国内国际经济形势，明确指出做好下一步经济工作的方向和重点，深刻阐述需要正确认识和把握的重大理论和实践问题，为我们做好当前和今后一个时期经济工作提供了根本遵循。要深刻领会2021年经济社会发展取得的六个方面成就。以习近平同志为核心的党中央沉着应对百年变局和世纪疫情，团结带领全党全国各族人民勠力同心、艰苦奋斗，实现了“十四五”良好开局。要深刻领会当前经济形势面临的“三重压力”。弄清楚“需求收缩、供给冲击、预期转弱”的现实表现和应对举措，搞明白经济增长与增加就业的关系，深刻认识到超大的消费市场、改革开放积累的物质基础、完整的产业体系和供应链、强大

的组织和动员能力是稳定宏观经济基本盘的重要支撑，深刻认识到我国经济韧性强、长期向好的基本面没有改变，坚持问题导向，积极妥善应对挑战。要深刻领会做好经济工作“四个必须”的规律性认识。尊重发展规律，把握发展大势，在实践中深化对经济工作的规律性认识，把“四个必须”体现到推动高质量发展各项任务中。要深刻领会做好今年经济工作的指导思想。坚持稳字当头、稳中求进，统筹疫情防控和经济社会发展，统筹发展和安全，继续做好“六稳”“六保”工作，保持经济高质量发展势头。要深刻领会做好今年经济工作的七项政策。主动担负起落实党中央部署和政策的政治责任，结合实际、精准运用，积极推出有利于推动高质量发展的具体措施，确保政策发力适当靠前。要深刻领会新发展阶段需要正确认识和把握的五个方面重大理论和实践问题。坚持系统观念，坚持问题导向，结合实际，找准贯彻落实的切入点和发力点，统筹解决瓶颈制约和深层次矛盾，确保高质量发展行稳致远。要深刻领会党要加强和改善对经济工作的领导的重要要求。把党的领导体现到经济工作的谋划、决策、运行等全过程各方面，以对经济工作强有力的领导推动桑日高质量发展。

2021年12月25日，区党委召开经济工作会议，王君正书记作了重要讲话，总结工作、分析形势，对贯彻中央经济工作会议精神、做好2022年全区经济工作进行了全面安排部署，既举旗定向又谋篇布局，既教方法又交任务，对我们做好经济工作具有重大意义。要深刻领会2021年全区经济社会发展取得的新成就。6个方面的成就来之不易，为做好2022年经济工作打下了坚实的物质基础。要深刻领会区党委对当前经济发展形势的判断。从宏观大势看，尽管国内外环境错综复杂，但发展总体有利的大势没有变；从发展阶段特征看，尽管纵向比全区发展进步巨大，但发展不平衡不充分问题依然较为突出；从发展机遇优势看，尽管我区地处祖国西南边陲，但发展具有千载难逢的战略机遇、后发优势明显。我们要明辨发展大势，充分认识到发展机遇远大于挑战困难的科学判断，抢抓机遇、扬长补短、加快发展。要深刻领会做好2022年全区经济工作的指导思想。坚持用习近平经济思想统揽经济工作，确保全县高质量发展沿着正确政治方向推进。要深刻领会全区2022年经济社会发展的主要预期目标。围绕全区创建高原经济高质量发展先行区，推动山南高质量发展走在全区前列，科学合理确定我县经济社会发展预期目标。要深刻领会做好2022年经济工作的重点任务。全面贯彻新发展理念，坚定不移走具有西藏特点的高质量发展路子；高度重视扩大有效投资，培育经济社会发展新动能；坚持优化一产、壮大二产、提升三产，做大做强特色优势产业；坚持以人民为中心的发展思想，着力推进“十大民生工程”；巩固拓展脱贫攻坚成果，着力推进乡村振兴；坚决贯彻习近平生态文明思想，着力推进绿色发展；坚持固边和兴边并重，着力推进边境地区建设；坚持推进改革开放，不断优化营商环境。要结合实际，贯彻落实好区党委部署的8个方面的具体措施，扎实做好我县经济发展重点工作。要深刻领会加强和完善党对经济工作的领导的要求。持续转变作风，狠抓贯彻落实，以对区党委部署要求的绝对服从做好经济工作。

2021年12月26日，市委召开经济工作会议，许成仓书记作了讲话，系统总结2021年经济工作，全面分析当前经济形势，研究部署2022年经济工作，对我们坚定信心、攻坚克难、苦干实干，全力做好2022年经济发展工作提出了明确要求。要深刻领会2021年全市经济社会发展取得的新成绩。坚定发展信心、保持战略定力，认真梳理，汲取经验，总结提炼好行之有效的政策举措和取得的成绩。要深刻领会全市经济发展面临的机遇和挑战。树牢只争朝夕的机遇意识，以政策举措的确定性有效应对外部环境的不确定性，勇于挑战、敢于突破，努力把看得见的机遇和政策转化为实实在在的项目和资金。要深刻领会做好2022年经济工作的重点任务。主动对标对表，主动担当作为，立足桑日实际，抓紧抓实抓细各项工作，为山南走在全区前列作出积极贡献。要深刻领会加强领导，狠抓落实，推动决策部署落地见效的要求。悟透以人民为中心的发展思想，牢记“国之大者”，保持敬畏之心，运用好党史学习教育成果，进一步提高领导经济工作的能力和水平。

我们一定要提高政治站位，增强“四个意识”、坚定“四个自信”、做到“两个维护”，认真学习领会，吃透中央、区党委和市委经济工作会议精神实质，把准政策取向和重点要求，把思想和行动统一到党中央、区党委和市委的判断和部署上来，突出稳字当头、稳中求进，找准谋实全县经济工作着力点，细化完善稳增长、促改革、调结构、惠民生、防风险各项政策举措，奋力谱写桑日长治久安和高质量发展新篇章。

二、准确把握形势，牢牢把握经济发展主动权

2021 年是我县发展进程中极不平凡、极为不易的一年。在习近平总书记领航掌舵和党中央亲切关怀下，在区党委、市委坚强领导下，在援藏省市和企业大力支援下，县委团结带领全县各族干部群众，坚持以习近平新时代中国特色社会主义思想为指导，深入学习贯彻习近平总书记西藏工作重要论述和新时代党的治藏方略以及习近平总书记视察西藏重要讲话指示精神，全面贯彻党中央、区党委和市委决策部署，坚持稳中求进工作总基调，主动作为、攻坚克难，扎实推进长治久安和高质量发展，各项事业发展取得新进展新成效，实现了“十四五”的良好开局。

经济指标稳中有升。2021 年预计完成地区生产总值 21.63 亿元，同比增长 6.9%；全社会固定资产投资 22.45 亿元，同比下降 21.4%；一般公共预算收入 1.01 亿元，基本持平；税收收入 1.34 亿元，同比下降 29%；社会消费品零售总额 1.6 亿元，同比增长 9%；农村居民人均可支配收入 19300 元，同比增长 13% 以上；规模以上工业增加值 6.33 亿元，同比下降 13.4%。

社会大局持续稳定。认真落实军警民联防联动机制和属地责任制，加强应急处突实战演练，全方位狠抓社会面管控，常态化开展扫黑除恶专项斗争，严格落实信访矛盾、安全生产、道路交通、森林草原、防洪防汛、加油气站、食品药品等各领域安全责任，确保了全国“两会”、建党 100 周年、习近平总书记视察西藏和西藏和平解放 70 周年等重点时段社会局势绝对稳定。依法加强宗教事务管理，深入开展反分裂斗争，严格落实“三个不增加”，扎实开展寺庙财税监管工作，严格做好民间违规宗教活动场所清理清查，确保了宗教领域的安全稳定。持续推进民族团结进步创建工作，全面铸牢中华民族共同体意识，各民族交往交流交融不断深入人心。从严抓实常态化疫情防控，持续推进疫苗接种工作，坚决守住人民群众生命安全和身体健康防线。

民生事业稳步向前。坚持本级财政 80% 以上的资金投向基层和民生领域，积极实施一批利民惠民实事和民生项目，开展“我为群众办实事”实践活动 742 件，解决了一大批群众急难愁盼问题。本级财政投入教育资金 2500 万元，实施部分学校供暖和直饮水建设项目，教育事业实现提质增效。持续加大高校毕业生就业创业引导，桑日籍应届毕业生就业率达 99.53%。积极实施卫生基础项目，强化医疗健康服务，各族群众健康素养不断提升。牢牢掌握意识形态主动权，培育和践行社会主义核心价值观，县融媒体中心挂牌成立，社会主义文化文艺繁荣发展，全国文明城市创建工作扎实推进，各族群众幸福感获得感不断提升。全面落实住房安全、义务教育、基本医疗、饮水安全保障政策，扎实推进全民参保计划，基本社会保险制度对适用人群实现全覆盖。认真开展适龄青年兵役登记、征兵报名工作，拥军优抚、双拥共建推进有力。

发展基础不断夯实。坚持把争资立项作为主责主业，全年开复工项目 61 个。持续发展清洁能源产业，大古水电站 4 台机组全部投产发电，街需、巴玉水电站和增期站点抽水蓄能电站建设工作稳步推进，华新水泥和四家光伏电站稳步运行。严格落实强边保障措施，持续加强群众思想教育引导，稳步推进抵边搬迁工作。着力推进巩固拓展脱贫攻坚成果同乡村振兴有效衔接，严格落实“四个不摘”要求，持续加大易地搬迁后续扶持，坚决防止发生规模性返贫。

特色产业助农增收。深入实施“藏粮于地、藏粮于技”战略，稳定粮食播种面积，农业机械化水平不断提升，我县被列入2021年全国农业现代化示范区创建名单，绒乡列入2021年全国农业产业强镇创建名单。持续推进葡萄产业发展，完成233.33公顷葡萄苗木栽植，葡萄酒加工生产线投入使用。以拉林铁路通车为契机，深度发展温泉、家庭旅馆、物资交流等为代表的全域旅游产业，桑日风情休闲旅游市场逐步形成。培育拓展扶贫增收基地、苗圃基地、民族手工业、藏香、藏鸡、藏猪、蔬菜等特色种植养殖和农产品加工产业，举办第四届西藏山南“中国农牧民丰收节”暨桑日葡萄采摘节，积极开展农特产品展销活动，村集体和农牧群众收入不断提高。

城乡面貌持续改善。积极实施城市更新行动，桑日铁路物流站站前广场、县新时代文明实践中心广场、公共体育服务设施、干部职工公租房、县污水处理厂等一批市政设施建成投入使用。实施乡村建设行动，扎实推进农牧区人居环境三年整治行动，全面落实“厕所革命”三年行动计划，乡村环境不断得到优化。

生态环境治理有效。严格落实打造雅江中游“百里生态走廊”部署，不断加强生态文明建设，加大生态环境保护修复力度，严管严控在各类保护区、江河流域、道路沿线和雅江两岸采砂采石。严守生态安全底线，统筹山水林田湖草沙冰一体化保护和系统治理，试点开展国土绿化“先造后补”工程，广泛开展县乡村绿化造林和海拔4300米以下“四旁”植树工程，加大对县域企业的监管力度，全力改善环境质量。严格落实河（湖）长制，不断加大大气、水、土壤污染防治力度，生态安全屏障日益坚守。

深化改革纵深推进。“放管服”改革惠及各类市场主体和各族群众，市场主体发展到2128户，有效商标增加到135件。兑现减税降费资金8510万元，营商环境持续改善。援藏和招商引资力度不断加大，招商引资落地项目完成投资4792万元，发展活力不断增强。

党的领导更加有力。召开县委常委会16次、县委相关专题会4次，主动听取全县经济运行和重大工作进展情况，研究推动、督促落实重大项目建设和产业发展工作，着力解决影响发展速度和效益的重难点问题，以求真务实的精神推动党中央、区党委和市委决策部署落地见效。

这些成绩的取得，根本在于习近平总书记的领航把舵和党中央的亲切关怀，根本在于习近平新时代中国特色社会主义思想、习近平总书记西藏工作重要论述和新时代党的治藏方略的科学指引，是区党委、市委坚强领导和科学指挥的结果，也离不开对口支援省市的大力支持，离不开全县各族干部群众的众志成城。在此，我代表县委向全县各族干部群众表示衷心的感谢！

综合分析判断，做好2022年经济工作，推动桑日高质量发展，助力山南走在全区前列，挑战与机遇并存，关键要把握机遇、应对挑战。一是发展不平衡不充分的问题仍然突出。在全国经济工作重心转向构建新发展格局的大背景下，我县经济规模总量小，质量效益不优，加快转型、提高发展质量任务依然艰巨，特别是受疫情影响，不稳定不确定因素依然存在。实施乡村振兴战略缺乏县乡村具体规划和乡村产业发展的激励保障机制，乡与乡之间、村与村之间的发展水平不平衡，资源禀赋差异大，全县仍有14个村集体经济收入在5万元以下，个别村集体经济收入还不到2万元。二是支撑高质量发展的动力和后劲不强。区位和资源优势未能有效发挥，山南半小时经济圈发展不充分。随着拉林铁路等重大项目的完工，群众外出务工时间相对平衡，组织劳务输出能力水平低，靠农牧民群众自身能力保持13%增速压力较大。特色产业多而小、小而散，关联度低、链条短，依然形不成规模，持续经营难度较大，品牌效应不高，种植业、养殖业、农产品加工和服务环节与市场需求连接缺位，对县域经济支撑力不强，带动群众稳定增收的能力有限。乡村人才特别是葡萄产业、高效温室、新型农牧业专业技术人才和具备现代经济知识素质人才紧缺。三是部分干部抓落实的能力和干劲不足。有的思想不解放，忧患意识淡薄，躺在过去的功劳簿上沾沾自喜，不主动学习研究新形势新政策，缺乏把握机遇的意识、解决问题的能力，遇到问题要么束手无策、要么按老套路处理。有的担当精神、吃苦精神、斗争精神不足，面对“前有标兵、后有追兵，标兵渐行渐远、追兵越来越近”的严峻形势，既无思路也无行动，麻木不仁、不去改变，工作还是老样子，打不开局面。对此，我们一定要警醒起来、行动起来，认真思考研究，拿出有效措施，着力解决好问题。

当前，我们正处于实现“两个一百年”奋斗目标的历史交汇期，正处于政治稳定、经济繁荣、创新活跃、人民幸福的伟大时代。党的十九大对实现第二个百年奋斗目标作出分两个阶段推进的战略安排，党的十九届五中全会对实现第一个阶段远景目标作出部署，明确提出全体人民共同富裕取得更为明显的实质性进展。自治区第十次党代会对走好“两步走”战略安排第一步，明确了“四个创建”“四个走在前列”的工作抓手。市第二次党代会着眼推进长治久安和高质量发展走在全区前列，明确了“六个走在全区前列”的目标任务。实现现代化和共同富裕不是等得来、喊得来的，而是拼出来、干出来的，必须拼搏奋斗、开拓进取，必须真抓实干、担当尽责，必须推动桑日各项事业高质量发展。当前，全国特别是西藏连续多年保持和谐安全稳定的局面，为我们推动高质量发展打下了坚实的政治基础和社会基础。区党委、市委提出了做好全区经济工作的一系列新理念新部署新举措，为我们推动高质量发展提供了难得机遇和强力支撑。全县各族干部群众思稳定、谋发展、盼富裕的愿望更加强烈，建设美丽幸福西藏、共圆伟大复兴梦想已成为自觉行动，积极投入推动高质量发展、创造幸福生活的火热实践。

我们推动桑日高质量发展，助力山南走在全区前列，面临的机遇前所未有，必须坚定必胜信心。我们迎来政策叠加、利好不断、大有可为的机遇期。习近平总书记亲自为西藏工作掌舵领航，党中央始终对西藏人民关怀厚爱，鞭策我们创造性地推动党中央赋予的特殊政策落到实处。全国人民鼎力支援我们，区党委、市委和援藏省市和企业的支持力度只会加大。自治区第十次党代会奏响了“四个创建”“四个走在前列”的主旋律，市第二次党代会提出了“六个走在全区前列”的奋斗目标，必将引领全县各族群众推动桑日高质量发展。我们迎来重大战略和重大项目密集落地实施的窗口期。随着国家实行“双碳”目标进入实质性阶段，雅江中游已成为全区清洁能源产业布局的重点区域之一，县域雅江中游电源点和电站群建设将进入新的密集投资周期，雅江中游山南段综合治理被列入自治区重点推动的重大项目。桑日作为山南市中心经济圈、“半小时经济圈”，地理位置优越，交通十分便利，西连泽贡高速公路，北接拉林高速公路，川藏铁路（拉林段）穿境而过，区位优势十分明显，为高质量发展提供了良好环境。我们迎来自身积累的基础和优势得以发挥的迸发期。经过多年发展进步，我县综合实力稳步提升，产业结构更趋优化，发展后劲不断补强，人民生活品质显著提高。2021 年全县预计完成农村居民人均可支配收入 19300 元高于全市平均水平 18096 元，促进共同富裕是有基础的。随着大古电站的投产，巴玉、街需电站的稳步推进，增期站点抽水蓄能电站的落地建设，巩固财政优势是有支撑的，这些都为保持高质量发展势头打下了坚实基础。

机遇稍纵即逝，只有争抢，不能等靠。我们一定要树牢只争朝夕的机遇意识，以不甘落后、敢为人先的志气，以改革创新、开拓进取的锐气，以迎难而上、一往无前的勇气，努力把看得见的机遇和政策转化为实实在在的项目和资金，加快形成推动桑日高质量发展的新优势。

三、聚焦目标重点，扎实有效推动桑日高质量发展

今年将召开党的二十大，做好经济工作至关重要。总的要求是：坚持以习近平新时代中国特色社会主义思想为指导，深入学习贯彻习近平经济思想，贯彻党的十九大和十九届历次全会精神，贯彻习近平总书记西藏工作重要论述和新时代党的治藏方略，贯彻习近平总书记视察西藏重要讲话

重要指示精神，贯彻自治区第十次党代会、市第二次党代会精神，增强“四个意识”、坚定“四个自信”、捍卫“两个确立”、做到“两个维护”，胸怀“两个大局”、心系“国之大者”，以迎接服务党的二十大胜利召开为主线，弘扬伟大建党精神，坚持稳中求进工作总基调，完整、准确、全面贯彻新发展理念，主动服务和融入新发展格局，推动高质量发展，着力促进共同富裕，落实“三个赋予一个有利于”要求，围绕“四个创建”“四个走在前列”和“六个走在全区前列”，坚持以供给侧结构性改革为主线，统筹疫情防控和经济社会发展，统筹发展和安全，继续做好“六稳”“六保”工作，着力抓好“四件大事”、实现“四个确保”，持续加强“一心两县”建设，推进桑日长治久安和高质量发展，助力山南走在全区前列，保持平稳健康的经济环境、国泰民安的社会环境、风清气正的政治环境，以优异成绩迎接党的二十大胜利召开。

主要预期目标是：今年力争完成地区生产总值23.58亿元、增长9%，全社会固定资产投资23.8亿元、增长6%，社会消费品零售总额1.76亿元、增长10%，农村居民人均可支配收入21809元、增长13%，规模以上工业增加值8亿元、增长26%。

确定这样的预期目标，既充分考虑全县发展基础、未来趋势和现实可能，推动桑日经济高质量发展，助力山南走在全区前列，也本着为党分忧、为国尽责、为民奉献的态度，主动对标对表、担当作为，为全区创建高原经济高质量发展先行区作出应有贡献；既突出高质量发展要求，更好实现发展规模、速度、质量、效益、安全相统一，又能够强化目标引领，保持较快的发展速度，自我加压，干在实处，走在前列。只要我们方向正确、把握得当、落实有力，完全有底气、有信心、有条件实现既定目标任务。

实现以上预期目标，重点要抓好以下几个方面的工作。

（一）坚持按规律办事，坚定不移沿着正确方向前进。按照党中央立足新发展阶段、贯彻新发展理念、构建新发展格局、推动高质量发展、实现共同富裕的重要要求，深刻理解、正确把握西藏特点高质量发展路子的内涵和标准、路径和措施，把完整准确全面贯彻新发展理念作为高质量发展的内在要求，把坚持以人民为中心作为高质量发展的根本价值取向，落实“三个赋予一个有利于”要求，着力解决发展不平衡不充分问题和群众急难愁盼问题，在高质量发展中扎实推动共同富裕。要坚持稳字当头、稳中求进。深刻领会党中央、区党委和市委对当前经济形势的分析判断和规律性认识，保持清醒头脑，坚定发展信心，精准把握政策导向要求，正确处理好稳与进的关系，既不能消极应付、机械求稳，也不能冲动蛮干、着急乱干，找准稳的关键点和进的切入点，在战略上更加主动、在战术上更加精准，以稳促进、以进固稳，审时度势、善作善成，做到该稳的要稳住、该进的要进取，实现经济质的稳步提升和量的合理增长。要全面贯彻党中央“五个正确认识和把握”的重要要求。正确认识和把握实现共同富裕的战略目标和实践途径，推动全县共同富裕不能急于求成，必须保持一定的发展速度，先把高质量发展的“蛋糕”做大做好，同时处理好效率和公平的关系，把“蛋糕”切好分好；正确认识和把握资本的特性和行为规律，既发挥资本作为生产要素的积极作用，又要加强资本监管，管好用好资本；正确认识和把握初级产品供给保障，加强粮食、肉、蔬菜等必需品的生产供应，补齐市场需求；正确认识和把握防范化解重大风险，精准分类施策，主动防范化解各类风险隐患，营造和谐稳定的社会环境；正确认识和把握碳达峰碳中和，抢抓“双碳”机遇，算大账、算长远账，积极支持配合发展清洁能源产业，打造新的发展优势。要把区党委“四个创建”“四个走在前列”和市委“六个走在全区前列”落到实处。始终把自治区第十次党代会提出的“四个创建”“四个走在前列”与市第二次党代会提出的“六个走在全区前列”的要求统一起来，一体学习理解贯彻落实，坚持速度与质量并重、规模与效益并举，借助外力、增强内力、凝聚合力，抢抓机遇创新发展、发挥优势促进发展、紧贴民生快速发展，坚定不移做好自己的事情，以推动桑日高质量发展的实际成效，有力支撑全区实现“四个创建”“四个走在前列”和全市“六个走在全区前列”的奋斗目标。

（二）持续增进民生福祉，着力改善人民生活品质。继续坚持把本级财政80%以上的资金投向基层和民生领域，坚持把促进共同富裕作为为人民谋幸福的着力点，牢记江山就是人民、人民就是江山，坚持困难麻烦由政府解决、把方便实惠送给群众，量力而行、尽力而为，落实好自治区“十大民生工程”，着力把各族群众的具体事办好、办实、办到位，用心用力解决好群众急难愁盼问题。要抓实重点群体就业创业。实施高校毕业生就业攻坚工程，完善党员干部“一对一”“一对多”结对帮扶机制，持续引导毕业生和家长转变就业观念，发挥好援藏省市区外就业工作联络站的作用，实现充分就业、稳定就业。要扎实做好城镇低收入群体、失地群众、易地搬迁群众等就业创业工作，动态消除零就业家庭。要支持返乡农牧民工、回乡大学生、退役军人和有头脑、有经验、有技能、有资金的农牧民就业创业，加强政策引导、平台建设、融资帮扶等方面的服务，鼓励他们自主创业。要提高公共服务供给质量。教育要以落实立德树人为根本任务、提高质量为核心、促进公平为重点、教育现代化创建为动力，深化教育领域改革，推动义务教育优质均衡发展，稳步提高教学质量。医疗要满足群众看好病的需求，发展远程医疗和智慧医疗，加快医共体建设，加强健康干预、疾病救治和疫情防控。文化要满足群众精神富有的需求，围绕铸牢中华民族共同体意识，深化文明创建，用好红色资源，增加群众性文化产品供给，主动占领基层意识形态阵地。社会保障要精准满足困难群体的需求，关爱救助孤儿、残疾人等困难群体，实现救助标准和救助对象动态调整，兜住困难群众基本生活底线。

（三）狠抓重大项目建设，着力扩大有效投资。有效投资事关当前经济的稳增长、未来发展的高质量。要必须把稳投资作为经济工作的重中之重，保持投资的合理规模和增速，用战略眼光和长远眼光谋划推进项目建设，建好项目“点”、延长产业“线”、扩大经济“面”，发挥投资对增加供给、稳增长的关键作用，形成经济增长的有效支撑。要抢抓政策机遇。加强谋划项目，围绕国家重点支持的新兴产业发展、推进乡村振兴、城乡基础建设、“三农”建设、节能环保与生态建设等领域，组织、策划和包装一批对我县优化结构和增强后劲有重大影响的项目，争取获得更多资金支持。要加强争取项目，利用一切机会与上级部门衔接，加强项目申报和跟踪，力争更多的项目挤进自治区和市笼子。要坚持长短结合、向上争取，招商项目抓谋划、前期项目抓开工、在建项目抓进度、竣工项目抓投产、问题项目抓整改、投产项目抓效益，确保经济发展当前有活力、未来有潜力。要狠抓项目建设。坚持大抓项目、抓大项目，突出产业投资、重大基础设施投资、民生投资，持续加强交通、水利、能源、市政、污水处理等领域一批重大基础设施项目建设，扩大投资规模，优化投资结构，提高投资效益，不断提升发展支撑保障能力。要坚持搞快一点、盯紧一点、抓实一点，加强对接，跟进落实“十四五”规划项目，加快推进街需、巴玉水电站、增期站点抽水蓄能电站、市殡仪馆、精神病福利机构等重大项目建设，争取形成更多实物量。要加大招商引资。要把招商引资作为“一举应多变”的综合性举措，主动适应招商引资形势的变化，坚持解放思想，积极主动“走出去”，重点围绕电子信息、特色产品加工、现代服务业等方面，常年招商、常态招商，精准对接、主动服务，提高招商引资项目的资金到位率、项目开工率、投产达效率，促进快速形成产业链。要加强服务管理。实行重大项目落地建设领导负责制，各级党政主要负责同志都要亲力亲为，俯下身子，敢于触及矛盾，加强协调服务，确保既定的项目能早开工、早建成、早投产、早见效。要树立“一盘棋”的思想，围绕项目立项、开工、建设、投产、运营等各环节，分工协作，抱团发力，共同解决好项目推进中的问题，为项目建设营造良好环境。要加强项目资金动态管理，紧盯项目建设进度，对超过规定时限的资金一律收回调整，把趴在账上的资金盘活，杜绝资金等项目、项目等前期的现象。

（四）抓实产业结构调整，推动产业高质高效发展。产业强则经济强，产业结构优则经济发展质量高。要坚持产业规模化标准化品牌化导向，着眼消费需求升级的新要求，善于抓最具特色的产业、最具活力的企业，加快产业结构调整和发展方式转变，努力把资源优势转化为发展优势。要做大做强清洁能源产业。抢抓国家“双碳”目标的机遇期和窗口期，巩固发展绿色建材业，充分发挥水能资源优势，积极稳妥推进雅江中游梯级水电开发利用，大力配合推动街需、巴玉水电站建设，积极推进增期站点抽水蓄能电站建设，全面做好大古水电站投产运营服务管理。要加强推进华新水泥转型升级和提质改造，提高华新水泥、四家光伏电站等重点工业企业的发展水平。要加大特色农牧产业发展。实行最严格的耕地和草场保护制度，严守耕地保护红线，坚决遏制耕地“非农化”、草场“非牧化”，防止“非粮化”。要筑牢粮食安全底线，落实“藏粮于地、藏粮于技”战略，推进高标准农田建设，加强农田基础设施建设，认真实施土地保护工程和粮食增产行动，确保粮食安全。要扎实做好市委涉粮问题第四专项巡察组反馈意见整改工作，着力补齐粮食安全工作短板。要积极发展现代种业长线，加强良种基地和繁育体系建设，落实好良种补贴政策，大力推进科技化育种，不断提高群众种粮积极性，力争在青稞种子培育、牦牛黄牛改良等领域取得突破。要拓展葡萄产业，借助“帕竹荣顺”品牌效应，加快结构调整，优化发展布局，加强农旅结合、以农促旅，积极发展观光、采摘、民宿、休闲一体的产业。要大力发展设施农业、现代牧业，持续扶优做强苗圃基地、扶贫增收基地、民族手工业、温泉、蔬菜、藏香、藏鸡、藏猪、牦牛等产业，大力发展精深加工，推动增值增效。要加强文旅提质发展。坚持资源是根、特色是本、文化是灵魂、市场是导向，以西藏旅游“东环线”为牵引，深化文旅融合，强化旅游基础设施，提升旅游服务水平，大力发展温泉康体游、葡萄酒庄游、乡村休闲游、生态观光游和文化体验游，全力推动县域旅游多业态融合、全产业发展。持续推广农牧业特色产品、文化产品推介会暨消费扶贫活动，推动商贸流通，让更多的桑日品牌走向市场，带动群众增产增收。

（五）扎实推进乡村振兴，加快农业农村现代化建设。乡村振兴是新时代“三农”工作的总抓手，实现第二个百年目标的一项重大任务。要始终把乡村振兴作为重中之重，突出重点，精准施策，分类推进，促进农牧业高质高效、农牧区宜居宜业、农牧民富裕富足。要着力推动巩固拓展脱贫攻坚成果同乡村振兴有效衔接。用足用好五年过渡期政策，严格落实“四个不摘”要求，加强对脱贫不稳定户、边缘易致贫户、突发严重困难户监测预警，及时发现、有针对性采取措施，坚决守住不发生规模性返贫底线，确保脱贫基础更加稳固、成效更可持续。要强化开发式帮扶和易地搬迁后续扶持，加强配套基础设施和公共服务，搞好社会管理，确保搬迁群众稳得住、有就业、逐步能致富。要推动各类资源向困难地区倾斜支持，坚持对口援藏支援、社会力量参与帮扶等机制，激发困难人群的内生动力，不断增强其自我发展能力。要着力促进群众增收。压紧压实县乡村党组织书记抓群众增收责任，实行县（乡、镇）党委书记、县（乡、镇）长亲自抓、副书记专责抓、专班推动抓的群众增收工作机制，落实好工作调度和目标考核责任。要继续落实好400万元以下政府投资项目交由当地有资质的农牧民施工企业要求，广泛开展以工代赈，不断加强劳务输出，切实拓宽群众增收致富渠道。要发挥好务工联队、劳务输出企业、用人单位等的作用，提高群众外出就业组织化程度。要认真实施新型农牧民培训计划，加快培养和造就一批有文化、懂技术、善管理、会经营的现代劳动力。要加强转移就业，抓住县域重点工程项目建设，主动对接用工单位，力争最大限度安排本地农民工参与务工，确保实现就近就便就业。要认真做好农村集体产权制度改革“后半篇文章”，扎实开展扶贫项目清产核资，不断提高项目效益和带动脱贫群众增收就业能力。要全面推动国家投资项目吸纳群众就业，支持群众深度参与能干会干的项目建设和管护，健全完善产业利益联结、资源开发受益、生态岗位吸纳、消费帮扶等长效机制，确保2022年农村居民人均可支配收入突破2万元以上大关。要实施乡村建设行动。坚持因地制宜、实事求是，科学编制“多规合一”的实用性村庄规划，合理确定村庄发展规模和功能定位，防止大拆大建，尽可能保持村庄乡土风貌。要坚持缺什么补什么，加大项目、资金和政策争取力度，加快补齐农村地区水、电、路、网、物流、环保基础设施短板，分区域分批次推动乡村产业、人才、文化、生态、组织振兴，今年重点打造好增期乡雪巴村、桑日镇塔木村美丽宜居乡村振兴示范点。要注重考虑长远、尊重群众意愿、加强排查梳理，采取易地搬迁、就地改造等方式，动态改善偏远乡村、艰苦村组群众的住房条件。

（六）深化城乡统筹发展，主动服务融入新发展格局。坚持以优化发展格局为切入点，以要素和设施建设为支撑，以制度机制为保障，主动服务融入全区“一核一圈两带三区”区域发展格局，加强县域经济统筹，一体谋划推进，不断增强发展的平衡性协调性。要扎实推进新型城镇化建设。坚持新城开发与旧城改造并重、功能完善与品质提升并举，把老百姓满不满意、生活方便不方便作为城市工作做得好不好的重要评判标准，突出地域特点，统筹城乡发展，扎实推进全国文明城市创建工作，全力补齐城乡基础设施和公共服务短板，努力建成全国文明县。要坚持规划、建设、管理并重，重点推进乡镇市政基础设施建设，积极协调推进供暖供氧工程，提高城镇居民生活质量。要加强推进城镇交通、综合管廊、给排水、防洪排涝、绿化亮化、乡镇客运站配套设施建设等工程，完善城乡生活垃圾、污水处理、建筑垃圾消纳设施，提高固体废物、医疗废物、危险废物处置能力，不断提升城市功能和品质。要助力雅江中游经济带发展。以打造雅江中游“百亿产业长廊”“百里生态走廊”为抓手，推动生态治理与产业发展有效衔接，大力发展葡萄产业，切实发挥好我县作为沿江地区的辐射带动作用。

（七）筑牢生态安全屏障，加快新时代美丽乡村建设。全面贯彻习近平生态文明思想，围绕创建国家生态文明高地，落实区党委树生态理念、建生态产业、闯文明之路的要求，坚持生态保护第一，坚定不移走生态优先、绿色发展之路，不断筑牢国家生态安全屏障，切实保护好地球第三极生态。要做好沿江生态保护。统筹山水林田湖草沙冰一体化保护和系统治理，坚持长远考虑，强化规划引领，坚守生态红线底线，积极推进雅江中游桑日段综合治理。要坚持生态林和经济林、种树与种草、种草与养花相结合，大力实施国土绿化行动，继续开展干部群众义务植绿护绿活动。要全面落实河长制、湖长制、林草长制，加强雅江流域植绿护绿、防沙治沙、林草间种，切实做好重要河湖流域生态环境保护和修复。要处理好保护和发展的关系，统筹水资源合理开发利用和保护，持续严管严控雅江流域、铁路沿线、公路两旁等采砂采石，不断推进生态修复进程。要持续净化人居环境。加强生态保护宣传教育，倡导绿色生产和生活方式，引导群众主动参与绿色消费、绿色出行、低碳生活，牢固树立绿色发展意识，共建美丽宜居家园。要坚持建管治并举，完善城乡垃圾和污水处理设施，持续打好污染防治攻坚战，扎实推进人居环境整治提升行动，下决心整治县容环境和村容村貌，推动绿色发展、低碳发展、循环发展。要扎实推动生态富民。正确处理好保护生态与富民利民的关系，坚持生态保护同民生改善相结合，完善落实公益林、退耕还林、生态岗位等生态补偿机制，结合实施乡村振兴战略，大力发展生态产业，带动更多群众在参与生态保护建设中受益，促进生态富民利民，让更多的群众吃上生态饭、走上致富路。

（八）持续加大强边保障，全力支持边境地区发展。坚决贯彻习近平总书记关于治边稳藏的重要论述，把坚决守护好、巩固好每一寸国土作为神圣使命和政治任务，积极支持边境地区建设，确保边防巩固边境安全。要强化思想教育引导。广泛宣传卓嘎、央宗等爱国守边模范先进事迹，大力弘扬爱国守边精神，教育引导各族群众争做神圣国土守护者、幸福家园建设者。要加强宣传边民补助有关政策，积极引导群众向边境聚集，着力建设各民族共有精神家园。要积极推进抵边搬迁。坚持屯兵和安民并举、固边和兴边并重，以稳得住、守得好、不添乱为工作底线，持续做好群众工作，努力完成抵边搬迁任务，着力支持边境地区建设，为推动边境发展贡献力量。要助力边境地区稳定。坚决扛起维护国家主权和领土完整的如山使命，既敢于斗争、又注重策略，针锋相对开展反蚕食斗争，坚决守护好神圣国土。要深度推进军民联防联控联治，加强重点部位警务室、物资储备库、牧道桥涵等建设，为开展反蚕食斗争提供必要设施条件，提高综合保障能力。

（九）不断深化改革开放，增强高质量发展动力和活力。坚持改革突破、创新驱动、开放赋能，多做打基础、利长远的工作，为高质量发展畅通机制、培育动力、优化环境。要着力破解改革难题。围绕“四个创建”“四个走在前列”和“六个走在全区前列”，坚定不移深化重点领域和关键环节改革，解放思想、更新观念，科学谋划、着力推进一批有利于提高资源配置效率、有利于调动全县各族人民积极性的改革发展举措，着力破解制约高质量发展、高品质生活、高效能管理的深层次问题，加快构建富有活力的体制机制。要不断优化营商环境。牢固树立“不能让时间成为成本，不能让感情成为负担”的效率理念，以服务对象满意为标准，严格落实“跑一次”“一次办”要求，增强服务意识，强化让利精神，简化审批流程，深化“互联网+政务”服务，切实让各族人民体验到“放管服”改革带来的便利。要把支持民营企业发展作为义不容辞的责任，坚持有效市场和有为政府更好结合，严格落实减税降费政策，主动为企业服务，想方设法降低中小微企业电、水、房租等运营成本，有效激发市场主体活力。要持续扩大对外开放。坚持内引外联，创新援藏模式，深化援藏合作，大力发展开放型经济，做好援藏轮换交接工作，继续加大产业、就业、人才等领域的援助力度，精准实施教育、卫生、医疗等“组团式”援藏。

（十）坚持统筹发展与安全，持续维护社会大局和谐稳定。牢固树立总体国家安全观，主动担负起维护稳定的政治责任，始终警钟长鸣、警惕常在，坚决克服麻痹思想、侥幸心理和松懈情绪，标本兼治、综合施策，把各种不稳定因素弭于无形、制于未发，全力以赴为党的二十大胜利召开营造和谐安全稳定的社会环境。要着力防范化解重大风险。始终树牢底线思维和风险意识，对或大或小、或远或近、或明或暗的风险挑战保持敏感、提高警惕，对涉宗、涉边、意识形态、经济等领域风险隐患要全面排查、科学评估、妥善应对，切实提升群众的安全指数。要持续巩固疫情防控成果。聚焦重点部位加强管控，严防死守、科学精准做好常态化疫情防控，严格落实疫苗接种应接尽接，落实落细“外防输入、内防反弹”总策略，以万全筹备防止万一发生。要保持社会大局和谐稳定。聚焦党的二十大胜利召开，提升应急处突能力，着力创建更高水平的平安桑日。要坚持县级领导接访和包案制度，不断规范信访秩序，畅通和规范诉求表达渠道，依法依规化解各类矛盾问题。要严格落实安全生产责任制，持续加大隐患排查化解力度，切实加强社会治安综合治理，严防发生各类重大安全事故。

四、加强党的领导，狠抓责任落实，全力推动各项决策部署落地见效

事业成败，关键在党。做好经济工作，必须坚持和加强党的领导，牢固树立有权必有责、有责必担当的意识，深入学习贯彻落实习近平总书记关于改进作风、狠抓落实的重要论述，贯彻落实全区、全市改进作风狠抓落实工作动员部署会议精神，严格落实“四查四问”要求，不断提高政治判断力、政治领悟力、政治执行力，全面提升党领导经济工作能力和水平。

（一）突出政治建设，锤炼对党忠诚的政治品格。政治建设是党的根本性建设，决定党的建设方向和效果。要始终加强党对经济工作的全面领导，善于用政治眼光分析经济社会问题，及时发现和校正偏差，切实把增强“四个意识”、坚定“四个自信”、做到“两个维护”体现在实实在在的经济数据上。要始终围绕县委对经济工作的目标要求，充分发挥职能作用，在服务经济发展中切实担起责任，积极主动作为，全力服务好经济工作大局。

（二）突出作风建设，锤炼狠抓落实的拼搏精神。只有改进作风、苦干实干，才能走在前列。要突出求真务实，扎实开展改进作风狠抓落实工作，以“实”为先，“干”字当头，真正把心思和精力集中到谋发展、抓落实上，把功夫下到干实事、求实效上。要力求快捷高效，对县委决定的事项、部署的工作，做到雷厉风行、一抓到底，坚决防止有令不行、有禁不止、上热下冷等问题。要尽职尽责尽心，对于所从事的每一项工作，都要强化责任意识，责随职走，心随责走，在忠诚履责中把好事办好、实事办实。要加强督导检查，规范有序开展必要的督查、督导、指导，切实解决好干与不干、干多干少、干好干坏一个样的问题。

（三）突出能力建设，锻造克难攻坚的干部队伍。构建新发展格局，推动高质量发展，对各级领导干部提出了更高要求。要勤于学习、善于钻研、勇于实践，学深悟透习近平新时代中国特色社会主义经济思想，积极培养能抓经济、重抓经济的干部人才队伍，努力成为构建新发展格局的行家里手。要扑下身子，迎难而上，经常到基层去、到一线去、到困难多的地方去，深入开展调查研究，提高科学决策水平。要强化战略思维，坚持观大势、谋大局、抓大事，善于从战略高度思考研究经济问题，保持战略定力，抓好战略执行。

（四）突出阵地建设，打造全面过硬的基层组织。党的基层组织是党的全部工作和战斗力的基础。要落实好过紧日子的要求，坚持把工作重心、干部力量、财政投入向基层倾斜，严格预算管理、厉行节约，把所有政策和资金精准落实到市场主体、落实到基层群众。要积极发挥基层组织作用，充分调动党员干部干事创业的积极性、基层一线建设发展的积极性、市场主体投资兴业的积极性，做到全县上下心往一处想、劲往一处使。要继续落实基层减负措施，持续用力抓基层、打基础、固根本。

（五）突出廉政建设，营造风清气正的政治生态。全面从严治党永远在路上，绝不能有松口气、歇歇脚的想法。要压紧压实“两个责任”，做到稳中求进、实事求是、依规依纪依法办事。要持续完善监督体系，充分发挥巡察“利剑”作用，加强政治监督，一体推进“不敢腐、不能腐、不想腐”的体制机制。要着力整治群众身边腐败和作风问题，持之以恒纠治“四风”，加大形式主义、官僚主义整治力度，严肃查处不作为、慢作为、乱作为和表态多调门高、行动少落实差等严重影响经济发展的突出问题。要突出严管厚爱结合、激励约束并重，充分激发党员干部干事创业的精气神，形成推动发展的合力。

同志们，做好今年经济工作任务艰巨、责任重大。让我们更加紧密地团结在以习近平同志为核心的党中央周围，在区党委、市委的坚强领导下，坚持以习近平新时代中国特色社会主义思想为指导，深入学习贯彻习近平总书记视察西藏重要讲话重要指示精神，贯彻习近平总书记西藏工作重要论述和新时代党的治藏方略，贯彻自治区第十次党代会和市第二次党代会精神，坚定信心、提振精神，攻坚克难、砥砺奋进，奋力推进桑日长治久安和高质量发展,以更加优异的成绩迎接党的二十大胜利召开。

名词解释

1.“三重压力”：需求收缩、供给冲击、预期转弱。

2.“四个必须”：必须坚持党中央集中统一领导。必须坚持高质量发展。必须坚持稳中求进。必须加强统筹协调。

3.“六稳”“六保”：稳就业、稳金融、稳外贸、稳外资、稳投资、稳预期。保居民就业、保基本民生、保市场主体、保粮食能源安全、保产业链供应链稳定、保基层运转。

4.“七项政策”：宏观政策要稳健有效，微观政策要持续激发市场主体活力，结构政策要着力畅通国民经济循环，科技政策要扎实落地，改革开放政策要激活发展动力，区域政策要增强发展的平衡性协调性，社会政策要兜住兜牢民生底线。

5.“五个正确认识和把握”：正确认识和把握实现共同富裕的战略目标和实践途径，正确认识和把握资本的特性和行为规律，正确认识和把握初级产品供给保障，正确认识和把握防范化解重大风险，正确认识和把握碳达峰碳中和。

6.“双碳目标”：指的是2030年前实现碳达峰、2060年前实现碳中和。

7.“两个确立”：中国共产党第十九届中央委员会第六次全体会议提出，党确立习近平同志党中央的核心、全党的核心地位，确立习近平新时代中国特色社会主义思想的指导地位。

8.“十大民生工程”：扎实推进就业创业工程、教育优先工程、文化惠民工程、健康西藏工程、住房保障工程、社会保障工程、一老一小工程、社会救助工程、安全生产工程、疫情防控工程。

9.“四个创建”“四个走在前列”：2021年11月27日，在西藏自治区第十次党代会上，王君正书记所作报告明确提出，要着力创建全国民族团结进步模范区，努力做到民族团结进步走在全国前列；着力创建高原经济高质量发展先行区，努力做到高原经济高质量发展走在全国前列；着力创建国家生态文明高地，努力做到生态文明建设走在全国前列；着力创建国家固边兴边富民行动示范区，努力做到固边兴边富民行动走在全国前列。

10. 山南“六个走在全区前列”：在铸牢政治忠诚上走在全区前列，在推进社会治理体系和治理能力现代化上走在全区前列，在提升各族人民生活品质上走在全区前列，在加强生态文明建设上走在全区前列，在强边固边兴边富民上走在全区前列。

11.“四件大事”：稳定、发展、生态、强边。

12.“四个确保”：确保国家安全和长治久安，确保人民生活水平不断提高，确保生态环境良好，确保边防巩固和边境安全。

13.“一核一圈两带三区”：“一核”即做大做强拉萨核心增长极，实现人口和要素的规模聚集，优化拉萨城市布局，建设重要的国际文化旅游城市、面向南亚开放的区域中心城市。“一圈”即打造三小时经济圈，以拉萨为核心，辐射日喀则、山南、林芝、那曲、加快拉萨山南一体化进程，打造西部地区重要经济圈。“两带”即加快建设边境沿线发展带、繁荣发展铁路经济带。“三区”即藏中南重点开发区、藏东清洁能源开发区、藏西北生态涵养区。

14.“三个赋予一个有利于”：坚持所有发展都要赋予民族团结进步的意义，都要赋予维护统一、反对分裂的意义，都要赋予改善民生、凝聚人心的意义，都要有利于提升各族群众获得感、幸福感、安全感。

15.“四查四问”：查作风、问初心；查责任、问担当；查漏洞、问短板；查落实、问成效。

16.“一心两县”：山南市中心经济圈、雅江中游经济强县、西藏民生幸福示范县。

桑日县人民代表大会常务委员会工作报告

——在2022年1月15日桑日县第十四届人民代表大会第三次会议第一次全体会议上

桑日县人民代表大会常务委员会主任　王雅峰

一、2021年工作回顾

2021年，在中共桑日县委员会的坚强领导下，桑日县人大常委会坚持以习近平新时代中国特色社会主义思想为指导，认真贯彻落实党的十九大和十九届历次全会精神，深入贯彻落实习近平法治思想、习近平关于坚持和完善人民代表大会制度的重要思想，特别是中央第七次西藏工作座谈会精神、习近平总书记视察西藏重要讲话精神和中央人大工作会议精神，紧紧围绕县委中心工作任务，忠实履行宪法和法律赋予的职责，为推动桑日县高质量发展和民主法治建设作出了积极贡献。

一年来，筹备召集人民代表大会3次，举行常委会会议11次、主任会议15次，听取审议专项工作报告13项，组织代表集中视察1次，检查8部法律法规实施情况，办理代表建议182件，配合区、市人大开展专题调研、执法检查、立法调研等共15次，依法选举任免国家机关工作人员107人次，换届选举县级人大代表126人、市级人大代表13人。

一是坚持党的领导，把准正确政治方向。一年来，桑日县人大常委会自觉维护县委总揽全局、协调各方的领导地位，紧紧围绕县委决策部署，深入贯彻区、市人大工作会议精神，认真落实《中共桑日县委员会关于进一步加强和改进新时代人大工作的实施意见》，全力保障人大及其常委会依法履职。主动参与县委中心工作任务，积极参与维稳蹲点督导、抵边搬迁等重大工作任务20余人次，安排1名干部担任村居党组织第一书记、1名干部参与驻村工作。坚决执行重大事项向县委请示报告制度，及时向县委汇报学习贯彻党的政策理论、贯彻执行党中央和区党委、市委、县委决策部署、依法行使人大职权等情况30余件次，有力推动人大常委会机关政治建设，确保人大工作的正确政治方向。

二是坚持依法履职，推动高质量发展。一年来，桑日县人大常委会深入贯彻新发展理念，紧紧围绕县委决策部署，坚持正确监督、有效监督、依法监督，助力推动桑日县高质量可持续发展。坚持把监督工作作为人大工作的重要抓手，依法对《桑日县2020年国民经济和社会发展计划执行情况与2021年国民经济和社会发展计划的报告》《桑日县2020年财政预算执行情况和2021年财政预算的报告》《桑日县2021年县本级财政预算调整方案报告》情况等进行审查6次，组织代表集中视察重点项目开复工情况和“十三五”期间所有重点项目完成情况1次，建设完成县人大预算联网监督平台，不断提高财经监督实效，全力助推桑日县经济平稳健康发展。

三是发挥主导作用，促进民主法治建设。一年来，桑日县人大常委会大力推动宪法法律在桑日全面实施，深入学习贯彻习近平法治思想，充分发挥人大执法检查的“法律巡视”利剑作用，全力实施法律监督，推动全县民主法治建设进程。对群众关注的《西藏自治区国家生态文明高地建设条例》等多部法律法规的贯彻实施情况进行执法检查，专题听取和审议了法院政法队伍教育整顿活动开展情况报告、检察院未成年人检察工作情况报告，举办了1期规范性文件备案审查培训班，开展了9月宪法宣传月活动，投入资金3万元印制并发放法治宣传品、册300余套，有力推动了“一府一委两院”依法行政、公正司法。

四是坚持人民至上，促进民生持续改善。一年来，桑日县人大常委会始终坚持以人民为中心的发展思想，紧扣民生、贴近民心，围绕群众关注的热点难点问题精准监督，依法履行职权，先后对农村人居环境整治工作和城市建设管理等工作开展监督，形成《桑日县人大常委会关于农村人居环境整治工作和城市建设管理的调研报告》1份、审议意见1份，督促相关部门主动担当作为，抓好生态环境保护工作、人居环境整治工作和乡村振兴战略，推动政策向民生聚焦、服务向民生覆盖，不断增强人民群众的获得感、幸福感、安全感。

五是强化主体地位，充分发挥代表作用。一年来，桑日县人大常委会始终把尊重代表主体地位，健全人大代表工作制度，完善人大代表工作机制，创新人大代表活动方式，更好发挥代表作用，作为做好新时代人大工作的重要内容和关键环节，不断强化代表履职能力建设，持续夯实工作基础，激发代表履职热情，推动代表在联系人民群众和经济社会发展中展现新担当、实现新作为。一年来，组织代表履职培训班2期、培训代表120余人次，组织代表到日喀则、林芝部分县区考察学习2次24人。

六是完善平台建设，畅通代表履职渠道。一年来，桑日县人大常委会把提升代表服务保障水平作为基础性工作来抓，严格落实《关于进一步推进“人大代表之家”规范化提升和常态化活动的实施意见》，推进常委会组成人员联系代表、代表联系群众的“双联系”制度常态化，坚持邀请基层代表列席常委会会议，为新时代人大工作注入了生机与活力。下半年，提档升级县乡“人大代表之家”5个、“人大代表联络站”39个，邀请34名基层人大代表列席人大常委会和有关单位工作测评、座谈会、民主生活会等。

七是强化主动作为，提升建议办理质效。一年来，桑日县人大常委会坚持把高质量办理代表建议作为增强代表履职实效的着力点，落实人大常委会领导领衔督办制度，围绕年初和年中的两次人民代表大会意见建议办理情况，深入村居、群众了解办理情况，召开常委会听取办理情况报告，推动建议办理质效不断提升。一年来，收集办理代表建议182件，政府答复率和代表满意率分别达到100%和80%，有力推动了代表建议办理由重答复向重落实转变。

八是坚持依法办事，执行任免和选举权。一年来，常务委员会始终坚持党管干部与人大依法任免相结合，严格落实对拟任人员任前资格审查、宪法知识考试，任中与常委会组成人员见面和表态发言，任后颁发任命书和进行宪法宣誓制度，不断强化拟任人员的宪法意识和依法行政、公正司法理念，促进依法为民履职尽责。一年来，依法选举任免国家机关工作人员107人次，其中选举56人次、任命39人次，免职、接受辞职12人次。

九是坚持依法依规，完成换届选举工作。按照区党委、市委、县委和区人大、市人大关于领导班子换届和人大代表换届的总体安排部署，人大换届从4月开始筹备至7月顺利完成了人大代表和人大、政府、监察委员会、法院、检察院的领导人员的选举工作。依法划分产生代表的选区数80个、登记选民数13187人，选举产生县级人大代表126名、乡级人大代表185名，选举产生县级人大常委会主任1名、副主任4名、委员20名，县人民政府县长1名、副县长7名，监察委员会主任1名、法院院长1名、检察院检察长1名，依法设立了3个专门委员会，表决产生了3个专门委员会组成人员。乡级人大选举产生乡（镇）长4名、副乡（镇）长12名，人大主席4名、兼职副主席4名。按照市人大关于市级人大代表的要求，召开第十四届人民代表大会第二次会议选举产生市级人大代表13名。

十是坚持固根扬清，不断加强自身建设。一年来，桑日县人大常委会全面落实新时代党的建设总要求，准确把握自身职责定位，持续巩固深化“两学一做”学习教育和“不忘初心、牢记使命”主题教育成果，深入开展党史学习教育和“政治标准要更高，党性要求要更严，组织纪律性要更强”专题教育活动，传承红色基因，赓续红色血脉，在“我为群众办实事”实践活动中不断深化为民情怀，在坚持与时俱进、守正创新中不断推动政治机关、国家权力机关、工作机关、代表机关建设。年初以来，共计召开党组会议17次、理论学习中心组学习会14次、指导乡村人大工作7次、为群众办实事11件次。

各位代表，一年来，县人大常委会工作取得的成绩，根本在于习近平新时代中国特色社会主义思想的科学指引，是中共桑日县委坚强领导的结果！是全体人大代表、常委会组成人员、各专门委员会组成人员履职尽责、辛勤工作的结果！是“一府一委两院”和乡镇人大密切配合、通力协作的结果！是社会各界和全县人民充分信任、大力支持的结果！在此，我代表县人大常委会向大家表示衷心的感谢！

全面回顾2021年人大常委会的工作，我们也清醒地认识到存在的差距和不足，主要是监督工作实效性尚需继续增强；行使重大事项决定权的具体办法有待进一步完善；人大代表意见、建议办理质量还有较大提升空间；县人大常委会及人大常委会机关自身建设还不能完全适应新形势发展要求。今后我们将虚心听取代表和各方意见，切实加以改进，不负党和人民的期望和重托。

二、2022年的工作安排

2022年常委会工作总体要求是：坚持以习近平新时代中国特色社会主义思想为指导，深入贯彻落实党的十九大和十九届历次全会精神和中央人大工作会议精神、中央第七次西藏工作座谈会精神，全面贯彻落实习近平法治思想、习近平总书记关于坚持和完善人民代表大会制度的重要思想、关于西藏工作的重要论述和新时代党的治藏方略，增强“四个意识”、坚定“四个自信”、做到“两个维护”，坚持党的领导、人民当家作主、依法治国有机统一，在县委坚强领导下，紧紧围绕“四件大事”“四个确保”，着力推进自治区“四个创建”“四个走在前列”和山南市“六个走在全区前列”，依法履职尽责，奋力担当作为，在全面建设社会主义现代化新桑日中，更好发挥人大制度的守正固本作用、人大监督的推动落实作用、人大代表的凝心聚力作用、各级人大的贯通协同作用，为建设团结富裕文明和谐美丽桑日作出更大贡献。

（一）突出政治站位，强化政治引领

围绕“在铸牢政治忠诚上走在全区前列”为目标，把学懂弄通做实习近平新时代中国特色社会主义思想特别是习近平法治思想和习近平总书记关于坚持和完善人民代表大会制度的重要思想作为首要政治任务，把学习贯彻中央人大工作会议精神摆在突出位置，把树牢“四个意识”、坚定“四个自信”、捍卫“两个确立”、做到“两个维护”体现在围绕中心、服务大局的政治站位上，体现在发挥人大作用、助推社会发展的工作实效上。一是始终坚持党的全面领导。坚持党委总揽全局、协调各方的领导核心，牢牢把握人大及其常委会政治属性，认真落实新时代人大工作新要求，定期向县委汇报人大工作，做到重大问题、重大决策、重大部署、重大事项、重大活动及时请示汇报，使人大各项工作始终围绕县委中心任务来推进。每半年向县委汇报一次常委会工作。二是强化管党治党政治责任。发挥好县人大常委会党组把方向、管大局、促落实作用，把党的领导贯穿人大工作全过程，做到党委有号召、有动员、有部署，人大有响应、有行动、有作为，确保人大工作始终与党的中心工作方向一致、目标一致、步调一致。听取县人民政府关于《中共桑日县委员会关于深入学习贯彻党的十九届六中全会精神、自治区第十次党代会精神、市第二次党代会精神和市委二届二次全会精神加快推进桑日长治久安和高质量发展的意见》贯彻落实情况专项报告。三是正确使用人大任免职权。坚持党管干部原则与人

大依法行使选举权、任免权相统一，规范人事选举和任免程序，依法依规选举和任免国家机关领导人员、组成人员和工作人员，保证党委意图和人民意愿顺利实现。依法开展好干部任前法律考试、拟任职表态发言、宪法宣誓等工作。

（二）紧扣难点热点，提升监督实效

坚持问题导向、目标导向和效果导向，加强权力运行监督制约，依照宪法法律赋予的职权，推动正确监督、有效监督、依法监督。一是围绕“在社会治理体系和治理能力现代化上走在全区前列”抓落实。健全人大监督“一府一委两院”工作制度，持续加强对法治政府建设、国有资产经营管理等监督工作，持续开展规范性文件备案审查工作，充分发挥审计监督的作用，推动依法正确行使行政权、监察权、审判权、检察权。听取法治政府建设、公安机关执法规范化建设工作情况的报告，听取和审议“八五”普法规划报告并作出决议，听取审议监察委员会专项工作报告、人民法院关于立案诉讼服务工作情况的报告、人民检察院关于刑事检察工作情况的报告。二是围绕“在推动高质量发展上走在全区前列”抓落实。聚焦稳定、发展、生态、强边“四件大事”和群众切身利益、社会普遍关注的重点问题，在经济发展、项目建设、脱贫攻坚、生态文明建设、乡村振兴、保障和改善民生等方面加强监督，开展国旗法、国歌法、国徽法、国家通用语言文字法、西藏自治区民族团结进步模范区创建条例贯彻落实情况执法检查，听取和审查计划执行情况报告、预算执行情况的报告、预算调整报告和财政决算的报告、审计工作报告、审计查出问题整改情况的报告，开展上半年经济运行情况专题调研，启用人大预算联网监督系统。三是围绕“在加强生态文明建设上走在全区前列”抓落实。听取和审议好年度环境状况和环境保护目标完成情况的报告，持续开展好生态环保领域法律法规贯彻实施情况的执法检查，持续开展好“雅砻环保行”“弘扬生态文明、建设美丽山南”等活动，开展《西藏自治区国家生态文明建设高地条例》《河湖长制条例》《山南市砂石料开采管理条例》等地方性法规的执法检查，协助市人大开展好《山南市沙棘保护条例》的立法调研等工作。四是围绕“在提升各族人民生活品质上走在全区前列”抓落实。牢固树立以人民为中心的发展思想，健全完善好代表与政府部分负责人座谈联系制度和代表意见建议收集、交办、督办等制度，开展乡村振兴促进法、村民委员会组织法、山南市城市建设管理条例等法律法规的执法检查，开展民法典贯彻实施情况调研，协助市人大开展好《山南市村居（社区）治理条例》的立法工作。五是围绕“强边固防兴边富民上走在全区前列”抓落实。深入推进兴边富民、守边固边、强边固防系列重大决策部署，深入开展国家安全法、国防教育法、国防动员法等法律法规的执法检查。

（三）压实代表责任，提升履职能力

一是抓好市人大意见建议的落实。认真落实山南市人大《关于进一步推进“人大代表之家”规范化提升和常态化活动的实施意见》《山南市人大常委会办公室关于在全市人大系统开展“弘扬生态文明、建设美丽山南”活动的实施方案》《关于在全市各级人大和代表中深入开展铸牢中华民族共同体意识学习教育实践活动的意见》《市人大常委会关于在全市各级人大和代表中开展“走在前列谱新篇，人大奋力做贡献”大讨论大实践活动工作方案》等文件要求，组织开展代表任职培训和专题培训，强化代表履职监督，健全完善代表述职制度，切实增强代表履职意识和履职能力。二是加强代表联系。持续深入“双联系”制度和持续深化“人大代表之家”和“人大代表联络站”建设提质升级，拓宽代表联系服务群众渠道，强化代表履职服务保障，引导代表当好人民群众的知心人、贴心人和代言人。三是激励代表担当作为，组织各级人大代表紧扣区、市、县重点工作部署，深入开展调查研究、视察检查、法律监督，有针对性地提出有思想、有分量、有见解的高质量议案和建议，为各族群众代好言、办实事、做好事，以实际行动体现人大代表的责任担当。

（四）把准定位要求，狠抓机关建设

主动适应新形势、新任务、新要求，找准角色定位，注重创新创优，改进方式方法，依法履行职责，推动机关自身建设再提新水平、再上新台阶。一是强化政治机关建设，结合“人大代表学习培训日”举办主任讲堂和专题交流研讨会，举办机关干部业务素质、县乡人大干部能力建设培训班。二是强化国家权力机关建设，组织实施人大常委会任免国家机关工作人员向人大常委会履职报告和述职工作。三是强化工作机关建设，制定好桑日县人大常委会 2022 年工作要点、执法监督工作计划、调研工作计划、代表工作计划和人大代表之家工作计划。四是强化代表机关建设，持续落实好代表列席常委会会议工作制度，每次常委会列席代表不少于 4 名。健全完善好代表约见“一府一委两院”负责人、列席常委会会议代表座谈会等制度机制，进一步畅通代表与常委会、代表与“一府一委两院”的沟通渠道。

各位代表，新时代需要新担当，新征程呼唤新作为。让我们更加紧密地团结在以习近平同志为核心的党中央周围，高举中国特色社会主义伟大旗帜，在县委的坚强领导下，牢记新使命，开启新征程，推动新实践，在奋斗中释放激情，在奋进中展示作为，奋力开创新时代人大工作新局面，为建设社会主义现代化新桑日做出新的更大贡献！

政府工作报告

——2022年1月15日在桑日县第十四届人民代表大会第三次会议第一次全体会议上

桑日县人民政府县长　索朗巴珠

2021年工作回顾

2021年是中国共产党成立100周年，西藏和平解放70周年，“十四五”开局之年，大事喜事不断。习近平总书记亲临西藏考察指导，让我们再次感受到习近平总书记和党中央的似海恩情、特殊关怀。一年来，在市委、市政府的坚强领导下，在县委的正确领导下，在岳阳市的鼎力支援下，在县人大、政协和社会各界的监督支持下，我们紧紧围绕“走在前列”的目标，突出抓好“稳定、发展、生态、强边”四件大事，统筹疫情防控和经济社会发展，较好完成各项目标任务，实现“十四五”良好开局。

——社会大局持续稳定。牢固树立稳定压倒一切的思想，全面深化落实各项维稳措施，扎实做好建党100周年、西藏和平解放70周年等重要节点维稳安保工作。坚持宗教中国化方向，积极引导宗教与社会主义社会相适应。以铸牢中华民族共同体意识为主线，全区民族团结进步示范县通过自治区级初验。继续坚持信访接待日制度，妥善解决信访事项33个。开展根治欠薪专项行动12次，解决拖欠民工工资1605.99万元，有力保障了农民工合法权益。加强安全生产隐患排查整治，安全生产形势持续稳定。落实疫情防控各项措施，守牢了清净无疫底线。

——经济发展提质增效。扎实做好“六稳”“六保”工作，预计完成地区生产总值21.63亿元，同比增长6.9%；全社会固定资产投资22.45亿元，同比下降21.4%；一般公共预算收入1.01亿元，基本持平；税收收入1.34亿元，同比下降29%；社会消费品零售总额1.6亿元，同比增长9%，农村居民人均可支配收入19300元，同比增长13%以上，规模以上工业增加值6.33亿元，同比下降13.4%，经济运行保持在合理区间。粮食产量9576.01吨，投资1.71亿元扩种葡萄3500亩。大古水电站4台机组全部投产发电，实现产值3亿元。街需电站、巴玉电站项目前期工作有序推进。大古二级、永木二级、增期抽水蓄能清洁能源项目纳入国家抽蓄中长期规划。华新水泥实现产值8.1亿元。旅游人次和收入分别达36.42万人次、1274.9万元，增长10.4%、24.9%。减税降费8510万元，各类市场主体达到2128户、有效商标增加到135件。营商环境持续改善，企业开办环节压缩至3个工作日。招商引资项目开工3个，完成投资5497万元。

——基础设施持续改善。建成288套公租房，实施县城老水厂和管网改造等项目。建成投资3040万元的达西姆曲防洪堤、1067万元的鲁牧沟治理、2410万元的江南灌区续建配套与节水改造工程。实施29条农村公路养护，拉林铁路桑日段全线贯通，火车站站前广场建成投入。农村人居环境整治、厕所革命、高标准农田建设、水利设施建设稳步推进，城乡面貌发生了显著变化。

——民生福祉不断增进。西藏和平解放70周年纪念品全面发放，党中央关怀送达千家万户。坚持巩固拓展脱贫攻坚成果同全面推进乡村振兴有效衔接，精准开展防返贫动态监测和帮扶，脱贫人口人均收入达到14275元，增长14.9%。落实就业优先，桑日籍应届毕业生就业率99.53%。完成农牧民转移就业6704人，实现劳务创收4788.1万元。建设教育强县，本级教育投入2500万元，教学质量逐年稳步提升，初中学业水平成绩位列全市第四。提升健康服务，县人民医院传染病能力建设、核酸实验室、村卫生室等卫生基础设施不断完备，诊疗水平和综合服务能力不断提升。有序推进疫苗接种，接种第一针16031剂次、第二针14124剂次、第三针3620剂次，核酸检测2953人次。繁荣文化事业，圆满举办庆祝建党100周年、西藏和平解放70周年文艺活动。县文化广播影视中心、融媒体中心、新时代文明实践中心启用，深入践行社会主义核心价值观。强化惠民保障，统筹做好低保对象、五保老人、孤儿、残疾人等各类群体关心关爱工作。健全医疗体系，充分运用医保信息系统，累计为445人次报销医疗费用315.642万元，兑现救助资金43.65万元。健全退役军人工作体系和保障制度，完善“双拥”工作机制。

——生态环境质量优良。统筹山水林田湖草沙冰一体化保护和系统治理，完成全民义务植树8万余株、海拔4300米以下“四旁”植树7.2万余株，下大力气整治雅江桑日段采石采砂行为，关停奴卡砂石厂，推进砂石行业健康有序发展。坚持“两高”企业和项目零审批、零引进。生态环境“六大专项整治行动”成效明显。乡村垃圾运营托管，总投资2500万元的县城污水处理厂投入运行，总投资250万元的白堆乡污水处理站项目建成。严格推进“河（湖）长制”，实现巡查常态化。

——抵边搬迁有力推进。坚持“屯兵与安民并举，固边与兴边并重”，先后组织100余名群众到边境县考察参观搬迁安置点5次，梳理汇总各项优惠政策，广泛开展宣传动员，搬迁工作有序推进，全县有意愿搬迁群众120人。

——政府效能不断提升。扎实开展党史学习教育和“政治标准要更高，党性要求要更严，组织纪律性要更强”专题教育，及时召开政府全体会议、政府常务会议等重要会议，研究解决群众关心的急难愁盼、热点难点问题。主动接受党对政府工作的领导，全年向县委请示报告事项42项。全面加强法治政府建设，推行政务公开，自觉接受人大法律监督和工作监督、政协民主监督、监委监察监督、社会舆论监督，强化审计监督，高质量办理人大代表建议101件、政协委员提案34件。纵深推进全面从严治党，严格落实中央八项规定及其实施细则精神，持之以恒纠治“四风”，政治生态保持良好。县政府班子成员深入践行“马上就办”理念和“一线工作法”，深入基层调研掌握第一手资料、了解第一线情况、解决第一道问题，在一线复杂工作中锤炼了本领。

一年来，我们在人民武装、消防、统计、城管、保密、档案、工商联、工青妇、食药、禁毒等各项事业都取得了全方位进步，凝聚了高质量发展的强大合力。

各位代表，面对五期叠加的严峻复杂形势，我们在高质量发展道路上保持定力、坚定前行，取得的成绩来之不易，这离不开县委的坚强领导，离不开县人大及其常委会和县政协的大力支持，饱含着岳阳人民的深情厚谊，倾注着全县各族人民的辛勤汗水。在这里，我代表县人民政府，向奋战在各条战线上的广大干部群众，向各位人大代表和政协委员，向岳阳市援藏干部人才、驻县人民解放军、武警官兵和政法干警，向所有关心支持桑日高质量发展的朋友，表示衷心的感谢、致以崇高的敬意！

在肯定成绩的同时，我们也清醒地认识到，经济社会发展仍面临不少困难和问题，主要表现在：发展不平衡不充分问题仍然突出，全县的营商环境、队伍能力、作风建设还不能完全适应高质量发展的要求。科技对县域经济社会发展的贡献率不高，全面推进乡村振兴任务艰巨，招商引资、基础设施等方面，都显得步子还不够快、气魄还不够大等等，这些问题必须清醒认识，并认真加以解决。

2022年重点工作

各位代表，2022年是党的二十大召开之年，是全面实施“十四五”规划的关键之年。做好政府各项工作，必须坚持以习近平新时代中国特色社会主义思想为指导，贯彻党的十九大和十九届二中、三中、四中、五中、六中全会精神，贯彻习近平总书记视察西藏重要讲话重要指示精神，贯彻习近平总书记西藏工作重要论述和新时代党的治藏方略，贯彻自治区第十次党代会精神和市二次党代会精神，贯彻中央、区党委、市委、县委经济工作会议精神，进一步增强“四个意识”、坚定“四个自信”、捍卫“两个确立”、做到“两个维护”，胸怀“两个大局”心系“国之大者”，坚持稳中求进工作总基调，统筹疫情防控和经济社会发展，落实“三个赋予一个有利于”要求，围绕“四个创建”和努力实现“四个走在前列”和市委提出的“六个走在全区前列”，突出抓好“稳定、发展、生态、强边”四件大事，继续做好“六稳”“六保”工作。

2022年主要预期目标是：力争完成地区生产总值23.58亿元，增长9%；全社会固定资产投资23.8亿元，增长6%；社会消费品零售总额1.76亿元，增长10%；农村居民人均可支配收入21809元，增长13%；规模以上工业增加值8亿元，增长26%。提出这样的预期目标，兼顾了当下与长远、需要与潜力，有利于稳定预期、提振信心，体现了稳中求进工作总基调和推动高质量发展要求。

围绕上述目标，我们将着力做好以下七个方面的重点工作：

——坚持创新发展，增强经济内生动力

一要增强科技创新力，坚持把科技创新作为推动高质量发展的重要动力，突出特色优势产业、生态环境保护、乡村振兴战略等重点领域，强化科技人才队伍建设，引进急需人才、培养青年人才，发挥干事创业的良好环境。二要增强产业竞争力，积极融入雅江中游“百里产业长廊”，深入贯彻高质量发展理念，加强新建产业项目前景分析、科学论证、风险评估等，因地制宜发展农畜产品、清洁能源、文化旅游等特色产业。加快发展农牧产业，投资1.2亿元在扎巴、洛村一带扩种2000亩葡萄，通过技术革新、规模化种植、市场推介，加快葡萄产业发展步伐，提升葡萄产业化经营水平，使葡萄产业成为特色产业名片。加快发展清洁能源产业，有序推进总投资3298万元的街需35千伏输变电工程及2349万元的华能乡村振兴街需村综合服务中心项目建设。待国家核准文件下达后，督促街需电站开工建设，力争全年完成4亿元以上投资任务。强力推进巴玉电站、大古二级、永木二级、增期抽蓄电站清洁能源产业项目前期工作。加快发展文旅产业，全力推进全域旅游，打造好总投资2500万元的思金拉措景区项目，办好西藏山南首届“思金拉措”旅游民歌节，积极申报AAA级景点一处，重点抓好县内各温泉的服务、运营和管理，积极宣传营销思金拉措、达古、沃卡温泉、鲁定林卡等精品景区和线路，吸引更多游客到桑日旅游观光消费，实现旅游产业发展与农牧民增收双赢，力争全年旅游人次、收入分别增长14%和12%以上。三要增强环境吸引力，坚持改革的系统性、整体性、协同性，大力推进以固本培元为主的财税制度，着力健全预算一体化管理制度，加强财政专项资金、部门项目资金、存量资金和非税收入等各领域资金的统筹使用。继续深化“放管服”和行政审批制度改革，全面完成总投资255万元的政务服务大厅改造项目，提高网上事项办理率。不断扩大“证照分离”改革，实现“双随机、一公开”监管常态化，推动企业注销登记手续“最多跑一次”。继续落实减税降费政策，持续改善营商环境，力争市场主体注册数量增长10.5%以上，切实让市场主体“活”起来、市场需求“热”起来、市场环境“优”起来。

——坚持协调发展，提升均衡发展水平

一要全面推进乡村振兴，推动巩固拓展脱贫攻坚成果同乡村振兴有效衔接，严格落实“四个不摘”要求，建立防止返贫监测和帮扶机制，完善防返贫监测户识别、评判、退出程序，重点监测收入水平变化和“两不愁三保障”巩固情况，防止群众返贫。

坚持规划先行，注重传统建筑元素与现代风貌相结合，打造好总投资4000万元的增期乡雪巴村、总投资3000万元的桑日镇塔木村2个美丽宜居乡村振兴示范点。切实把改善人居环境作为乡村振兴战略的重要抓手，因地制宜实施“厕所革命”、生活垃圾处理，建成总投资765万元增期乡雪巴村污水治理项目，提高农牧区现代化水平。强化易地扶贫搬迁及已建扶贫产业项目后续扶持和经营管理，开展扶贫项目清产核资，进一步健全完善利益联结机制，防止扶贫资金损失浪费、资产闲置和流失。二要加快完善城乡建设，突出抓好交通、水利、市政等重点项目，着力补齐基础设施短板。各项目部门要靠前服务、提前介入，办理好施工许可、选址、用地、环评、林评等手续，既要坚决避免出现未批先建、侵占耕地、违规占用林草地等问题，也要杜绝资金等项目、项目等资金的现象。开工建设总投资1.73亿元的卡乃、达杰、帮贡农村公路建设，力争总投资5100万元的西沟、白玛松多公路项目落地。继续申报衔接增期乡、白堆乡、绒乡农村客运服务站点配套设施建设。全面建成总投资4500余万元的白堆、增期河、德里姆曲防洪堤治理工程。积极申报总投资约1900万元的县人民医院56套公租房项目，加快推进总投资1200余万元的增期乡乡政府集中供暖工程。积极争取总投资约1500万元的巴朗村污水处理站项目落地。有序推进总投资3000万元的县城防洪排涝工程。全面开工建设总投资6000万元的市殡仪馆、5000万元的精神病福利机构项目。落实好“全国文明城市”创建工作任务，投入300余万元健全完善县城基础设施维护管理，不断提升县城品位。积极对接市直相关部门有序推进鲁牡木材石材专业市场及其公共服务配套设施建设。各项目部门要有序完成“十四五”规划项目前期工作，主动与上级部门的沟通汇报，严格履行基本建设程序和规矩，确保项目早启动、早实施、早见效。

——坚持绿色发展，高位推动生态优先

牢固树立绿水青山就是金山银山，冰天雪地也是金山银山的理念，守护好一草一木，统筹山水林田湖草沙冰一体化保护和系统治理，全面完成明则砂石厂、奴卡砂石厂生态复垦复绿。健全垃圾集中转运无害化处理模式，强化饮用水水源地环境保护和监管。加快推进国土空间总体规划编制、2020年—2035年县城矿产资源规划，落实生态保护、基本农田等空间管控边界，严禁引进和落地“两高”项目。建成总投资810万元的市生态环境局桑日分局监测二站业务用房项目，健全生态环境综合执法体系，提高环境风险防控应急能力。广泛实施国土绿化，投入363.5万元实施海拔4300米以下“四旁”植树，投入1200万元实施“先造后补”项目，力争新增植树造林面积达3000亩以上。严格落实河湖林长制，深入实施水污染防治行动，加强集中式饮用水源地保护，狠抓污水收集处理、入河排污口治理和地下污水治理，确保主要江河湖泊水质达到或优于Ⅲ类水体。切实将绿水青山、冰天雪地的“颜值”转化为金山银山的“价值”。

——坚持开放发展，深化交往交流交融

聚焦招大引强、招高引新、招专引精、理顺招商职能，健全完善领导联系企业、签约项目调度、招商引资奖励等机制，提高招商引资成效。投入使用总投资1亿元的华新水泥窑协同生活垃圾处置项目。开工建设总投资2800万元的H型蜀宏钢结构生产建设项目2000万元的一般固废替代燃料项目，力争招商投资完成1.5亿元以上。深化与岳阳市的交流合作，用好用足用活岳阳市资源优势，对接完成43个行政村村庄编制规划工作。丰富受援工作内涵，推动受援工作从单向支援向双向互动转变，从政府间交往交流交融向全社会交往交流交融转变，从输血为主向造血活血为主转变，从资金、项目支援向智力、产业、民生、市场支援转变。按期完成总投资1250万元的桑日镇雪巴村道路改造、总投资1250万元的增期乡供水工程、总投资435万元的绒乡卫生院等第九批援藏建设项目，对接做好新一轮援藏轮换工作。

——坚持共享发展，提升人民生活品质

深入践行共享发展理念，切实增强民生保障能力，坚持把麻烦和困难留给政府，便利和实惠留给群众，加快实施一批惠民实事和民生项目，确保民生支出占本级财政支出的 80% 以上。一要促进就业增收，切实把促进就业和增收作为高质量发展的优先目标，重点做好高校毕业生、农村转移劳动力、城镇就业困难人员就业工作，确保应届高校毕业生就业率保持在 98% 以上。要加大困难家庭就业服务工作，确保城镇零就业家庭动态清零。要积极对接市场、对接岗位、对接群众意愿，完成农牧民技能培训 750 人以上，转移就业农牧民 6700 人以上、创收 4600 万元以上。要层层压实群众增收工作责任，拓宽渠道增加群众经营性、工资性、转移性和财产性收入，继续落实好凡是政府投资 400 万元以下项目交由具备资质的农牧民施工企业承建，确保农牧民用工总量达 80% 以上，农村居民人均可支配收入突破 2 万元大关。二要提高教育质量，紧紧围绕“培养什么人、怎么培养人、为谁培养人”这一根本问题，树牢立德树人根本任务，促进学生全面发展。本级财政计划投入教育事业经费 2500 万元，全面落实教育惠民政策，不断提升教育质量。加快智慧校园建设，启动总投资 300 万元的绒乡小学智慧校园项目。强化校园基础设施建设，投入 300 万元实施比巴村幼儿园原址重建、投入 516 万元实施县中学食堂改扩建等项目。三要打造健康桑日，投入使用总投资 1060 万元的县人民医院传染病能力建设项目及总投资 530 万元的疾控中心核酸实验室。出台乡村卫生技术人才队伍建设三年巩固计划，加大全县卫生技术人员培训力度，着力提升基层基本公共卫生服务水平。积极提升藏医药服务能力，实现康养结合，全面推进老龄健康管理。持续抓好常态化疫情防控工作，坚持“人、物、环境”同防，压实四方责任，落实好消杀消毒等防控举措，有序推进疫苗接种，提高第三针接种率，实现应接尽接。四要促进文化惠民，盘活地域文化资源，精心举办春晚藏历新年等文艺演出，开展更多频次的文艺下乡活动，完成开展文艺下乡活动 100 场以上。争取实施县民间艺术团排练场所、各乡镇文化站功能提升、村居文化广场项目。主动对接西藏四方信息产业有限公司，及时安装影视文化中心数字放映设备，确保数字影院真正发挥作用，干群文化需求得到保证。五要健全社保体系，加快实施全民参保计划，扎实做好全年居民医保参保工作，多渠道多方式开展宣传，动员群众主动缴费、及时参保。严格落实政策标准、简化报销流程，基本医疗、大病保险、大病救助等一站式服务、一单制结算，实现“三重保障”制度对适用人群全覆盖。

——坚持安全发展，提升社会治理效能

一要坚决维护政治安全，坚决落实各项维稳措施，深入排查风险隐患，坚决消除不稳定性因素。坚持和发展新时代“枫桥经验”，密切关注信访、“双拖欠”等突出问题，构建源头防控、排查梳理、纠纷化解、应急处置有机结合的社会矛盾综合治理机制。以铸牢中华民族共同体意识为主线，巩固发展民族团结，加强学校思想政治教育，推广普及国家通用语言文字，加强各民族交往交流交融，力争创建全国民族团结进步示范县，让各族干部群众像石榴籽一样紧紧抱在一起。全面贯彻党的宗教工作方针，依法管理宗教事务，坚持藏传佛教中国化方向，持续在“导”上下功夫，健全寺庙管理长效机制，持续推进寺庙财税监管，绵绵用力淡化宗教消极影响，更好引导藏传佛教与社会主义社会相适应。二要坚决维护经济安全，加强经济安全风险预警、防控机制和能力建设，确保重要产业、基础设施等关键领域安全可控。防控金融风险，坚决守住不发生系统性风险底线。坚持稳粮、兴牧、强特色，大力发展设施农业、现代牧业，坚决扛起粮食安全的政治责任，有序推进 2500 亩高标准农田建设项目，保证粮食种植面积，扎实做好粮食收储和青稞安全保障，确保粮食产量稳定在 9500 吨以上，其中青稞产量保持在 6300 吨以上。落实最严格的耕地保护制度，持续推进农村乱占耕地建房和违法用地整治行动，坚决遏制耕地“非农化”、防止耕地“非粮化”，严守耕地红线。三要坚决维护公共安全，持续加强安全生产监管执法，严格落实属地、行业、企业主体责任，有效遏制交通、建筑施工、危险化学品、食品药品等领域重特大事故发生，保障人民生命财产安全。完善应急管理体系，加强应急保障体系建设，提高防灾、减灾、抗灾、救灾能力。

——坚持融合发展，凝聚守边固边合力

要切实把思想和行动统一到习近平总书记关于治边稳藏重要论述和关于“争做神圣国土守护者、幸福家园建设者”重要指示精神上来，牢固树立总体国家安全观，按照自治区党委政府确定的目标任务，结合市委市政府提出的具体要求，坚持“屯兵与安民并举、固边与兴边并重”，以绒乡扎嘎沟5个行政村和地质灾害频发、资源条件较差、基础设施薄弱、缺乏产业支撑、群众收入偏低等村组群众为重点，聚焦隆子县格勒淌安置点219人搬迁任务，切实把抵边搬迁工作作为一项重大政治任务抓实抓细。层层压实责任，逐村逐户逐人广泛宣传卓嘎、央宗等爱国守边模范先进事迹，大力弘扬爱国守边精神。梳理完善抵边搬迁各项惠民政策，持续开展政策宣讲动员，积极引导群众向边境聚集，不断壮大守土固边力量，鼓励群众像格桑花一样扎根边陲。

各位代表，新使命、新任务对政府自身建设提出了更高要求，我们必须始终坚持党的全面领导，持续加强自身建设，着力建设忠诚干净担当的政府系统高素质干部队伍。始终把政治建设摆在首位，增强“四个意识”、坚定“四个自信”、做到“两个维护”，不断提高政治判断力、政治领悟力、政治执行力，坚定不移贯彻执行党中央、区党委、市委和县委决策部署。始终尊崇宪法法律，加强法治政府建设，自觉接受人大监督、政协民主监督，自觉接受监察监督、舆论监督。加强政府系统干部思想淬炼、政治历练、实践锻炼、专业训练，以更强本领素质推动高质量发展。坚决贯彻全面从严治党要求，坚决落实中央八项规定及其实施细则精神，力戒形式主义、官僚主义，持续加大反腐倡廉力度，扎紧制度笼子、规范权力运行，努力建设风清气正、干部廉洁、群众满意的人民政府。

各位代表，团结凝聚力量，实干创造未来，让我们更加紧密地团结在以习近平同志为核心的党中央周围，按照区党委政府、市委市政府的统一部署要求，在县委的坚强领导下，改进作风、狠抓落实，接续奋斗、砥砺前行，推动桑日长治久安和高质量发展走在全市前列，以优异成绩迎接党的二十大胜利召开！

名词解释

（以文中出现先后为序）

1.“四件大事”：稳定、发展、生态、强边。

2.“双拥”：地方拥军优属，军队拥政爱民。

3.“两高”：高耗能、高排放。

4.“四风”：形式主义、官僚主义、享乐主义、奢靡之风。

5.“四个意识”：政治意识、大局意识、核心意识、看齐意识。

6.“四个自信”：道路自信、理论自信、制度自信、文化自信。

7.“两个确立”：党确立习近平同志党中央的核心、全党的核心地位，确立习近平新时代中国特色社会主义思想的指导地位。

8.“两个维护”：坚决维护习近平总书记党中央的核心、全党的核心地位，坚决维护党中央权威和集中统一领导。

9.“两个大局”：中华民族伟大复兴战略全局和世界百年未有之大变局。

10.“六稳”“六保”：“六稳”即稳就业、稳金融、稳外贸、稳外资、稳投资、稳预期工作。“六保”即保居民就业、保基本民生、保市场主体、保粮食能源安全、保产业链供应链稳定、保基层运转。

11.“三个赋予一个有利于”：要坚持所有发展都要赋予民族团结进步的意义，都要赋予维护统一，反对分裂的意义，都要赋予改善民生、凝聚人心的意义，都要有利于提升各族群众获得感、幸福感、安全感。

12.“四个创建”“四个走在前列”：要着力创建全国民族团结进步模范区，努力做到民族团结进步走在全国前列；要着力创建高原经济高质量发展先行区，努力做到高原经济高质量发展走在全国前列；要着力创建国家生态文明高地，努力做到生态文明建设走在全国前列；要着力创建国家固边兴边富民行动示范区，努力做到固边兴边富民行动走在全国前列。

13.“六个走在全区前列”：在铸牢政治忠诚上走在全区前列，在推进社会治理体系和治理能力现代化上走在全区前列，在推动高质量发展上走在全区前列，在提升各族人民生活品质上走在全区前列，在加强生态文明建设上走在全区前列，在强边固防兴边富民上走在全区前列。

14.“四旁”：公路沿线、水渠周边、农田周围、房前屋后。

15.“先造后补”：国家和省（自治区）安排造林绿化资金下达县（市、区）后，先开展造林，待成活率达标后兑现造林补助。

16.“放管服”：“放”即简政放权，降低准入门槛。“管”即创新监管，促进公平竞争。“服”即高效服务，营造便利环境。

17.“枫桥经验”：小事不出村，大事不出镇、矛盾不上交，就地化解。

中国人民政治协商会议第二届桑日县委员会常务委员会工作报告（草案）

——在政协桑日县第三届委员会第一次会议上

（2021年7月5日）

县政协主席 罗布次仁

二届政协工作回顾

政协桑日县第二届委员会任期的五年，是全县经济建设和社会事业取得重大成就的五年，也是人民政协工作与时俱进、蓬勃发展的五年。在中共桑日县委的正确领导下，在县政府的大力支持下，我们团结引领政协各参加单位和广大政协委员，在服务大局中主动融入，在推动发展中积极作为，在促进和谐中发挥优势，为全县经济社会发展作出了应有贡献，政协工作实现新发展、取得新成效。

五年来，中央、区、市、县委关于加强人民政协协商民主建设的部署持续深入贯彻落实，党对政协协商民主工作的领导进一步加强。县委高度重视政协工作，县委常委会每年听取政协党组工作汇报，召开县委政协工作会议，为做好新形势下人民政协工作指明方向、提供遵循。县委、政府领导多次批示政协提交的重要建议案、调研报告，参加委员小组讨论会、协商座谈会，与委员共商大计、共谋发展，为我县政协工作提质增效注入了动力。县政协党组和县政协常委会牢固树立“四个意识”，坚定不移同以习近平同志为核心的党中央保持高度一致，自觉坚持县委的领导，坚决维护县委领导核心地位，不折不扣地把县委的主张、要求贯彻落实到政协履职全过程、各方面，坚持重要工作、重要事项、重要会议向县委请示报告，讲政治、讲纪律、守规矩意识进一步增强。

五年来，围绕中心、服务发展，委员履职平台创新拓展。坚持把政协工作置于全县改革发展大局中思考、定位和推进，秉持党政中心工作推进到哪里、政协工作就跟进到哪里，组织开展调研视察活动15项，举行协商议政活动10次，向县委、县政府报送调研视察报告12份。组织引导委员在履行政协职能中提素质、“当主角”，在经济建设主场勇担当、显身手，为全县经济社会持续稳定发展建真言、献实策、出实力。

五年来，政协协商议政格局趋于完善。认真贯彻落实中共中央《关于加强社会主义协商民主建设的意见》、中办《关于加强人民政协协商民主建设的实施意见》和区、市、县委部署要求，突出问题导向，强化协商意识，规范协商形式，把握协商节奏，注重协商实效，初步形成了以全委会协商为龙头，以专题协商议政性常委会为重点，以提案办理协商、对口协商为常态的协商格局。

五年来，政协党组和政协机关党的建设全面加强。按照全面从严治党的要求，严格落实管党治党主体责任、第一责任人责任、“一岗双责”和监督责任，深入开展“不忘初心、牢记使命”主题教育和“两学一做”学习教育，持之以恒加强作风建设，政协委员和政协机关中的党员干部进一步筑牢信仰之基，党内政治生活更加严肃规范，党风廉政建设切实加强，政治生态持续净化。

五年来，县政协常委会主要开展了以下工作：

（一）坚定“一个方向”，始终把握履职原则

坚持中国共产党的领导，是人民政协事业发展进步的根本保证。五年来，我们牢牢把握这个“基本点”，推进政协工作，坚定政治信仰，站稳政治立场，保持政治定力，确保政协工作始终沿着正确政治方向前进。

强化思想理论武装。常委会组成人员及广大政协委员深入学习中共十九大和十九届二中、三中、四中、五中全会精神、习近平新时代中国特色社会主义思想、习近平总书记关于加强和改进人民政协工作的重要思想、党中央治国理政新理念新思想新战略和中央第七次西藏工作座谈会精神，深刻理解和准确把握中国共产党关于统一战线和人民政协的一系列方针政策。牢牢把握中央、区党委、市委、县委政协工作会议部署要求，切实增强做好新时代我县政协工作的政治自觉、思想自觉、行动自觉。学习贯彻区党委、市委、县委重要会议、重大部署，认真学习和践行社会主义核心价值观，筑牢思想根基，夯实理论基础，不断增强中国特色社会主义道路自信、理论自信、制度自信、文化自信。

深刻把握性质定位。深刻领会习近平总书记关于“人民政协是统一战线的组织，是多党合作和政治协商的机构，是人民民主的重要实现形式”的重要论述，紧紧围绕人民政协性质地位推进政协协商，自觉在宪法法律和政协章程内开展工作，积极发扬民主、参与国是、团结合作的重要平台作用，进一步强化政治定力，理清工作思路，把握履职要义，增强坚持走中国特色社会主义政治发展道路的自觉性和坚定性。

坚定正确政治方向。牢牢把握团结和民主两大主题，用共同奋斗目标、共同责任担当，积极引导各党派团体和各族各界人士，始终把加强思想政治建设、提高政治把握力摆在首位，确保信仰坚定、立场坚定、方向正确。教育和引导广大政协委员，切实增强政治意识、大局意识、责任意识，坚决贯彻落实中央的方针政策和区、市、县委的决策部署，把智慧和力量凝聚到县委确定的目标任务上来，使县委的主张转化为广大政协委员的共同意志和自觉行动。

（二）坚持“两个围绕”，扎实开展履职工作

政协工作千头万绪，只有抓住重点才能纲举目张、事半功倍。五年来，县政协主动围绕中心，积极服务大局，找准工作的两个“着力点”，充分发挥了政协的重要作用。

坚持围绕党政工作重点开展工作。自觉将政协工作置于全县工作大局中来谋划、来部署，紧紧围绕县委县政府的决策部署、中心工作，围绕改革发展中的重大问题，主动融入，积极作为。一是紧扣中心任务协商议政。县政协作为桑日发展的参与者、促进者、奉献者，始终坚持把不断推动全县经济社会率先突破发展作为履行职能的首要任务，按照全委会总体协商议大事、常委会专题协商议要事、主席会重点协商议难事的原则，深刻把握协商形式的多样性，注重开好各个层次的例会。共召开全委会议 7 次、常委会议 19 次、党组会议 74 次，就事关全县经济发展、民生改善等重点热点难点问题进行协商议政、建言献策，对县政协的重点工作和重大活动进行安排、做出部署，真正做到聚焦中心、建言发展、服务大局。二是紧盯重点工作视察调研。在严把选题关、事实关和建议关的前提下，重点围绕全县重大项目建设、社会事业发展、民生改善等 8 个课题，先后组织 30 名委员进行大会发言献策，组织委员深入基层、深入群众开展视察调研，形成具有较高质量的《雅江流域桑日段综合治理开发利用》《桑日县非公经济及外出务工情况》《关于我县农村环境卫生情况的调研报告》《关于全县乡村文化建设情况》等视察调研报告。三是紧贴中心工作力行担当。政协领导班子成员在全县经济社会建设、维稳、疫情防控、重点项目管理、综治民调、劳资纠纷、精准扶贫、村“两委”换届、虫草采挖等工

作中，做到既建言献策，又积极主动参与。同时，县政协主席还列席县委常委会，县政协副主席和部分政协委员应邀参加县委、县政府重大决策、重要工作部署等座谈会、讨论会、征求意见会，就全县重大项目规划建设、招商引资、产业发展、“十四五”规划制定等重大事项进行议政建言，反映社情民意，全面有效地发挥了政治协商的职能作用。

坚持围绕群众关注热点发挥作用。坚持以人为本、履职为民，始终把关注民生、改善民生作为履行职能的着力点，推动群众共享改革发展成果。一是积极建言献策促发展。委员们深入了解民情，广泛集中民智，在经济发展、社会稳定、民生改善、脱贫攻坚、生态环境等方面，提出153多条意见建议。通过提案提出的高标准农田改造、关于在桑日县境内新建一座跨雅鲁藏布江大桥等提案，也受到有关领导和部门重视。二是助推精准扶贫惠民生。按照县委、县政府总体工作部署，积极投身全县精准扶贫，坚持结合实际定措施、真情帮扶促和谐，扎实推进各联系点的扶贫工作。政协班子成员以身作则，深入所联系的乡镇、村，认真落实精准帮扶工作。积极引导、鼓励和支持全县政协委员立足岗位作贡献，为全县脱贫攻坚献计出力。全县政协委员主动与贫困户结对子，积极帮助贫困户就业、就学和增收。据统计，各界别中有公职的政协委员27名，结对帮扶贫困家庭53户，经济科技工商联界的委员累计筹集帮扶资金和物资572万余元，提供就业岗位625个。三是加强维稳工作聚民心。积极协助县委和政府做好协调关系、理顺情绪、化解矛盾、增进团结的工作，确保社会和谐稳定。组织政协委员广泛联系界别群众，深入开展民族团结宣传教育、民法典等法律法规。教育引导政协委员以卓嘎央宗姐妹等先进典型为标杆，牢固树立“三个离不开”思想，树立正确的“五观”，增进“五个认同”。积极发挥政协的统战功能作用，认真做好解疑释惑、化解矛盾、凝聚人心的工作，加强同宗教界人士的沟通联系，积极促进民族团结、宗教和谐。各政协委员积极响应县委、县政府和县政协的号召，走村入户为广大群众讲解方针政策，实地走访摸排，正面回应其合理诉求，做好教育疏导工作，维护了社会和谐稳定。

（三）突出“五个注重”，着力提升履职水平

新形势、新任务对政协工作提出了新的要求。为了进一步提升政协工作水平，我们精心选择“切入点”，努力做到“五个注重”。

注重推进协商民主。按照中央部署和区、市、县委要求，以改革创新精神，积极稳妥、循序渐进，有组织、有步骤、有计划地推动政协协商民主工作开展。一是完善协商制度。根据上级政协出台的有关文件，结合我县政协工作实际，先后制定了县政协《协商工作计划方案》《调研工作规则》等制度，明确了协商的议题提出、参与范围、程序形式以及成果运用等，为我县政协协商民主开展提供了制度保障。二是健全协商机制。每年年初，县政协根据县委县政府中心工作、重要部署、重点工作，在常委会提出协商重点的基础上，拟订年度协商工作计划建议，初步形成了班子成员“出题”、向委员“选题”、从提案“点题”、县政协“汇题”和县委“定题”的新机制。增强协商环节的有效衔接，保障政协协商民主有序务实高效开展。三是丰富协商形式。着力打造全体会议全面协商、常委会会议专题协商、专门会议重点协商和提案办理协商等多种协商形式，使协商议政活动活跃有序。

注重深化改革创新。积极探索履行职能的新思路新方法新途径，不断丰富内容形式，完善制度机制，增强履职实效。一是议政建言工作取得新成效。注重运用全体会议、常委会会议、专题协商会、调研视察等形式，围绕县委重大问题，深入协商讨论，为改革发展出实招、献良策。五年来，报送县委、县政府和相关职能部门协商成果5件，涉及5个方面80余条意见建议被采纳落实。二是提案工作质量实现新提升。坚持提高质量、务求实效的原则，采取“督重点、促全面、分层次、多形式”的督导方法，创新提案办理形式，采取现场提案办理评议等方式，推进提案办理工作，提案工作制度化建设进一步加强。二届县政协以来累计审查立案153件提案，办复率95%。三是反映社情民意信息工作

再上新台阶。建立《政协桑日县委员会关于加强和改进反映社情民意信息工作的意见》，支持和鼓励政协委员积极反映社情民意，充分发挥好政协反映社情民意信息的基础性作用。选派基层一线的政协委员担任社情民意信息员，便于及时掌握第一手社会普遍关注的热点、焦点社情民意信息，在第一时间解决落实，并做好相应整理上报工作。五年来向市政协、县委县政府编报社情民意信息 11 期。其中《工程留“尾巴”通行有隐患》得到市领导批示。四是文史资料工作展现新成果。坚持广征博采，拓展新领域、丰富新内容，把文史资料工作办成宣传政协工作、展示政协形象的载体，有效发挥了政协文史资料“存史、资政、团结、育人”的作用。组织政协委员深入我县 17 座寺庙和拉康进行文史资料的征集登记，编撰了《桑日县藏传佛教寺庙目录型简介》《桑日县非遗文化简介》。五是对外联系工作呈现新格局。先后迎接了自治区政协、市政协领导来我县调研、视察、检查指导工作，形成了上下联动共解难题的建言机制。同时，我们积极开展与其他省份市（县）和自治区内兄弟市县学习交流活动，大力宣传推介桑日县发展成果和生态、人文、和谐、幸福桑日形象，助推了桑日县知名度的提升和对外交流交往的不断深化。认真做好山南市基层政协工作推进会考察团来桑日的接待工作，就基层政协工作中的好经验、好做法进行了深入沟通交流，增进了认同，达成了共识。

注重提升监督水平。常委会坚持把民主监督作为履行职能的重要内容，充分发挥人民政协民主监督的独特优势和重要作用，认真贯彻落实县委《关于加强和改进民主监督工作实施意见》精神，充分发挥人民政协民主监督在改进县委政府工作，密切党群干群关系中的重要作用。先后安排 4 名副主席承担优化发展环境整治、脱贫攻坚大督战大排查、疫情防控、重点项目建设等专项督导任务。组织政协委员 50 余人次，参加听证会、咨询会、审判会、评议会和各类考试监督等，县政协民主监督的领域得到不断拓宽。

注重强化机关建设。加强学习型机关建设，组织集中学习培训，完善学习制度，制订学习计划，强化学习考勤，注重学习实效，加强制度建设，先后制定、修订工作规范、工作落实、工作纪律等 10 余项制度规定，严格按制度办事、遵程序运转。严格落实中央八项规定精神和党风廉政建设责任制，严格机关管理。机关工作更加规范高效，机关党员干部主动谋事、拼搏干事、努力成事的氛围更加浓厚。

注重建设委员队伍。把加强委员的学习培训作为事关全局和长远的一项基础性工作，积极探索并深入开展多形式、多层次、多渠道的委员学习培训，形成了全面提高委员综合素质和履职能力的良好格局。5 年来，先后举办了 5 期藏语汉语培训班。举办乡镇政协工作者业务培训班，提高双向发力的能力素质。教育引导广大政协委员与政协干部明确自身责任，加强自我学习，增强“两支队伍”政治把握能力、调查研究能力、联系群众能力、合作共事能力，全面增强履职本领，提高“建言建在需要时，议政议在点子上，监督监在关键处”的水平。落实《政协桑日县委员会委员履职管理办法》的要求，完善委员履职信息库建设，将委员参加政协会议活动、提交提案、报送社情民意信息等履职情况详细进行记录，作为委员换届留任和评优评先的重要依据。

各位委员、同志们，县二届政协及其常委会取得的成绩，是中共桑日县委正确领导的结果，是县人大、县政府和社会各界大力支持的结果，是政协工作人员和广大政协委员齐心协力、共同奋斗的结果。在此，我代表县二届政协常委会向大家表示崇高的敬意和衷心的感谢！

回顾县二届政协五年来的工作实践，我们深切体会到：只有坚持中国共产党的领导，认真贯彻落实党的路线方针政策，始终做到与县委同心、同向、同行，才能确保人民政协工作发展的正确方向；只有坚持围绕全县中心工作履职尽责，紧扣经济社会发展大局协商议政，才能有所作为、体现价值；只有坚持发扬社会主义民主，最大限度调动一切积极因素，团结一切可以团结的力量，才能汇聚起共襄伟业的强大合力；只有坚持及时反映群众诉求和愿望，切实维护群众利益，才能更好地发挥桥梁纽带作用；只有坚持紧跟时代步伐，沉下身子、真抓实干，在继承中创新、在创新中发展，人民政协才能在“商”中求同、在“协”中成事。

同时，我们也清醒地看到工作中的不足：政协协商民主机制建设仍需深入推进；建言献策的质量仍需提高；工作创新力度有待进一步加大；协商成果跟踪反馈和转化仍需加大力度等。这些问题，要在今后工作中认真研究改进。

今后五年工作建议

“十四五”时期是开启全面建设社会主义现代化国家新征程、向第二个百年奋斗目标进军的关键时期。今后五年，我县政协工作的总体思路是：坚持以习近平新时代中国特色社会主义思想为指导，深入贯彻落实习近平总书记关于加强和改进人民政协工作的重要思想、关于西藏工作重要论述和新时代党的治藏方略，聚焦“四件大事”“四个确保”，落实“三个赋予、一个有利于”要求，贯彻落实县委对政协工作的部署要求，突出政协工作的主轴、主线和中心环节，团结引领全县政协委员牢牢把握团结和民主两大主题，紧扣县委重大决策部署，聚焦中心任务尽责履职，围绕民生关切建言献策，广泛增进共识团结联谊，加强自身建设树立良好形象，为建设团结富裕文明和谐美丽的社会主义新桑日贡献政协智慧和政协力量。

（一）坚持不忘初心、牢记使命，坚持正确的政治方向。人民政协是中国共产党领导的爱国统一战线组织，必须坚持党的领导。我们要牢牢把握这一根本遵循，把旗帜鲜明讲政治作为政协工作的根本保证和根本原则，提高政治站位，增强“四个意识”、坚定“四个自信”、做到“两个维护”。要深入学习贯彻习近平总书记关于加强和改进人民政协工作的重要思想，准确把握新时代人民政协的新方位、新使命，在思想上、行动上自觉与党的基本理论、基本路线、基本方略对标对表，与党的决策部署和各项要求对标对表，提高政治站位，坚定政治立场，严守政治纪律，进一步加强政治建设，夯实团结奋斗的共同思想政治基础。要坚持在县委统一领导下开展工作，全面贯彻落实县委的决策部署，认真执行重要工作、重大事项和重要情况请示报告制度，在坚持党对政协工作全面领导中展现新担当。

（二）坚持围绕中心、献计出力，全面推进协商民主。进入新时代、开启新征程。实现巩固拓展脱贫攻坚成果同乡村振兴有效衔接，全县经济发展还有许多难点、痛点需要破解，社会事业、民生工作还有很多短板需要补足。我们要牢牢把握新时代人民政协使命任务的新变化，紧紧围绕乡村振兴、民生改善等中心工作履职尽责，做到政治协商聚焦大事、参政议政关注实事、民主监督紧盯难事，建真言、谋良策、出实招，为桑日经济社会发展作出新的更大贡献。要充分发挥协商作用，围绕经济社会发展的重大问题、人民群众普遍关注的实际问题，畅通协商渠道，拓展协商内容，营造既畅所欲言、各抒己见，又理性有度、合法依章的良好协商氛围，推动协商数量与质量同步提升。

（三）坚持凝聚共识、增进团结，全面汇集发展合力。人心是最大的政治，共识是奋进的动力。当前，桑日的改革发展正处在关键时期，需要全县上下团结一心、攻坚克难。人民政协作为加强党对各项工作领导的重要阵地，作为用党的创新理论武装各界代表人士的重要平台，作为化解矛盾、凝聚共识的重要渠道，要紧扣全县发展定位，进一步拓展统战工作的广度和深度，健全同党外知识分子、非公经济人士、社会各阶层人士沟通联络机制，不断扩大朋友圈、增强团结面。广大政协委员代表性强、联系面广，是推动经济社会发展的重要力量，要面向社会广泛联系和动员各界群众，扎实做好解疑释惑、宣传政策、理顺情绪、化解矛盾工作，找到最大公约数、画出最大同心圆，真正把各方的思想认识统一到经济社会建设目标上来，为改革发展稳定汇集强大正能量。

（四）坚持立足实际、改革创新，全面提高工作质量。习近平总书记指出：“人民政协是国家治理体系的重要组成部分，要适应全面深化改革的要求，以改革思维、创新理念、务实举措大力推进履职能力建设，努力在国家治理体系和治理能力现代化中发挥更大作用”。我们要对标新定位、新要求，着眼新使命、新任务，结合工作实际，进一步抓好制度创新，努力构建结构合理、层次清晰、科学规范的制度体系，确保一切工作有章可依、有规可循，以制度创新促进工作质量提升。要注重工作重心下沉，推动政协组织向基层延伸、政协工作向一线落实，以更加贴近群众、更加务实高效的履职形态，开辟政协发挥作用的广阔空间。

（五）坚持党建引领、勇创一流，全面加强自身建设。一是认真落实“两个全覆盖”。按照中办《关于加强新时代人民政协党的建设工作的若干意见》和县委的整体部署，充分发挥党组领导核心作用，着力推动机关党支部建设，加快政协党支部规范化建设进程，完善党员委员参加双重组织生活制度和党内委员联系党外委员制度，实现党的组织对党员委员的全覆盖、党的工作对政协委员的全覆盖。二是加强政协常委会建设。完善以全体会议为基础、专题议政性常委会议和专题协商会为重点、对口协商和界别协商为常态的协商议政新格局。健全完善主席会联系常委、乡镇政协联络员，常委联系委员，办公室管理服务委员等制度，促进履职提质增效，坚定不移地把县委的重大决策和工作部署贯彻到政协的全部工作之中。三是推进专门委员会工作。联合开展调研视察和协商议政活动，努力构建“协商有序、监督有方、参政有为、履职有效”的运行机制，进一步发挥专委会在重点课题调研、重点提案督办、联系界别和委员中的重要作用，推动政协工作高质量发展。四是加强“两支队伍”建设。更加注重发挥委员主体作用，建立委员履职评价体系，深化委员档案管理制度，打造“懂政协、会协商、善议政，守纪律、讲规矩、重品行”的委员队伍；更加注重机关效能建设，坚决克服和防止形式主义、官僚主义，大兴学习研究之风、爱岗敬业之风、求真务实之风，不断提高政治把握能力、调查研究能力、联系群众能力、合作共事能力，展出新时代政协委员和政协干部的新样子。

各位委员，同志们，团结汇聚力量，奋斗成就辉煌。人民政协事业将高扬旗帜，继往开来，谱写新的篇章。让我们紧密团结在以习近平同志为核心的党中央周围，在中共桑日县委的坚强领导下，高举中国特色社会主义伟大旗帜，以更加昂扬的精神状态、更加扎实的工作作风、更加优异的履职成绩庆祝建党 100 周年和西藏和平解放 70 周年，为开创人民政协事业的新局面，谱写桑日经济建设的新篇章而努力奋斗！

大事记

1月

13日 中国共产党桑日县第九届委员会第九次全体会议召开，会议由县委常委会主持。传达学习中共十九届五中全会、自治区党委九届九次全会暨自治区党委经济工作会议和市委一届七次全会精神，审议通过《中共桑日县委员会关于制定国民经济和社会发展第十四个五年规划和二〇三五年远景目标的建议（草案）》。

是日 2021年县委经济工作会议召开。会议学习贯彻中共十九届五中全会、中央第七次西藏工作座谈会和中央经济工作会议精神，全面贯彻落实自治区党委九届九次全会暨自治区党委经济工作会议、市委一届七次全会和市委经济工作会议精神，分析经济形势，全面总结2020年全县经济工作，部署2021年全县经济工作。

是日 县人民医院简易应急核酸检测实验室通过验收并投入使用。

14—16日 中国人民政治协商会议第二届桑日县委员会第七次会议召开。听取并审议县政协常务委员会工作报告（草案）、县政协常务委员会提案工作情况的报告（草案）、县政协提案办公室关于提案审查情况的报告；列席桑日县第十三届人民代表大会第七次会议，听取并协商讨论政府工作报告及其他工作报告；审议通过二届七次会议政治决议（草案）；审议通过关于常务委员会工作报告的决议（草案）；审议通过关于提案工作情况报告的决议（草案）。

15—17日 桑日县第十三届人民代表大会第七次会议召开。听取并审议通过《桑日县人民政府工作报告》《桑日县人大常委会工作报告》《桑日县人民法院工作报告》《桑日县人民检察院工作报告》。

19日 《桑日县志（2001—2010）》终审会议召开，市委常务副秘书长陈桑，市委党史研究室（市地方志办公室）主任普布曲珍到会指导。县委常委、组织部部长邬建军主持会议并汇报终审稿成稿情况。县委书记康爱民出席会议并讲话。县编纂委员会成员单位负责人参加会议。经过评审，会议原则同意《桑日县志（2001—2010）》通过终审。

2月

3日 县林业和草原局、县

应急管理局联合山南市林业和草原局与驻防山南市的那曲森林消防大队在桑日镇比巴村组织群众开展年初扑火实战演练培训。

24日 中国共产党桑日县第九届纪律检查委员会第六次全体会议召开。全面回顾2020年全县纪检监察工作，安排部署2021年全县纪检监察工作。

是月 中共中央宣传部公布2021年全国文化科技卫生“三下乡”活动示范项目、优秀团队、服务标兵名单，西藏自治区山南市桑日县民间艺术团入选2021年全国文化科技卫生“三下乡”活动优秀团队。

2—3月 桑日县完成村“两委”换届选举，选举产生村“两委”班子成员230名，村务监督委员会成员129名。村民委员会班子平均年龄37.12岁，初中及以上学历93人，大专以上学历4人。实现年龄、学历一降一升目标。

3月

4日 桑日县森林草原发生春尺蠖蝗虫虫害，县林业和草原局组织技术人员及当地护林员，以喷播化学药剂的方式，全面开展春尺蠖蝗虫虫害防治，共投入劳动力1290人次、出动机械23台次、车辆53辆次、设备800台次，使用防治药剂113箱，防治面积达586.67公顷，有效遏制春尺蠖蝗虫虫害传播蔓延。

5日 桑日县巾帼志愿暖心故事被评为全国巾帼志愿服务“十大暖心故事”。

16日 桑日县在桑日镇拉龙村开展2021年国土绿化暨全民义务植树活动。在家县级干部、县（中央、自治区）直属各单位全体干部职工参加，参与人数达7621人，共种植油松、河北杨、刺槐等82930株。

19日 县委政法委员会（平安办）牵头组织各单位、各乡（镇）、平安建设成员单位在县城主干道开展“三月综治宣传月”集中宣传活动。各单位、各部门结合各自业务实际，宣传“枫桥经验”、宪法、《西藏自治区流动人口服务和管理条例》、《国家安全人民防线宣传工作安全知识》、网络安全法及贴切农牧民生产生活的劳动法、民法典、反间谍法、道路交通法、消防法、治安管理处罚法、反假币知识、国家安全法、农牧民财政补助优惠政策、《中国共产党纪律处分条例》、“扫黄打非”、“四讲四爱”、防疫知识等相关内容。

28日 桑日县结合党史学习教育和“政治标准要更高，党性要求要更严，组织纪律性要更强”专题教育，在县城友谊广场开展升国旗仪式暨反分裂签字承诺活动，庆祝西藏百万农奴解放62周年。市政协副主席普布出席活动，县委书记康爱民出席活动并讲话，县委常委、政法委员会书记、公安局局长郭林主持升国旗仪式。在家县级干部、县直属各单位干部职工，青少年学生、农牧民群众、寺庙僧尼代表等200余人参加活动。

30日 纪念西藏民主改革62周年自治区宣讲团宣讲报告会在桑日县举行，西藏社会科学院副院长、一级巡视员吴庆军作宣讲报告，县委书记康爱民主持报告会。全县在家县级干部、僧尼代表、师生代表、县直属各单位干部职工共190余人聆听报告。吴庆军从“西藏农奴的历史”“民主改革使西藏‘换了人间’”“我们今后应该怎么做？”三个方面进行全面系统宣讲解读。深刻阐述西藏62年来沧桑巨变。

31日 西藏自治区创先争优强基础惠民生活动第九批驻村工作总结表彰暨第十批驻村工作动员大会在拉萨市召开。会上，桑日县驻增期乡达杰村工作队被表彰为“西藏自治区先进驻村工作队”，桑日县绒乡驻程巴村工作队队员拉巴次仁、桑日县白堆乡驻白堆村工作队副队长仓姆拉、桑日县桑日镇驻拉龙村工作队队长刘勇被表彰为“西藏自治区先进驻村工作队员”。

是月 县委统战部联合相关部门，组织由35人组成的小口袋书包宣讲员队伍，在全县12座寺庙开展“法律进宗教活动场所”巡回宣讲活动，共宣讲12场次，受教育僧尼200余人次，发放宣传资料300余份。

4月

1日 共青团桑日县委员会组织全县20名少先队员到山南市烈士陵园和西藏民主改革第一村克松村开展以“缅怀先祖 缅怀先烈”为主题的红色学习教育实践活动。

15日 县委国家安全委员会办公室组织各成员单位结合新时代文明实践活动在县城友谊广场开展全民国家安全教育日集中宣传活动，共悬挂横幅15条，摆放展板10块，设立法律咨询台2个。各成员单位结合各自工作职能，向广大群众宣传国家安全法、反恐怖主义法、反间谍法、保密法等法律法规。发放藏语汉语宣传资料1000余份、宣传布袋500个，受教育群众200余人。

18日 总投资3041.56万元的桑日县达西姆曲防洪堤工程开工建设。年内，工程竣工。

21日 桑日县人大预算联网监督系统建设启动会议召开。年内，县人大预算联网监督系统建成，投入使用。

28日 农业农村部、财政部联合印发《关于公布2021年农业产业融合发展项目创建名单的通知》，桑日县绒乡入选2021年国家农业产业强镇创建名单。

是日 《中共西藏自治区委员会 西藏自治区人民政府关于表彰西藏自治区脱贫攻坚先进集体和先进个人的决定》发布，桑日县扶贫开发办公室、山南旭日建筑有限公司被表彰为“西藏自治区脱贫攻坚先进集体”，桑日县教育局四级主任科员洛桑、桑日县农业农村局副局长旦增平措、桑日县农业农村局专业技术人员洛桑德吉、桑日县白堆乡四级主任科员李梦瑶、桑日县仁青岗寺专职管理特派员机构一级科员次仁旦增、桑日县绒乡原四级主任科员央金拉姆6人被表彰为“西藏自治区脱贫攻坚先进个人”。

是月 全县创先争优强基础惠民生活动第九批、第十批驻村工作队完成轮换交接工作，共派驻第十批驻村工作队43支，驻村工作队员129人。

4—7月 桑日县启动人大换届工作，依法划分产生代表的选区数80个、登记选民数13187人。7月，选举产生县级人大代表126名、乡（镇）级人大代表185名，选举产生县人大常委会主任1名、副主任4名、委员20名；选举产生县人民政府县长1名、副县长7名；选举产生县监察委员会主任1名、县人民法院院长1名、县人民检察院检察长1名，依法设立3个专门委员会，表决产生3个专门委员会组成人员。乡（镇）级人大选举产生乡（镇）人民政府乡（镇）长4名、副乡（镇）长12名，乡（镇）人大主席4名、兼职副主席4名。

5月

5日 总投资1067.78万元的桑日县绒乡鲁牧沟治理工程开工建设。年内，工程竣工。

17日 桑日县幼儿园建设项目发生触电亡人事故，造成1人死亡，直接经济损失99万元。

23日 投资11.37亿元的大古水电站第一台机组并网发电。年内，大古水电站4台机组全部投产发电。

25日 白堆乡达西村境内遭遇突发性阵风，造成1户村民6间房屋屋顶掀翻，房屋整体受到不同程度损坏，灾情造成受灾人员3人，直接经济损失约1万元。

27日 投资3326万元的桑日县火车站站前广场配套设施建设项目通过竣工验收。6月25日，拉林铁路通车运营，拉林铁路桑日段全年完成固定资产投资4.05亿元。

31日 总投资1060万元的桑日县人民医院传染病能力提升项目动工建设。12月12日，项目竣工通过验收。

是月 由8人组成的湖南省第九批短期援藏专业技术人才工作队抵达桑日县，开展为期半年的短期援藏工作。

是月 总投资2500万元的桑日县城污水处理厂竣工试运行。截至年末，县城污水处理厂正常运行。

是月 中共桑日县委党校成

立，为隶属于中共桑日县委的正科级事业单位。

6月

1日 桑日县乡村振兴局正式揭牌成立。县委书记康爱民为桑日县乡村振兴局揭牌并致辞，县委副书记、县人大常委会主任王雅峰主持揭牌仪式。

9日 岳阳市庆祝第十四个国际档案日“情系桑日”展览开展暨《情系桑日——岳阳市对口援藏档案记忆》书籍发行仪式在岳阳市档案馆举行。援藏专著《情系桑日——岳阳市对口援藏档案记忆》由中共岳阳市委书记王一鸥作序，团结出版社公开出版发行。“情系桑日”展览采用图文、影音、实物等方式，全面展示岳阳市26年来对口援助西藏桑日县工作历程与丰硕成果。

12日 县文化（文物）局举办“中华民族一家亲 同心共筑中国梦”为主题的桑日县“人民的非遗 人民共享”2021年文化和自然遗产日宣传活动，参与人数达500余人次。

19日 桑日县“光荣在党50年”纪念章颁发仪式举行。县委书记康爱民出席仪式并讲话，县委副书记、县人大常委会主任王雅峰主持仪式。“光荣在党50年”纪念章获得者、在家县级干部、部分“两代表一委员”、退休干部代表、县直机关事业单位党员干部等共160余人参加仪式。

26—27日 中国共产党桑日县第十次代表大会召开，选举产生中国共产党桑日县第十届委员会委员25名、候补委员5名，中国共产党桑日县第十届纪律检查委员会委员13名。大会表决通过《关于中国共产党桑日县第九届委员会工作报告的决议（草案）》和《关于中国共产党桑日县第九届纪律检查委员会工作报告的决议（草案）》。会议审查《关于全县党费收缴、使用和管理情况的报告（草案）》。

27日 中国共产党桑日县第十届纪律检查委员会第一次全体会议召开。会议以无记名投票方式选举产生新一届县纪委常委和县纪委书记、副书记。

29日 桑日县庆祝中国共产党成立100周年暨“三优一先”表彰大会举行。县委书记康爱民出席会议并讲话，县委副书记、县人大常委会主任王雅峰主持。会上宣读《中共桑日县委员会 桑日县人民政府关于表彰全县先进基层党组织、优秀共产党员、优秀基层干部和优秀党务工作者的决定》；为受到表彰的先进集体和个人颁发奖牌和荣誉证书；受表彰的“三优一先”代表依次作交流发言。

30日 桑日县举行庆祝中国共产党成立100周年、西藏和平解放70周年“百年守初心 永远跟党走”文艺演出活动，县委书记康爱民出席活动并致辞，索朗巴珠、王雅峰、巴桑次仁、邬建军、周萍、白月明等在家县级领导、各单位干部职工、农牧民群众等400余人一起观看演出，共同回顾中国共产党成立100年来波澜壮阔的光辉历程。

是月 由岳阳市第九批援藏工作队使用援藏资金投资建设的桑日县帕竹文化乡村特色产业基础设施建设项目开工。10月，项目完工投入使用，项目总投资1400万元。

7月

1日 桑日县各机关单位、乡（镇）、学校举行“升国旗、唱国歌”仪式、重温入党誓词、“我和党旗合个影”等活动，庆祝中国共产党成立100周年。

4—6日 政协第三届桑日县委员会第一次会议召开，县委书记康爱民出席会议并讲话，听取并审议通过《政协第三届桑日县委员会第一次会议关于政协二届桑日县委员会常务委员会工作报告的决议》，听取并审议通过《政协第三届桑日县委员会第一次会议关于县政协二届桑日县委员会以来提案工作情况报告的决议》，听取并审议通过《政协第三届桑日县委员会第一次会议政治决议》。全体政协委员列席桑日县第十四届人民代表大会第一次会议召开，听取并讨论《桑日县人民政府工作报告》。

5—7 日 桑日县第十四届人民代表大会第一次会议召开。会议听取并审议《桑日县人民政府工作报告》《桑日县人大常委会工作报告》；审查《桑日县 2016 至 2021 年度国民经济和社会发展计划执行情况与今后五年工作安排的报告》《桑日县 2016 至 2021 年度财政预算执行情况的报告》。

16 日 桑日县妇联举行以“巾帼心向党 礼赞百年史”为主题的庆祝中国共产党成立 100 周年、西藏和平解放 70 周年巾帼文艺演出。8 支表演队伍依次登台，表演 15 个节目。

27 日 桑日县 2021 年度自主就业退役士兵一次性经济补助金、义务兵家属优待金集中发放仪式举行，县委常委、县人民政府常务副县长贾锋，县人民武装部政委王文兵出席仪式。县退役军人事务工作领导小组成员单位、各乡（镇）退役军人服务站工作人员、2021 年度自主就业退役士兵、义务兵家属参加发放仪式。

29 日 桑日县人大常委会、县政协联合召开“两会”期间代表建议、委员提案交办会。县委副书记、县人大常委会主任王雅峰，县人大常委会副主任旦巴旺久，县人民政府副县长拉桑出席会议。县政协副主席扎西主持会议。县人民政府、县纪委监委、县人民法院、县人民检察院，县人民政府各职能部门及各乡（镇）负责人参加会议。会上，县人大常委会和县政协分别向县人民政府交办建议 101 件、提案 36 件。

是月 县教育局举行 2021 年教师心理健康教育暨教师职业素养培训。邀请拉萨师范高等专科学校教师平措卓嘎、拉萨市城关区教育局教师次达瓦进行授课，全县 267 名教师参加培训。

8月

12 日 县委宣传部联合县委政法委员会、共青团桑日县委员会、市生态环境保护局桑日县分局、县应急管理局、县人民医院、县农业农村局等相关部门在增期乡真措村开展习近平总书记重要讲话精神巡回宣讲暨“五下乡”活动。各成员单位志愿者为当地群众分发宣传资料 550 余份、宣传品 300 余份及价值 1 万元的药品，并现场解答群众在民生、法律、医疗、文化惠民等方面的问题。

27 日 中国共产党桑日县第十届委员会第二次全体会议召开。传达学习习近平总书记视察西藏重要讲话、重要指示精神与全国政协主席汪洋在庆祝西藏和平解放 70 周年大会上的讲话精神，传达学习自治区党委九届十次全会和市委一届九次全会精神，听取和讨论县委常委会工作报告，审议通过《中共桑日县委员会关于贯彻落实习近平总书记视察西藏重要讲话重要指示、区党委九届十次全会和市委一届九次全会精神的工作措施》。

31 日 桑日县政协召开“各界政协委员庆祝中国共产党成立 100 周年和西藏和平解放 70 周年”座谈会，县政协党组书记、主席巴桑次仁出席会议并讲话，县政协党组成员、各界别政协委员代表、政协机关干部参加座谈会。

是月 岳阳市人大常委会党组书记、常务副主任向伟雄率队赴西藏桑日县考察对口援藏工作，看望慰问岳阳市第九批援藏工作队队员。向伟雄一行实地考察桑日县城建设、湖南省援藏林等援藏项目建设情况，并参加工作汇报会，详细了解桑日县经济社会发展情况和援藏工作开展情况。桑日县委书记康爱民，县委副书记、县人大常委会主任王雅峰，县委常务副书记、岳阳市第九批援藏工作队领队宋为及岳阳市第九批援藏工作队员参加座谈或陪同考察。

是月 桑日县 2021 年度高校毕业生暨退役军人专场招聘会分别在县城友谊广场、增期乡文化广场、白堆乡文化广场和绒乡巴朗村院内举行。参加此次招聘会的有中国人寿保险股份有限公司山南市分公司、山南爱尔眼科医院有限公司、艺轩教育等 56 家用人单位，提供就业岗位 623 个，其中高校毕业生就业岗位 392 个。

9月

1日 县退役军人事务局在山南支队执勤一大队桑日中队举行桑日县2021年秋季武警中队退役士兵欢送仪式，县委政法委员会书记、县公安局局长次仁达瓦、县退役军人事务局局长顿珠次仁、武警桑日中队即将退役的县武警中队士兵参加欢送仪式，县退役军人事务局为退役士兵送上纪念品。

5日 山南市新时代文明实践领导小组办公室联合桑日县新时代文明实践中心、白堆乡新时代文明实践所，以“建设美丽幸福西藏 共圆伟大复兴梦想”为主题，在桑日县白堆乡举行“党的恩情话不完 百姓生活甜如蜜”理论+文艺宣讲暨新时代文明实践推动日启动仪式。市委宣传部副部长索朗德吉出席活动并开展宣讲，曲松县、桑日县新时代文明实践中心（所、站）志愿者参加活动。

8日 岳阳市委统战部、市工商联、市民族宗教事务局一行8人组成的联合考察组到桑日县委统战部、县工商联开展交流考察活动，深入了解桑日县民营企业发展现状、存在的困难和问题等情况，对相关工作给予有效建议，向县工商联捐赠对口援助资金5万元。

23日 以“庆丰收·感党恩”为主题，旨在弘扬西藏农耕文明、游牧文化和优秀传统文化，展示山南农牧民伟大创造精神的“2021年西藏·山南庆祝‘中国农民丰收节’暨桑日葡萄采摘节开幕仪式”在桑日县举行。

26日 按照市委和县委统一部署，桑日县委巡察领导小组启动十届县委第一轮常规巡察工作。

是日 总投资530万元的县疾病预防控制中心核酸检测实验室建设项目及附属设施设备配套项目正式动工。

28日 西藏自治区桑日县委常务副书记、岳阳市第九批援藏工作队领队、岳阳市委副秘书长宋为到岳阳市规划勘测设计院有限公司对接桑日县村庄规划编制工作，与岳阳市规划勘测设计院有限公司党委书记、董事长刘昊就桑日县村庄规划编制工作进行交流。

28—29日 桑日县驻村帮扶“心连心”暨职工消费助力拓展脱贫攻坚成果展销会举行，集中展销全县26家农牧民专业合作社生产的桑日葡萄酒、思钦辣椒、奴卡绿色蔬菜、曲果萨糌粑、达西牦牛肉、比巴藏香猪及木碗、石锅等农畜产品和手工艺品，累计交易金额达50余万元。

是月 总投资1250万元的湖南省援藏“十四五”规划项目——增期乡乡镇（村）供水工程建设项目动工建设。

10月

1日 桑日县在友谊广场举行“升国旗、奏国歌”仪式，庆祝中华人民共和国成立72周年。县委书记康爱民出席活动并讲话，县政协主席巴桑次仁主持。索朗巴珠、支张、邬建军、白玛央金、扎西等县级干部、县直属各单位除值班人员以外的全体干部职工150余人参加仪式。

14日 县委组织部机关党支部联合县民政局和县文化局党支部，在县特困人员集中供养服务中心举行“九九重阳节，浓浓敬老情”主题党日活动，通过文艺会演、与老人共进午餐、与老人谈心交流等方式，与县特困人员欢度重阳节。

是日 桑日县举行2021年国家网络安全宣传周金融日活动，新时代文明实践中心志愿者通过悬挂横幅、摆放展板、播放宣传视频、发放宣传折页等方式讲解典型案例，向过往群众及前来办理业务的客户宣传金融知识，提高群众金融安全消费及反诈骗拒赌博意识。共发放《中华人民共和国网络安全法》《防范48种电信诈骗手法》等相关宣传资料300余份，向群众讲解安全用卡、安全支付、防范金融诈骗、防范电信网络诈骗等内容。

28日 桑日县第十四届人民代表大会第二次会议召开，选举产生山南市人大代表13名，县人大常委会副主任杨显芳传达学习中共中央人大工作会议精神。

是月 根据国家农电体制改

革精神，桑日县供电有限公司正式上划至国家电网有限公司，隶属于国网西藏电力有限公司，更名为国网西藏电力有限公司桑日县供电公司。

11月

1—5日 桑日县2021年第一期基层干部能力提升暨村“两委”干部国家通用语言文字培训班正式开班。各村村“两委”班子成员、部分乡（镇）基层干部等共计50人参加培训。

7—11日 共青团岳阳市委书记綦小广率岳阳市青年代表团赴对口支援地西藏桑日县开展调研交流，深化岳阳市、桑日县共青团第3轮对口援藏工作。调研交流中，岳阳青年代表团出席湖南—山南两地共青团对口援藏工作座谈会，与湖南省第九批援藏工作队开展座谈交流和慰问活动。在桑日县，岳阳市青年代表团考察桑日葡萄产业援藏项目，慰问困难群众和在桑日县的湖南西部计划志愿者，并召开两地共青团对口援藏工作座谈会。

19—20日 桑日县公安局组织全体民警、辅警通过电视、手机、网络等多种平台，收听观看中央广播电视总台播出的“时代楷模”潘东升先进事迹。

20日 桑日镇举行出席西藏和平解放70周年庆祝活动中央代表团赠送礼品发放仪式，向全镇农牧民群众发放中央代表团所赠送的领袖像、《习近平谈治国理政》精装版、西藏和平解放70周年纪念章、低氟砖茶、健康包、洗衣机、音箱、电饼铛等物资。之后桑日县各乡（镇）、村（居）先后举行出席西藏和平解放70周年庆祝活动的中央代表团赠送纪念品发放仪式。

24日 市应急管理局、市林业和草原局、县林业和草原局与县应急管理局等多个单位联合在桑日县白堆乡里龙村举行“桑日县2021年度森林草原防火灭火应急演练”，那曲市森林消防大队山南驻防分队组织指战员参加演练，共计200余人参加此次演练。

26日 桑日县在新时代文明实践中心广场举办西藏和平解放70周年成就展参观活动。县委副书记、县人大常委会主任王雅峰出席活动并致辞，县直属各单位负责人、师生代表、农牧民群众代表等100余人参加活动。

30日 由县司法局牵头组织30余个普法成员单位在县城主干道两侧开展第八个“12·4”国家宪法日系列宣传活动。共发放宣传资料2000余份，宣传品800余份，法律咨询3人次，播放宣传片和广播2部，悬挂横幅15条，参加干部群众300余人。

12月

7日 农业农村部、财政部、国家发展和改革委员会公布《2021年农业现代化示范区创建名单》，桑日县上榜。

9日 山南市巾帼志愿服务现场交流会在桑日县举行，全市各县妇联与全县各村妇联主席共计105人参加。

13—16日 由山南市信达人力资源服务有限公司承办的“桑日县2021年度高校毕业生暨农牧民转移就业冬季专场招聘会”分别在白堆乡藏嘎村、绒乡卓吉村、桑日镇雪巴村、增期乡雪巴村举办。共有中国人寿保险股份有限公司山南市分公司、山南爱尔眼科医院有限公司、艺轩教育等45家用工企业，提供就业岗位619个，其中高校毕业生岗位261个、农牧民岗位358个。

16日 以“弘扬时代主旋律、传播榜样正能量”为主题的桑日县第三届寻找身边“最美共产党员”颁奖典礼举行。桑日县第三届寻找身边“最美共产党员”评选活动自4月正式启动以后，历时半年，通过公开推选、重点推荐、资格审查、宣传公示等程序，最终评选出5名“最美共产党员”进行表彰。

是月 岳阳市第九批援藏工作队投资435万元的援藏项目——桑日县绒乡卫生院标准化建设项目开工建设。

桑日概览

自然历史

【地理位置】 桑日县隶属西藏自治区山南市，位于西藏自治区东南部，山南市北部。县境东起夕拉崇山，西至大布卓布山口，北达那果木日，南到多果日山脚以南约 1.5 千米处，地跨北纬 29° 00′—29° 50′、东经 91° 50′—92° 36′，地处冈底斯山南麓，雅鲁藏布江中游河谷地段，属藏南谷地。东邻加查县，东南接曲松县，西面、南面与乃东区毗邻，北靠拉萨市墨竹工卡县，东北与林芝市工布江达县相连。东西最宽 61 千米，南北最长 62.2 千米，全县总面积 2633.62 平方千米，县人民政府驻地桑日镇距离山南市人民政府驻地乃东区 30 千米，距离自治区首府拉萨市 178 千米。

【自然概貌】 桑日县地处冈底斯山南麓，雅鲁藏布江中游河谷地带，总体地势西高东低、北高南低，呈“两山夹一江”之势。雅鲁藏布江把桑日县分为南北两部分，南为喜马拉雅山区，北为冈底斯山区。峡谷自江两岸向南北逐渐升高，有 5000 米以上山峰 40 余座。南部山地属于喜马拉雅东西走向断块山地北坡的一部分，山坡坡角 5°—10°，一直平缓倾斜至雅鲁藏布江边；山地和高原面之间无明显界线，山地北坡为高原一部分。境内山地面积约 1841.3 平方千米，占全县总面积的 69.92%；谷地和湖盆地 755.95 平方千米，占全县总面积的 28.70%；水域面积 36.75 平方千米，占全县总面积的 1.40%。山地平均海拔约 4587 米，相对高度约 1042 米，谷地海拔 3100—3800 米。全县主要山脉有沃德贡杰雪山。境内最高海拔 6220 米，最低海拔 3143 米，平均海拔 4065 米。

【气候】 桑日县属高原温带和半湿润季风半干旱气候，年平均气温 9.1 ℃，最暖月平均气温在 17.0 ℃，太阳辐射 5913.3 兆焦耳 / 平方米，光合有效辐射 2735 兆焦耳 / 平方米，年平均日照时数 1903.1 小时。昼夜温差大，年温差小，多夜雨，冬春半干旱，夏季多雨。最冷月 12 月平均气温 -3.6℃，极端最低气温 -11℃，极端最高气温 30℃。大于等于 10℃的持续日数 180—200 天。大于等于 10℃积温 3000—3100℃，年平均地表温度 15℃，相对湿度 71%，平均冻结深度 6.4 厘米，最大冻结深度 18 厘米。年平均降雨量 960.4 毫米，雨季主要集中在 5—9 月，其间降雨量约占全年降雨量70%以上，年平均蒸发量2338毫米，无霜期180天。

【历史沿革】“桑日”藏语意为“铜山”。桑日县历史悠久。早在新石器时代晚期，桑日县境内便有藏族先民活动。西藏十二小邦时期，桑日区域为十二小邦之一的沃卡邦噶统治区。唐贞观三年（629），吐蕃赞普松赞干布执政后，以武力征服沃卡邦噶中心区，桑日归属吐蕃管辖，并成为松赞干布统一卫藏的腹心地带和重要活动场所。吐蕃地方政权建立后，一部分贵族被分封到桑日。吐蕃地方政权时期，桑日属约茹。吐蕃地方政权灭亡后，西藏处于分散割据状态。9世纪末，吐蕃最后一代赞普奥松后裔回到雅砻建立拉加里地方政权，桑日归拉加里地方政权统辖。元世祖至元五年（1268），忽必烈在西藏设十三万户后，桑日属伯木古鲁万户（也称帕木竹巴万户）管辖。元至元十四年（1277），帕竹地方政权建立后，先后在桑日境内设立沃卡宗（又称沃卡达孜宗）、卡达宗和桑日宗（又称采嘎仓宗）。明宣德七年（1432）后，恰嘎谿正式属帕竹第悉扎巴迥乃统辖，并正式改为恰嘎宗。17世纪末到18世纪初，卡达宗废弃。七世达赖格桑嘉措执政后，桑日宗被分封给七世达赖父亲索诺木达尔扎，桑日宗成为桑颇家族（即桑珠颇章）的庄园。

中华民国元年（1912），西藏地方政府设洛卡基巧（山南总管），管辖20个大宗、15个谿，在桑日境内设有沃卡宗、桑日宗、恰嘎宗，一直到1959年民主改革前。

1959年5月，经自治区筹备委员会同意，成立桑日县。是年6月12日，成立桑日县人民政府，分别建立沃卡区、桑日区、绒区和温区，同时在真纠牧区成立武装工作组。7月，自治区筹委会民政处重新调整区划，将温区大部划归乃东县，建立真纠区。桑日县下辖4个区，18个乡。是年12月，山南专员公署成立，桑日县属山南专员公署管辖。

1960年3月，全县19个乡成立乡人民政府。是年，县人民政府驻地迁往桑日区雪巴乡（后改称桑日镇雪巴村）。

1966年7月，金林乡、巴朗乡和白堆乡改为人民公社。至1974年8月，全县19个乡全部建成人民公社。桑日县辖4个区，19个人民公社。

1969年3月，撤销山南专员公署，成立山南地区公署。桑日县属山南地区公署管辖。

1984年，撤销全县19个人民公社，恢复各乡建制。

1987—1988年，撤销4个区，将19个乡合并调整为7个乡：增期乡辖8个行政村，沃卡乡辖6个行政村，雪巴乡辖6个行政村，江乡辖3个行政村，绒乡辖9个行政村，白堆乡辖8个行政村，扎嘎乡辖5个行政村。

1998年，7个乡撤并为1个镇、3个乡，即桑日镇、增期乡、白堆乡、绒乡。

2016年2月，经国务院批准，撤销山南地区，设立地级山南市，桑日县属山南市管辖。

【行政区划】截至2021年末，全县辖1个镇、3个乡，分别是桑日镇、白堆乡、绒乡与增期乡。全县共有43个行政村。

县人民政府驻地位于桑日镇伟色路。

【人口民族】截至2021年末，常住人口18041人，户籍人口17800人。主要居民为藏族，其他居民还有汉族、土家族、回族、怒族、满族、瑶族等民族。

【自然资源】桑日县全境蓄水量2.43亿立方米，其中，湖泊蓄水量0.11亿立方米，冰川蓄水量0.33亿立方米，地下水储量1.99亿立方米。全县天然水能资源理论蕴藏量约10.86万千瓦。其中，沃卡河理论水能资源约为4.76万千瓦，比巴河（笔乡曲）理论水能资源2.37万千瓦，曲松河理论水能资源3.73万千瓦。桑日县主要矿产资源有铜矿、铬矿、砂金矿、大理石、石灰石、高岭土等。

截至2021年末，桑日县林地面积122499.86公顷，占土地总面积的46.51%。全县森林覆盖率37.48%，林木绿化率45.46%。桑日县地处藏南山地灌丛区与藏东森林区过渡地带，植被类型较多。高等植被约有53科、191属、

生活在桑日县森林中的藏猕猴　　（县旅游发展局　提供）

419种，其中草被植被369种、乔木13种、灌木37种。动物资源种类也较多，有脊椎动物53科173种,其中鸟类31科123种，哺乳类14科31种，两栖爬行类5科6种，鱼类3科13种。

桑日县海拔高，空气稀薄，水汽、云量、尘埃均少，透明度高，且纬度低、降雨少，因而日照时间长，光照充裕，太阳辐射强，是中国太阳日照时数最多的地区之一。全境年平均太阳总辐射量7227兆焦耳/平方米，功率为0.02千瓦/平方米，发电量58.7千瓦/平方米。桑日县城年太阳总辐射为5409.3兆焦耳/平方米，春季最大，为1656.2兆焦耳/平方米，冬季最小，为887.9兆焦耳/平方米。

【旅游资源】 桑日县旅游资源丰富，名胜古迹主要有丹萨梯寺、曲龙寺、增期寺、恰嘎曲德寺、鲁定颇章和鲁定林卡等。自然风光有位于桑日县与加查县交界处的雅鲁藏布江达古峡谷；有海拔5998米的沃德贡杰雪山；有增期河、黑龙河和德日木河3条“神河”和沃卡7处温泉；有当地群众称为“财主百龙之王”居住的神湖思金拉措（藏语意为“具有威力的神湖”）；有面积约1800平方千米的桑日马鹿自然保护区，其间生活着马鹿、白唇鹿、野牦牛、岩羊、獐子等多种野生动物。贡德林草原位于桑日县增期乡，距离318国道40千米。总面积达3.33万公顷，是西藏著名的高山牧场之一，也是西藏南环线和东环线上的重要景点之一。

经济社会发展

【新冠肺炎疫情防控】 2021年，桑日县应对新冠肺炎疫情工作领导小组贯彻落实国务院联防联控机制、自治区、市关于新型冠状病毒感染的肺炎疫情（以下简称“新冠肺炎疫情”）常态化防控工作部署，全面落实“外防输入、内防扩散”要求，全力投入新冠肺炎疫情常态化防控工作。制定桑日县疫情防控工作“三包”责任方案，形成“县包乡、乡包村、村包联户、联户包户到人”的县、乡（镇）、村三级网格化疫情防控工作体系，进一步织密

阿玛卡温泉观景　　（县旅游发展局　提供）

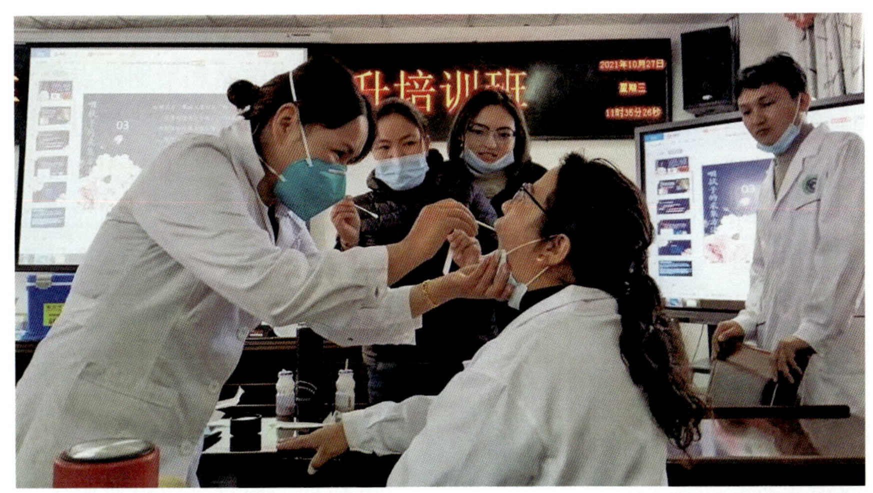

1月20日，县卫生健康委员会在县人民医院举办2021年核酸采样能力提升培训班（县卫生健康委员会　提供）

疫情防控防线、筑牢防控屏障，扎实开展外来人员排查和健康管理、重点领域疫情防控等各项防控工作，常态化开展疫情防控演练，提高疫情防控应急处置能力。年内，桑日县加快核酸检测硬件设施建设，1月，县人民医院简易应急核酸检测实验室通过验收并投入使用。严格落实“应检尽检、愿检尽检”原则，全年共开展核酸检测2713人次，结果均为阴性。持续推进全县新冠疫苗接种工作，累计完成第一针剂接种人数17435人，第二针剂接种人数15832人，第三针剂接种人数8740人，接种率达90.39%。截至年末，桑日县新冠肺炎疫情常态化防控工作做到“零输入、零感染”，全县社会面持续稳定和谐。

【平安桑日建设】 2021年，桑日县组织开展“3月综治宣传月”集中宣传活动，加强宣传。县委统战部联合县公安局、县人民检察院、县人民法院、县司法局，以3月“普法宣教月”和“综治宣传月”为契机，在全县辖区12座寺庙开展“法律进宗教活动场所”巡回宣讲活动，在全县范围内开展藏传佛教活佛转世政策巡回宣讲活动。3月28日，桑日县在县城举行反分裂承诺签名活动，纪念西藏百万农奴解放62周年，200余人参加。年内，桑日县制定下发《2021年桑日县涉稳风险排查整治工作实施方案》，坚持摸排化解工作，把各类矛盾纠纷隐患消除在萌芽阶段。截至年末，共排查各类安全隐患4500次，排查隐患36起，整治36处，组织治安巡逻4000余次，巡逻人数达3000余人，“双联户”联户单位登记外来人口290人次，用油存油专项清查321次，有效促进基层社会和谐稳定，持续推动平安桑日建设。

【经济】 2021年，全县实现地区生产总值21.71亿元，可比价增长6.5%。其中，第一产业增加值0.59亿元，增长5.7%；第二产业增加值12.92亿元，下降8.2%；第三产业增加值8.21亿元，增长44.3%。人均地区生产总值119942元。三次产业比由2020年的2.6∶73.2∶24.2调整为2021年的2.7∶59.5∶37.8。

【农业】 2021年，全县实现农林牧渔业总产值10314.72万元，实

3月28日，桑日县在县城友谊广场开展反分裂签字承诺活动，庆祝西藏百万农奴解放62周年（县委政法委员会　提供）

现增加值 6001 万元，同比增长 9.6%。其中，农业产值 5162.28 万元，增长 7.8%；林业产值 47.3 万元，下降 4.4%；牧业产值 4835.14 万元，增长 12%；农林牧渔业服务业 270 万元，增长 2.7%。

种植业　2021 年，各类农作物种植面积 1539.67 公顷，其中粮食作物 1163.53 公顷、经济作物 123.33 公顷、饲草 84.67 公顷、蔬菜 168.13 公顷。桑日县粮食产量 9576.01 吨，同比增长 5.69%。

畜牧业　截至 2021 年末，桑日县年末牲畜存栏数 83064 头（只、匹），其中牛、羊、猪、马（驴、骡）分别为 63715 头、17563 只、1282 头、504 匹（头）。全年总出栏数 24577 头（只），其中牛、羊、猪分别出栏 17892 头、5458 只、1227 头，出栏率 30%。肉类产量 2643.71 吨，增长 1.1%；奶类产量 5403 吨，增长 1.8%。

农业机械化　2021 年，桑日县使用 107.5 万元科技资金购置机械，成立集“防、种、收、翻”等一体的桑日县比巴农机农民专业合作社。

林　业　2021 年，桑日县开展义务植树活动，7621 人参与，种植油松、河北杨、刺槐等 82930 株；在海拔 4300 米以下行政村（居）开展“四旁”（村旁、路旁、水旁、宅旁）植树，全年共种植 7.27 万株。在海拔 4300 米以下有条件的地方补植补栽 2000 株，栽植树木成活率达 95%，全部消除“无树村、无树户”。年内，县林业和草原局通过优先购买使用本地苗圃基地苗木，推动绒乡程巴村苗圃和桑日镇赤康苗圃发展。

农业基础设施建设　截至 2021 年末，2020 年桑日县高标准农田 5218 亩建设进度达 97%，项目总投资 3427 万元（本级投资 2042.09 万元，占投资比例的 59.5%）。年内，建成投资 2410 万元的江南灌区续建配套与节水改造工程。

特色产业　2021 年，桑日县持续发力推进葡萄产业发展，在葡萄种植面积 300 公顷基础上，加快投资 1.71 亿元的 233.33 公顷葡萄。年内，桑日县帕竹荣顺（净土）庄园有限公司葡萄酒加工生产线投入使用。是年，桑日县帕竹荣顺（净土）庄园有限公司葡萄种植基地带动当地 500 余名农牧民群众实现增收 291.7 万元。

【工业及电力】 2021 年，桑日县持续发展清洁能源产业，大古水电站 4 台机组全部投产发电，街需、巴玉水电站和增期站点抽水蓄能电站建设工作稳步推进，华新水泥（西藏）有限公司和 4 家光伏电站稳步运行，分别完成年产值 7.54 亿元、7652 万元。大古电站全年产值达到 1.41 亿元。是年，全县规模以上工业增加值 6.33 亿元，同比下降 13.4%。

10 月，根据国家农电体制改革精神，桑日县供电有限公司正式上划至国家电网有限公司，隶属于国网西藏电力有限公司，更名为国网西藏电力有限公司桑日县供电公司。

【固定资产投资】 2021 年，桑日县全年固定资产投资完成 237155 万元，同比下降 17%。以能源、拉林铁路为主的 5000 万元以上项目完成固定资产投资 221955 万元，同比下降 17.6%，占总完成投资的 94.3%。

【交通】 6 月 25 日，西藏自治

2021年，桑日县葡萄丰收　　（县委宣传部　提供）

区首条电气化铁路——拉林铁路正式通车，桑日县结束不通铁路的历史。桑日站为中国铁路青藏集团有限公司管辖的三等站，为获得国家发展和改革委员会批复同意新建的川藏铁路拉萨至林芝段（拉林铁路）重要站点，从事铁路客运货运运输服务。

2021年，桑日县完成总投资296万元的增期乡措巴村山体地质灾害治理工程与总投资890.65万元的增期乡措巴村原农村公路改建项目，年内，县交通运输局实施比巴三组至荣堆岗公路等29条农村公路小修保养（水毁）工程，完成路面清除塌方1260立方米、增设涵洞2道50余米，路基填方1.76万余立方米，铺筑路面料3.75万余平方米，清理边沟260余千米。

截至年末，桑日县共有公路561.23千米，其中村公路里程248.3千米，自然村通硬化路比达80%以上。年内，桑日县农村客运班线通车率达85%以上。

【通信】2021年，桑日县实现全县4G信号全覆盖，村村通光缆（网络），县城等部分地区开通5G基站。

【生态环境】2021年，桑日县严守生态保护红线，坚决打好蓝天、碧水、净土保卫战。全县空气质量优良天数比例为100%，水、土壤质量保持良好。统筹山水林田湖草沙冰一体化保护和系统治理，完成全民义务植树8万余株、海拔4300米以下“四旁”植树7.2万余株，下大力气整治雅鲁藏布江桑日段采石采砂行为，关停奴卡砂石厂，推进砂石行业健康有序发展。坚持“两高”企业和项目零审批、零引进，生态环境“六大专项整治行动”成效明显。乡村垃圾运营托管，总投资2500万元的县城污水处理厂投入运行，总投资250万元的白堆乡污水处理站项目建成。持续推进“河（湖）长制”工作，实现巡查常态化。

6月25日，西藏自治区首条电气化铁路——拉林铁路正式开通运营，桑日县结束不通铁路的历史，图为列车在桑日县内铁路驶过

（勾昆　摄）

【城乡建设】2021年，桑日县建成288套公租房，实施县城老水厂和管网改造等项目，建成县城污水处理厂并投入试运行。桑日火车站站前广场建成投入使用。

年内，桑日县按照“应改尽改”的原则，通过精准摸底，全县实施完成2020年度第二批和第三批农村住房改造共516户（其中四类对象156户），已兑现第二批改造278户的资金419.4万元。12月15日，完成第三批农村住房改造补助资金兑现工作。

是年，桑日县持续开展村庄清洁专项行动，全年完成绒乡巴朗、江塘、吉隆、程巴村，增期乡雪巴、梦琼村，桑日镇雪巴村和吉秀村民小组，白堆乡里龙、藏嘎村等10个村（组）的人居环境整治项目。年内，桑日县持续推进全县农村户厕改造工作，截至2021年末，已完成县级终验共计1938座（绒乡802座、桑日镇429座、白堆乡218座、增期乡489座），其中通过验收1934座，兑现1934座户厕改造奖补资金共计386.8万元。

【商业贸易】2021年，桑日县全年完成社会消费品零售总额17949.6万元，同比增长7.9%。分类型看，实现商品零售额16614.2万元，同比增长7.2%；实现批发收入150.2万元，同比增长 2%；住宿收入 407.6 万元，同比增长 14.2%；餐饮收入 777.6 万元，同比增长 12.4%。

【旅游】 2021 年，桑日县共接待国内外游客 34.92 万人次，同比增长 20.2%；完成旅游总收入 1244.5 万元，同比增长 41.81%。

年内，雪巴村旅游公共服务配套设施建设项目、雪巴村旅游改扩建项目和卡乃村旅游改扩建项目相继竣工并投入使用，全年实现旅游收入近 400 万元；完成卡乃村旅游改扩建项目和鲁定颇章基础设施建设项目移交；投入 5 万余元对嘎堆雪追景点和达古峡谷景区游步道、栏杆进行维修和刷新，投入 2 万余元对思金拉措景区涉水路面增设栈道。全年开展景区环境卫生整治 17 次。

9 月 23 日，桑日县成功举办以“庆丰收·感党恩”为主题，旨在弘扬西藏农耕文明、游牧文化和优秀传统文化，展示山南农牧民伟大创造精神的“2021 年西藏·山南庆祝‘中国农民丰收节’暨桑日葡萄采摘节”。

【招商引资】 2021 年，桑日县实施招商引资 5 个，总投资 4.92 亿元。截至年末，已开工建设项目 4 个。

【财政金融】 2021 年，桑日县地方一般预算收入完成 10133 万元，完成年初预算数的 113%，比上年同期减少 16 万元，减少率 0.1%。税收收入完成 5957 万元，同比减少 2078 万元，减少率 26%。一般公共预算总执行数为 115168 万元，一般预算实际支出数 70631 万元，比预算执行数减少 44537 万元，减少 39%。年内，桑日县财政全力支持巩固拓展脱贫攻坚成果同乡村振兴有效衔接工作，财政衔接推进乡村振兴整合资金 19231.18 万元，支出进度达 83%。全年共实施各类减税政策、共减免税收 8510 万元，惠及 420 户次。

2021年，进行改造升级后的嘎堆雪追景区（县旅游发展局　提供）

截至 2021 年 12 月 31 日，中国农业银行股份有限公司桑日县支行各项存款余额达 67134 万元，各项贷款余额达 57779 万元。

【援藏工作】 2021 年，湖南省岳阳市第九批援藏工作队开展实地调研，编制完成湖南省“十四五”对口援助桑日项目规划，涉及惠民便民利民、文化卫生、产业发展、智力支援、交流交往 5 个大类 6 个项目，总投资 1.06 亿元。2021 年计划实施援藏项目 4 个，总投资 4335 万元。年内，已开工项目 2 个，具体为桑日县帕竹文化乡村特色产业基础设施建设项目和桑日县增期乡乡镇（村）供水工程建设项目，其中桑日县帕竹文化乡村特色产业基础设施建设项目于 10 月 12 日通过竣工验收，投入使用。截至年末，桑日县增期乡乡镇（村）供水工程建设项目形象进度已达到 70%。

【教育】 2021 年，桑日县共有中小学 6 所，其中初中 1 所、小学 5 所。2021 年在校生 1691 人，其中小学 1125 人，初中 566 人。建立藏语和汉语幼儿园 19 所，其中县幼儿园 1 所、乡幼儿园 2 所、村级幼儿园 16 所，2021 年入园幼儿 538 人。2021 年全县教职工 257 人，其中中学 56 人，小学 152 人，幼儿园 49 人。专任教师学历合格率达 100%。年内，对学生“三包”经费 851.89 万元和营养改善经费 134.2 万元，县教育局以政府采购方式在自治

1月20日，湖南省岳阳市第九批援藏工作队工作人员开展桑日县增期乡乡镇（村）供水工程项目选址及调研　（县发展和改革委员会　提供）

区范围内进行公开招标，并对中标企业资质进行审查，对供货质量进行监督检查 12 次，确保学生在校期间的饮食安全。是年，县教育局累计为 588 名大学生兑现落实大学生资助金 412.3 万元。

【科技】 2021 年，通过市农业农村局协调，县农业农村局邀请自治区农牧科学院葡萄种植专家李艳锋到桑日县绒乡吉荣村温室大棚实地调研，在充分调研论证的基础上，在吉荣村温室两大五小共计 7 个温室进行大棚温室鲜食葡萄优质高效栽培项目。年内，桑日县根据农牧业发展的实际需要，择优选录 84 名具有较高素质、有实践经验的科技特派员在 42 个行政村开展科技服务工作。全年录用 43 名大学生科技专干（实到 34 名）。

【文化】 2021 年，桑日县举行庆祝中国共产党成立 100 周年、西藏和平解放 70 周年文艺会演。县文化馆开展桑日县党史学习教育红色品读会 35 次，党史教材借阅 130 次；公共文化免费开放服务 1730 人次，其中，健身房参与人数 1300 余人次；县图书馆图书借阅 1020 次、多功能开展培训 46 次；县电影队深入村（居）、学校、虫草采挖点播放爱国主义影片《金坑》《生死 96 小时》《热力营救》等 480 场次，3.6 万人次观看；县民间艺术团开展“感恩 100 周年　奋斗新时代”——桑日县庆祝中国共产党成立 100 周年巡回演出；开展行政村业务骨干培训 20 余次；举办县民间艺术团、村级文艺演出队文艺下乡演出 90 余场次，覆盖群众达 3.9 万人次。6 月 12 日，县文化（文物）局举办以“中华民族一家亲　同心共筑中国梦”为主题的桑日县“人民的非遗　人民共享”2021 年文化和自然遗产日宣传活动，500 余人次参与。

【广播电视】 2021 年，县广播电视台“桑日新闻（汉语版）”播出新闻 91 期，356 条，“桑日新闻（藏语版）”播出 298 条。上报市广播电视台新闻 200 余条，采用 82 条。公益广告共播出 71 条，总时长 4 个小时以上，包括新冠肺炎疫情防控公益广告、安全生产公益广告、保密公益广告和征兵公益广告等。全年购买播出优秀主旋律电视剧、电影 20 余部。年内，县广播电视台如期完成庆祝中国共产党成立 100 周年、西藏和平解放 70 周年等重点时段的安全播出工作。

【医疗卫生】 2021 年，县人民医院全年共计门急诊 19215 人次（含藏医门诊），收治住院病例 122 例（包括住院分娩数 3 例），出诊 126 人次。手术 5 例，胆囊切除术 3 例，全膝关节置换术 2 例。完成农牧民及寺庙僧尼健康体检和建档 15907 人，完成率达 100%。全县共开展巡诊 44 次，巡诊及签约 15759 人次，累计宣传 41 次，随访服务人数 1138 人。

是年，桑日县完成总投资 1060 万元的桑日县人民医院传染病能力提升项目与增期乡米东村、白堆乡夏间村卫生室建设项目。9 月 26 日，总投资 530 万元的县疾病预防控制中心核酸检测实验室建设项目及附属设施设备配套项目动工。年内，桑日县充分发挥湖南省第九批短期援藏专业技术人才工作队 7 名医疗专业技术人才的作用，帮助县人民

7月1日，县广播电视台领导与值班人员坚守岗位，监测庆祝中国共产党成立100周年大会直播　　（县广播电视台　提供）

医院指导完成医院绩效考核、医疗质量管理、住院病案采集收录工作，帮助建立质量控制科制度3项，质控病历100余份；开展浅表良性肿瘤切除、创伤整形、肿块切除等手术106例；开设创口护理小组，成功救治下肢皮肤溃疡患者4例。每名短期援藏医疗专业技术人才以授课、带教、查房、质量控制等方式，带动培养1—2名本土医生，帮助提高县人民医院整体医疗水平。

【体育】2021年，桑日县完成桑日县公共体育场项目建设。年内，桑日县全面贯彻落实教育部关于《学校体育艺术教育工作规程》和《关于深化体教融合促进青少年健康发展的意见》，将增期乡雪巴小学打造为“阳光足球”特色体育校园、推进绒乡小学传承“非遗舞蹈”活动等。2020—2021学年，全县小学生体质健康合格率达83%，初中生体质健康合格率达88.2%。

【社会民生】2021年，桑日县城镇居民人均可支配收入40305元，同比增长10%；农村居民人均可支配收入19909元，同比增长16.6%。全年实现2021年应届高校毕业生初次就业213人，就业率99.53%。全年全县返乡大学生等人员创业启动资金共申请91万元，政策扶持率达100%。

2021年，桑日县共有1130人享受残疾人“两项补贴”待遇，其中，享受困难残疾人生活补贴人员1130人，享受重度护理补贴人员446人。兑现残疾人“两项补贴”资金239.82万元。为全县12户残疾人家庭按3500元/户的标准进行住宅无障碍改造，共计4.2万元。认真做好调查，及时帮助需要资金扶持自主创业的2名具有桑日户籍、持二代残疾人证的残疾人，发放扶持资金3万元（1.5万元/人）。

2021年，全县城乡居民基本养老保险参保人数为10835人、实现参保人数9038人、困难群体实现参保人数298人、60岁以上享受待遇领取人数为2046人，发放待遇金额为4656280.72元，发放率100%。2021年度户籍人口基本医保参保15427人，参保率100%。

年内，桑日县为第一季度符合农村低保的158户、283人；第二季度符合农村低保的158户、272人；第三季度符合农村低保的158户、275人；第四季度符合农村低保的159户、285人，

2021年，位于桑日镇卡努村的桑日县公共体育场建成投入使用　　（勾昆　摄）

兑现农村低保资金 824628.43 元。为 1—4 月城镇低保 18 户、18 人，5—12 月 17 户、17 人，兑现城镇低保资金 137537.72 元。全年共落实城乡低保资金 962166.15 元。全县特困人员供养对象为 190 人，集中供养人数 100 人，分散供养人数 90 人，集中供养人自愿入住率为 100%。1—11 月，落实供养补助资金 1247646.39 元。全县临时救助 25 户、73 人，其中困难个人 10 户、10 人；困难家庭 15 户、63 人；兑现资金 135600 元。落实事实无人抚养儿童 12 人补助资金 73596.25 元。

2021 年，县人力资源和社会保障局受理拖欠民工工资总案件共 30 起，涉及总民工 471 人，涉及总金额 1302.57 万元。接受县信访局转办案件 4 起，涉及民工 119 人，涉及金额 485.29 万元。受理上访案件 26 起，涉及民工 352 人，涉及金额 817.28 万元。截至年末，已全部结案。

【乡村振兴】 2021 年，桑日县持续推进巩固拓展脱贫攻坚成果同乡村振兴有效衔接工作，严格落实“五年过渡期”“四个不摘”要求，根据中共中央和自治区党委、市委关于推动全面巩固拓展脱贫攻坚成果同全面推进乡村振兴有效衔接的决策部署和具体要求，年内，成立县乡村振兴局，召开县委农村工作会议，编制完成《桑日县关于全面推进乡村振兴工作“五年行动”实施意见（初稿）》《桑日县乡村振兴战略总体规划（2021—2035 年）（初稿）》。持续抓好产业扶贫、就业扶贫、金融扶持、易地扶贫搬迁后续帮扶等工作，提高脱贫稳定性。强化已建扶贫产业项目后续经营管理，进一步健全完善利益联结机制，防止扶贫资金损失浪费、资产闲置和流失。完善县、乡（镇）、村三级防止返贫致贫常态化监测网络体系，采取预防性措施和事后帮扶相结合方式，精准分析返贫致贫原因，分层分类及时将农村低保对象、农村特困人员、农村易返贫致贫人口、易地搬迁群众及因病因灾因意外事故等刚性支出较大或收入大幅缩减导致基本生活出现严重困难人口等纳入重点监测范围，截至年末，全县纳入监测对象共有 4 户。

年内，全县落实农村危房改造政策，兑现资金 1002 万元，惠及 638 户。全县落实医疗报销应报尽报政策，医保基金统筹报销累计 299.74 万元；落实建档立卡脱贫户个人医保费用代缴政策，代缴资金 96.9 万元。是年，教育“三包”政策兑现资金 851.89 万元，惠及 2115 人；落实农村义务教育学生营养改善计划，兑现资金 134.16 万元，惠及 1677 人；落实山南市大学生学费返还政策，兑现资金 410.3 万元，惠及 582 人；落实自治区内外高校“建档立卡大学生”免费教育补助，兑现资金 70.87 万元，惠及 95 人；开展送教上门工作，组织教师 30 余人次，对全县 3 名因病因残不能入校就学的学生送教上门 37 次。

全年桑日县共完成农牧民转移就业 6440 人，实现劳务增收 4709.56 万元，人均增收 7312.98 元。年内，全县 400 万元以下政府投资项目计划交由农牧民施工企业实施 23 个，总投资 5605.3 万元，吸纳农牧民用工人数 500 人，实现农牧民增收 350 万元。

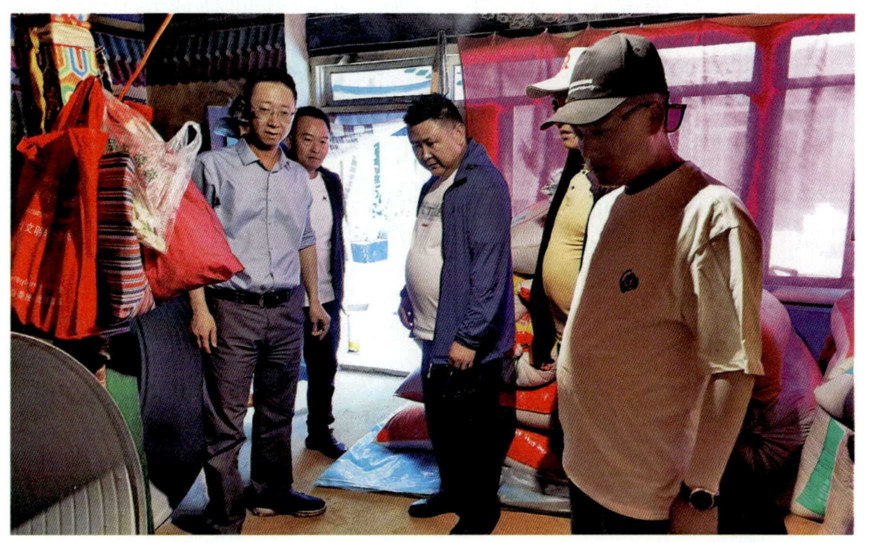

6月30日，县委副书记张鑫（左一）实地查看增期乡因暴雨受灾的农民房屋情况 （县委办公室 提供）

中共桑日县委员会

中心工作

【概况】2021年，在以习近平同志为核心的党中央和自治区党委、市委领导下，中共桑日县委坚持以习近平新时代中国特色社会主义思想为指导，深入学习贯彻落实中共十九大，中共十九届二中、三中、四中、五中全会和中央第七次西藏工作座谈会精神，贯彻落实习近平总书记关于西藏工作重要论述和新时代党的治藏方略，学习贯彻习近平总书记视察西藏重要讲话重要指示和全国政协主席汪洋在庆祝西藏和平解放70周年大会上的讲话精神，贯彻落实自治区党委九届八次、九次、十次全会和市委一届六次、七次、八次、九次全会精神，围绕庆祝中国共产党成立100周年和西藏和平解放70周年期间全县社会稳定、全面开启“十四五”规划、开启全面建设社会主义现代化新征程和县、乡（镇）、村领导班子换届选举等中心工作，团结带领全县各级党组织和广大党员干部群众不忘初心、牢记使命，攻坚克难、奋发有为，不断开创高质量转型发展新局面。

【做到“两个维护”】2021年，县委常委会始终把“两个维护”作为明确的政治准则和根本的政治要求，作为开展工作的根本遵循，坚决同以习近平同志为核心的党中央保持高度一致，做到党中央提倡的坚决响应、党中央决定的坚决执行、党中央禁止的坚决不做。

坚决做到“两个维护” 县委常委会不断增强“四个意识”、坚定“四个自信”、做到“两个维护”，自觉向习近平总书记和党中央看齐，时刻关注总书记和党中央在关心什么、强调什么，自觉对标对表，自觉以习近平新时代中国特色社会主义思想武装头脑、指导实践、推动工作。

严格遵守党的政治纪律和政治规矩 坚决防止和纠正一切偏离“两个维护”的错误言行，决不做两面人、搞两面派、搞“伪忠诚”，在维护民族团结、反对分裂等大是大非问题上，严格遵守党的政治纪律和政治规矩，坚决同一切违反政治纪律和政治规矩的言行作斗争，始终做到旗帜十分鲜明、立场十分坚定、行动十分坚决，始终对以习近平同志为核心的党中央的绝对忠诚和对自治区党委、市委工作的绝对服从，扎扎实实做好各项工作。

8月9日，中共桑日县委理论学习中心组2021年第七次集中学习（扩大）会议暨党史学习教育专题学习会议召开　　（县委宣传部　提供）

【理论学习】 2021年，中共桑日县委深入学习习近平新时代中国特色社会主义思想。全年共召开县委常委会会议27次、县委理论学习中心组学习会议7次，及时跟进学习习近平总书记重要讲话重要指示批示精神，特别是习近平总书记在庆祝中国共产党成立100周年大会上的重要讲话和习近平总书记视察西藏重要讲话重要指示精神，学习习近平总书记在中央政治局会议上、全国部分省（自治区、直辖市）考察时的重要讲话重要指示精神，切实把习近平新时代中国特色社会主义思想内化于心、外化于行，始终做到思想上充分信赖、政治上坚决维护、组织上自觉服从、感情上深刻认同、行动上始终跟随。

年内，县委常委会高度重视习近平总书记视察西藏重要讲话重要指示精神的学习贯彻，把学习贯彻习近平总书记重要讲话、重要指示精神作为首要政治任务和长远战略任务，第一时间召开县委常委会（扩大）会议认真传达学习，研究部署学习宣传贯彻工作，制定贯彻举措和任务分工。第一时间组织干部群众收看中央电视台《新闻联播》，并进行热烈讨论。县委常委班子成员在下乡调研时带头开展宣传宣讲，面对面向各族干部群众转达习近平总书记的亲切问候和特殊关怀。

深入学习宣传贯彻落实中共十九届五中全会和中央第七次西藏工作座谈会精神，及时组织召开县委常委会会议、县委理论学习中心组学习会议，原原本本传达学习中共十九届五中全会和中央第七次西藏工作座谈会精神，特别是习近平总书记重要讲话精神，认真研究部署贯彻落实工作。县委常委班子成员带头谈心得体会，完整理解、准确把握、长期坚持、全面落实新时代党的治藏方略。研究制订出台宣讲计划，精心组织丰富多彩的宣讲活动。

【党的领导】 2021年，中共桑日县委认真贯彻落实《中国共产党地方委员会工作条例》，积极承担总揽全局、协调各方的政治责任。全年召开县委常委会会议27次、县委相关专题会议4次，主动听取全县经济运行和重大工作进展情况，研究推动、督促落实重大项目建设和产业发展工作，着力解决影响发展速度和效益的重点难点问题，制定出台《中共桑日县委员会关于贯彻落实中央第七次西藏工作座谈会精神　进一步推进桑日长治久安和高质量发展的实施意见》和《中共桑日县委员会关于制定国民经济和社会发展第十四个五年规划和二〇三五年远景目标的建议》，以求真务实的精神推动中共中央、自治区党委和市委的决策部署落地见效。

年内，中共桑日县委全力支持县人大常委会、县人民政府、县政协、县人民法院、县人民检察院依法依章程履行职能、开展工作，定期听取工作汇报，并提出指导性意见。积极引导广大职工、青年、妇女参政议政，依法行使民主权利，主动参与民主实践。组织全县青年开展网上“青年大学习”，提高全县青年整体思想政治水平。

年内，县委常委会始终把统一战线工作摆在重要位置，召开

10月12日，桑日县委统一战线工作领导小组专题会议召开
（县委统战部　提供）

统战民族宗教工作会议，安排部署全年统一战线工作。组织全县非公经济人士召开座谈会，引导全县非公经济人士统一思想，凝聚共识。拓宽非公经济代表人士参政渠道，推荐非公有制经济人士担任政协委员，积极建言献策。引导非公企业履行社会责任，积极开展结对帮扶。

年内，中共桑日县委持续推进法治桑日建设进程。始终坚持党的领导、人民当家作主、依法治国有机统一，认真落实依法治藏战略，成立县委全面依法治县委员会，研究制定工作细则，明确工作职责和目标任务，全面推进依法治县进程。严格遵守行政决策规则和程序，全面执行重大决策合法性审查制度和行政决策风险评估、跟踪反馈机制，认真落实县委、县政府法律顾问制度，确保重大行政决策权限合法、实体合法、程序合法。扎实开展“七五”普法，科学谋划“八五”普法。加快推进法治政府建设，推进政府依法决策、依法行政。不断提高法律服务工作水平，充分发挥援藏律师的作用，开展法律进企业、寺庙、机关、学校等活动，提升司法服务水平，利用“车载流动法庭”开展巡回办案。

【党风廉政建设】 正风肃纪　年内，县委常委会始终把讲政治贯穿到底，切实担负起全面从严治党的政治责任。常委班子成员自觉地学习党章、遵守党章、贯彻党章、维护党章，坚持用党章规范自己的言行。带头弘扬优良作风，严格执行中央八项规定精神及其实施细则，坚持不懈反对和克服形式主义、官僚主义，大力弘扬“一线工作法”，采取“四不两直”（不发通知、不打招呼、不听汇报、不用陪同接待、直奔基层、直插现场）方式，主动深入各村调研，做给群众看、带着群众干。县纪检监察机关聚焦政治立场、政治原则、政治担当和政治纪律，强化监督执纪问责，协助县委针对性地加强政治生态建设。扎实开展“私车公养”问题专项治理、违反中央八项规定精神及其实施细则监督检查、会风会纪专项监督等工作，驰而不息整治“四风”。加强警示教育，组织观看《全面从严治党在西藏》《正风

6月1日，桑日县召开2021年科级领导干部调整廉政具体谈话会议，图为会议场景
（县纪委监委　提供）

反腐就在身边》《尽锐出战 护航脱贫攻坚》《忏悔录》等专题片，引导广大党员干部知敬畏、存戒惧、守底线。

反腐败斗争　年内，中共桑日县委认真履行党风廉政主体责任，及时传达学习各级党委重要会议精神、重大决策部署，确保政令畅通。先后召开县纪委九届六次全会和县委党风廉政建设工作会议，总结党风廉政建设和反腐败工作，安排部署2021年党风廉政建设和反腐败工作。做深做细做实监督执纪各项工作，突出“三类重点人”（重点查处中共十八大后不收敛、不收手，问题线索反映集中、群众反映强烈，现在重要岗位且可能还要提拔使用的领导干部），严肃查处涉嫌贪污贿赂、滥用职权、玩忽职守、权力寻租、利益输送、徇私舞弊及浪费国家资产等职务违法犯罪行为，坚持受贿行贿一起查，做到惩治腐败力度决不减弱、零容忍态度决不改变，充分发挥不敢腐的震慑作用。全年共受理线索18件，并加大对遗留案件的处置，共计立案6件，进入审理阶段4件，办结1件。

巡察工作　年内，中共桑日县委持续有序推进巡察工作，全面总结九届县委五年来的巡察工作经验，完善出台有关机制办法。全力做好中央、自治区党委巡视巡察反馈意见整改工作。

【基层党建】 2021年，中共桑日县委严格执行民主集中制原则，县委常委会科学决策、民主决策、依法决策的能力和水平显著提高，班子成员贯彻民主集中制的自觉性不断增强。严格党的组织生活制度，常委会班子成员带头参加所在党支部组织生活，党内政治生活的政治性、时代性、原则性、战斗性不断增强，党员领导干部对党的观念不断增强、党性修养不断提高，政治生态不断改善。制定全年党建工作要点，围绕“六个基本”，细化“八星党支部”创建、“三包五带五促”等活动方案，定期召开领导小组会、党建专题会、述职评议会、基层党建工作会等，及时听取和研究当前党建工作，把责任落在平常、把工作抓在日常、把压力传导在经常，为建强基层党组织提供决策保障。积极打造“红色阵地”，积极营造庆祝中国共产党成立100周年暨西藏和平解放70周年的浓厚氛围，先后举行桑日县“光荣在党50年”纪念章颁发仪式和庆祝中国共产党成立100周年暨“三优一先”表彰大会，召开各领域优秀党员代表“迎华诞、践初心、履使命”主题座谈会。年内，桑日县建立县级干部党建联系点和软弱涣散党组织联系点制度，采取“撤、换、育、派”等方式，以先进党组织为标杆，扎实推进3个软弱涣散党组织实现整顿升级。认真排查中共十八大以后全县发展的1197名党员，认定违规违纪和严重违反入党程序问题党员758名，并按照市委组织部意见开展认真整改。

【县、乡（镇）、村换届选举】 2021年，桑日县如期完成县、乡（镇）、村换届选举，选出村“两委”班子成员230名和村务监督委员会成员129名；各乡（镇）新一届领导班子共44名；新一届县委委员25名，候补委员5名，

2月6日，桑日镇赤康村党支部换届选举完成，县委书记康爱民（前排左五）与当选班子人员合影留念　　（县委办公室　提供）

纪委委员13名；县委常委14名，书记1名，副书记4名；新一届县人大常委会领导班子5名；新一届县人民政府领导班子8名；新一届县政协领导班子5名；新一届县监委主任、县人民法院院长和县人民检察院检察长各1名。全年提拔调整91人，在县直属部门和乡（镇）之间交流19名干部，高低海拔之间交流5名干部。持续开展整治干部职工“走读”等作风问题，全县干部队伍作风得到进一步改善。

【党史学习教育】 2021年，中共桑日县委扎实开展党史学习教育。县委班子成员带头学习、带头研讨，派出7个巡回指导组，安排30万元活动经费，确保党史学习教育往实里走、往深里走。通过邀请专家专题辅导、举办理论读书班等形式，组织对习近平总书记“七一”重要讲话精神、习近平总书记视察西藏重要讲话、重要指示精神进行专题学习，深刻感悟思想伟力，政治判断力、政治领悟力、政治执行力不断提高。采取悬挂宣传标语、发放宣传资料、讲党史故事、拍摄快闪视频等形式，让党史学习教育入脑入心。组织党员干部开展党史知识大学习大调研活动400余次、观看红色电影活动11场次、“红色教育基地打卡”和“红色品读会”活动50次、“我为群众办实事”实践活动320余件、新时代文明实践“五个起来”活动560余场。

【维护社会稳定】 2021年，中共桑日县委常委会紧紧围绕“稳”字，始终保持高度警惕、保持高度戒备，强化组织领导、细化工作措施，全县社会大局持续和谐稳定。

反分裂斗争　县委团结带领全县各族干部群众认真贯彻落实新时代党的治藏方略，坚持把维护稳定作为第一位任务，在反分裂斗争中牢牢掌握斗争主动权，树牢总体国家安全观，以“防患于未然”原则开展工作，为防止出大事打基础做准备，以敢于担当落实责任为标准考察干部，深入开展反分裂斗争。县委常委班子成员带头自觉与十四世达赖集团划清界限，并教育引导各族干部群众深刻认清十四世达赖集团的反动本质。积极发挥全县各族群众的反分裂斗争主体作用，以维护祖国统一、加强民族团结为着眼点和着力点，大力开展新旧西藏对比、感党恩教育、“崇尚科学、破除迷信，争做文明向上好公民”活动和反分裂斗争教育，广泛发动群众参与反分裂斗争，形成维护稳定的铜墙铁壁。充分发挥政法机关在维护稳定中的主力军作用，常态化开展扫黑除恶专项斗争。

2021年，组织县直机关干部职工开展党史学习教育知识测试

（县委宣传部　提供）

宗教事务管理　年内，中共桑日县委坚持“保护合法、制止非法、遏制极端、抵御渗透、打击犯罪”原则，深化宗教事务专项治理，依法依规解决宗教领域突出问题。扎实开展寺庙财税监管工作。加强宗教教职人员管理和社会流动从事宗教服务人员管理，做到底数清、情况明。严格执行县级干部联系寺庙、宗教界代表人士联系僧尼等制度。着力在“导”上下功夫，教育引导信教群众理性对待宗教、过好今生幸福生活，不断推动宗教与社会主义社会相适应。

7月28日，桑日县召开藏传佛教寺庙财税监管工作动员部署会议

（县委统战部　提供）

社会面治理　认真落实军警民联防联动机制和属地责任制，加强应急处突实战演练，全方位狠抓社会面管控，常态化开展扫黑除恶专项斗争，严格落实信访矛盾、安全生产、道路交通、森林草原、防洪防汛、加油站、加气站、食品药品等各领域安全责任，确保全国两会、庆祝中国共产党成立100周年暨西藏和平解放70周年等重大节庆和习近平总书记视察西藏等重点时段社会局势绝对稳定。认真学习借鉴新时代“枫桥经验”，全面排查了解容易引发群体性事件的矛盾纠纷和影响社会稳定的苗头性、倾向性问题，研究制定信访工作意见。严格管控重点领域，严厉打击刑事犯罪。深化重点行业领域安全生产专项治理，加大专项执法检查力度，扎实开展安全生产宣传教育活动，安全生产形势持续向好。

【铸牢中华民族共同体意识】2021年，中共桑日县委强化组织领导，形成党委统一领导、党政齐抓共管、部门各司其职、社会广泛参与的工作格局。县委专题听取民族团结进步创建工作汇报，本级投入311万元保障全县民族团结进步创建工作如期实施。全面推进民族团结进步“九进”（进机关、进企业、进社区、进乡镇街道、进学校、进宗教活动场所、进村、进军营、进景区）工作，组建“百+四”志愿宣讲服务队，县委常委班子成员带头开展宣讲活动。打造民族团结教育基地、民族团结广场、民族团结街道等亮点品牌工程。打造一批市级、县级民族团结进步创建“九进”示范点单位，通过“以点带面”方式在全县持续推广，不断扩大典型的示范引领作用。深化“培养什么人、怎样培养人、为谁培养人”教育活动，各中小学以开展主题班会、演讲比赛等形式，把“爱我中华”的种子埋入各族学生心灵深处。全面推广普及国家通用语言文字，不断增强文化认同。

【经济发展】2021年，桑日县完成地区生产总值21.72亿元，同比增长6.9%；全社会固定资产投资22.45亿元，同比下降21.4%；一般公共预算收入1.01亿元，与上年基本持平；税收收入1.34亿元，同比下降29%；社会消费品零售总额1.79亿元，同比增长9%；农村居民人均可支配收入19909元，同比增长13%以上；规模以上工业增加值6.33亿元，同比下降13.4%。

【项目建设】2021年，桑日县全年开复工项目61个。持续发展清洁能源产业，年内，大古水电站4台机组全部投产发电，街需、巴玉水电站和增期站点抽水蓄能电站建设工作稳步推进，华新水泥（西藏）有限公司和4家光伏电站稳步运行。严格落实强边保障措施，持续加强群众思想教育引导，稳步推进抵边搬迁工作。着力推进巩固拓展脱贫攻坚成果同乡村振兴有效衔接，严格落实“四个不摘”要求，持续加大易地搬迁后续扶持，坚决防止发生规模性返贫。

【特色产业】2021年，桑日县持续实施“藏粮于地、藏粮于技”战略，稳定粮食播种面积，农业

1月29日，桑日县巴玉水电站实物指标调查工作动员会召开

（县委办公室　提供）

机械化水平不断提升，年内，桑日县被列入2021年全国农业现代化示范区创建名单，绒乡被列入2021年全国农业产业强镇创建名单。持续推进葡萄产业发展，完成233.33公顷葡萄苗木栽植，葡萄酒加工生产线投入使用。以拉林铁路通车为契机，深度发展温泉、家庭旅馆、物资交流等为代表的全域旅游产业，桑日风情休闲旅游市场逐步形成。培育拓展扶贫增收基地、苗圃基地、民族手工业、藏香、藏鸡、藏猪、蔬菜等特色种植养殖和农产品加工产业，成功举办第四届西藏山南“中国农牧民丰收节”暨桑日葡萄采摘节，积极开展农特产品展销活动，村集体和农牧民群众收入不断提高。

【城乡环境整治】2021年，桑日县持续实施县城市容更新行动，桑日县火车站站前广场、县新时代文明实践中心广场、公共体育服务设施、干部职工公租房、县污水处理厂等一批市政设施建成投入使用。实施乡村建设行动，扎实推进农牧区人居环境三年整治行动，全面落实“厕所革命”三年行动计划，乡村环境不断得到优化。

【乡村振兴】2021年，中共桑日县委扎实推动巩固拓展脱贫攻坚成果同乡村振兴工作有效衔接，加强顶层设计，成立县乡村振兴局，召开县委农村工作会议。严格落实“四个不摘”要求，始终保持脱贫攻坚形成的指挥体系、政策保障体系、基层组织体系和社会参与机制稳定。建立防止返贫长效机制，完成《桑日县关于全面推进乡村振兴工作“五年行动”实施意见（初稿）》《桑日县乡村振兴战略总体规划2021—2035年（初稿）》编制。持续抓好产业扶贫、就业扶贫、金融扶持、易地扶贫搬迁后续帮扶等工作，提高脱贫稳定性。强化已建扶贫产业项目后续经营管理，进一步健全完善利益联结机制，防止扶贫资金损失浪费、资产闲置和流失。

【民生事业】2021年，桑日县坚持本级财政80%以上的资金投向基层和民生领域，积极实施一批利民惠民实事和民生项目，开展“我为群众办实事”实践活动742件。本级财政投入教育资金2500万元，实施部分学校供暖和直饮水建设项目，教育事业实现提质增效。持续加大高校毕业生就业创业引导，桑日籍应届大学毕业生就业率达99.53%。积极实施卫生基础项目，强化医疗健康服务，各族群众健康素养不断提升。全面落实住房安全、义务教育、基本医疗、饮水安全保障政策，扎实推进全民参保计划，基本社会保险制度对适用人群实现全覆盖。认真开展适龄青年兵役登记、征兵报名工作，拥军优抚、双拥共建推进有力，各族群众幸福感获得感不断提升。

【意识形态工作】2021年，桑日县牢牢掌握意识形态主动权，始终坚持党对意识形态工作的绝对领导，县委常委会认真贯彻落实中共中央《党委（党组）意识形态工作责任制实施办法》和自治区党委《党委（党组）意识形态工作责任制实施细则》，将意识形态工作作为党的建设重要内容，与经济建设、政治建设、文化建设、社会建设和生态文明建设紧密结合起来，同部署、同落实、同检查、同考核。

新时代文明实践活动 年内，桑日县招募3400余名志愿者扎实开展新时代文明实践活动，新时代文明实践中心、所、站实现县、乡（镇）、村全覆盖，广大农牧区群众听党话感党恩跟党走的信心和决心更加坚定。深入开展感党恩教育，大力宣讲习近平总书记和党中央对西藏各族人民的似海深情和特殊关怀，大力宣讲西藏各项事业取得的全方位进步和历史性成就，全县各族干部群众更加心向核心、心向党、心向祖国。

践行和培育社会主义核心价值观 把培育和践行社会主义核心价值观融入国民教育全过程，在中小学认真开展教育活动，引导广大青少年自觉践行社会主义核心价值观，扣好人生第一粒扣子。把培育和践行社会主义核心价值观落实到经济发展实践和社会治理中，加强法治宣传教育，增强全社会学法尊法守法用法意识。加强社会主义核心价值观宣传教育，以群众性精神文明建设为抓手，组织开展文明城市、文明村镇、文明单位、文明家庭、文明校园等“五大创建”活动，扎实开展文化、科技、卫生、法律、爱国爱教宣传服务“五下乡”活动，积极开展干部职工全民健身活动。在各条战线中招募志愿者，持续开展志愿服务，动员社会各界学雷锋、做雷锋。

公共文化服务 年内，桑日县优化公共文化服务供给，加大“一馆一站”免费开放力度，本级投入3914万元实施的县广播影视中心完工，广播电视人口综合覆盖率达99%。举办庆祝中国共产党成立100周年、西藏和平解放70周年系列文艺活动，推出一大批弘扬时代精神、传承民族文化、群众喜闻乐见的优秀文艺作品，开展送文艺下乡56场次。加强非物质文化遗产保护传承和宣传推介，不断壮大文化软实力。加大文化市场执法检查力度，深入开展“扫黄打非”专项行动，文化市场经营有序。

2月5日，2021年桑日县意识形态暨文明委工作会议召开

（县委宣传部 提供）

【生态环境建设】 2021年，县委常委会牢固树立“绿水青山就是金山银山，冰天雪地也是金山银山”的发展理念，正确处理好保护与发展的关系，着力解决环境突出问题。

城乡环境综合整治 年内，县委常委班子成员带头深入铁路沿线、交通要道解决环境突出问题，动员全社会携手共建美丽幸福家园。在县城主干道安装新型垃圾分类回收桶，增配垃圾压缩转运车，本级财政每年投入资金实施卫生托管，对县城主干街道、街巷、各住宅小区实行一日三扫，随时清理地面垃圾。农村环境持续改善，全面落实农牧区人居环境三年整治行动，扎实开展“厕所革命”三年行动计划。县城污水处理厂投入使用。

生态保护建设 严格落实打造雅鲁藏布江中游“百里生态走廊”工作部署，不断加强生态文明建设，加大生态环境保护修复力度，严管严控在各类保护区、江河流域、道路沿线和雅鲁藏布江两岸采砂采石。

严守生态安全底线，统筹山水林田湖草沙冰一体化保护和系统治理，广泛开展县、乡（镇）、村绿化造林，实施植树造林 100 公顷、海拔 4300 米以下行政村“四旁”植树 7.27 万株，全面消除“无树村、无树户、无树路”。强化草原保护，确保草场可持续发展。认真做好森林病虫害防治工作。认真落实“预防为主、积极消灭”的森林防火方针，成立森林火险隐患排查小组，认真排查火灾隐患和防火漏洞。森林生态效益补偿机制和草原生态保护补助奖励机制得到有效落实，越来越多的群众吃上“生态饭”。

年内，桑日县不断加大生态宣传力度，县委常委班子成员带头参与“6·5”世界环境日、“禁白”等宣传活动。加大对县域内企业的监管力度，全力改善环境质量。关停部分采砂采石场，同步做好生态修复工作。严格落实河（湖）长制，全县 91 条河流、32 个湖泊、4 座水库已全部覆盖河长制、湖长制。加强大气、水、土壤污染防治。

【深化“放管服”改革】 2021 年，桑日县进一步深化“放管服”改革，惠及各类市场主体和各族群众，全县市场主体发展到 2128 户，有效注册商标增加到 135 件。兑现减税降费资金 8510 万元，营商环境持续改善。援藏工作和招商引资力度不断加大，招商引资落地项目完成投资 4792 万元。

重要会议

【中国共产党桑日县第九届委员会第九次全体会议】 1 月 13 日，中国共产党桑日县第九届委员会第九次全体会议召开，会议由县委常委会主持。传达学习中共十九届五中全会、自治区党委九届九次全会暨自治区党委经济工作会议和市委一届七次全会精神，审议通过《中共桑日县委员会关于制定国民经济和社会发展第十四个五年规划和二〇三五年远景目标的建议（草案）》。县委书记康爱民讲话，并就《中共桑日县委员会关于制定国民经济和社会发展第十四个五年规划和二〇三五年远景目标的建议（草案）》向大会作说明。

【2021 年县委经济工作会议】 1 月 13 日，2021 年县委经济工作会议召开。会议学习贯彻中共十九届五中全会、中央第七次西藏工作座谈会和中央经济工作会议精神，全面贯彻落实自治区党委九届九次全会暨自治区党委经济工作会议、市委一届七次全会和市委经济工作会议精神，总结工作，分析形势，全面总结 2020 年全县经济工作，部署 2021 年全县经济工作，推动“十四五”规划时期桑日县发展开好局、起好步。县委书记康爱民出席会议并讲话，县委副书记、县人民政府县长吾金对全县经济工作进行具体安排部署，县委副书记、县人大常委会主任王雅峰主持会议并作总结讲话。

【中国共产党桑日县第十届委员会第一次全体会议】 6 月 26—27 日，中国共产党桑日县第十次代表大会召开，市委组织部常务副部长曹祖宇、市总工会党组副书记、主席杨拼兰一行市委换届风气监督组驻县全程指导大

1月13日，中国共产党桑日县第九届委员会第九次全体会议召开

（县委办公室　提供）

1月13日，桑日县委经济工作会议召开　（县委办公室　提供）

会。大会由索朗巴珠主持。康爱民代表中国共产党桑日县第九届委员会向大会作题为《坚定不移贯彻新时代党的治藏方略　奋力建设团结富裕文明和谐美丽的社会主义现代化新桑日》的报告。大会表决通过《关于中国共产党桑日县第九届委员会工作报告的决议（草案）》和《关于中国共产党桑日县第九届纪律检查委员会工作报告的决议（草案）》。会议审查《关于全县党费收缴、使用和管理情况的报告（草案）》。选举产生中国共产党桑日县第十届委员会委员 25 名、候补委员 5 名，中国共产党桑日县第十届纪律检查委员会委员 13 名。

【中国共产党桑日县第十届委员会第二次全体会议】 8月27日，中国共产党桑日县第十届委员会第二次全体会议召开。会议由县委常委会主持。县委书记康爱民代表县委常委会向全会作工作报告，并就《中共桑日县委员会关于贯彻落实习近平总书记视察西藏重要讲话重要指示、区党委九届十次全会和市委一届九次全会精神的工作措施（讨论稿）》作说明。会议传达学习习近平总书记视察西藏重要讲话重要指示精神、全国政协主席汪洋在庆祝西藏和平解放 70 周年大会上的讲话精神、自治区党委九届十次全会和市委一届九次全会精神，听取和讨论县委常委会工作报告，审议通过《中共桑日县委员会关于贯彻落实习近平总书记视察西藏重要讲话重要指示、区党委九届十次全会和市委一届九次全会精神的工作措施（讨论稿）》。

县委办公室

【概况】 2021 年，县委办公室围绕“服务县委中心、保障高效运转”目标，切实担起参谋辅政、落实主责、办文办会、服务协调、机要保密等方面工作职责，较好地完成各项目标任务，为推进县委各项工作、助推桑日县经济社会高质量发展作出应有贡献。

【理论学习】 2021 年，县委办公室党支部认真制定支部周学习计划，将《专题教育读本》、习近平总书记最新重要讲话和指示批示、各级党组织出台的最新制度规定、召开的重大会议精神等列入学习计划，确保各级精神及时跟进并准确地传达学习。围绕党史学习教育和“三更”专题教育，以支部“夜校”、周学习为重点，结合“三会一课”和“主题党日”活动等，突出集中学习和个人自学，全年共组织支部党员集中学习 30 余场次，进一步筑牢党员干部理论思想根基。强化学以致用。坚持将学习成果内化为思想党悟、转化为思维方法、细化为思路举措，紧密联系办公室工作职能和党员干部个人职责，认真细致开展“三服务”工作，切实规范和提升办公室工作。

【组织建设】 2021 年初，县委办公室党支部制定党建工作计划，积极开展“观展馆　温党史　知敬畏　守廉洁”“保护母亲河，我们在行动”“庆建党百年　忆红色初心”等支部主题党日活动，做到月月有主题、月月有重点，领导带头讲党课，推动“三会一课”落到实处。年内共召开支委会12次，党员大会4次，上党课4次。认真落实“三重一大”集体决策制度，坚持民主集中制原则，研究各类重要事项13件，切实做到重要事项专题研究、集体决定。积极选派党员干部参加县内外举行的体育、文化、知识竞赛等活动3场次，全面提升机关党员干部的综合素养，增强机关凝聚力。严格按照《中国共产党发展党员工作细则》和“控制总量、优化结构、提高质量、发挥作用”的发展党员要求，1名预备党员按期转正。扎实开展党史学习教育，开展集中学习20余场次，研讨交流7次，知识竞赛3次。组织党员干部先后到山南市博物馆、廉政教育基地等进行参观学习，观看《建党伟业》等爱国影片，积极参加县委举办的专题辅导、集中培训、红色观影活动等，学习革命精神，传承红色基因，赓续红色血脉。2021年7月，县委办公室党支部被评为“八星党组织”。

【办文办会】 2021年，县委办公室加强对办文办会办事全流程管理，全力提高办文办会办事的效率和质量，努力推动各项工作。办文工作规范有序。强化发文源头管控，围绕规范文书运转体系，建立文印工作制度、节假日轮班制度、阅文制度，进一步规范明密件管理。全年共处理各级来文593份，实现零错误。严格实行来文拟办，发文签发。认真核校，规范文种，截至年末，共印发县委文件145件、县委办公室文件55件。起草上报各类讲话。信息、调研报告等300余篇；印发党办通报10期。

办会工作精细高效。全年共统筹安排县委各类会议共计60场次，完成县委九届九次全会、县委经济工作会议、中国共产党桑日县第十次代表大会、十届县委一次、二次全会等重大会议20余场次，安排党政楼大门口值班300余人次；接待转交群众来信来电来访8次，解决群众各项咨询20余人次。

年内，县委办公室办事工作坚持“三勤、三快、三高、一保证”，即脑勤、手勤、腿勤，反应快、办事快、节奏快，高效率、高标准、高水平，保证上级交办的事情，事事有结果、件件有回音。在服务县委中心工作中，不等不靠，按照“工作务实、推进扎实、结果真实”要求，全力抓好驻点村乡村振兴和脱贫户结对帮扶工作，积极选派第一书记和驻村人员，支持村级集体经济实体发展特色种植、养殖产业。

【协调服务】 年内，县委办公室肩负着保证机关正常运转、保持上下左右联系畅通的重任。坚持与市委办公室的联系沟通，争取工作主动，加强同县“四大班子”办公室及县委常委兼职部门的协同配合，注重与县纪委等单位的日常协调协作，会同县纪委等部门，开展联合监督检查10余次，统筹推进各项工作。

【督查督办】 2021年，县委办公室采取随机抽查、专项检查、巡回督导、明察暗访等形式，强化检查督办职能。组成联合督查组，对全县各乡（镇）、县直属部门开展全覆盖式督查、办公室专项督查。同时坚持问题导向，现场反馈问题，限时整改，全年下发《督办通报》5期。

【保密工作】 2021年，县委办公室严格落实保密各项规章制度，年初签订保密责任书5份；规范机要秘书管理，对44家县直属单位机要秘书进行严格政审，开展岗前培训持证上岗，建立机要秘书电子档案；组织开展保密知识宣传学习6场次。

【机要工作】 年内，严格执行值班纪律，规范电报存档登记手续，办理内部明电151份，传发密码电报970份、明码电报264份；电子政务内网各业务应用系统共传发电子公文1064份；为自治区、市各类党政重要会议服务保障105次、参与联调保障210人次；完成2019—2020年度安可替代工程计划计算机及配套设备80套配发工作；扎实开展4家县直属单位5名新增机要秘书政治审查及培训工作。

【地方志工作】 2021年，县委办公室做好县志、年鉴编纂工作，

1月19日，《桑日县志（2001—2010）》终审会召开

（县委办公室　提供）

1月19日，《桑日县志（2001—2010）》终审会召开，《桑日县志（2001—2010）》通过县级终审验收。12月上旬，《桑日年鉴（2020）》由方志出版社公开出版发行。截至年末，《桑日年鉴（2021）》已提交至方志出版社，进入“三审三校”环节。

【档案工作】截至年末，接待查阅档案人员53人次，借阅档案3402件、复印216件；开展档案业务指导工作涉及30余家单位，移交进馆21家单位，共计7642件，接收各乡（镇）土地确权档案3249盒；发放档案宣传资料840余份；落实日常库内温度、湿度检测记录、调节。

【党风廉政建设】2021年，县委办公室党支部始终坚持全面从严治党，长期坚持严的主基调，继承和弘扬党的优良传统和作风，深入推进党风廉政建设反腐败工作。不断加强廉政意识。以支部集中学习和党课为重点，加强对党员干部的思想、学习、工作、生活等的作风教育引导，认真学习贯彻习近平总书记关于党风廉政建设、全面从严治党重要论述，不折不扣贯彻落实改进工作作风、密切联系群众的各项规定，进一步形成权为民所用、情为民所系、利为民所谋的氛围。不断加强纪律建设。组织党员干部学习身边违纪违规典型案例，集中观看《说案明纪》等警示教育片，参观廉政教育基地等方式，进一步筑牢思想防线，保持清正廉洁。及时组织学习《中共西藏自治区委员会办公厅关于违反党的政治纪律行为的处分规定》，并对办公场所、公务用车、干部周转房和私家车等全方位进行违反党的政治纪律行为的自查整改工作。不断加强制度建设。围绕各级巡视巡察和上级党组织监督检查反馈问题，结合县委办公室实际，制定《中共桑日县委员会办公室“零差错”工作制度（试行）》《中共桑日县委员会办公室限时办结制度（试行）》《中共桑日县委员会办公室重要工作信息反馈报告制度（试行）》等，进一步规范办公室工作。

县委组织部

【概况】2021年，在市委组织部的指导和县委的领导下，县委组织部坚持以习近平新时代中国特色社会主义思想为指导，认真学习贯彻中共十九大、十九届历次全会及中央第七次西藏工作座谈会精神，学习贯彻习近平总书记在庆祝中国共产党成立100周年大会上的重要讲话和视察西藏时的重要讲话重要指示精神，增强“四个意识”、坚定“四个自信”、做到“两个维护”，围绕把握新发展阶段、贯彻新发展理念、构建新发展格局，忠实践行新时代党的建设总要求和组织路线，全面落实新时代党的治藏方略，按照全国、自治区、全市组织部部长会议部署，紧扣做好“四件大事”、实现“四个确保”，以开展党史学习教育和“政治标准要更高、党性要求要更严、组织纪律性要更强”专题教育为抓手，以完善上下贯通、执行有力的组织体系为重点，以建设政治过硬、具备领导现代化建设能力的干部队伍为关键，以全方位培养引进用好人才为支撑，全县党务工作者和组工干部凝心聚力、真抓实干，组织工作高质量发展势头强劲，各项工作推进有序。

全县党组织　截至 2021 年末，全县共设置基层党组织 214 个。其中党委 12 个（乡镇党委 4 个、村党委 2 个、县公安局党委、县应急管理局党委、县税务局党委、县“小个专”党委、县非公有制企业党委、社会组织党委），工委 2 个（县直属机关工委、县委“两新”工委）；设置党组 34 个（县人大常委会、县人民政府、县政协、县人民检察院、县人民法院及县直属机关党组 29 个），党总支 18 个（村党总支 17 个和 1 个县委统战部党总支）；党支部 149 个（机关事业单位党支部 43 个、乡镇机关党支部 4 个、公安系统党支部 7 个、学校党支部 6 个、寺庙管理委员会党支部 4 个、村党支部 73 个、“两新”组织党支部 8 个、退休支部 3 个、国有企业党支部 1 个）。

党员基本情况　截至 2021 年末，全县正式党员共 3481 名，占全县总人口的 19%。其中机关党员 1094 名，占党员总数 31.43%；农牧民党员 2387 名，占党员总数 68.51%。男性党员 2316 名，女性党员 1165 名；汉族 199 名，少数民族 3282 名。预备党员共 73 名（机关 26 名，农牧区 47 名；男性 41 名，女性 32 名；汉族 10 名，少数民族 63 名）。全县村“两委”班子成员核定职数 228 个，实际配备 230 名（含选派公务员 2 名），党组织书记 43 名，“一肩挑”5 名，村务监督委员会成员 129 名。

其他人员情况　截至 2021 年末，全县共有“三老”人员 190 名（其中老党员 182 名、老干部 7 名、老模范 1 名）。2021 年全县共派驻 43 个驻村工作队 129 名驻村工作队员（其中藏族干部 82 名、汉族干部 45 名、其他民族 2 名；男 66 名、女 63 名；党员 103 名），选派村党组织第一书记 43 名、大学生村官 6 名。聘用乡村振兴专干 41 名（绒乡达嘎村、吉荣村专干于 2021 年 1 月辞职后未招聘）。

【干部概况】　截至 2021 年末，全县实有干部 1149 人，其中行政 403 人、政法系统 165 人、事业 581 人（含工勤 49 人）。

【干部教育】　深化习近平新时代中国特色社会主义思想学习教育　全面推行第一议题制度，认真落实“六个结合”，扎实推进党史学习教育和“三更”专题教育，依托“党群活动日”“主题党日”“三会一课”“四大课堂”等载体，把学习贯彻习近平新时代中国特色社会主义思想同“五史”、第七次中央西藏工作座谈会精神及习近平总书记在庆祝中国共产党成立 100 周年大会上的重要讲话和视察西藏时的重要讲话重要指示精神等结合起来，采取专题辅导、上党课、集中学习与个人自学相结合的方式，累计举办专题辅导讲座等 7 期，组织全县党员干部累计开展集中学习 1210 余次，县级干部、乡（镇）党委书记、机关党组织书记等深入联系村讲党课 180 余场次。落实述学考学评学办法，开展知识测试、知识竞赛 4 场次。

干部教育培训　深入推进干部教育培训“135”工程，狠抓乡（镇）干部培优工程，围绕“一

7月13—15日，桑日县举办2021年党员干部政治教育培训会

（县委组织部　提供）

7月18日，桑日县委组织部机关党支部召开第28次学习讨论会，围绕党史学习教育暨“政治标准要更高，党性要求要更严，组织纪律性要更强”专题教育进行学习　　（县委组织部　提供）

把手”政治能力提升、各领域专题培训、党内法规培训等，整合自治区、山南市和湖南省岳阳市培训资源，用好用活智力援藏资金项目，县级层面举办新任村干部、党务工作者、政治素质提升等培训班5期，乡（镇）一级举办各类培训班123期，累计培训党员干部3110余人次。持续深化网络线上培训举措，依托“云视讯”视频会议系统，举办村干部能力素质提升培训班1期，组织34名党员干部参加中共中央党校（国家行政学院）线上培训班5期。

“三更”专题教育　坚持将高位推动贯穿始终，县委及时成立专题教育领导小组，明确工作职责，翔实制定专题教育方案和任务分解表，印制下发专题教育读本200余册，先后召开2次专题会议，研究推动全县“政治标准要更高、党性要求要更严、组织纪律性要更强（以下简称‘三更’）”专题教育相关工作，为专题教育纵深推进奠定坚实基础。坚持将示范引领贯穿始终，各级党组织书记累计组织开展集中学习300余场次，开展专题研讨120余场次，撰写专题研讨材料200余份，形成调研报告20余篇，开展警示教育6场次，开展红色教育3场次。坚持将专项整治贯穿始终，将干部酒驾醉驾、参与赌博、“走读”、作风不实、“私车公养”“公车私用”等问题列入专项整治内容，采取云视讯调度、实地检查、随机抽查等方式，开展监督检查390余场次，查处干部职工饮酒驾驶机动车1人，下发通报15期，通报干部20名，提醒谈话13名。坚持将自查整改贯穿始终，在严格对照自治区党委规定的党员干部自查问题清单基础上，结合全县专项整治工作增加11个方面自查内容，全县各级党组织对照党的五大建设18个方面，累计查摆出问题90条，制定整改措施110条，已完成整改。全县教育对象对照党的六大纪律31个方面，累计查摆问题328条，制定整改措施383条，已完成整改。坚持将督促指导贯穿始终，坚持把日常检查和专项督导摆在突出位置，采取定期检查、暗访抽查等方式深入县直属各单位、3个乡1个镇开展菜单式督导5轮，下发整改督导单42份，通报2期。

【巡视巡察整改】　坚决扛起巡视巡察整改政治责任，认真对照市委、县委整改方案及专项组整改方案，逐项制定措施、明确责任，全面整改、深入整改、持续整改、彻底整改。主动认领中央第十巡视组反馈问题20个，细化整改措施51项，截至年末，完成整改并长期坚持18个，2个需要上级提供政策支持（“深化改革和‘三转’不够到位，各级纪委监委仍在参加主责主业外的议事协调机构，国有企业等领域纪检监察体制改革滞后问题”“国有企业改革不到位”）。主动认领自治区党委第三巡视组“回头看”反馈意见8个方面15个问题，细化整改措施54项，截至2021年末，已全部完成整改并长期坚持。

【专项整治】　四个专项整治工作　2021年，桑日县对全县病假在家干部，采取电话访谈、病情诊断、核实假期等方式，进行深入细致排查，未发现“泡病号”问题，对2名长期病假在家的干部进行电话谈话，并通过发函等方式，告知病假在家干部相关政策，提醒其严格履行病假手续，定期配合复核病情病历。

选人用人专项整治　桑日县对照市委组织部《关于印发〈违规选人用人专项整治方案〉的通知》要求，自查出问题10个，截至年末，已完成整改8个，取得阶段性成效并长期整改2个。

干部档案专项整治　桑日县委组织部档案室共有在职干部档案830卷，截至年末，累计审核整治干部档案675卷，未审核整治155卷，需重新认定12卷。存在主要问题包括部分干部毕业证、学位证复印件未进档案；部分干部派遣证、驻村登记表缺失；个别干部简历认定不准确。

违规违纪发展党员专项整治　狠抓复审关，实行发展党员年度计划、季度报告、半年专项检查制度，不定期抽检各乡（镇）所辖党组织党员的入党申请人、入党积极分子、发展对象、预备党员、新党员名册，有效防止突击发展、不按程序发展党员等问题。全年累计开办专题培训班4期，排查中共十八大以后全县发展的1197名党员，认定违规违纪和严重违反入党程序问题党员758名（农牧区492名、机关党员干部266名）。截至年末，正在按照市委组织部下发的答复意见认真整改。

【政治素质考察】坚持把政治素质考察覆盖到机关企事业单位、县、乡（镇）、村、选人用人、“两代表一委员”推选等各个领域、各个层级、各项工作，按照自治区“四个结合”要求，大力推行“六查六看”工作法，建立多部门联审联查工作机制，强化纪委、公安、信访、司法、审计、人民法院等部门前置审查程序，坚决把“两面人”“骑墙派”识别出来、清除出去，决不让政治上有问题的人蒙混过关、投机得逞。依托“桑日县干部人事管理系统”，建立干部政治素质档案，动态积累，全程记录干部政治表现。全年累计考察干部105名、考察“两代表一委员”683名，有效确保人选的政治关。

【“双庆”活动】庆祝中国共产党成立100周年、西藏和平解放70周年活动期间，桑日县先后举办“光荣在党50年”纪念章颁发仪式和庆祝中国共产党成立100周年暨“三优一先”表彰大会，召开各领域优秀党员代表“迎华诞、践初心、履使命”主题座谈会，组织县级干部走访慰问“三老”人员、“光荣在党50年”纪念章获得者、“困难党员”等216人。各党组织结合实际，开展“党史进支部”“党旗在基层一线高高飘扬”等活动。

【基层党组织建设】优化和延伸党的基层组织覆盖　优化调整“两新”党组织11个，选优配齐党组织书记11名、班子成员30名。全县符合“三有”标准的非公有制企业32家，党组织覆盖率达100%。建立工会组织18个，覆盖率达56%；共青团组织10个，覆盖率达34.44%；妇女组织23个，覆盖率达71.88%，“两新”领域“党建带群建”工作体系建设有序推进。

规范和提升领导基层治理水平　贯彻落实全面从严治党主体责任规定、《中国共产党组织工作条例》等，定期召开党建工作述职评议会、组织工作会议和季度领导小组会议等，研究解决基层党建工作中存在的重点难点问题195件。持续推进党组织规范化建设，在各行业领域中培育出党建工作示范点14个。认真贯彻中共中央《关于加强基层治理体系和治理能力现代化建设的意见》，充分发挥第一书记、驻村干部、大学生村官、乡村振兴专干作用，累计协助村“两委”完善村规民142条。持续深化“八星党支部”创建工作，全县累计创建“八星党支部”20个（寺庙管理委员会党支部2个、学校党支部2个、农牧区党组织12个、机关党支部4个），全县83%的党支部达到六星及以上标准。深入开展软弱涣散党组织整顿工作，认真落实“五个一”整顿措施，覆盖乡（镇）、村、县直属机关、“两新”组织、国有企业等6个领域214个党组织建立县级干部党建联系点和软弱涣散党组织联系点制度，采取“撤、换、育、派”等方式，以先进党组织为标杆，扎实推进3个软弱涣散党组织实现整顿升级。制定下发《桑日县关于开展“党建责任抓落实、党建队伍强本领、党建质量促提升”专项行动的方案》，大力开展“三个专项行动”督导检查活动，累计下发《桑日基层党建月督导函》221份。

【村“两委”换届选举】 坚持以农牧区基层党组织“六个基本”建设为统领，推进党建工作全面从严、全面过硬，以村“两委”换届为契机，持续加强村级领导班子建设。2—3月，完成全县村“两委”换届，选举产生村“两委”班子230名，村务监督委员会成员129名，村民委员会班子平均年龄37.12岁，初中及以上学历93人，大专以上学历4人。实现年龄、学历一降一升目标。

【国家通用语言文字学习】 探索建立“六微六学”课堂，全面激发村干部学习热情，不断提升国家通用语言文字学用成效和使用效率，截至年末，全县316名村干部中基本会说国家通用语言的村干部有129名，基本能听懂国家通用语言的村干部有101名。

【党员队伍建设】 坚持高标准做好党员发展工作，严格执行发展党员公示、预审、票决和责任追究等“四项制度”，以规范的制度和严格的程序保证新发展党员的质量，全年全县累计发展党员110人。深入开展“三包五带五促”活动，全县党员分354个片区，覆盖式与全县4516户15022人结成对子，结合“我为群众办实事”实践活动、“党在我心中”、党员志愿服务先锋队等活动，通过“一对一、一对多”模式，以“唠家常”“微信学”“上门帮”等方式，开展各类活动174场次。

1月20日，桑日县以现场培训和云视讯参会方式召开第九批驻村工作队村“两委”换届知识培训会，现场参会45人，云视讯参会90余人

（县委组织部　提供）

【基层党组织政治引领作用】 持续巩固村集体经济“空壳村”清零成果，整合中央财政扶持资金和强基惠民工作经费及本级投入为民办实事工作经费，大力推行“党支部+”“党员+”“致富带头人+”等模式，全年扶持村集体经济11个，截至年末，6个已建成并投入使用，收益达到2万元以上，剩余5个待验收实施；雪巴温泉、塔木葡萄基地、奴卡蔬菜基地等一批村集体经济项目得到壮大。全县村集体经济收入50万元以上1个、5万元以上13个。全面增强抓党建促乡村振兴工作合力，精准选派129名优秀干部到基层一线担任村党组织第一书记、驻村干部，选派6名1995年后出生的干部担任大学生村官。

【县、乡（镇）领导班子换届】 坚持从加强组织领导、统筹安排部署、狠抓人选考察、强化经费保障、营造浓厚氛围等方面高位推动县、乡（镇）、村领导班子换届工作，征订下发《党组织选举工作手册》180册，先后召开换届学习会30余场次，举办业务培训班2场次，召开调度会3

场次，县委主要领导深入各乡（镇）专题调研 3 场次，通过印发换届风气监督卡、悬挂横幅、张贴标语、编发宣传短信、电子屏滚动播放与在“网信桑日”“桑日组工”微信公众号开辟专栏宣传换届知识。7 月，完成县、乡（镇）领导班子换届，选举产生新一届乡（镇）领导班子成员 44 名（其中男 34 名、女 10 名；藏族 26 名、汉族 17 名、其他少数民族 1 名；30 岁及以下 10 名，31—35 岁 20 名、36—49 岁 14 名，平均年龄 35 岁，党政正职中 35 岁以下干部 3 名；具有 2 年及以上乡镇工作经历的 40 名），选进“五类人员”6 名（乡镇事业编制人员 2 名、优秀第一书记或优秀驻村队员 1 名、优秀村党组织书记 2 名、寺庙管理委员会干部 1 名），班子年龄、学历等方面结构和整体功能得到进一步优化提升。如期选出新一届县委委员 25 名，候补委员 5 名，纪委委员 13 名；县委常委 14 名，书记 1 名，副书记 4 名；新一届县人大常委会领导班子 5 名；新一届县人民政府领导班子 8 名；新一届县政协领导班子 5 名；新一届县监察委员会主任、县人民法院院长和县人民检察院检察长各 1 名。换届后，县委组织部还深入各乡（镇）对新一届班子运行情况进行调研，发现共性问题 5 个，个性问题 4 个。

【干部队伍建设】 树立正确选人用人导向　严格落实好新时期好干部标准、民族地区好干部“四个特别”（维护党的集中统一领导态度特别坚决、明辨大是大非立场特别清醒、铸牢中华民族共同体意识行动特别坚定、热爱各族群众感情特别真挚）要求，把政治素质过硬、具备领导干部综合素质作为首要标准，围绕构建新发展格局、领导现代化建设，大力选拔具有专业思维、专业素养、专业方法的干部。突出重品德、重才干、重担当、重实绩、重公认，以正确用人导向引领干事创业，激励干部到维护稳定最前沿、经济发展主战场、生态环保主阵地、固边强边第一线接受历练，不断健全“干部为事业担当、组织为干部担当”的良性互动机制。加大“三支队伍”交流力度，特别是权力集中、资金密集、资源富集岗位干部的交流力度，既推动事业发展，又促进干部健康成长。注重老中青梯次配备，统筹用好各年龄段干部，充分调动整个干部队伍积极性。年内，全县调整干部 5 批 195 人次，提拔 69 人、进一步使用 9 人、平职调整 69 人、明确职务 8 人、免实职 40 人。晋升职级 31 人。其中晋升一级主任科员 8 人，二级主任科员 4 人，三级主任科员 10 人，四级主任科员 9 人。调整在权力集中、资金集中、资源富集岗位任职满 5 年的干部 7 人，高低海拔之间交流 14 人，县直属机关和乡（镇）之间交流 49 人。

5月27日，桑日县召开县乡领导班子换届工作领导小组会议

（县委组织部　提供）

培养优秀年轻干部　坚持近距离、经常性了解年轻干部，定期对年轻干部进行集中分析和研判，分层分类动态调整充实优秀年轻干部信息库，加强常态化管理，实时跟踪了解履职表现、工作实绩，实行优进拙退。持续加大优秀年轻干部教育培训和实践锻炼力度，落实自治区《关于鼓励引导人才向艰苦边远地区和基层一线流动的若干措施》《高

层次和急需紧缺人才引进办法》《山南市基层专技人才“县管乡用”实施办法》，注重将政治素质过硬、有发展潜力的优秀年轻干部选派到维护稳定最前沿、经济发展主战场、生态环境主阵地、固边强边第一线锻炼。全年选派6名“95后”干部担任“村官”到基层一线工作，43名村党组织书记、第一书记中青年干部35名，占81.4%；129名驻村干部中青年干部97名，占75.19%。坚持成熟一个、使用一个，审慎稳妥、分步调整，保持年轻干部在乡（镇）党政领导班子和县直属单位领导班子中的适当比例。全年提拔1985年及以后出生正科级干部4名，提拔1993年及以后出生副科级干部4名。

坚持严管厚爱干部　坚持抓实日常监督，结合“三更”专题教育，采取云视讯调度、实地检查、随机抽查等方式，紧盯重大节假日，对干部职工“走读”、迟到早退、值班备勤等情况进行常态化监督，持续释放“作风建设永远在路上”的强烈信号。全年开展干部作风监督检查60余次，下发通报15期，通报干部15名，提醒谈话9名。

年内，桑日县持续加大干部关心关怀力度，严格落实干部体检、就医、休假等待遇。年内，按照《关于预发调整西藏特殊津贴标准部分增资的通知》要求兑现增资1846.71万元，累计解决干部实际困难3件。

【援藏干部管理】　年内，桑日县坚持最大限度发挥援藏干部人才的独特优势助力桑日县发展，先后召开2次短期援藏专业技术人才座谈会，举办1期优秀青年干部能力素质提升班，培训青年干部70余人次；上报新一批援藏干部人才引进需求计划24名，协助山南市委组织部和岳阳市委组织部完成6名援藏干部的考核考察工作。

【机构编制】　截至2021年末，全县共设置机构（单位）118家。其中行政机构71家，分别是乡科级69家，未定级2家（仁青岗和卡玛当寺专职管理特派员）；事业单位47家（乡科级34家，股级13家）。全县核定编制总数831名（不含机关其他编制74名）。其中，行政编制270名，政法专项编制76名，事业编制485名。核定县级领导职数30名，实配30人；正科级领导职数97名，实配92人；副科级领导职数223名，实配187人。

机构编制理论学习　依托县委机构编制委员会学习会、部机关党支部学习讨论例会等，组织县委机构编制委员会成员和办公室干部开展集中学习30余场次。

深化乡（镇）机构改革　深入推进基层整合审批服务执法力量工作，把乡（镇）机构优化调整工作作为头等大事来抓，形成新“5+4”模式，并组织实施，完成乡（镇）机构优化和调整设置工作。

持续优化机构布局　申请设立县委党校、县乡村振兴信息中心、县国库集中支付中心3家科级事业单位和县融媒体中心；研究设立县人力资源和社会保障局就业服务中心、县统计局普查中心、县供销合作社3家股级事业单位，为进一步加强高校毕业生、农牧民就业服务，深化统计管理体制改革，落实新时代供销合作社改革发展提供机构编制保障；调整理顺部分寺管会机构设置，撤销卡玛当寺、仁青岗寺专职管理特派员，进一步加强和改进寺庙管理工作。

编制资源挖潜　年内，县委编办积极争取支持，为加强乡村振兴、新冠肺炎疫情常态化防控、就业保障领域和机关其他编制核销工作共申请136个事业编制，共争取核增28个事业编制，并合理分配使用；结合乡（镇）改革工作，统筹考虑（乡）镇人口、地域面积、社会情况复杂程度和重大项目实施，在乡（镇）一级调整行政编制3个，核增事业单位副科级领导职数4个。全面统筹优化编制资源布局，把有限的编制资源用在紧要处。

机构编制核查　根据《关于开展全市机构编制核查工作的实施方案》和市委机构编制委员会办公室工作部署，制定印发《关于开展全县机构编制核查工作的实施方案》，组织全县各单位50余名核查工作人员，召开动员部署会和核查业务培训会，认真组织实施，如期完成机构编制核查工作。

事业单位登记管理 全年共办理法人变更换领代码证 24 家（行政 22 家、事业 2 家），变更机构性质换领代码证 1 家，事业单位法人设立登记 1 家。

【驻村工作】 2021 年，全县驻村干部以庆祝中国共产党成立 100 周年、西藏和平解放 70 周年为契机，用通俗易懂的语言、喜闻乐见的方式，向群众宣讲习近平新时代中国特色社会主义思想等 364 场次，发放宣传资料 2200 余份，开辟专题宣传栏 90 期，举办专题讲座 73 次，受教育群众 1500 余人次。

铸牢中华民族共同体意识 各驻村工作队召开民族团结专题会议 50 余场次，学习习近平总书记关于民族团结进步重要论述 40 余场次，开展民族团结主题活动 43 场次，发放宣传手册 1500 余份，悬挂宣传横幅 43 条，受教育群众 1.3 万余人次。驻村干部结合“六微六学”课堂，与村干部和农牧民党员群众结成对子 510 余对，实现村干部全覆盖，覆盖党员群众 4800 余人。

维护社会稳定 在敏感时间节点制定维稳方案、预案 123 个，协助村“两委”组织召开专题会议 40 余场次，协助建立护村队、护路队 254 支，累计走访 1200 余户，开展宣传教育 130 余次，发放宣传资料 3500 余份，化解矛盾纠纷 21 件。

建强村党组织 全面推行村干部坐班制度和群众事务代办制，充分发挥村级“一站式”便民服务大厅作用，累计帮助群众解决实际困难 200 余件。全面推行“群众活动日”，累计开展群众教育服务活动 287 场次，参加群众达 1.1 万人。

推进乡村振兴 各驻村工作队累计开展植树种草、整治脏乱差、建设美丽乡村、“保护雪域高原一草一木、山山水水”活动 738 场次，参与“四旁”植树 31216 棵，种草 10.47 公顷。同时积极引导和督促乡村振兴专干协助村“两委”抓好产业发展、生态环保、移风易俗、服务群众等工作职责，激励引导其发挥自身优势，为推动乡村振兴贡献积极力量。

强化乡村治理 各驻村工作队累计开展环境卫生整治活动 400 余次，宣传地方综合病防治工作 316 场次，宣讲法律常识活动 225 场次，开展“三送”活动 40 场次，组建村级文艺队 43 支，完善村规民约 142 条。

开展为民办实事服务 各驻村工作队坚持立足实际，从群众最关心、最直接、最现实的利益问题入手，通过入户摸排登记、协调上级部门、动员辖区群众等方式，累计为群众办实事 318 件，投入资金 1.9 万余元。

举办农特产品展销会 9 月 28—29 日，桑日县采取文艺会演与商品展销相结合的方式，成功举办桑日县驻村帮扶“心连心”暨职工消费助力拓展脱贫攻坚成果展销会，26 家合作社展销的桑日葡萄酒、思钦辣椒、奴卡绿色蔬菜、曲果萨糌粑、达西牦牛肉、比巴藏香猪以及木碗、

2021年，桑日县各驻村工作队紧紧围绕党史学习教育，扎实开展“我为群众办实事”实践活动，图为桑日镇塔木村驻村工作队组织村民清扫村寨周边垃圾 （县委组织部 提供）

石锅等农畜产品和手工艺品累计交易金额达50余万元。

【老干部工作】 2021年，桑日县围绕全县中心工作，以全心全意为老干部服务为宗旨，狠抓“两项待遇”落实，继续执行每月老干部学习日制度，采取集中讲学、微信推学等方式，开展好党史学习教育和“政治标准要更高，党性要求要更严，组织纪律性要更强”专题教育，全年离退休支部累计组织集中学习12场次。以“三包五带五促”活动为抓手，邀请老干部代表参加县委、县人民政府重大会议活动6次，引导老干部发挥余热，服务全县乡村振兴、维护社会稳定等重点工作。围绕庆祝中国共产党成立100周年、西藏和平解放70周年，在全县退休老干部中深入开展“十一个一”（开展一次“我为家乡添绿色”植树造林活动，开展一次“支部书记讲党课、全体党员学党史”学习教育活动，举办一期“党的十九届五中全会及中央第七次西藏工作座谈会精神”培训班，开展一次“我为建党100周年、西藏和平解放70周年献礼”文艺会演活动，开展一次“送真情、暖人心”赴其他省市走访看望慰问活动，开展一次“重回故乡、感受家乡巨变”返乡考察活动，开展一次“讲党史、感党恩”老干部宣讲活动，开展一次“夕阳更红，逐梦新时代”赴其他省市考察学习活动，开展一次走访看望困难老干部、长期卧病老干部，参加一次市委老干部工人运动会等）系列活动。

10月14—20日，桑日县委老干局组织以“重回故乡　感受家乡巨变”为主题的退休老干部返乡考察活动，图为返乡老干部在桑日县标志前合影　（县委组织部　提供）

【自身建设】 2021年，桑日县委组织部坚持带头开展好党史学习教育和“三更”专题教育，引导组工干部讲政治，自觉遵守党规党纪、法律法规，时刻牢记组工干部“三重身份”，树牢“四个意识”，要求别人做到的自己必须首先做到，要求别人不做的自己坚决不做，对标对表自治区党委、市委、县委提出的工作要求，查找差距，认真整改，锤炼过硬政治品格。引导组工干部讲纪律，坚持从内严起，从自身做起，通过会议考勤、严查执行上下班制度、周例会通报等方式，让不正之风无处遁形，营造风清气正的机关环境。引导组工干部讲执行力，充分发挥各科室职能优势，既要做到严守职责边界、权责清晰，又要做到上位不缺位、补位不越位，加强团结协作，沟通协调，确保令行禁止，思想统一，步调整齐划一，共同高质量完成各项工作任务。通过部务会议、周例会、“三会一课”等方式，结合重点工作，加强对相关法规条例、业务知识的学习，采取“提问＋领学”、部长讲要求、部务会议成员提举措、参会人员共同讨论、观看视频教学等方式，对学习内容进行“嚼碎消化”，帮助转化为抓工作的实际成效，使每名组工干部都能成为组织工作的政策通、活字典、多面手。增强制度意识，强化刚性执行，继续加强部务会议事规则、重要工作信息反馈报告、限时办结等制度执行力度，做到用制度管人管事，不断提升组织部门自身科学化发展水平。完善组织工作运行机制，明确办文、办会等方面的行为规范，做好文件阅办跟踪管理登记工作，明确责任领导、责任人和办理截止时间，做到快阅快办、案无积卷。

县委宣传部

【概况】 2021年，在县委领导下，在市委宣传部指导下，在县人民政府支持下，桑日县意识形态和精神文明建设工作取得长足发展和优异成绩，为加快推进"一心两县（山南市中心经济圈、雅江中游经济强县、西藏民生幸福示范县）"建设步伐、实现桑日县长足发展和长治久安提供强有力的思想保障、舆论支持和文化条件。

【意识形态工作】 2021年，中共桑日县委加强组织领导，落实意识形态主体责任。结合全县县、乡（镇）换届选举工作，为确保党对意识形态工作的全面领导，县委高度重视，提前谋划，调整充实桑日县意识形态工作领导小组，县委各常委根据工作分工，按照"一岗双责"要求，抓好分管领域意识形态工作，对责任范围内的意识形态工作负领导责任。年内，县委持续加强对意识形态工作的统一领导，坚持把意识形态工作与党建工作同部署、同落实、同建设、同考核，切实形成党委统一领导、党政齐抓共管的工作格局，切实推进全县意识形态工作走实走深走细。

2021年，桑日县委举办党员"夜校"，围绕党史学习教育开展专题学习研究会 （县委宣传部 提供）

【理论学习】 2021年，中共桑日县委不断强化理论武装工作。坚持以习近平新时代中国特色社会主义思想为指导，结合党史学习教育、"三更"专题教育，深入学习贯彻中共十九大，十九届二中、三中、四中、五中、六中全会精神，习近平总书记"七一"重要讲话精神、习近平总书记视察西藏时的重要讲话、重要指示精神和习近平总书记关于意识形态工作的重要论述、重要指示批示，深入学习《习近平谈治国理政》（第一、二、三卷），深入学习中央第七次西藏工作座谈会和自治区、市有关会议精神等，不断完善学习制度、充实学习内容、创新学习形式、强化学习效果，确保全县党员干部学习高效有序。2021年，全县开展集中学习32次（其中县委常委会学习22次、县委理论学习中心组学习10次），理论知识测试2次，专题研讨6次。

【精神文明建设】 2021年，桑日县采取文艺演出、演讲比赛等干部职工群众喜闻乐见的方式，大力倡导和践行"富强、民主、文明、和谐、自由、平等、公正、法治、爱国、敬业、诚信、友善"的社会主义核心价值观；联合农业农村、司法、民族宗教等部门，大力开展文化、科技、卫生、法律、爱国爱教宣传服务"五下乡"活动。全年共开展大型活动7次，发放各类宣传资料2.45万余册（页），为群众义务诊疗700余人次，发放价值3.5万元的药品；以庆祝"中国共产党成立100周年、西藏和平解放70周年"为契机，结合党史学习教育，开展主旋律歌曲演唱比赛。

年内，桑日县深化精神文明创建。以群众性精神文明建设为抓手，组织开展文明城市、文明村镇、文明单位、文明家庭、文明校园等“五大创建”活动，积极向上级推送“最美人物”“新时代好少年”等先进典型4个。认真贯彻落实《山南市文明行为促进条例》，推动移风易俗，涵育文明乡风。

【文化事业】 文化惠民工作 2021年，县民间艺术团共下乡演出92场，观看群众超过2.7万人次；县电影管理站共深入机关、农牧区、学校、寺庙放映电影473场次，观影人数近23650人次。

文化市场监管 2021年，县扫黄打非办公室联合文化、市场监督管理、公安、网络安全与信息化、统战等部门，深入开展“扫黄打非”、文化市场执法等工作，严厉打击各种非法出版物和“藏独”反动宣传品，对县域范围内的音像出租店、打字复印店、网吧等文化经营场所开展专项和联合执法检查20余次，出动执法人员120余人次，检查文化经营场所150余家次。

【网络舆情管理】 2021年，在县委、县人民政府关心支持下，桑日县持续完善健全制度保障、人才保障和资金保障，使全县网信网评工作得到扎实开展。县委网络安全和信息化委员会办公室、县网评中心制定完善《网络舆情应急处置机制》等，建网、上网、管网能力不断提升，网上网下体系不断完善，舆情预警和处置能力不断提高。

【媒体宣传】 2021年，桑日县以各类主流媒体为依托，坚持内宣与外宣并举、平面媒体与网络媒体互补、地方媒体与上级媒体联动，全面报道桑日县在经济、政治、文化和社会等各方面取得的成就，扩大桑日县的知名度和美誉度，有效引导社会舆论。截至年末，自治区内外各类主流媒体（包括网络、报纸、电视）采用、转发、播放桑日县新闻稿件2949篇（条）。其中，自治区级以上媒体上稿50余条，市级媒体上稿350余条，县级媒体发布250余条，“学习强国”学习平台采用49条。年内，桑日县充分发挥网络人士作用，把他们紧密团结在党的周围，在网络安全、舆论引导和弘扬主旋律等方面展现正能量，引领社会风尚，凝聚群众共识。邀请网络大V制作并在网络发布《再唱山歌给党听》《感谢你，总书记》等正能量短视频。

11月1日，桑日县创建全国文明城市培训会召开

（县委宣传部　提供）

【党史学习教育】 2021年，中共桑日县委对党史学习教育高度重视，第一时间要求全县各级党组织认真学习习近平总书记在党史学习教育动员大会上的讲话精神，充分认识党史学习教育的重大意义，把党史学习教育作为一项重大政治任务，列入重要日程，纳入总体工作，并立刻行动起来，成立领导小组，组建工作专班，努力完成各项工作任务，确保活动不偏不虚、不走过场。保障机制方面，择优选拔7名优秀干部充实到工作专班，精选28名干部成立7个巡回指导组，开设培训班对86名宣讲员进行系统培训，拨付30万元活动经费，用于支持在全县开展党史学习教

育。充分利用“网信桑日”微信公众号、县人民政府门户网站、桑日县广播电视台等媒体，持续宣传桑日县党史学习教育具体举措、推进情况和广大干部群众的热烈反响。截至年末，各级媒体刊登、转发桑日县党史学习教育相关信息500余条。制作大、中、小型户外广告牌12面、宣传栏超过60个，张贴宣传标语200余条。年内，及时征订《论中国共产党历史》《毛泽东邓小平江泽民胡锦涛关于中国共产党历史论述摘编》《习近平新时代中国特色社会主义思想学习问答》《中国共产党简史》等学习教材700本，组织全县干部职工通过“常委会会议＋理论学习中心组学习会＋支部学习会＋夜校”以上率下的机制开展学习，坚持读原著、学原文、悟原理。全年全县共开展夜校学习1600余场次，支部学习800余场次。依托《党史故事100讲》、爱国影视、红色小故事、“微党课”专栏，在全县范围内开展宣讲，以“音频＋文字＋图片”宣讲模式重温党史故事、传承红色基因。县“四大班子”领导、老党员、老干部，深入茶馆、农户、企业、寺庙、学校讲述党史故事320场次，受教育群众1万余人次。桑日县把每周四列为红色观影日，开展“观红色电影，忆峥嵘岁月”观影活动40余场次；把每周三列为“红色品读日”，开展“红色品读”活动40次；组织党员干部前往山南市烈士陵园、初心教育厅、西藏民主改革第一村——克松村等地开展红色教育打卡活动60场次，进一步传承红色基因、弘扬优良传统；立足践行党的初心使命、根本宗旨，切实开展“我为群众办实事”实践活动，桑日县以“五个着力”重点任务为发力点，顺民意、解民忧、惠民生，着力解决群众身边的“急难愁盼”问题。县委组织部采取文艺会演与商品展销相结合的方式，举办驻村帮扶“心连心”暨干部职工消费助力拓展脱贫攻坚成果展销会，帮助26家农牧民专业合作社销售农副产品50余万元；县人民法院调解劳务合同纠纷案件1件，追索农民工劳动报酬35万元；山南市生态环境局桑日县分局投入41万元为绒乡冲达村安装71盏太阳能路灯，投入20余万元为增期乡增期村维修水源点，投入20余万元为增期乡雪巴村修建公厕；县司法局积极为农民工、农牧民群众和弱势群体办理法律援助39件，为农牧民群众挽回经济损失120余万元。截至年末，桑日县已开展“我为群众办实事”实践活动742件。

【庆祝中国共产党成立100周年和西藏和平解放70周年】 年内，桑日县牢牢把握“党的盛典、人民的节日”主基调，制作、张贴、悬挂庆祝中国共产党成立100周年、西藏和平解放70周年各类展板、横幅、标语、户外广告等150余条（面）；组织开展红歌比赛、文艺演出、重温入党誓词、“向党说句心里话”微拍、升国旗唱国歌、反分裂签字承诺、新旧西藏对比等形式多样的庆典活动200余场次；坚持热在基层、热在群众，积极创作推出微视频、H5等新型宣传作品10余个，形成网络宣传强大阵势；充分调动传统媒体和新兴媒

7月1日，桑日县组织全县干部职工集中收听收看中国共产党成立100周年大会实况（县委宣传部 提供）

体、线上和线下等各类资源，积极开展“奋斗百年路 启航新征程”等重大主题宣传，开设“伟大历程·辉煌成就”“红色印记·精神丰碑”等专题专栏，广泛宣传中国共产党领导人民走过的光辉历程、做出的伟大贡献、取得的宝贵经验，宣传西藏和平解放70年来翻天覆地的巨大变化，让各族群众明白今天的幸福生活是习近平总书记和中共中央带来的，是中国特色社会主义制度带来的，进一步激发各族干部群众发自肺腑感党恩、毫不犹豫听党话、坚定不移跟党走。着力开展共同体意识教育。深入开展党史、新中国史、改革开放史、社会主义发展史以及西藏地方和祖国关系史教育，组织广大宣讲员广泛宣讲西藏自治区、山南市、桑日县与其他省市的历史渊源，宣讲自古以来各民族交往交流交融的历史事实；持续宣传《西藏自治区民族团结进步模范区创建条例》，大力宣传像卓嘎、央宗、古桑旦增那样的守边固边先进典型，宣传扎西央宗等民族团结进步模范，引导各族群众增进“五个认同”（对伟大祖国、中华民族、中华文化、中国共产党、中国特色社会主义的认同），争做“神圣国土的守护者、幸福家园的建设者”。

【推广普及国家通用语言文字】2021年，桑日县坚持从娃娃抓起、从平常做起，推动农牧区村“两委”班子成员带头使用国家通用语言文字，鼓励农牧民骨干宣讲员用国家通用语言宣讲，形成农牧民学习、使用、推广、普及国家通用语言文字的火热氛围。

【新时代文明实践活动】2021年，桑日县招募干部群众、“双联户”户长、农牧民党员、乡村文化人才、致富能手、科技能人、人民调解员、“五老”人员、返乡创业人员和热心群众等3400余名志愿者，打造扎根基层的“不走队伍”、群众身边的“百姓之家”。通过入户、集中宣讲等形式开展“志愿服务我先行 党的恩情我来讲”等宣讲活动600余场，深入宣传党的各项惠民利民富民政策，进一步铸牢中华民族共同体意识，坚定各族群众爱戴习近平总书记、拥护中共中央，永远听党话、感党恩、跟党走的信心决心。深化拓展春节、藏历新年、“3·28”西藏百万农奴解放纪念日、端午节、“七一”建党节等节庆活动，广泛开展锅庄、红色歌曲传唱、广场舞、文艺会演等文艺活动200余场次，让群众在多姿多彩、喜闻乐见的活动中提振精气神。深入开展平安法治活动，积极组织群防群治，以实际行动助推平安桑日建设，进一步夯实思想基础。深入推进扶志扶智工作，帮助脱贫群众算好“经济账”、画好“致富图”，多渠道提升农牧民综合素质，激发群众内生动力、增强致富信心。

【公益志愿活动】2021年，积极开展“绿水青山就是金山银山”保护河流湖泊公益志愿服务行动、“植树造林、美化家园”志愿服务活动，深入推进爱国卫生运动，扎实改善人居环境、增强群众环保意识，促进美丽家园建设。充分发挥群众自治作用，打造茶馆文化，以“喝茶话家常、沟通聊心事”的形式了解群众需求，策划实施志愿服务活动，持续推进移风易俗。深入开展文明餐桌、文明交通、文明旅游、文明上网、文明礼仪等专项行动100余场次，积极响应习近平总书记对杜绝餐饮浪费作出的重要指示，广泛开展学习宣传示范活动，坚决杜绝“舌尖上的浪费”。

【思想政治教育创新】2021年，桑日县持续推动思想政治教育创新。紧紧围绕“培养什么人”“怎样培养人”“为谁培养人”问题，抓住思想政治老师这个关键，继续发挥教育组团式援藏优势，积极邀请其他省市优秀思想政治教师到桑日县授课，或通过网络视频等形式，加强与结对学校的交往交流交融，传授思想政治教育先进方式方法，把爱国主义精神贯穿各中小学校教育全过程，切实把“爱我中华”的种子埋入每个青少年心灵深处，推动新时代学校思想政治教育的创新发展。大力开展“我向党旗敬个礼”“唱支红歌给党听”“党的光辉照我心”“党的故事我来讲”等“童心向党”系列活动60余场次，教育引导青少年学生自觉做中国特色社会主义的坚定信仰者、忠诚实践者。

县委统战部

【概况】 2021年，在县委、县人民政府的领导下，全县统战系统和广大统一战线成员单位始终坚持以习近平新时代中国特色社会主义思想为指导，认真贯彻执行新时代党的统一战线方针政策，紧紧围绕凝聚共识和深化治理目标任务，把握职责定位、积极开拓进取，广泛凝聚共识、聚力服务大局，聚焦重点难点、完善工作机制，为推动桑日县社会局势和谐稳定和经济社会高质量发展做出积极贡献。

【政治引领】 2021年，桑日县坚持把党的领导贯穿统战工作始终，认真组织统战成员学习贯彻习近平新时代中国特色社会主义思想和中共十九大、十九届历次全会、中央民族工作会议、中央第七次西藏工作座谈会、全国宗教工作会议及全国、自治区、全市统战部部长会议精神，深入学习贯彻习近平总书记“七一”重要讲话精神和在西藏视察时的重要讲话重要指示精神以及关于统一战线工作重要论述，教育引导统战成员增强“四个意识”、坚定“四个自信”、做到“两个维护”，不断巩固团结奋斗的共同思想政治基础。

【铸牢中华民族共同体意识】

宣传教育 充分发挥“百＋四”和“小口袋书包”宣讲队伍力量，开展“民族政策＋法律法规”巡回宣讲62场次，受教群众2400余人，发放宣传资料5000余份、悬挂横幅28条，更新户外大型广告牌13个、宣传栏26个，制作灯杆道旗76盏；在“桑日统战”微信公众号上刊登政策知识及法律法规52次，推送信息76条。

民族团结进步创建 2021年，召开全县民族团结进步创建工作推进会，开展“推动民族团结进步 献礼建党100周年、西藏和平解放70周年”系列主题作品征集活动，其中丹萨梯寺尼玛琼达作品《新生活新气象》获得市级优秀奖；着力打造绒乡等4家市级民族团结进步创建“九进”示范单位，雪巴村等13家县级示范单位，不断扩大典型示范引领作用，激励全县各族干部群众共同做好民族工作、铸牢中华民族共同体意识。年内，桑日县民族团结进步创建工作如期通过自治区初验，受到国家民委、自治区民族事务委员会有关领导的充分肯定。

打造民族团结文化广场 在县委、县人民政府的高度重视下，投入197万元打造民族团结文化广场，为各族干部群众搭建交往交流交融的平台；投入4万余元建设民族团结资料展厅，进一步提升民族团结进步创建工作标准化、精细化、规范化水平。

【宗教事务管理】 制度建设 年内，桑日县制定出台《寺庙财务公开制度》《寺庙财务管理制度》《寺庙财务收支管理制度》等10项制度，进一步提升全县寺庙管理工作规范化水平。

安全隐患排查 年内，县委统战部组织人员深入寺庙（拉康）和各类修行洞开展全方位安

6月24日，桑日县全国民族团结进步创建工作推进会召开

（县委统战部 提供）

3月16—21日，桑日县委统战部联合县公安局、县人民检察院、县人民法院、县司法局在全县12座寺庙（拉康）开展“法律进宗教活动场所”巡回宣讲活动　　（县委统战部　提供）

全隐患排查，排查隐患20余次，下发整改通知单3份。

基础设施建设　年内，桑日县投入113.5万元资金实施僧舍改建、寺庙书屋建设和购买取暖设备，切实解决寺庙管理委员会干部工作和寺庙僧尼生活上存在的实际问题。

“遵行四条标准”教育实践活动　巩固深化“遵行四条标准”教育实践活动成果，开展宣讲62场次，参与僧尼达600余人次。深入16个村（居）开展藏传佛教活佛转世政策巡回宣讲活动，参与群众达2600余人次。

“法律进宗教活动场所”巡回宣讲　年内，县委统战部联合县公安局、县人民检察院、县人民法院、县司法局，以3月“普法宣教月”和“综治宣传月”为契机，在全县12座寺庙开展“法律进宗教活动场所”巡回宣讲活动，重点宣讲中共十九届五中全会精神、中央第七次西藏工作座谈会精神、扫黑除恶专项斗争及宪法、民法典等法律法规，进一步引导广大僧尼正确认识和处理国法和教规的关系，牢固树立国法大于教规的观念，决不允许有法外之人、法外之地、法外之教。共宣讲12场次，参与僧尼200余人次，发放宣传资料300余份。

【民营经济】 宣传教育引导　2月8日，桑日县召开民营企业代表人士座谈会，传达学习中共十九届五中全会精神和中央第七次西藏工作座谈会精神，慰问民营经济人士。年内，桑日县采取以会代训、实地宣讲、召开座谈会等方式，引导民营企业筑牢守法经营底线，开展宣讲活动6次，受教育人数达300余人次。

代表人士队伍建设　进一步拓宽民营企业代表人士参政渠道，成功推荐8名优秀民营经济人士担任新一届党代表、人大代表和政协委员。

“百企帮百村”活动　年内，全县民营企业持续开展捐资捐物等系列帮扶活动，累计帮扶资金及物资价值达230余万元。

2月8日，桑日县召开民营企业代表人士座谈会，传达学习中共十九届五中全会精神和中央第七次西藏工作座谈会精神，慰问民营经济人士　　（县工商联　提供）

【涉宗系统自身建设】 涉宗系统政治建设 组织召开全县涉宗系统党风廉政建设工作部署会议、组织观看警示教育片、组织参观红色基地，树牢涉宗干部“四个意识”，提高政治觉悟和政治能力。

干部队伍建设 年内，先后选派7名统战、民族宗教、寺庙管理委员会干部赴西藏社会主义学院、市委党校等地学习培训；举办“桑日县涉宗干部第五期能力提升培训班”，深入开展寺庙管理委员会干部年终考核。加强寺庙管理委员会干部轮岗交流，统筹调出寺庙管理委员会干部7名，调入寺庙管理委员会干部8名，寺庙管理委员会内部调整2名。

涉宗领域党建工作 全面贯彻落实新时代党的建设总要求，开展寺庙管理委员会党组织书记抓基层党建工作述职评议活动，践行“我为群众办实事”实践活动宗旨，为群众办实事40余件，投入资金41万余元；建设“温馨化、标准化、实用化”的支部活动室；涉宗各党支部开展“深入基层增信念、服务群众强党性”等各具特色的主题党日活动，持续推进自身建设。

桑日县人民代表大会

综述

【概况】2021年，在中共桑日县委员会领导下，桑日县人大常委会坚持以习近平新时代中国特色社会主义思想为指导，认真贯彻落实中共十九大和十九届历次全会精神，深入贯彻落实习近平法治思想、习近平总书记关于坚持和完善人民代表大会制度的重要思想，贯彻落实中央第七次西藏工作座谈会精神、习近平总书记视察西藏重要讲话精神和中央人大工作会议精神，围绕县委中心工作任务，积极参与维稳蹲点督导、抵边搬迁等重大工作任务20余人次，安排1名干部担任村（居）党组织第一书记、1名干部参与驻村工作。坚决执行重大事项向县委请示报告制度，忠实履行宪法和法律赋予的职责，为推动桑日县高质量发展和民主法治建设作出积极贡献。

【县、乡（镇）人大换届选举】按照自治区党委、市委、县委和自治区人大常委会、市人大常委会关于领导班子换届和人大代表换届的总体安排部署，4月，桑日县启动县、乡（镇）人大换届工作，依法划分产生代表的选区数80个、登记选民数13187人。7月，选举产生县级人大代表126名、乡（镇）级人大代表185名，选举产生县人大常委会主任1名、副主任4名、委员20名；选举产生县人民政府县长

5月20日，桑日县召开“两代表一委员”人选资格联审工作会议
（县委组织部　提供）

1 名、副县长 7 名；选举产生县监察委员会主任 1 名、县人民法院院长 1 名、县人民检察院检察长 1 名，依法设立 3 个专门委员会，表决产生 3 个专门委员会组成人员。

乡（镇）级人大选举产生乡（镇）长 4 名、副乡（镇）长 12 名，乡（镇）人大主席 4 名、兼职副主席 4 名。按照市人大常委会关于选举市级人大代表的要求，10 月 28 日，第十四届人民代表大会第二次会议召开，选举产生市级人大代表 13 名。

【上级人大调研、执法检查】年内，县人大常委会配合自治区、市人大开展专题调研、执法检查、立法调研等共 15 次。

【自身建设】2021 年，县人大常委会全面落实新时代党的建设总要求，准确把握自身职责定位，持续巩固深化“两学一做”学习教育和“不忘初心、牢记使命”主题教育成果，深入开展党史学习教育和“政治标准要更高，党性要求要更严，组织纪律性要更强”专题教育活动，传承红色基因，赓续红色血脉，在“我为群众办实事”实践活动中不断深化为民情怀，在坚持与时俱进、守正创新中不断推动政治机关、国家权力机关、工作机关、代表机关建设。全年共计召开县人大常委会党组会议 17 次、县人大常委会党组理论学习中心组学习会 14 次、指导乡村人大工作 7 次、为群众办实事 11 件次。

重要会议

【概况】2021 年，桑日县人大常委会筹备召开县人民代表大会 3 次，举行县人大常委会会议 11 次、县人大常委会主任会议 15 次。

【桑日县第十三届人民代表大会第七次会议】1 月 16—18 日，桑日县第十三届人民代表大会第七次会议召开。听取并审议通过县委副书记、人大常委会主任王雅峰代表县人大常委会作的《桑日县人大常委会工作报告》。报告对 2020 年县人大常委会工作进行回顾总结，对 2021 年工作进行谋划部署。会议还听取并审议通过《桑日县人民法院工作

1月15日，西藏桑日县第十三届人民代表大会第七次会议第一次全体会议召开

（县人大常委会办公室　提供）

报告》《桑日县人民检察院工作报告》。

【桑日县第十四届人民代表大会第一次会议】 7月5—7日，桑日县第十四届人民代表大会第一次会议召开。会议听取《桑日县人民政府工作报告》《桑日县人大常委会工作报告》；审查《桑日县2016至2021年度国民经济和社会发展计划执行情况与今后五年工作安排的报告》《桑日县2016至2021年度财政预算执行情况的报告》。选举产生县人大常委会主任1名、副主任4名、委员20名，县人民政府县长1名、副县长7名，监察委员会主任1名、县人民法院院长1名、县人民检察院检察长1名，依法设立3个专门委员会，表决产生3个专门委员会组成人员。

【桑日县第十四届人民代表大会第二次会议】 10月28日，桑日县第十四届人民代表大会第二次会议召开。县委副书记、县人民政府县长索朗巴珠主持会议。选举产生山南市人大代表13名，县人大常委会副主任杨显芳传达学习中央人大工作会议精神。会后，组织参会代表集中观看《警钟长鸣》《镜鉴》等警示教育片。

依法监督

【概况】 2021年，县人大常委会听取审议县人民政府等单位专项工作报告13项，组织县人大代表集中视察1次，检查8部法律法规实施情况。

【经济运行监督】 2021年，县人大常委会依法对《桑日县2020年国民经济和社会发展计划执行情况与2021年国民经济和社会发展计划的报告》《桑日县2020年财政预算执行情况和2021年财政预算的报告》《桑日县2021年县本级财政预算调整方案报告》情况等进行审查6次。

【重点工作监督】 2021年，县人大常委会组织县人大代表集中视察重点项目开复工情况和“十三五”规划期间所有重点项目完成情况1次。

年内，县人大常委会组织县人大代表对全县农村人居环境整治工作和县城城市建设管理等工作开展监督，形成《桑日县人大常委会关于农村人居环境整治工作和城市建设管理的调研报告》1份、审议意见1份。

【法律监督】 2021年，县人大常委会对群众关注的《西藏自治区国家生态文明高地建设条例》等多部法律法规在桑日县贯彻实施情况进行执法检查，专题听取和审议县人民法院政法队伍教育整顿活动开展情况报告，专题听取县人民检察院未成年人检察工作情况报告。举办1期规范性文件备案审查培训班。

【人事任免】 2021年，县人大常委会始终坚持党管干部与人大依法选举任免相结合，严格落实对拟任人员任前资格审查、宪法知识考试，与县人大常委会组成人员见面并进行表态发言，任后颁发任命书和举行宪法宣誓制度，持续强化拟任人员的宪法意识和依法行政、公正司法理念，

10月12日，桑日县人大常委会联合县人民政府、县司法局召开桑日县规范性文件备案审查工作培训会（县人大常委会办公室　提供）

8月2日，按宪法规定，桑日县第十四届人大常委会举行任命人员向宪法宣誓仪式，图为宣誓仪式现场　　（县人大常委会办公室　提供）

促进依法为民履职尽责。年内，依法选举任免国家机关工作人员 107 人次。其中选举 56 人次，任命 39 人次，免职、接受辞职 12 人次。

【县人大预算联网监督系统项目建设】 4 月 21 日，桑日县人大常委会组织召开县人大预算联网监督系统建设启动会议。年内，县人大预算联网监督系统建成，投入使用。

代表工作

【概况】 2021 年，县人大常委会始终把尊重人大代表主体地位，更好发挥人大代表作用，作为做好新时代人大工作的重要内容和关键环节，持续健全完善人大代表工作机制，创新人大代表活动方式。不断强化人大代表履职能力建设，推动人大代表在联系人民群众和经济社会发展中展现新担当、实现新作为。

【培训考察】 2021 年，县人大常委会共组织代表履职培训班 2 期、培训人大代表 120 余人次，组织人大代表到日喀则市、林芝市部分县（区）考察学习 2 次 24 人。

【代表意见建议督办】 2021 年，县人大常委会落实县人大常委会领导领衔督办制度，围绕年初和年中的 2 次县人民代表大会意见建议办理情况，深入村（居）、群众了解人大代表意见建议办理情况，召开县人大常委会会议听取办理情况报告，推动意见建议办理质效持续提升。年内，县人大常委会收集办理代表建议 182 件，县人民政府答复率和代表满意率分别达到 100% 和 80%。

【服务代表】 2021 年，桑日县人大常委会把提升代表服务保障水平作为基础性工作来抓，严格落实《关于进一步推进“人大代表之家”规范化提升和常态化活动的实施意见》，推进县人大常委会组成人员联系代表、代表联系群众的“双联系”制度常态化，坚持邀请基层代表列席常委会会议，为新时代人大工作注入生机与活力。下半年，提档升级改造

2月14日，桑日县人大代表建议和政协委员提案交办会议召开
（县人大常委会办公室　提供）

县、乡（镇）“人大代表之家”5个、“人大代表联络站”39个，邀请34名基层人大代表列席县人大常委会会议和有关单位工作测评、座谈会、民主生活会等。

县人大常委会办公室

【概况】 2021年，县人大常委会办公室在县委的领导下，在县人大常委会党组、机关党工委的指导下，严格落实《中国共产党党组工作条例》规定，依法依规开展各项工作任务，履行职责要求，规范机关工作程序，持续推动县人大常委会机关建设再上新台阶。

【理论学习】 2021年，县人大常委会机关党组班子严格落实党的路线方针政策，特别是严格贯彻执行自治区党委、市委、县委关于社会经济发展稳定的各项决策部署，主动参与落实维稳责任和脱贫攻坚责任，扎实开展党史学习教育和“三更”专题教育，班子成员带头参与维稳值班带班、走访慰问困难群众、开展法治宣传教育和民族团结宣讲教育，带头深入学习中共十九届四中、五中、六中全会精神与中国共产党西藏自治区第十次代表大会、中国共产党山南市第二次代表大会和市委、县委精神，确保县人大常委会机关党组班子成员始终在思想上政治上行动上同中共中央保持高度一致，在反对分裂、维护祖国统一、加强民族团结等大是大非面前立场坚定、态度坚决，敢于斗争、善于斗争。年内，县人大常委会机关党组班子成员共计集中学习18次、撰写交流研讨材料9份；参与维稳值班带班200余人次；深入基层宣讲30余人次，发放各类宣传册、宣传页1000余份；结对帮扶20余次。

【机关党建】 2021年，县人大常委会机关党组认真履行《中国共产党党组工作条例》规定的职责任务，重点履行十二个方面的职责任务，主动承担县人大常委会党组安排的重大事项和重大任务，提前谋划，提前部署，助推县人大常委会党组和县人大常委会机关党组工作再上新台阶。年内，按照每月召开1次党组会议的要求和重要情况随时召开会议的原则，共计召开县人大常委会机关党组会议15次，向县人大常委会党组汇报人大代表选举、办公室人员增加申请、党组成员调整、机关经费使用、机关党支部选举、“人大代表之家”建设等重大事项20余次，切实发挥党组把方向、管大局、促落实的领导作用。

年内，县人大常委会机关党组严格执行民主集中制，凡是涉及单位重大事项、重大资金使用等均采取会前酝酿征求意见、会上认真讨论集体决定、会后请示报告再实施的原则执行，党组成员因故不能参加会议的，均通过电话征求意见的形式征求党组成员意见和建议，确保各项决策部署的科学性、严谨性和合法性。全年共集体研究决定经费使用事宜8次、机关党组成员调整1次、机关党支部选举事宜1次、代表换届选举事宜3次、其他事项13次。

2021年，县人大常委会机关党组始终把管党治党作为第一

11月23日，县人大常委会机关党支部联合增期乡达杰村党支部开展主题党日活动　（县人大常委会办公室　提供）

政治责任，严格落实党建和党风廉政建设主体责任，统筹协调县人大常委会党组、县人大常委会机关党组和机关党支部各项工作，落实上级党组工作任务、指导党支部开展工作，确保年度党建工作和党风廉政建设工作同步开展、同步推进。全年统筹召开党组理论学习中心组学习会议8次、集中学习会议6次，召开支部党员大会4次，党支部专题组织生活会1次、专题研讨会4次，观看警示教育片4次，组织开展主题党日活动12次、讲党课4次，协助开展各类宣传教育4次，落实上级党组织交办的任务30余项。

【办公室工作】 2021年，县人大常委会办公室始终把开展好落实好县人大常委会工作任务作为工作目标，统筹人员力量、积极建言献策、谋划工作落实，助推桑日县人大工作再上新台阶。扎实开展好县、乡（镇）人大换届选举工作，协助县人大常委会合理划分选区、分配代表名额、指导县、乡（镇）人大代表换届选举，选举产生县人大代表126名、乡（镇）级人大代表185名，筹划和协助召开桑日县十三届人民代表大会第七次会议与桑日县十四届人民代表大会第一次、第二次会议，协助开展代表集中视察1次，执法检查、调研等15次，协助举办规范性文件备案审查培训会议1次、人大代表履职培训班2次等。

桑日县人民政府

中心工作

【概况】 2021年，在山南市委、市人民政府与县委的领导下，在岳阳市的对口支援下，在县人大常委会、县政协和社会各界的监督支持下，桑日县人民政府紧紧围绕“走在前列”的目标定位，突出抓好“稳定、发展、生态、强边”四件大事，统筹新冠肺炎疫情常态化防控和经济社会发展，较好地完成各项目标任务，实现“十四五”规划良好开局。

【维护稳定】 2021年，县人民政府牢固树立稳定压倒一切的思想，全面深化落实各项维稳措施，扎实做好庆祝中国共产党成立100周年、西藏和平解放70周年等重要节点维稳安保工作。坚持宗教中国化方向，积极引导宗教与社会主义社会相适应。以铸牢中华民族共同体意识为主线，西藏自治区民族团结进步示范县创建工作通过自治区级初验。继续坚持信访接待日制度，妥善解决信访事项33个。开展根治欠薪专项行动12次，解决拖欠民工工资1605.99万元。加强安全生产隐患排查整治，安全生产形势持续稳定。落实新冠肺炎疫情常态化防控各项措施，守牢清净无疫底线。

【经济发展】 2021年，县人民政府持续做好“六稳”“六保”工作，完成地区生产总值21.63亿元，同比增长6.9%；全社会固定

7月20日，由桑日县民族团结进步创建工作领导小组办公室牵头组织的“百+四”民族团结志愿服务宣讲队深入村（居）开展“永远跟党走”民族团结进步模范巡回宣讲活动 （县委统战部 提供）

资产投资 22.45 亿元，同比下降 21.4%；一般公共预算收入 1.01 亿元，基本持平；税收收入 1.34 亿元，同比下降 29%；社会消费品零售总额 1.6 亿元，同比增长 9%，农村居民人均可支配收入 19300 元，同比增长 13% 以上，规模以上工业增加值 6.33 亿元，同比下降 13.4%，经济运行保持在合理区间。粮食产量 9576.01 吨，投资 1.71 亿元扩种葡萄 233.33 公顷。大古水电站 4 台机组全部投产发电，实现产值 3 亿元。街需电站、巴玉电站项目前期工作有序推进。大古二级、永木二级、增期抽水蓄能清洁能源项目被纳入国家抽水蓄能中长期规划。华新水泥（西藏）有限公司实现产值 8.1 亿元。旅游人次和收入分别达 36.42 万人次、1274.9 万元，增长 10.4%、24.9%。减税降费 8510 万元，各类市场主体达到 2128 户、有效注册商标增加到 135 件。营商环境持续改善，企业开办环节压缩至 3 个工作日。招商引资项目开工 3 个，完成投资 5497 万元。

【基础设施建设】 年内，桑日县建成 288 套公租房，实施县城老水厂和管网改造等项目。建成投资 3040 万元的达西姆曲防洪堤、投资 1067 万元的鲁牧沟治理、投资 2410 万元的江南灌区续建配套与节水改造工程。实施 29 条农村公路养护，拉林铁路桑日段全线贯通，桑日火车站站前广场建成投入使用。农村人居环境整治、厕所革命、高标准农田建设、水利设施建设稳步推进，城乡面貌发生显著变化。

【民生福祉】 2021 年，桑日县将参加庆祝西藏和平解放 70 周年庆祝活动的中央代表团赠送的纪念品发放到全县农牧民群众手中。坚持巩固拓展脱贫攻坚成果同全面推进乡村振兴有效衔接，精准开展防返贫动态监测和帮扶，脱贫人口人均收入达到 14275 元，增长 14.9%。

就业　落实就业优先，桑日籍应届大学毕业生就业率 99.53%。全年完成农牧民转移就业 6704 人，实现劳务创收 4788.1 万元。

教育　建设教育强县，本级教育投入 2500 万元，教学质量逐年稳步提升，初中学业水平成绩位列全市第四。

健康服务　年内，县人民医院传染病能力建设、核酸实验室、村卫生室等卫生基础设施不断完备，诊疗水平和综合服务能力不断提升。有序推进新冠疫苗接种，接种新冠疫苗第一针 16031 剂次、第二针 14124 剂次、第三针 3620 剂次，核酸检测 2953 人次。

文化事业　2021 年，桑日县举办庆祝中国共产党成立 100 周年、西藏和平解放 70 周年文艺活动。县文化广播影视中心、融媒体中心、新时代文明实践中心启用，深入践行社会主义核心价值观。

民生保障　年内，桑日县统筹做好低保对象、五保老人、孤儿、残疾人等各类群体关心关爱工作。健全医疗体系，充分运用医保信息系统，累计为 445 人次报销医疗费用 315.64 万元，兑现救助资金 43.65 万元。健全退役军人工作体系和保障制度，完善“双拥”工作机制。

【生态环境治理】 2021 年，桑

10月22日，桑日县相关部门开展人居环境整治调研工作

（县人民政府办公室　提供）

日县统筹山水林田湖草沙冰一体化保护和系统治理，完成全民义务植树8万余株、海拔4300米以下“四旁”植树7.2万余株，下大力气整治雅鲁藏布江桑日段采石采砂行为，关停奴卡砂石厂，推进砂石行业健康有序发展。坚持“两高”企业和项目零审批、零引进。生态环境“六大专项整治行动”成效明显。乡村垃圾运营托管，总投资2500万元的县城污水处理厂投入运行，总投资250万元的白堆乡污水处理站项目建成。严格推进“河（湖）长制”，实现巡查常态化。

【抵边搬迁】2021年，桑日县坚持“屯兵与安民并举，固边与兴边并重”，先后组织100余名群众到边境县考察参观搬迁安置点5次，梳理汇总各项优惠政策，广泛开展宣传动员，搬迁工作有序推进，全县有意愿搬迁群众120人。

【法治政府建设】2021年，桑日县人民政府全面加强法治政府建设，推行政务公开，自觉接受人大法律监督和工作监督、政协民主监督、监委监察监督、社会舆论监督，强化审计监督，高质量办理人大代表建议101件、政协委员提案34件。及时召开县人民政府全体会议、县人民政府常务会议等重要会议，研究解决群众关心的急难愁盼、热点难点问题。县人民政府班子成员深入践行“马上就办”理念和“一线工作法”，深入基层调研掌握第一手资料、了解第一线情况、解决第一道问题，在一线复杂工作中锤炼本领。

【党建工作】2021年，桑日县人民政府党组扎实开展党史学习教育和“政治标准要更高，党性要求要更严，组织纪律性要更强”专题教育，主动接受党对政府工作的领导，全年向县委请示报告事项42项。纵深推进全面从严治党，严格落实中央八项规定及其实施细则精神，持之以恒纠治“四风”，政治生态保持良好。

11月16日，桑日县组织群众代表到错那县考察学习抵边搬迁工作
（县人民政府办公室　提供）

重要会议

【县长办公（常务）会议】2021年，桑日县人民政府共召开县长办公（常务）会议17次。

1月18日，受县委副书记、县人民政府县长吾金委托，县人民政府副县长桑布主持召开2021年县人民政府第一次常务会议，研究审议县人力资源和社会保障局提请审议的相关人员专业技术职称聘任事项。

2月3日，县委副书记、县人民政府县长吾金主持召开2021年县人民政府第二次常务会议，研究审议县委办公室、县应急管理局等单位提请审议的《关于审议桑日县2021年“三大节日”慰问活动方案的请示》《关于审核批准2021年度安全生产行政执法检查工作计划的请示》等事项。

3月23日，县委副书记、县人民政府县长吾金主持召开2021年县人民政府第三次常务会议，研究审议绒乡人民政府、县人力资源和社会保障局提请审议的《关于解决绒乡吉荣村群众饲草补偿费的请示》《关于配备劳动保障监察车辆的请示》等事项。

4月19日，县委副书记、县人民政府县长吾金主持召开2021年县人民政府第四次常务（扩大）会议，听取高质量发展领域整改组有关单位落实中央第十巡视组反馈意见整改工作推进情况汇报，安排部署下一阶段工作，研究各部门提请审议的相关事项。

5月11日，县委副书记、县人民政府县长吾金主持召开2021年县人民政府第五次常务会议，研究审议县住房和城乡建设局等单位提请审议的《关于桑日县污水处理厂托管运营事宜的请示》等相关事项。

7月8日，县委副书记、县人民政府县长索朗巴珠主持召开十四届县人民政府第1次常务会议会议，研究讨论县退役军人事务局《关于解决我县关于开展“老兵永远跟党走·把党的关爱送到老兵心中”主题慰问活动慰问金的请示》等部门提请审议的相关事项。

7月23日，受县委副书记、县人民政府县长索朗巴珠委托，县委常委、县人民政府常务副县长贾锋主持召开十四届桑日县人民政府第2次常务会议第一阶段会议，传达学习习近平总书记对防汛救灾工作作出重要指示精神，观看警示教育片《生命重于泰山》，听取县发展和改革委员会、县统计局、县应急管理局、市生态环境局桑日县分局、县卫生健康委员会、县市场监督管理局、县乡村振兴局等7家单位上半年重点工作开展情况汇报。

7月26日，县委副书记、县人民政府县长索朗巴珠主持召开十四届桑日县人民政府第2次常务会议第二阶段会议，研究议题15项，听取全县清理规范地方违规发放公务员工资津贴补贴工作推进情况汇报。

8月6日，县委副书记、县人民政府县长索朗巴珠主持召开十四届县人民政府第三次常务会议，研究县卫生健康委员会、县财政局等单位提请审议的《关于解决疫情防控应急物资资金的请示》《关于解决聘请评估公司对成都服务站出具评估报告费用的请示》等相关事项。

8月13日，受县委副书记、县人民政府县长索朗巴珠委托，县委常委、县人民政府常务副县长贾锋主持召开十四届县人民政府第四次常务（扩大）会议，传达学习李克强总理在国务院第134次常务会议上的讲话、自治区人民政府办公厅《关于印发防止耕地“非粮化”稳定粮食生产工作方案的通知》精神；传达学习《国务院应对新型冠状病毒感染肺炎疫情联防联控机制关于做好当前新冠肺炎疫情防控工作的紧急通知》、自治区疫情防控领导小组办公室《关于新冠肺炎疫情防控常态化下进一步加强健康教育工作的指导意见》精神。

8月23日，县委副书记、县长索朗巴珠主持召开十四届县人民政府第五次常务会议，安排部署城乡特定群体慰问工作；安排部署全县环保督察整改工作；安排部署“十三五”规划期间完成的政府投资项目审计调查工作。

8月26日，县委副书记、县长索朗巴珠主持召开十四届县人民政府第六次常务（扩大）会议，传达学习习近平总书记、李克强总理近期重要讲话精神，传达学习国家有关部门、自治区有关重要文件精神，听取工作汇报，研究各单位提请审议的相关事项。

9月12日，县委副书记、县人民政府县长索朗巴珠主持召开十四届县人民政府第7次常务（扩大）会议，听取县自然资源局《桑日县国土空间规划》阶段性成果工作汇报，研究审议县教育局等单位提请审议的相关议题。

9月27日，县委副书记、县人民政府县长索朗巴珠主持召开十四届县人民政府第八次常务（扩大）会议，传达学习中共中央办公厅　国务院办公厅印发《关于规范民办义务教育发展的意见》的通知、《关于进一步减轻义务教育阶段学生作业负担和校外培训负担的意见》的通知；西藏自治区委员会　西藏自治区人民政府办公厅《关于深化新时代教育督导体制机制改革的实施意见》《中共西藏自治区人民政府关于印发〈西藏自治区教育现代化2035〉的通知》；《关于全面加强新时代大中小学劳动教育　全面加强和改进新时代学校体育美育工作实施意见》的通知，研究相关部门提请审议的相关事项。

10月15日，县委副书记、县人民政府县长索朗巴珠主持召开十四届桑日县人民政府第九次常务（扩大）会议，书面传达学习《西藏自治区矿产资源管理条例》《山南市砂石开采管理条例》，研究各部门提请审议的相关事项。

11月12日，县委副书记、县人民政府县长索朗巴珠主持召开十四届桑日县人民政府第十次常务会议，研究县人力资源和社会保障局等单位提交审议的《关于审议事业单位岗位设置的请示》等议题8项。

12月15日，受县委副书记、县人民政府县长索朗巴珠委托，县委常委、县人民政府常务副县长贾锋主持召开十四届县人民政府第十一次常务（扩大）会议，听取县应对新冠肺炎疫情工作领导小组办公室、县应急管理局、县市场监督管理局、县林业和草原局、市生态环境局桑日分局、县发展和改革委员会、县财政局、县人力资源和社会保障局、县信访局、县乡村振兴局工作汇报。

12月29日，县委副书记、县长索朗巴珠主持召开十四届县人民政府第十二次常务会议，研究县财政局等部门提请审议的《关于审议桑日县2021年度第2次财政预算调整方案的请示》等事项。

【县人民政府党组会议】 2月5日，县委副书记、县人民政府党组书记、县长吾金主持召开县政府党组2021年第一次（扩大）会议暨理论学习中心组2021年第一次学习（扩大）会议，传达学习中央经济工作会议、自治区党委九届九次全会暨自治区党委经济工作会议、市委一届七次全会、市委经济工作会议、县委九届九次全会、县委经济工作会议精神。

3月18日，县委副书记、县人民政府党组书记、县长吾金主持召开县人民政府党组党史学习教育动员部署会议，传达学习中共中央《关于在全党开展党史学习教育的通知》精神；习近平总书记在中央党史学习教育动员部署会议上的重要讲话精神，及自治区党委、市委主要领导在全自治区、全市党史学习教育动员部署会议上的讲话精神，动员政府系统全体党员干部深刻认识开展党史学习教育的重大意义、重点所在和目标要求。

3月18日，县委副书记、县人民政府党组书记、县长吾金主持召开县人民政府党组2021年第二次学习（扩大）会议暨党组理论学习中心组第二次会议，传达学习习近平总书记对信访工作作出的重要指示和李克强总理等中央领导的批示精神；传达学习十九届中央纪委五次全会精神、自治区纪委九届六次全会精神及市纪委一届六次全会精神；传达学习习近平总书记在中央政治局第二十七次集体学习时的重要讲话精神及自治区党委书记吴英杰批示精神；传达学习2月26日中央政治局会议精神和习近平总书记在中共中央政治局第二十八次集体学习时的重要讲话精神；传达学习习近平总书记在中共中央党校（国家行政学院）中青年干部培训班开班仪式上的重要讲话精神；传达学习《关于扎西罗布严重违纪违法典型案例及其教训警示的通报》。

4月25日，县委副书记、县人民政府党组书记、县长吾金主持召开县人民政府党组2021年第三次（扩大）会议暨党组理论学习中心组第三次会议，传达学习习近平总书记在福建省考察时的重要讲话精神；习近平总书记对革命文物工作作出的重要指示精神；习近平总书记在参加首都义务植树活动时的重要讲话精神；习近平总书记对职业教育工作作出的重要指示精神；传达学习自治区党委第三巡视组召开巡视“回头看”山南市工作动员会议精神；传达学习《关于次巴多吉严重违纪违法典型案例及其教训警示的通报》《关于三起党员干部醉驾典型案件的通报》。研究部署政府系统贯彻落实工作。

5月11日，县委副书记、县人民政府党组书记、县长吾金主持召开县人民政府党组2021年第四次（扩大）会议暨党组理论学习中心组第四次会议，传达学习《中共中央关于加强对“一把手”和领导班子监督的意见》

精神；传达学习习近平总书记在广西壮族自治区考察时的重要讲话精神和习近平总书记在清华大学考察时的重要讲话精神；传达学习习近平总书记对打击治理电信网络诈骗犯罪工作作出的重要指示、李克强总理批示精神和《西藏自治区纪律检查委员会关于四起违反中央八项规定精神典型问题的通报》精神；传达学习《西藏自治区招商引资优惠政策若干规定的通知》精神；九届自治区党委第一百七十六次常委会会议、4月30日自治区安全生产电视电话会议、一届市委第一百四十五次常委会（扩大）会议精神。

7月8日，县委副书记、县人民政府党组书记、县长索朗巴珠主持召开县人民政府党组2021年第五次会议暨党组理论学习中心组第五次学习会议，传达学习习近平总书记在庆祝中国共产党成立100周年大会上的讲话精神，研究部署贯彻落实工作。传达学习习近平总书记在中共中央政治局第二十九次集体学习时的重要讲话精神，研究部署贯彻落实工作。

7月23日，受县委副书记、县人民政府党组书记、县长索朗巴珠委托，县委常委、县人民政府党组副书记、常务副县长贾锋主持召开县人民政府党组2021年第六次会议暨理论学习中心组第六次学习会议，传达学习习近平总书记在中共中央政治局第三十一次集体学习时的重要讲话精神、习近平总书记在庆祝中国共产党成立100周年“七一勋章”颁授仪式上的重要讲话精神，学习《党委（党组）落实全面从严治党主体责任规定》《中共中央办公厅　国务院办公厅印发〈关于深化统计管理体制改革提高统计数据真实性的意见〉的通知》《中共中央办公厅　国务院办公厅印发〈统计违纪违法责任人处分处理建议办法〉的通知》《防范和惩治统计造假、弄虚作假督察工作规定》。

8月6日，县委副书记、县人民政府党组书记、县长索朗巴珠主持召开县人民政府党组2021年第七次（扩大）会议暨党组理论学习中心组第7次会议，专题学习习近平总书记在西藏考察时的重要讲话、重要指示精神，研究部署政府系统贯彻落实意见。

9月12日，县委副书记、县人民政府党组书记、县长索朗巴珠主持召开县人民政府党组2021年第九次（扩大）会议暨党组理论学习中心组第九次会议，书面传达学习《中国共产党简史》“党的八大和中国社会主义的良好开端”篇目；传达学习习近平总书记在中央民族工作会议上的重要讲话和中央民族工作会议精神；传达学习习近平总书记在河北省承德市考察时的重要讲话精神；传达学习习近平总书记在中央全面深化改革委员会第二十一次会议上的重要讲话精神；传达学习习近平总书记在中央财经委员会第十次会议上的重要讲话精神；传达学习习近平总书记对《中共中央办公厅关于贯彻新发展理念专项督查调研时的情况报告》作出的重要批示。

11月12日，受县委副书记、县人民政府党组书记、县长索朗巴珠委托，县委常委、县人民政府党组副书记、常务副县长贾锋主持召开县人民政府党组2021年第十次（扩大）会议暨党组理论学习中心组第十次会议，书面传达学习习近平总书记关于民族团结进步重要论述综述——《共享民族复兴的伟大荣光》；市委书记许成仓在《全市重点项目建设情况的报告》上的批示精神；传达学习习近平总书记在纪念辛亥革命110周年大会上的重要讲话精神；传达学习习近平总书记向全国广大农民和工作在“三农”战线上的工作人员致以节日祝贺和诚挚慰问精神；传达学习习近平总书记在陕西省榆林市考察时的重要讲话精神；传达学习习近平总书记给云南省沧源佤族自治县边境村老支书们的回信精神；传达学习国务院办公厅《关于支持西藏经济社会高质量发展若干政策和重大项目的意见》；传达学习自治区党委书记王君正在山南市考察调研时的讲话精神；传达学习中国共产党山南市第二次代表大会精神；传达学习山南市第二届人民代表大会第一次会议精神及政协第二届山南市委员会第一次会议精神。

11月25日，受县委副书记、

县人民政府党组书记、县长索朗巴珠委托，县委常委、县人民政府党组副书记、常务副县长贾锋主持召开县人民政府党组2021年第十一次理论学习中心组会议暨政府系统近期重点工作部署会议，集中传达学习中共十九届六中全会精神；习近平总书记在深入推动黄河流域生态保护和高质量发展座谈会上的重要讲话精神；《西藏自治区人民政府关于2021年冬季至2022年春季森林草原防火灭火的命令》；中共西藏自治区委员会办公厅、西藏自治区人民政府办公厅关于印发《西藏自治区信访工作责任制实施细则（试行）》的通知；市安全生产委员会办公室关于印发《西藏江南矿业股份有限公司“9·8”亡人事故调查报告》的通知。

12月9日，受县委副书记、县人民政府党组书记、县长索朗巴珠委托，县委常委、县人民政府党组副书记、常务副县长贾锋主持召开县人民政府党组2021年第十二次（扩大）会议暨党组理论学习中心组会议，传达学习自治区党委书记王君正在中国共产党西藏自治区第十次代表大会上的工作报告和在参加自治区第十次代表大会山南代表团讨论时的讲话精神；传达学习自治区党委书记王君正在中国共产党西藏自治区第十次代表大会第三次全体会议（闭幕）上的讲话精神和中国共产党西藏自治区第十次代表大会关于中国共产党西藏自治区第九届委员会报告的决议、自治区党委书记王君正在中国共产党西藏自治区第十届委员会第一次全体会议上的讲话精神；传达学习中国共产党西藏自治区第九届纪律检查委员会向中国共产党西藏自治区第十次代表大会的工作报告和自治区党委常委、纪委书记王卫东在中国共产党西藏自治区第十届纪律检查委员会第一全体会议上的讲话精神；传达学习12月6日中央政治局会议精神。研究政府系统贯彻落实意见。

【专题会议】 增期乡措巴村农村公路硬化项目现场会　5月17日，县委副书记、县长吾金率队赴增期乡措巴村调研农村公路硬化项目进展情况，听取施工单位项目建设情况汇报，向村“两委”及驻村工作队询问目前存在的困难和问题，并现场召开会议研究解决对策。

新建桑日县疾病预防控制中心核酸检测实验室专题会　5月18日，县委副书记、县人民政府县长吾金主持召开县人民政府专题会议，研究关于新建桑日县疾病预防控制中心核酸检测实验室及购买设施设备相关事宜。

重点生态功能转移支付资金使用专题会　5月21日，县人民政府副县长徐兴应主持召开县人民政府专题会议，研究关于2021年重点生态功能转移支付资金使用相关事宜。

统计工作专题会议　8月17日，桑日县人民政府召开统计工作专题会议，传达学习中共中央办公厅、国务院办公厅印发《关于深化统计管理体制改革提高统计数据真实性的实施意见》的通知；中共中央办公厅、国务院办公厅印发《统计违法违纪责任人处分处理建议办法》的通知；中共中央纪委办公厅《关于加强统计领域数字造假问题监督执纪问责工作的通知》；西藏自治区委员会办公厅、西藏自治区人民政府办公厅《关于深化统计管理体制改革提高统计数据真实性的实施意见》；《防范和惩治统计造假、弄虚作假督察工作规定》通报山南市统计局督导检查反馈问题情况；听取统计工作开展情况汇报，研究桑日县贯彻落实意见。县委副书记、县人民政府县长索朗巴珠出席会议并讲话。

2021年上半年经济运行情况通报暨经济工作部署会议　8月27日，县人民政府召开2021年上半年经济运行情况通报暨经济工作部署会议，贯彻落实习近平总书记视察西藏时的重要讲话精神，贯彻落实中共中央政治局关于当前经济形势和经济工作的部署要求，贯彻落实自治区党委常委会会议、自治区、市经济运行情况通报会精神，总结上半年经济工作，安排部署下一阶段工作。

解决桑日县原乡镇企业管理局欠款资金会议　9月7日，受县委副书记、县人民政府县长索朗巴珠委托，县委常委、县人民政府常务副县长贾锋主持召开会议，专题研究县财政局提交的

《关于请求解决桑日县原乡镇企业管理局向原山南地区乡镇企业管理局欠款资金的请示》。

奴卡砂石厂生态环境治理恢复现场会 10月14日，县委书记康爱民，县委副书记、县人民政府县长索朗巴珠率队赴奴卡砂石厂实地了解有关工作，并现场召开会议，安排部署生态环境治理恢复工作。

全县抵边搬迁工作专题会议 10月21日，县委副书记、县人民政府县长索朗巴珠主持召开全县抵边搬迁工作专题会议，听取县发展和改革委员会关于全县抵边搬迁工作推进情况汇报，安排部署下一步重点工作。

巩固拓展脱贫攻坚成果同乡村振兴有效衔接专题工作推进会议 10月21日，县委副书记、县人民政府县长索朗巴珠主持召开巩固拓展脱贫攻坚成果同乡村振兴有效衔接专题工作推进会议，听取县农业农村局、县乡村振兴局有关工作情况汇报，安排部署下一阶段工作。

桑日县110千伏变电站选址选线规划专题会议 10月22日，县委常委、县人民政府常务副县长贾锋主持召开桑日县110千伏变电站选址选线规划专题会议，听取中国电建集团青海电力设计院有限公司关于桑日县110千伏变电站建设的相关情况介绍。

成都服务站资产移交专题会议 11月2日，县人民政府副县长罗布在四川省成都市主持召开成都服务站资产移交专题会议，对成都服务站资产移交工作进行安排部署。

擦荣塘吉5个行政村乡村振兴示范引领建设专题会议 11月13日，县委副书记、县人民政府党组书记、县长索朗巴珠主持召开擦荣塘吉5个行政村乡村振兴示范引领建设专题会议，研究《擦荣塘吉5个行政村乡村振兴示范引领建设（灾害搬迁）项目设计方案》事宜。

县人民政府办公室

【概况】 2021年，县人民政府办公室坚持以习近平新时代中国特色社会主义思想为指导，贯彻中共十九大和十九届二中、三中、四中、五中、六中全会精神，贯彻习近平总书记视察西藏重要讲话、重要指示精神，贯彻习近平总书记西藏工作重要论述和新时代党的治藏方略，贯彻中国共产党西藏自治区第十次代表大会精神和中国共产党山南市第二次代表大会精神，贯彻中央、自治区党委、市委、县委经济工作会议精神，进一步增强“四个意识”、坚定“四个自信”、捍卫“两个确立”、做到“两个维护”，胸怀“两个大局”心系“国之大者”，坚持稳中求进工作总基调，统筹新冠疫情常态化防控和经济社会发展，落实“三个赋予一个有利于”要求，围绕“四个创建”和努力实现“四个走在前列”和市委提出的“六个走在全区前列”，突出抓好“稳定、发展、生态、强边”四件大事，持续做好“六稳”“六保”工作。

【应急管理】 2021年，县人民政府办公室严格落实24小时专人值班制度，尤其节假日、汛期等特殊时期，关键岗位必须在职在岗，确保各种突发事件得到快速高效处置。在县委、县人民政府的领导下，有序、高效地处置包括低温雨雪天气、防汛等各类突发事件，最大限度减少损失，确保人民群众生命财产安全，维护社会稳定。

【理论学习】 2021年，县人民政府办公室始终坚持以创建学习型机关，建设创新型队伍为目标，结合党史学习教育开展全体党员干部精读习近平《论中国共产党历史》、《习近平新时代中国特色社会主义思想学习问答》、《中国共产党简史》等，全体党员干部做到学史明理、学史增信、学史崇德、学史力行，进一步提升干部为民情怀和担当意识，全年共开展学习例会108次。

【信息专报】 2021年，县人民政府办公室紧紧围绕市委、市人民政府各阶段中心工作，突出工作重点，全方位、多角度、深层次地向市人民政府报送反映全县经济建设、社会事业发展成效的信息，为市委、市人民政府提供有参考意义和实用价值的信息。全年共计上报信息247条。

【督查工作】 2021年，县人民政府办公室以求真务实和敢于硬碰硬的作风，扎扎实实地抓好督查督办工作，使县人民政府的每一项决策和县领导的每一次重要批示均得到贯彻落实。全年共下发督办通知单17份，上报督查专报25份，进一步树立督查工作的权威性。

【党风廉政建设】 2021年，县人民政府办公室全体党员干部人人签订《党风廉政建设责任书》，层层压实责任，开展廉政谈心和廉政教育谈话6次，切实加强对干部队伍的制约约束，让每个干部时刻做到自警自省，自觉接受组织和群众的监督。

行政审批和便民服务局

【概况】 2021年，桑日县行政审批和便民服务局在县委、县人民政府领导下，以人民群众满意为出发点和落脚点，聚焦打造“高效服务、敬商便民”的政务服务环境，创新工作机制，认真履行部门职能，持续推进各项工作有序开展。

【优化政务营商环境】 证明事项告知承诺制 为持续深化全县“放管服”改革，推动全县全面实行证明事项告知承诺制，县行政审批和便民服务局根据《西藏自治区人民政府办公厅关于印发西藏自治区全面推行证明事项告知承诺制工作实施方案的通知》精神，及时成立领导小组开展证明事项告知承诺制工作。梳理出证明事项告知承诺制事项12项，最终可实行证明事项告知承诺制事项2项，分别为县公安局的居住证申领和县税务局享受二手房转让税收减免优惠政策事项。

取消行政许可事项 根据《山南市行政审批和便民服务局关于落实和衔接自治区取消和下放行政许可事项的通知》要求，县行政审批和便民服务局积极对接和协调相关部门，确定取消典当特种行业许可证核发、乡村兽医登记许可、部分医疗机构批准核发3项行政许可事项，并通过县人民政府门户网站、“网信桑日”微信公众号等媒介向广大群众进行公告。

清理乡村证明事项 严格按照《自治区办公厅关于规范乡村证明事项的通知》要求，积极开展乡（镇）、村两级证明事项梳理、清理工作，取消医疗救助证明、学生户籍、户口本遗失证明共3项，保留11项。

【县政务服务大厅管理】 县政务服务大厅进驻工作 按照政务服务事项“应进必进”要求，县行政审批和便民服务局积极与拟进驻部门沟通协商，循序渐进开展政务服务事项入驻工作，截至年末，有9家单位进驻县政务服务大厅，可办理事项42项，窗口固定工作人员9名，流动2名，接待群众5859人次，共受理各类申请5477件，办结5477件，办结率达100%。

强化政务服务大厅管理 进一步完善政务服务大厅相关制度，严肃工作纪律，转变工作作风，规范工作秩序，严格执行AB岗工作制，加强政务服务大厅新冠肺炎疫情常态化防控工作，确保各窗口正常运转。在政务大厅设立综合窗口，配备1名公益性岗位人员负责大厅日常运转、管理、咨询、投诉受理等工作。

乡村政务大厅软硬件设施建设 完善县、乡（镇）、村三级政务服务大厅办公环境及软硬件设施建设，进一步提高前来办事群众的幸福感，以党史学习教育“我为群众办实事”实践活动为契机，开展乡（镇）、村两级政务服务工作实地指导、走访、调研，针对调研时所反映的办公设备不足、取暖设施紧缺，办公环境差等问题，经研究决定，县行政审批和便民服务局有针对性地为乡（镇）、村两级“一站式便民服务大厅”解决19台取暖设备、9台电脑、4台打印机、1台彩色打印机、1台复印机，共计投入资金29.3万元，惠及增期乡、绒乡、桑日镇及19个村（居）。年内，为加快县公安局户籍业务入驻政务服务大厅，县行政审批和便民服务局为其配备价值42130元的办公设备。

【“互联网＋政务服务”】 外网铺设排查 5月，县行政审批和便民服务局排查各乡（镇）、各县直属部门电子政务外网铺设及使用情况。截至年末，全县共53家单位已通电子政务外网，县、乡（镇）两级电子政务外网保通率达到100%。

权责清单管理　按照以往行政权力和责任清单梳理情况，县行政审批和便民服务局指导县、乡（镇）、村逐一核实政务服务事项清单，进一步明确部门职责和责任权限，建立动态调整机制，编制和发布本单位政务服务事项。

完善政务服务事项动态管理　进一步完善乡（镇）、村（居）事项管理平台中认领事项，认真核查乡（镇）、村（居）事项管理平台，发现2个乡、9个村（居）认领事项存在未提交、未审核、乱认领等现象，已全部整改到位。截至年末，全县共梳理出依法编制依申请类政务服务事项共481项。其中行政许可237项，行政给付18项，行政裁决8项，行政奖励75项，行政确认76项，其他行政权力67项。

优化网上政务服务流程　以减时限、减环节、减材料、减跑动、减费用为着力点，优化简化部门内部审批环节和业务流程，梳理全县事项办理深度，其中四级办理深度占52.44%，三级办理深度占97.87%，二级办理深度达到100%，截至年末，全县全程网办率为55.87%，全市排名第四位。

努力提升历史数据增量　按照自治区一体化平台数据录入的要求，指导全县涉及单位在政务服务运行管理平台、电子证照平台、监管平台上的历史办件录入工作。截至年末，自治区一体化平台受理运行平台受理办件43897件。其中，行政权力事项16365件，公共服务事项27532件，全市排名第三。认领电子证照81类、证照采集61572个、已签发共59166个，全市排名第二。监管数据上报共2650次。

5月14日，桑日县召开"互联网+政务服务"工作培训会
（县行政审批和便民服务局　提供）

【业务培训】　年内，县行政审批和便民服务局先后组织干部到山南市、湖北省武汉市参加"互联网＋政务服务"能力提升培训，并在全县范围内先后组织涉及部门开展"互联网＋政务服务"业务指导。

【政府采购】　2021年，县行政审批和便民服务局始终把做好政府采购工作放在首要位置，加强政府采购队伍建设，完善政府采购制度建设，规范政府采购行为，加强政府采购监管，发挥政府采购政策功能，推动政府采购信息化建设，严把采购每一道程序，以"公平、公正、公开、诚实、透明"为根本原则，使全县政府采购工作逐步走上规范化轨道，较好地完成各项采购工作。截至年末，实际完成采购项目共74个。其中竞争性磋商10次，询价采购38次，自行询价4次，公开招标10次，邀请招标12次。采购总额4308.8万元，实际完成采购金额4055.86万元，节约资金247.25万元，资金节约率为5.74%。

信　访

【概况】　2021年，全县受理群众信访22件36人次，2020年同期受理群众信访31件69人次，分别同比下降29.03%和47.83%，已办结20件（已解决资金 181.66 万元），截至年末，正在办理 2 件。全县信访事项及时受理率 100%，各责任部门及时受理率 100%，信访事项按期办结率 88.24%，群众满意率、参评率 100%。自治区、市转送件 11 件，已办结 11 件（已解决 205.47 万元）。

【信访专项行动】 2021 年，桑日县开展矛盾纠纷排查化解工作对全县信访突出问题和存在隐患的信访事项进行全方位、地毯式、无疏漏的大排查，主动化解问题。

“双拖欠”类信访问题专项整治　坚持问题导向，以控增量、减存量、防变量为目标，在全县范围内开展“双拖欠”（拖欠工程款、拖欠农民工工资）信访问题集中治理工作。5 月 26 日，县信访工作联席会议下发《桑日县信访工作联席会议关于全县“双拖欠”类信访问题专项整治工作方案》，明确专项整治时限为 5 月初至 12 月末，截至年末，梳理“双拖欠”类信访问题 5 起，已解决 5 起。

坚决防止涉访报复社会型暴力犯罪　年内，桑日县认真学习贯彻中共中央领导人重要指示批示精神，做好信访矛盾化解工作坚决防止涉访报复型暴力犯罪。在 2021 年第 2 次信访工作联席会议上，要求各乡（镇）、各部门牢固树立底线思维、增强忧患意识，充分认识防范和治理报复社会型暴力犯罪的重大意义，以时不我待、刻不容缓的责任感、紧迫感，狠抓工作落实。

【领导接访下访】 2021 年，桑日县落实县级党政领导干部接待信访群众、带案下访和包案要求，落实“四级信访接待日”制度，通过领导接访、带案下访等措施，化解一批信访问题。截至年末，领导干部接访、带案下访共 4 次、接访 4 人次。由县信访工作联席会议领导带队，信访、人力资源和社会保障等重点相关部门参与的检查组，深入辖区各企业、施工单位开展矛盾纠纷排查工作 4 次，发现问题并解决问题 4 起。

2021年，桑日县落实县级党政领导干部接待信访群众、带案下访和包案要求，图为县级党政领导干部接待信访群众现场

（县信访局　提供）

【信访宣传】 2021 年，桑日县结合实际，投入 4.8 万余元，制作宣传杯子 150 个、宣传折叠桶 450 个、宣传削皮刀 500 个。开展实地调研，投入 4.5 万余元，进一步规范 3 个乡 1 个镇信访接待场所。2021 年，县信访局共发放藏语汉语宣传折页共 800 余份，发放宣传布袋 450 个、宣传折叠桶 50 个。通过正面宣传和发放宣传资料，使信访政策宣传收到良好教育效果。

【依法规范信访工作秩序】 2021 年，桑日县严格按照《信访条例》，严格落实习近平总书记提出的“三到位一处理”工作要求，坚持依法依规按政策办事，做到诉求合理的解决问题到位、诉求无理的教育疏导到位、生活困难的帮扶救助到位，行为违法的依法处理。2021 年，全县无信访积案，无越级信访事件发生，有效维护了信访群众合法权益。

【落实干部工作纪律】 2021 年，县信访局严格执行值班值守纪律，严格执行信息上报、工作专报、工作月报制度。特别是按照县委分管领导明确的“三个不

11月30日，县信访局工作人员参加县司法局牵头组织的"12·4"国家宪法日普法宣传活动，开展信访宣传工作　（县信访局　提供）

能，五个确保"工作要求，加强信访源头治理、关口前移，努力做到组织建设走在工作前，预测工作走在预防前，预防工作走在调解前，调解工作走在激化前。切实使预警在先，苗头问题早消化；调解在先，矛盾纠纷早处理。

【党支部建设】2021年，县信访局在加强党支部自身建设中突出抓好两个方面工作。即用制度落实保证党支部自身建设；把加强学习作为推动工作扎实开展的重要手段。在落实规定动作中重点围绕四个内容开展工作。即局党支部"主题党日"活动；开展创建"八星"党支部活动；持续开展"做合格党员"与党史学习教育、"三更"专题教育活动。通过认真组织开展党内组织生活，不断加强党组织领导班子成员的凝聚力和战斗力。

2021年，桑日县持续开展矛盾纠纷排查化解工作，图为矛盾纠纷调解现场　（县信访局　提供）

年内，县信访局抓实党风廉政建设。以加强党员领导干部作风建设为重点，推进党风廉政建设。明确责任，将党风廉政建设工作细化分解、落实责任人，做到责任到领导、任务和考核到人。持续开展活动，通过集中学习典型案例、观看警示片，增强党员领导干部廉政意识；梳理完善风险防控体系，加强廉政制度建设。财务运行合理透明。严格执行财务监督各项规定，强化内部监督管理，严格遵守财经纪律，确保财务运行安全。

桑日县机关后勤服务中心

【概况】2021年，桑日县机关后勤服务中心按照年初制定的工作目标，结合工作实际，围绕县委、县人民政府中心工作，履行后勤职能，进一步拓宽工作思路，有序推进后勤各项工作持续开展，为全县社会经济发展贡献后勤力量。

【公务车辆运行管理】2021年，县机关后勤服务中心加强车辆管理，保障行车安全。严格按照《桑日县机关后勤服务中心车辆及驾驶员管理规定办法》要求，厉行节约、严格把关、统一调度，认真做好车辆用油、行车登记等日常工作；定期集中驾驶员进行国家道路安全法律法规学习教育，

2021年，县机关后勤服务中心经常性组织全体驾驶员开展“安全第一 预防为主”道路交通安全教育学习会

（县机关后勤服务中心 提供）

增强驾驶员安全意识；确保公务用车及时、快捷、安全，全年未发生任何交通事故。为确保公务车辆阳光运行，按县纪委要求，年内，为所有公务车辆31辆发放粘贴印有二维码标识（除3个乡1个镇、各部门专用车辆及公安、检察、法院、司法等特殊车辆外）。在车辆维修保养时，填写送修单后，车队队长和单位负责人签字后，由专人负责监督和协调工作。

【理论学习与党建工作】2021年，县机关后勤服务中心坚持每周学习会制度，传达学习上级下发的文件精神，巩固学习成果，把学习教育作为一项常态化工作持续、深入开展。县机关后勤服务中心党支部高度重视党建工作，高标准完成县党建工作办公室组织的季度党建考评工作。高度重视综合治理工作，认真贯彻落实维稳文件精神，切实抓好维稳工作。

桑日县藏语文工作委员会（编译局）

【党的建设】2021年，桑日县藏语文工作委员会（编译局）党支部在县委、县人民政府领导下，在县党建工作办公室组织指导下，严格按照全县党建工作和党员思想教育工作安排部署，根据党支部实际情况，认真制定工作实施方案，及时成立党建工作领导小组，确保党的建设和党员教育工作有序开展。年内，局党支部结合党史学习教育和“三更”专题教育，认真制定党员学习计划并积极组织党员干部深入学习。全年局党支部开展党员集中学习24次，拟写学习简报24期，开展主题党日活动11次，拟写活动简报11篇、制定活动计划11篇，开展“我为群众办实事”实践活动5次，受益人数1300余人，开展党员讲党课活动2次，其中支部书记讲党课1次。

【翻译工作】2021年，桑日县藏语文工作委员会（编译局）在县委、县人民政府领导和县“两会”筹备组安排部署下，积极

2021年，县编译局“两会”材料翻译组工作人员认真开展材料翻译工作

（县编译局 提供）

2021年，县编译局工作人员检查寺庙拉康社会用字规范情况
（县编译局　提供）

组织翻译人员，加班加点完成全县“两会”材料翻译任务及“十四五”规划、党代会、县“两会”及换届材料等各类会议材料翻译任务，全年共翻译会议材料文件61份、780余页，翻译字数达71.4万余字；为县直属各部门及个体个工商户翻译文字材料共80余份、420余页，翻译字数约32万字。

【规范社会用字】 2021年，为进一步规范全县范围内各类标识标牌及宣传标语、个体工商户牌匾内容藏语用字情况，桑日县藏语文工作委员会（编译局）先后10次深入各乡（镇）及县城街道开展社会用字检查工作。

【助学捐赠】 2021年，为进一步夯实全县小学生藏语文书法基础，桑日县藏语文工作委员会（编译局）为桑日县增期乡小学发放书法桌30张，价值2.19万元。年内，桑日县藏语文工作委员会（编译局）从业务经费中开支1.8万元，定制印有藏语汉语使用规范语言文字字样的学生专用文具盒，为全县5个小学，1110名学生发放文具盒，价值1.33万元。

政协桑日县委员会

重点工作

【委员换届】 2021年，县政协严格按照换届选举“十严禁”纪律要求，严把委员关口，切实推进政协委员换届工作。根据《中国人民政治协商会议章程》有关规定及自治区、市、县换届方案要求，扎实开展政协委员换届前调研摸底工作，多次与县委统战部沟通，对县政协人事安排工作方案中涉及委员构成、界别设置、名额分配、推荐条件、安排程序等重要内容进行协商讨论，确保党管干部原则和民主协商程序，并体现出委员界别设置的科学合理性、委员代表阶层的广泛性和鲜明时代性。按照换届中政协委员、常务委员的规模和构成比例，人选提名有关规定，人选范围和条件等，协助县委组织部、县委统战部进行全面考察，最终全县共55人当选为第三届县政协委员。

【提案交办会】 3月17日，桑日县政协委员会召开二届七次会议提案交办会，将提案全部移交给县人民政府。会议期间共收到提案30件，经审查后立案25件，其中内容涉及基础设计类21件，生态文明类1件，民族宗教类1件，其他类2件。

7月29日，桑日县政协委员会召开三届一次会议提案交办会，将提案全部移交给县人民政府。会议期间共收到提案41件，

2021年，县政协组织开展政协委员换届前调研摸底工作
（县政协办公室　提供）

2021年，政协第三届桑日县委员会第一期委员会培训班正式开班
（县政协办公室　提供）

经审查后立案36件，此次交办的提案涉及农业农村、交通运输、生态环保、文化旅游、医疗服务、基础设施等诸多方面。

【委员培训】 为提高新一届政协委员履职能力和水平，发挥好政协委员在政协工作中的主体作用。11月10日，政协第三届桑日县委员会举行第一期委员培训班。开班式由县政协副主席扎西主持，县政协主席巴桑次仁出席开班式并讲话。要求全体政协委员要充分认识加强学习培训的重要性和必要性，提高认识，深刻理解和把握坚持党的领导是政协事业发展的根本保证、人民政协的性质定位和由来、人民政协团结统战功能等人民政协工作的内涵，要突出学习理解习近平新时代中国特色社会主义思想和习近平总书记关于加强和改进人民政协工作重要思想；要致力提升履职能力，学以致用，推动工作，将学习成效体现在不断提高围绕县委、县人民政府工作中心和政协总体工作思路履行职能的能力和水平。要正确处理好“三个关系”，做有担当有作为的合格委员。要处理好荣誉与责任的关系，维护委员良好形象；要处理好履职与学习的关系，提升协商议政水平；要处理好委员职责与本职工作的关系，严格遵守规章制度，以新的业绩为人民政协事业增光添彩。要以高度的政治责任感、强烈的社会责任感和良好的品行风貌，切实担负起时代赋予的使命，为人民政协事业发展作出积极贡献。

【调研活动】 1月18日和1月26日、3月29日，县政协组织政协委员分别到3个乡1个镇和个别行政村、寺庙拉康进行政协换届前摸底调研工作。

6月9日，山南市政协党组书记，主席巴珠到桑日县，对桑日县政协换届选举工作进行调研。

【考察学习】 9月2—7日和9月22—27日，桑日政协委员会分别组织8名、10名政协委员及乡（镇）基层政协委员联络员赴山南市乃东、隆子、错那、加查、浪卡子等县（区）与日喀则市江孜、白朗、桑珠孜、南木林

9月22—27日，县政协组织政协委员赴日喀则市南木林县考察
（县政协办公室　提供）

等县（区）学习考察。

【服务中心工作】年内，根据自治区、市、县三级维稳工作会议精神，增强政治意识、大局意识和责任意识，充分发挥人民政协特殊作用，县政协组织政协委员和机关干部学习有关文件及讲话精神，深入揭批十四世达赖集团的反动本质，始终做到头脑十分清醒、立场十分坚定、旗帜十分鲜明、行动十分坚决。根据县委统一安排部署，在春节、藏历新年期间和3月、习近平总书记在西藏考察、庆祝中国共产党成立100周年、庆祝西藏和平解放70周年期间、全国“两会”期间、新冠疫情常态化防控期间、虫草采挖期间，县政协主席、4名县政协副主席分别在绒乡恰噶曲德寺、增期乡、增期寺和曲龙寺蹲点督导维护稳定工作。

【驻村工作】2021年，县政协派驻绒乡扎巴村第一支部书记协助村“两委”班子厘清发展思路，制定发展措施，加强宣传教育，排查矛盾纠纷，维护社会稳定。

年内，县政协组织工作人员慰问驻村工作队及村“两委”班子、脱贫户共15次，送去价值1.4万余元的慰问金和慰问品。

重要会议

1月14—16日，中国人民政治协商会议第二届桑日县委员会第七次全体会议召开（县政协办公室　提供）

【政协第二届桑日县委员会第七次会议】1月14—16日，桑日县政协委员会召开中国人民政治协商会议第二届桑日县委员会第七次会议，应出席委员53人，实出席委员45人。应邀出席的还有县委、县人大常委会、县人民政府在家县级领导，县（中央、自治区）直属单位负责人共150余人。会议听取和审议政协常务委员会工作报告（草案）；听取和审议常务委员会提案工作情况的报告（草案）；列席桑日县第十三届人民代表大会第七次会议，听取并协商讨论政府工作报告及其他工作报告；审议通过二届七次会议政治决议（草案）；听取并审议通过关于县政协常务委员会工作报告的决议（草案）；听取并审议通过关于提案工作情况报告的决议（草案）；听取并审议通过提案办公室关于提案审查情况的报告。

【政协第三届桑日县委员会第一次会议】7月4—6日，桑日县政协委员会召开中国人民政治协商会议第二届桑日县委员会第七次会议，应出席委员55人，实出席委员49人。应邀出席的还有县委、县人大常委会、县人民政府在家县级领导，县（中央、自治区）直属单位负责人共200余人。会议听取和审议政协第二届桑日县委员会常务委员会工作报告（草案）；听取和审议政协第二届桑日县委员会常务委员会关于提案工作情况的报告（草案）；选举产生政协第三届桑日县委员会主席、副主席、常务委员；全体政协委员列席桑日县第十四届桑日县委员会第一次会议；审议通过政协第三届桑日县委员会第一会议关于第二届政协常务委员会工作报告的决议（草案）；审议通过政协第三届桑日县委员会第一次会议关于第二届一次会议以来提案工作情况报告的决议（草案）；审议通过政协第三届桑日县委员会第一次会议政协决议（草案）；审议通过政协第三届桑日县委员会第一次会议提案审查委员会关于政协第三届一次会议提案审查情况的报告。

【常务委员会会议】 政协第二届桑日县委员会常务委员会第二十三次会议　1月15日，政协第二届桑日县常务委员会第二十三次会议召开，会议应出席常务委员11人，实出席常务委员10人。会议由县政协主席罗布次仁主持。会议听取各小组讨论情况和审议通过《〈政治决议〉〈常委会工作报告决议〉〈提案工作报告决议〉（草案）》；听取《政协第二届桑日县委员会第六次会议提案审查情况的报告》。

政协第二届桑日县委员会常务委员会第二十四次会议　2月7日，政协第二届桑日县常务委员会第二十四次会议召开，会议应出席常务委员11人，实出席常务委员9人。会议由县政协主席罗布次仁宣讲中共十九届五中全会精神。会议围绕习近平总书记在中共十九届五中全会上的重要讲话、脱贫攻坚、全面建成小康社会取得的成就、“十四五”规划和2035年远景目标，对中共十九届五中全会精神进行系统阐述和深入解读。

政协第二届桑日县委员会常务委员会第二十五次会议　6月10日，政协第二届桑日县常务委员会第二十五次会议召开，会议应出席常务委员11人，实出席常务委员9人。会议审议通过关于三届一次会议的决定（草案）、会议议程（草案）、会议日程（草案）、听取县委组织部关于政协第三届桑日县委员会委员推荐人选建议名单及界别情况说明、酝酿讨论常务委员候选人名单及界别、审议通过委员推荐人选建议名单及界别、听取常务委员会工作报告（草案）起草情况的说明、听取关于提案工作情况报告（草案）的起草情况说明、常务委员会工作报告（草案）、提案工作情况的报告（草案）等。

政协第三届桑日县委员会常务委员会第一次会议　12月15日，政协第三届桑日县常务委员会第一次会议召开，会议应出席常务委员11人，实出席常务委员10人。会议由县政协党组书记、主席巴桑次仁主持。传达学习中共十九届六中全会精神和中国共产党西藏自治区第十次代表大会精神。

重要活动

【各界政协委员庆祝中国共产党成立100周年和西藏和平解放70周年座谈会】 8月31日，桑日县政协召开“各界政协委员庆祝中国共产党成立100周年和西藏和平解放70周年”座谈会，县政协党组书记、主席巴桑次仁出席会议并讲话，县政协党组成员、各界别政协委员代表、政协机关干部参加座谈会。

【2021年度政协委员联谊座谈会】 12月22日，桑日县政协举办2021年度政协委员联谊座谈会，活动以宣讲中共十九届六中全会、中国共产党西藏自治区第十次代表大会、中国共产党山南市第二次代表大会精神和参观西藏和平解放70周年成果展及

8月31日，桑日县政协各界政协委员庆祝中国共产党成立100周年和西藏和平解放70周年座谈会召开　（县政协办公室　提供）

召开联谊座谈会的方式开展，全体政协委员、各乡（镇）基层政协委员联络员、政协机关干部30余人参加活动。

【党史学习教育和“三更”专题教育】2021年，县政协党组严格按照县委党史学习教育和“三更”专题教育总体安排，制定县政协党组学习教育方案，把握关键环节，突出分类指导，抓常抓细抓长。深入开展党史学习教育，以学习贯彻习近平总书记“七一”重要讲话精神为核心内容，开展“弘扬伟大建党精神”主题活动，组织政协委员召开专题学习座谈会。以学习习近平《论中国共产党历史》《毛泽东邓小平江泽民胡锦涛关于中国共产党历史论述摘编》《习近平新时代中国特色社会主义思想学习问答》《中国共产党简史》为重点内容，在深学细悟中做到学史明理、学史增信、学史崇德、学史力行，增强“四个意识”、坚定“四个自信”、做到“两个维护”。同时，政协机关党支部结合工作实际，坚持开展“党史晨读一刻钟”活动。全年开展党史学习教育专题研讨6次，撰写研讨材料40余篇，结合“主题党日”开展“我为群众办实事”实践活动2次。政协领导班子成员和政协委员积极开展“我为群众办实事”实践活动，慰问帮扶经济困难群众225户，慰问品价值127970元，资助经济困难家庭大学生4名2万元，捐赠学习用品、疫情防控物资，价值2.75万元，帮助贫困户解决医疗费用3户10690元，解决大学生就业岗位11个，出资83万元为增期乡雪巴村村集体温泉修建水池、餐厅等。

年内，县政协党组深入开展“三更”专题教育，以专题学习为抓手，以交流研讨为切入点，组织开展专题学习26次，交流研讨4次，撰写研讨材料32篇，引导党员干部践行政治标准要更高，党性要求要更严，组织纪律性要更强要求。

县政协办公室

【概况】2021年，县政协办公室围绕县委和县政协党组重大部署，主动作为，推动各项重点工作落地落实、落细落小。协助制订2021年度协商计划，报县政协常委会议审定并印发执行。以“清单制+责任制”的形式，制定2021年县政协工作要点、重点工作安排表，筹备召开县政协二届七次会议、县政协第三届委员会第一次会议，如期完成县政协换届选举各项工作任务。

【党史学习教育】2021年，县政协办公室严格按照县委党史学习教育和“三更”专题教育总体安排，制定政协学习教育方案，把握关键环节，突出分类指导，抓常抓细抓长。教育引导党员干部践行政治标准要更高，党性要求要更严，组织纪律性要更强要求。把开展党史学习教育作为重大政治任务来抓，将学习教育贯穿于政协及机关工作的全过程和各方面。精心制定工作方案，按照时间节点高质量推进党史学习教育，扎实开展党史学习教育和庆祝中国共产党成立100周年暨西藏和平解放70周年系列活动，深入开展“我为群众办实事”实

10月9日，县政协办公室党支部开展“主题党日”活动

（县政协办公室　提供）

践活动，协助政协党组成功举办党史学习教育专题讲座等系列活动，以学习中共党史、新中国史、改革开放史、社会主义发展史及三线建设史为重点，通过组织讲专题党课、领导班子领学、基层党组织促学、党员自学、专题学习研讨、红色教育基地现场培训等形式，推动学习教育走深走实、取得实效。政协机关党支部结合工作实际，坚持开展“党史晨读一刻钟”活动。全年开展党史学习教育专题研讨6次，结合“主题党日”开展实践活动2次。

【提案办理】 2021年，县政协办公室协助自治区、市、县政协委员提交提案，县政协二届七次会议期间30件提案中审查立案25件，其中重点提案1件。截至年末，已办结16件，剩余9件办理中，答复率100%。政协桑日县第三届委员会一次会议期间39件提案审查立案34件，年内，已召开提案交办会，已积极协调相关部门加快办理中。

【队伍建设】 补充领导班子 年内，进一步优化县政协办公室班子结构，年初，调整充实1名办公室副主任，设立县政协综合委员会，并配备主任1名。

建章立制 年内，县政协办公室按照“集体领导、民主集中、个别酝酿、会议决定”的要求，分别制定和完善《“三重一大”学习制度》《民主生活会制度》等，完善领导班子决策程序和机制，形成既有集体领导，又有个人分工负责；既有明确职责，又有积极主动配合的良好氛围，增进班子成员之间的相互理解、支持和团结，班子成员按照各自分工，创造性地开展工作。

政治理论学习 把旗帜鲜明讲政治贯穿于县政协办公室工作始终，注重加强对县政协办公室全体干部职工的政治理论学习，以党史学习教育和“三更”专题学习教育为抓手，以习近平新时代中国特色社会主义思想为指导，认真组织党组和支部学习会，全面贯彻落实中共中央、自治区党委、市委、县委的决策部署，把县政协办公室工作的重点与各级党委的要求有机契合，着力构建一支政治过硬、理论扎实、业务精良的工作队伍，在履职尽责中力行、在模范带头中力行、在自身建设中力行、在遵章守纪中力行，不断提升机关的办事效率、工作能力和服务水平，让政协工作强起来。

【党风廉政建设】 2021年，县政协办公室坚持“一岗双责”，将落实党风廉政建设和反腐败工作与业务工作同部署同落实。以落实中央八项规定和《中国共产党廉洁自律准则》为主线，狠抓班子勤政廉政建设，建立健全《县政协机关干部职工考勤制度》。严格管理“三公”经费、重点解决好干部作风、工作落实等方面问题，提高工作质量。强化干部廉政教育学习，不断增强干部职工党纪意识，坚持廉政谈话，做到警钟长鸣。

纪检监察

重要会议

【中国共产党桑日县第九届纪律检查委员会第六次全体会议】2月24日，中国共产党桑日县第九届纪律检查委员会第六次全体会议召开。县纪委委员9人出席会议，122人列席会议。县委书记康爱民出席会议并讲话。王雅峰、罗布次仁、朱雪红、强巴、支张、邬建军及有关县级领导出席会议。全会坚持以习近平新时代中国特色社会主义思想为指导，全面贯彻中共十九大和十九届二中、三中、四中、五中全会精神，全面贯彻落实十九届中央纪委五次全会、自治区纪委九届六次全会、山南市纪委一届六次全会精神，全面贯彻落实县委九届九次全会决策部署，回顾2020年全县纪检监察工作，部署2021年工作任务。审议通过支张代表桑日县纪律检查委员会所作的《以习近平新时代中国特色社会主义思想为指导　奋力推动新时代桑日纪检监察工作高质量发展》工作报告。

【中国共产党桑日县第十届纪律检查委员会第一次全体会议】6月27日，中国共产党桑日县第十届纪律检查委员会第一次全体会议召开。会议以无记名投票方式选举产生新一届县纪委常委和县纪委书记、副书记。受中国共产党桑日县第十次代表大会主

2月24日，中国共产党桑日县第九届纪律检查委员会第六次全体会议第一次会议召开　（县委宣传部　提供）

席团委托，支张主持会议。会议应到县纪委委员13名，实到县纪委委员13名，符合规定人数。

会议通过《中国共产党桑日县第十届纪律检查委员会第一次全体会议选举办法》，经提请中国共产党桑日县第十届委员会第一次全体会议通过，支张、李春莲、米玛建增、格桑拉姆、李金鹏当选为中国共产党桑日县第十届纪律检查委员会常务委员会委员；支张当选为中国共产党桑日县第十届纪律检查委员会书记；李春莲、米玛建增当选为中国共产党桑日县第十届纪律检查委员会副书记。

3月28日，桑日县政法队伍教育整顿警示教育大会暨纪委书记廉政报告会召开，县委常委、纪委书记、监委主任、县政法队伍教育整顿领导小组副组长支张（左二）为全县政法干部作廉政教育报告

（县纪委监委　提供）

纪律监察

【概况】 2021年，中共桑日县纪律检查委员会、桑日县监察委员会（以下简称“县纪委监委”）坚持以习近平新时代中国特色社会主义思想为指导，忠实履行党章和宪法赋予的职责，始终贯穿落实“推动纪检监察高质量”工作方针，不断深化党风廉政建设和反腐败工作，为桑日县“十四五”规划开好局起好步营造风清气正的良好政治生态。

【警示教育】 2021年，县纪委监委用好反面“活教材”为党员干部“补钙强骨”。将警示教育触角延伸至每一位党员和公职人员身边，确保不留死角、不留盲区、全面覆盖。组织全县党员干部4批次350余人观看《全面从严治党在西藏》《正风反腐就在身边》《尽锐出战　护航脱贫攻坚》等警示教育片。发放《忏悔录》选编2期共计59本。全县党员干部学习典型案例通报16期。年内，县纪委书记两次为新任干部讲授廉政党课，以近年来查处的违纪违法典型案例，督促新任领导干部在新岗位上起好步、尽好责，树立正确干事创业导向。

为政法队伍教育整顿工作“明方向”。县纪委书记以“知敬畏　存戒惧　守底线”为主题为县政法机关领导班子成员、政法干警共70余人作廉政教育报告，引导广大政法干警知敬畏、存戒惧、守底线，进一步筑牢思想根基，打造一支党和人民信得过、靠得住、能放心的政法铁军。

年内，县纪委监委创新工作方式，加强对农牧民党员警示教育。针对部分农牧民党员不怕处分、“怕丢面子”的情况，让违纪违规农牧民党员在村一级党支部大会上作检讨，起到很好的教育效果。

【专项督查】 新冠肺炎疫情防控专项监督检查　年内，县纪委监委认真学习新冠肺炎疫情常态化防控相关工作要求，动态调整监督重点，在春节、藏历新年、县乡村换届期间重点对各乡（镇）、学校、医院、卡点等人员密集、人口流动性大的场所开展疫情防控专项监督检查18场次，推动疫情防控工作落实到位。

制止耕地“非农化”工作专项检查　2021年，县纪委监委对全县各相关单位开展制止耕地“非农化”工作专项检查1场次。

工程建设、政府采购情况自查自纠　年内，为加强重点项目领域的监督检查，县纪委监委下发《关于开展工程建设、政府采购情况自查自纠的通知》，要求各项目单位对近几年重点项目开

11月15日，桑日县纪委监委召开桑日县惠民惠农财政补贴资金“一卡通”管理问题专项治理工作安排部署会　（县纪委监委　提供）

展自查自纠1次。

供暖工程监督检查　年内，县纪委监委对5个已完成供暖工程并投入使用的3所学校、2个幼儿园监督检查2场次，发现问题1条，提出意见建议1条。

粮食领域监督检查　年内，县纪委监委对县发展和改革委员会等3家涉粮监管部门和桑日县粮油公司开展监督检查5场次，发现问题9条，提出意见建议9条。

惠民惠农财政补贴“一卡通”专项治理　11月15日，县纪委监委协助配合县财政局召开惠民惠农财政补贴“一卡通”管理问题专项治理工作安排部署会，并定制43个举报箱，着力整治群众身边的腐败和作风问题。

【换届风气监督】2021年，县纪委制定《中共桑日县纪律检查委员会关于严明纪律加强换届风气的监督检查方案》，开展换届风气监督检查40余场次，对乡（镇）党委班子成员候选人、县党代表、人大代表等523人进行廉政意见回复，严格把好政治关、廉洁关，严防“带病参选”。制作横幅5条、藏语汉语换届监督公告48张、宣传标语300余条，设立举报箱5个、张贴公告48张，实现全天候、全方位不间断了解、掌握和监测换届风气情况。

【廉政意见复函】2021年，县纪委监委严把廉政意见复函关。全年共对849人进行廉政意见回复。客观准确地反馈党员干部个人党风廉政建设意见。

【政治监督谈心谈话】年内，县纪委监委用好政治谈话利器，加强对“一把手”的监督。成立以县委常委、纪委书记、监委主任为组长，县纪委班子成员为副组长的4个专班，主动下沉到3个乡1个镇，坚持以实事求是、客观公正、以诚相待、坦诚交流的原则，通过“二对一”个别谈话的方式，对3个乡1个镇36人进行政治监督谈心谈话全覆盖，全面了解“一把手”思想、工作及党委责任落实情况，对发现的问题及时进行提醒、督促整改，不断推动管党治党责任层层压实、落实到位。结合谈话记录，将谈话指出问题梳理并反馈谈话对象，要求谈话对象针对谈话所指出问题形成整改清单，细化整改措施，严格抓好整改落实，确

9月3日，桑日县纪委监委约谈乡（镇）“一把手”，强化日常谈心谈话、廉政谈话、政治监督谈话等方式，加强对“一把手”和领导班子监督　（县纪委监委　提供）

保政治监督谈话真正发挥作用。

【执纪监督】2021年，县纪委监委围绕执纪监督工作部署，按照全面从严治党总体要求，持续强化不敢腐的震慑，坚持无禁区、全覆盖、零容忍，坚持重遏制、强高压、长震慑，保持反腐败高压态势不减，坚持抓早抓小、“红脸出汗”、治病救人，运用“四种形态”，认真履行监督执纪问责职责，加大重点领域和关键环节反腐力度，重点整治群众身边腐败和作风问题，坚决遏制腐败蔓延势头，净化党员队伍政治生态。年内，全县纪检监察共受理问题线索28件（含2020年遗留5件），处置28件，处置率100%，办结19件，未办结6件，移送3件。下发纪律检查建议书4份，党内警告1人，党内严重警告7人，政务撤职1人，降低岗位等级1人。运用第一种形态11人次，占55%；运用第二种形态8人次，占40%；运用第三种形态1人次，占5%；没有运用第四种形态人员。

【正风肃纪】2021年，县纪委监委坚决落实中央八项规定及其实施细则精神，以钉钉子精神深挖细查隐形变异的“四风”问题，推动作风建设不断往深里走、往实里走。扎实开展“私车公养”问题专项治理工作，深入县机关后勤服务中心、县乡村振兴局等7家单位开展检查，并要求全县各单位、各乡（镇）针对“私车公养”问题进行自查，上报自查报告51份。

紧盯重要节日节点，利用手机短信、“网信桑日”微信公众号等载体，开展节前廉洁提醒工作4次。在元旦、春节等重要时间节点，及时转发上级典型案例通报，下发书面通知，对加强作风建设提出明确要求，督促县、乡（镇）各级纪检监察组织联动监督检查和明察暗访活动。针对违规使用公款吃喝送礼、违规发放津贴补贴、公车私用等问题不定期明察暗访20余场次；开展会风会纪专项监督，对会议迟到的38人进行现场提醒，进一步严肃会议纪律。

【巡察整改】2021年，县纪委监委联合县委巡察工作领导小组办公室，针对巡察整改“两个责任”落实情况、整改措施落实情况、反馈问题解决情况、整改取得的实效、九届自治区党委巡视山南市委反馈意见整改落实情况、九届县委第八轮被巡察单位整改落实情况、九届县委九次全会精神学习贯彻情况、九届县纪委六次全会精神学习贯彻情况、疫情防控及年初县委各项任务安排落实情况等10个方面内容开展专项督查，发现3个方面5个问题，截至年末，已经全部整改完成。

是年，桑日县主动认领中央第十巡视组反馈的4个方面18个问题、自治区党委第三巡视组10个方面24个问题，召开专题会议分析问题，成立领导小组，研究制定整改落实方案。

年内，桑日县委认领的中央第十巡视组反馈的4个大类41个问题已经全部完成整改。自治区党委第三巡视组巡视“回头看”反馈意见桑日县认领的49个问题中，除2个问题持续整改外，其余47个问题均已完成整改并长期坚持。

队伍建设

【理论学习】2021年，县纪委监委结合党史学习教育、“三更”专题教育，召开学习会议25次，专题学习中央第七次西藏工作座谈会与中共十九届五中全会精神、习近平总书记在庆祝中国共产党成立100周年大会上的重要讲话精神、习近平总书记视察西藏时的重要讲话精神，开展专题研讨5次深入交流学习心得，召开组织生活会1次，观看警示教育片6次，参观廉政基地2次，把党员干部紧紧凝聚在党组织周围，做忠诚干净担当、本领高强、清正廉洁的纪检监察干部。

【建章立制】2021年，县纪委监委制定完善县纪委监委《常委会议事规则》《干部请销假制度》《办案人员工作制度》，切实强化内部管理，做到以制度管人、制度管权。

【人员培训】2021年，县纪委监委举办全县村务监督委员会培训班，对全县43个行政村新任

9月27—28日，桑日县纪委监委举办乡村振兴领域专项监督业务培训班 （县纪委监委 提供）

村务监督委员会主任进行系统培训，积极推进村务监督委员会建设，围绕村务监督委员会的职责就如何开展监督进行系统培训，打通基层监督“最后一公里”。

9月27—28日，县纪委监委邀请市纪委监委、市乡村振兴局等单位领导开展一期乡村振兴专题培训，进一步提高桑日县纪检监察干部及乡村振兴领域单位负责人监督水平和能力。

【“我为群众办实事”实践活动】 2021年，县纪委监委结合党史学习教育，心系群众，改进作风。认真开展“我为群众办实事”实践活动，深入联系点增期乡白金村开展调研工作。了解到农牧民群众反映强烈的放牧点上有4户15人还未解决生产生活用电问题，县纪委监委工作人员到实地进行查看，并联系县财政局和县供电公司进行商讨，协调县财政局解决3万元资金，帮助农牧民群众解决用电难题。

巡察工作

【概况】 2021年，中共桑日县委巡察工作领导小组办公室在市委巡察工作领导小组办公室和县委领导下，坚持以习近平新时代中国特色社会主义思想为指导，全面贯彻中共十九大精神和十九届二中、三中、四中、五中、六中全会精神，深入学习贯彻中央第七次西藏工作座谈会精神，全面贯彻习近平总书记关于巡视巡察工作的重要论述及习近平在听取十九届中央第七轮巡视情况汇报时的重要讲话精神，不断增强“四个意识”、坚定“四个自信”、做到“两个维护”，进一步提高政治判断力、政治领悟力、政治执行力。按照市委巡察工作领导小组办公室和县委的统一部署，围绕服务全县中心工作，坚持以问题为导向，持续深化政治巡察，充分发挥巡察利剑作用，较好完成2021年各项工作任务。

【政治学习】 2021年，桑日县坚持常态化、制度化组织开展县委巡察组（办）周学习例会；积极参加纪检监察党支部周四学习例会及党史学习教育专题研讨会议等，全年多次开展习近平新时代中国特色社会主义思想研讨，组织巡察干部专题学习中共十九届六中全会精神、中央第七次西藏工作座谈会精神与习近平总书记在十九届中央第七轮巡视情况汇报时的重要讲话精神；组织县委第一轮巡察抽调的全体干部开展习近平总书记在中国共产党成立100周年纪念大会上讲话精神、习近平总书记考察调研西藏的讲话精神及全国政协主席汪洋在西藏和平解放七十周年纪念大会上讲话精神、中国共产党西藏自治区第十次代表大会精神、中国共产党山南市第二次代表大会精神、“两会”精神等内容学习，不断增强“四个意识”、坚定“四个自信”、做到“两个维护”，进一步提高巡察干部的政治判断力、政治领悟力、政治执行力。

【调整充实巡察工作机构】 2021年1月，中共桑日县委调整充实新一届县委巡察工作领导小组，成立以县委书记康爱民任组长，县委常委、纪委书记、监委主任支张任常务副组长，县委常委、组织部部长邬建军任副组长的县委巡察工作领导小组；县委常委会会议、“书记专题会”、巡察工作领导小组办公会议等不同级别会议多次听取县委巡察机构专题工作汇报，纪委监委、组织部、审计等部门做到紧密配合，全县形成县委统一领导，县委巡察机构主力作战，纪检监察、组织部门配合日常整改监督，相关各单位积极参与的工作大格局。

【完善巡察工作体制机制】 2021年，中共桑日县委出台《关于建立完善桑日县委巡察工作协调配合机制的意见》《巡察成果运用办法》等，建立健全各相关单位与县委巡察机构的协调配合机制，形成监督合力的巡察工作体制机制，推动全面从严治党向基层延伸，为全县巡察工作开展提供制度保障。

【交流培训】 2021年，县委巡察机构始终把交流培训作为提高巡察队伍素质、统一思想、凝聚力量的重要举措。持续组织县委巡察工作领导小组办公室、巡察组人员参加培训交流。坚持从严从实加强自身建设，不断提高巡察工作水平。3月起，先后抽调2人参加第九届自治区党委第十轮巡视和山南市常规巡察工作。10月，组织1人参加山南市巡视巡察工作网络平台和巡察单机系统培训工作；12月，组织2人参加在上海交通大学举行、为期10天的山南市巡察工作培训会。

年内，桑日县调整充实巡察组长库和人才库。按照“忠诚、干净、担当”的要求，从县直属单位和乡（镇）选调原则性强、素质过硬、熟悉基层工作、具有相应工作经历、善于发现和分析研究问题的23名干部充实到巡察组长库和人才库中，并参加十届县委第一轮巡察工作，为巡察工作开展提供坚实人才保障。

【制定巡察五年规划】 2021年，中共桑日县委制定《桑日县2021—2025年巡察五年规划》，全面落实巡视工作方针，把“两个维护”作为根本任务，持续发挥巡察利剑作用，为营造桑日风清气正的政治生态环境贡献巡察力量；同时紧盯党组（党委）履行党的领导职能责任，紧盯领导班子，细化任务和责任，强化党内监督，把群众获得感作为巡察落脚点，不留盲区、科学规划，多次召开巡察组（办公室）专题会议研究《2021—2025年巡察五年规划》工作方案；首次把全县43个行政村纳入县委巡察全覆盖任务清单，力争在5年内完成全县102个党组织巡察全覆盖任务，为今后5年巡察工作划定路线图。

【十届桑日县委首轮巡察工作】 7月16日，桑日县委巡察领导小组召开十届县委巡察第一次会议。传达学习《加强巡视巡察上下联动的意见》相关文件精神，听取九届县委巡察五年工作总结，安排部署新一届巡察工作。

按照县委部署，9月26日，十届桑日县委第一轮巡察工作动员部署会召开，成立以3个四级调研员为组长、22名巡察干部协作配合的巡察组，针对基层党组织软弱涣散和易地搬迁等矛盾较集中的12个村级党组织开展常规巡察工作。围绕村级巡察监督重点，以“三个聚焦”为着力点，从12个方面精准发现村级党组织存在的学习贯彻新时代党的治藏方略不深入、村级党组织核心作用发挥不充分、“三资”（农村集体资金、农村集体资产和农村集体资源）管理不规范、基层党组织战斗力不强等突出问题。坚定政治方向，突出巡察监督政治作用，坚定不移深化政治巡察，

7月16日，桑日县委巡察领导小组召开十届县委巡察第一次会议

（县委巡察工作领导小组办公室　提供）

10月26日，县委第二巡察组巡察白堆乡白堆村和藏嘎村党支部动员部署会议召开　　（县委巡察工作领导小组办公室　提供）

发现一批有价值的倾向性问题和问题线索。

十届县委第一轮巡察共计发现村级党组织“三个聚焦”方面问题94个；紧盯重点人、重点事和重点问题，发现2个问题线索，涉及党员2人，其中列为建议参考类1人，建议了解关注类1人；16项立行立改问题得到有效整改；组织起草1份十届县委第一轮巡察综合报告。

【巡察整改】2021年，根据县委安排，县委巡察组（县委巡察工作领导小组办公室）立足巡察整改“两个责任”实际，对九届县委巡察全覆盖单位整改情况、疫情防控以及年初县委各项任务安排落实情况，先后开展3次专项督查，共计发现3个方面9条问题，全部得到整改落实，进一步严肃党内政治生活，净化党内政治生态，发挥巡察铁军监督作用。

主动推动巡视反馈意见整改落实。县委巡察机构主动认领中央第十巡视组、自治区党委第三巡视组巡视反馈问题，成立巡视整改领导小组，研究制定整改落实方案，召开2次专题会议分析问题，明确责任清单，细化任务落实，积极整改问题，确保巡视整改落实工作抓实抓细。

年内，十届县委第一轮巡察工作已反馈完成。为切实提高政治站位，做好巡察反馈工作，协调巡察组对3个乡1个镇涉及的12个村级党组织召开巡察工作反馈会，明确巡察整改责任、整改清单和整改时限，移交整改材料，签订整改承诺书，把巡察整改作为一项政治任务来抓，严格要求各责任人、责任单位抓紧抓实，确保做到“清仓见底”。

【巡察工作信息化建设】2021年，桑日县巡察工作信息化建设持续加强。为提升县委巡察信息化建设质量和水平，深入贯彻落实中共中央、自治区党委、市委关于“金纪三期巡视巡察信息系统”推广部署会精神，增强用好信息化手段推进巡察工作的意识和能力，强化上下联动贯通，县委巡察机构紧跟工作步伐，认真谋划部署，组织专人进行培训，持续开展巡视巡察工作网络平台和巡察单机系统的应用工作。截至年末，已经完成十届县委第一轮巡察数据录入和网络平台数据更新等工作。

10月15日，桑日县委巡察工作领导小组办公室举行监察单机系统培训　　（县委巡察工作领导小组办公室　提供）

对口援藏

综 述

【概况】 2019年7月，岳阳市第九批援藏工作队7名队员在队长宋为的带领下，进驻桑日县，执行为期3年的援藏任务。2021年，岳阳市第九批援藏工作队始终牢记湖南省委、省人民政府和岳阳市委、市人民政府的嘱托，始终传承“特别能团结、特别能吃苦、特别能忍耐、特别能战斗、特别能奉献”的老西藏精神，始终坚持“科学援藏、真情援藏、奉献援藏”的理念，不辱使命、不负重托，持续促进桑日县经济社会全面发展。

【“十三五”规划对口援藏项目】 2021年，岳阳市第九批援藏工作队实施“十三五”规划对口援藏项目3个，总投资3575万元。其中，桑日县规范化学校建设项目，总投资1350万元；桑日县卫生服务中心建设项目，总投资2150万元，以上两个项目由桑日县受援办公室组织实施；交流交往项目由桑日县委组织部实施，总投资75万元。截至2021年末，项目资金已全部到位，项目已完工投入使用。

【编制湖南省“十四五”对口援助桑日规划】 2021年，县发展和改革委员会（县受援办公室）积极配合岳阳市第九批援藏工作队开展实地调研，编制湖南省“十四五”对口援藏规划，涉及惠民便民利民、文化卫生、产业发展、智力支援、交流交往5个大类6个项目，总投资1.06亿元。

【“十四五”规划对口援藏项目】 桑日县“十四五”规划对口援藏规划内项目有五大类共8个，总投资12910万元。涉及岳阳市第九批援藏工作队实施项目五大类共6个，计划投入资金4685万元，实际投入4495万元（其中150万元为其他省市初高中代培班示范班级体育人才培养项目，项目由山南市相关部门统一组织实施）。

惠民便民利民工程

【桑日县乡村振兴援藏项目】 “十四五”规划期间，岳阳市对口支援桑日县乡村振兴工程项目总投资5780万元。项目计划分5年实施，其中2021年计划投资1250万元、2022年计划投资1250万元、2023年计划投

1月20日，岳阳市第九批援藏工作队开展桑日县增期乡乡镇（村）供水工程项目选址及调研　　（县发展和改革委员会　提供）

资 1250 万元、2024 年计划投资 1000 万元、2025 年计划投资 1030 万元。

【2021 年桑日县乡村振兴援藏项目】 2021 年，岳阳市第九批援藏工作队实施桑日县乡村振兴援藏工程项目 2 个，总投资 2500 万元。9 月，山南市桑日县增期乡乡镇（村）供水工程建设项目开工建设，总投资 1250 万元。截至年末，工程建设如期进行。年内，岳阳市第九批援藏工作队开展山南市桑日县桑日镇雪巴村道路改造项目前期工作，项目总投资 1250 万元。

教育卫生事业

【绒乡卫生院标准化建设项目】 桑日县绒乡卫生院标准化建设项目计划总投资 435 万元，由岳阳市第九批援藏工作队实施。截至 2021 年末，2021 年度到位资金 185 万元。12 月，绒乡卫生院标准化建设项目正式启动。

【其他省市初高中代培班、师范班及体育人才培育】 “十四五”规划期间，其他省市初高中代培班、师范班及体育人才培育项目计划投资 375 万元，项目分 5 年实施，每年计划投资 75 万元。2021 年度 75 万元资金已到位，由山南市相关部门组织实施。

产业发展

【产业发展扶持专项资金】 “十四五”规划期间，产业发展扶持专项资金总额 3500 万元。项目计划分 5 年实施，每年计划投入资金 700 万元。

【帕竹文化乡村特色产业基础设施建设项目】 6 月，经过多次调研、论证，岳阳市第九批援藏工作队启动实施传承西藏帕竹文化与推动塔木村日岗组美丽乡村建设、桑日县特色葡萄产业发展相结合的桑日县帕竹文化乡村特色产业基础设施建设，投入援藏计划内项目资金 1400 万元。10

6月，岳阳市第九批援藏工作队投入资金1400万元，启动桑日县帕竹文化乡村特色产业基础设施建设项目。图为10月项目竣工通过验收并投入使用后的场景　　（岳阳市第九批援藏工作队　提供）

月，项目完工通过竣工验收并投入使用。

智力援藏

【村庄规划援藏项目】“十四五”规划期间，湖南省规划类对口援藏项目总投资125万元。项目计划分5年实施，每年计划投入资金25万元。2021年，项目实际到位资金25万元，用于桑日县村庄规划。

9月28日，西藏自治区桑日县委常务副书记、岳阳市第九批援藏工作队领队、岳阳市委副秘书长宋为到岳阳市规划勘测设计院有限公司对接桑日县村庄规划编制工作。岳阳市规划勘测设计院有限公司党委书记、董事长刘昊与宋为就桑日县村庄规划编制工作进行交流。

是日，刘昊主持召开岳阳市规划勘测设计院有限公司桑日县村庄规划工作部署会，讨论相关工作要求和时间节点，明确第一批村庄规划技术骨干尽快奔赴桑日县开展先期基础数据调查等工作。

年内，桑日县村庄规划项目先期基础数据调查工作启动。

【专业技术人才短期援藏工作】5月，由8名平均年龄不到45岁的专业人才组成的湖南省第九批短期援藏专业技术人才工作队抵达桑日县，开展为期半年的短期援藏工作。

岳阳市选派的1名短期援藏农业人才，帮助制定桑日县优质葡萄高产栽培技术研究与集成技术示范项目实施方案，成功通过自治区科技厅立项，争取项目资金300万元；又牵线搭桥促成桑日县葡萄基地与湖南农业大学签订校企合作协议，建立高原有机葡萄产学研合作示范基地，助推高原葡萄产业实现高质量发展；9月，他还指导桑日县开展温室大棚鲜食葡萄种植试验示范，计划利用2—3年时间发展温室大棚鲜食葡萄产业，提高温室经济效益，促进农牧民增收。其间，岳阳市短期援藏农业人才还结对指导3名县农业农村局科技专干，通过编发技术资料、现场观摩指导等方式提升桑日县科技人才种植技术整体水平。

岳阳市选派的7名短期援藏医疗人才充分发挥自身专长优势，展现团队力量，在医院管理方面，指导完成医院绩效考核、医疗质量管理、住院病案采集收录工作，帮助建立质量控制科制度3项，质量控制病历100余份；在新冠肺炎疫情常态化防控方面，岳阳市7名短期援医疗人才积极配合县人民医院在医院门诊、村委会、虫草采集点和企业开展新冠疫苗接种、新冠肺炎疫情防治知识普及和核酸检测等工作，共接种新冠疫苗1万余人，完成2000余人次的核酸检测；在医疗服务方面，半年时间共协助县人民医院接待门诊、急诊、住院病人1000余人，完成全县征兵体检工作，开展浅表良性肿瘤切除、创伤整形、肿块切除等手术106例；成立创口护理小组，成功救治下肢皮肤溃疡患者4例。

其间，岳阳市医疗援藏人才在工作中通过授课、带教、查房、质控等方式，带动培养1—2名本土医生，帮助提高县人民医院整体医疗水平。比如，推动门诊—急诊—病房综合发展，建成创口护理小组，将急诊创伤整形术、浅表肿块切除术、手足外伤、骨折复位固定术等技术成功在桑日县人民医院推广；指导放射科医生阅片、诊断，提高复杂外伤的诊断及治疗处理水平；将中医特色和藏医藏药相结合探索治疗关节炎、痛风等部分西藏地区高发疾病，指导各科室进一步完成病历规范化书写、病历质量控制等工作；将国内最新的检查手段和治疗方式引入受援单位，在心脑血管疾病治疗中起到明显疗效。

交流交往

【交流交往项目】“十四五”规划交流交往项目总投资375万元，计划分5年实施，每年计划投入资金75万元。截至年末，实际到位2021年度资金75万元，因受新冠肺炎疫情影响，尚未组织实施。

【“情系桑日”展览开展暨书籍《情系桑日》发行仪式】6月9

日，岳阳市庆祝第十四个国际档案日“情系桑日”“档案记录红色历史”展览开展暨书籍《情系桑日——岳阳市对口援藏档案记忆》发行仪式在岳阳市档案馆举行。援藏专著《情系桑日——岳阳市对口援藏档案记忆》分春风化雨、情洒高原、沧桑巨变、洞庭薪火、奋斗留印等八部分，由中共岳阳市委书记王一鸥作序，团结出版社公开出版发行。“情系桑日”展览采用图文、影音、实物展示等方式，全面展示岳阳市26年来对口援助西藏桑日县的工作历程与丰硕成果。

【岳阳市考察团赴桑日县考察】 8月，受中共岳阳市委书记王一鸥、岳阳市人民政府市长李爱武委托，岳阳市人大常委会党组书记、常务副主任向伟雄率队赴西藏桑日县考察对口援藏工作，看望慰问岳阳市援藏工作队队员。市委常委、政法委员会书记王小中一同前往。向伟雄一行实地考察桑日县城建设、湖南省援藏林等援藏项目建设情况，并参加工作汇报会，详细了解桑日县经济社会发展情况和援藏工作开展情况。桑日县委书记康爱民，县委副书记、县人大常委会主任王雅峰，县委常务副书记、岳阳市第九批援藏工作队领队宋为及岳阳市第九批援藏工作队员陪同考察并参加座谈。

【岳阳市联合考察组赴桑日县考察】 9月8日，岳阳市委统战部、市工商联、市民族宗教事务局一行8人组成的联合考察组到桑日县委统战部、县工商联开展交流考察活动，在丹萨梯寺，考察组全面了解寺庙历史文化、文物保护和寺庙管理委员会党建、创新寺庙管理、“遵行四条标准、争做先进僧尼”教育实践活动等日常具体工作开展情况。在桑日县帕竹荣顺（净土）庄园有限公司，实地参观葡萄种植基地，了解企业经营发展和带动群众增收、促进旅游发展等情况。通过座谈交流、实地察看等方式，深入了解桑日县民营企业发展现状、存在的困难和问题，对相关工作提出建议。岳阳市委统战部、市民族宗教事务局、市工商联向桑日县委统战部（县民族宗教事务局）捐赠对口援助资金9万元，向县工商联捐赠对口援助资金5万元。

【岳阳市青年代表团赴桑日县调研交流】 11月7—11日，共青团岳阳市委书记綦小广率岳阳市青年代表团赴对口支援地西藏桑日县开展调研交流，深化岳阳市、桑日县共青团第3轮对口援藏工作，加强青年交流交往，促进两地各族青少年健康成长。调研交流中，岳阳青年代表团出席湖南—山南两地共青团对口援藏工作座谈会。在湖南省援藏前线指挥部，青年代表团参观援藏公寓和湖南援藏陈列馆，并与湖南省第九批援藏工作队开展座谈交流和慰问活动。在桑日县，岳阳市青年代表团考察桑日葡萄产业援藏项目，慰问困难群众和在桑日的湖南西部计划志愿者。岳阳市青年代表分别前往桑日县中小学校，对基层团组织工作和少先队工作进行调研，并召开两地共青团对口援藏工作座谈会。

工 会

【概况】 截至2021年末，桑日县共有52个基层工会小组，会员932人（2021年吸收会员66人）；国有企业3家，会员16人；全年共组建10家“两新”组织，覆盖18家，覆盖率达56%，会员共166人；组建社会组织工会1家，会员5人（新吸收1人）；组建4个村级工会组织（均为桑日镇所辖行政村），会员达98人；桑日县工会会员共计1213人。党政机关、事业单位建会率达到100%，职工入会率达到100%。

【思想政治引领】 2021年，桑日县总工会深入学习习近平新时代中国特色社会主义思想。始终把学习宣传贯彻中共十九大和十九届二中、三中、四中、五中、六中全会精神，习近平总书记“七一”重要讲话精神，习近平总书记在西藏考察调研时重要讲话精神，习近平总书记关于工人阶级和工会工作的重要论述，中华全国总工会十七届四次执委会议精神、自治区总工会十届四次全委会议精神、市总工会一届四次全委会议精神作为工会干部学习的重要任务，强化理想信念教育和制度自信教育，压实意识形态工作责任，增强“四个意识”、坚定“四个自信”、做到“两个维护”；积极参与“学习强国”学习平台理论学习、视频观看和答题活动，真正做到全员登录、全面覆盖，构建网上职工思想引领新阵地。认真落实意识形态工作责任制，牢牢掌握意识形态工作主导权。年内，工青妇联合党支部开展集中学习和自主学习46次，每周学党史46次，主题党日11次，召开党支部党员大会4次，支部委员会11次，党课4次，参观警示教育基地1次，不断提升党员干部廉政意识。

【疗休养活动】 2021年，按照6324元/人的标准，县总工会组织全县机关企事业单位共28人前往拉萨市、林芝市开展为期15天的年度首批自治区内疗休养活动，并开展健康知识讲座，做好体检工作，花费177072元，桑日县至拉萨市交通费2500元，共计179572元。

【帮扶活动】 在档困难职工帮扶 2021年，桑日县共有3名在档困难职工，根据自治区总工会及山南市总工会机关相关文件要求，经县总工会仔细调研，为县总工会原有2名在档困难职工、1名2021年新增困难职工（桑

7月23日至8月6日，桑日县总工会组织开展2021年“职工疗养、凝心聚力”首批干部职工自治区内疗（休）养活动，图为参加疗休养首批干部职工启程时合影　（县总工会　提供）

日县水利局公益性岗位）兑现2021年度帮扶资金达64644元。

送温暖活动　“三大节日”期间，县总工会慰问桑日县在档困难职工2名、自治区劳动模范及全国先进工作者6名，发放1000元/人的慰问资金，总计支出8000元。

看望慰问结对帮扶户　2021年，县总工会组织干部职工看望慰问结对帮扶户10次，共计支出2000余元。

“五送”暖人心活动　年内，县总工会牵头，联合团县委、县妇联开展喜迎中国共产党成立100周年·工会服务在基层“五送”（送温暖、送文化、送法律、送政策、送医药）暖人心活动。为坚守在虫草采挖监测点的9个工作组（临时党支部），以1000元/组的标准送去方便面、火腿肠、矿泉水、卫生纸等慰问品，价值9000元；并积极协调县卫生服务中心医生为工作人员及农牧民群众义诊，并送上价值1.3万元的药品，共计支出2.2万元。

慰问新冠肺炎疫情防控一线工作人员　2021年，县总工会慰问全县7个新冠肺炎疫情防控点的工作人员，以2000元/点的标准，为奋战在一线的医务人员、警务人员、干部职工送去慰问金，共计支出1.4万元，受益人数99人。

慰问生病住院干部职工　年内，县总工会共慰问生病住院干部职工40人（会员），以800元/人的标准发放慰问金，共计支出3.2万元。

工会会员结婚慰问　年内，县总工会开展新婚“送祝福”活动，以500元/对的标准，为13对新婚会员职工送上新婚礼物，共发放价值6500元的礼品。

慰问直系亲属去世干部职工　年内，县总工会按照相关文件要求，以800元/人的标准，慰问3名直系亲属去世干部职工，共计支出2400元。

【关爱女职工】“两癌”筛查　2021年，县总工会按照市总工会要求，组织县内高海拔地区企业女职工参加“两癌”筛查，邀请山南华康医院医生为全县6名高海拔地区企业女职工进行“两

9月2日，桑日县总工会开展2021年“关爱女职工健康　从防治‘两癌’开始”活动　（县总工会　提供）

癌”检查。

保护女职工合法权益　2021年下半年，县总工会与县人力资源和社会保障局在全县范围内联合开展女职工产假等权益专项执法行动，检查企业是否有歧视女职工等现象，通过执法检查手段切实保障女职工合法权益。

【职工消费助力脱贫攻坚】 9月28—29日，县总工会联合县创先争优强基础惠民生活动领导小组办公室举办桑日县驻村帮扶“心连心”暨职工消费助力拓展脱贫攻坚成果展销会，共938人参与，县总工会共发放2814张提货卡，总计支出844200元。

【组建“两新”工会组织】 2021年，根据自治区、市相关通知精神，县总工会组织人员深入3个乡1个镇及“三有”（有实体经营活动、有固定经营场所、有10人以上员工）非公有制企业进行调研，并与各乡（镇）、乡（镇）基层工会委员会、村委会领导沟通协商，年内，县总工会在符合“三有”标准的32家非公有制企业组建10个工会组织，覆盖18家，覆盖率56%，分别是西藏山南旭日建筑有限责任公司（桑日县园林绿化农民专业合作社、桑日县旭日现代农民专业合作社、桑日县沃德贡杰现代农业合作社）、山南市永恒建筑有限公司（桑日发达农牧民合作社）、桑日县锦隆市政供水有限公司（锦砻市政公用有限公司）、桑日县贸易公司、西藏山南平安建筑工程有限责任公司（沃卡温泉酒店服务有限公司）、西藏山南鲁定建筑有限公司（桑日镇奴卡村砂石厂）、西藏桑日县洛村沙石有限公司（桑日县夏果绿化工程有限公司）、桑日县卓越农牧民施工队、桑日精准农机维修专业合作社、桑日扎巴兴民农民专业合作社。全年组建社会组织工会1家。为推动工会组织向基层延伸，扩大工会组织覆盖面，发挥村级工会组织的作用，县总工会积极组织各村务工人员加入村级工会组织，截至2021年末，全县已成功组建4个村级工会组织（均为桑日镇所辖行政村）。

9月28—29日，县总工会联合县创先争优强基础惠民生活动领导小组办公室举办桑日县驻村帮扶“心连心”暨职工消费助力拓展脱贫攻坚成果展销会

（县总工会　提供）

【参评“西藏工匠”】 2021年，县总工会推荐桑日县惠民农民专业合作社索朗多吉参加2021年“西藏工匠”评选活动。

【文体活动】 年内，县总工会与团县委、县妇联联合开展“五一”国际劳动节、“五四”青年节系列庆祝活动。开展以“展现自我　争创新高”为主题的男女混合拔河比赛，“庆五一　迎五四　青年团结拼搏”为主题的环城接力赛，以“庆五一　迎五四　首届马鹿杯”七人制足球赛，第二届“思金拉措杯”篮球比赛，全县共29支队伍，231人参赛。

【宣传活动】 2021年，县总工会共开展宣传活动7次，分别是“3月综治宣传月”“国家安全日宣传教育活动”、“6·5”世界环境日宣传活动、“综治宣传周”活动、平安宣传日暨民族团结创建宣传活动、国家网络安全宣传周活动、个人信息保护日活动，积极宣传中央第七次西藏工作座谈会精神、习近平总书记在

5月10日，县总工会与团县委、县妇联联合举办以“庆五一　迎五四　青年团结拼搏”为主题的环城接力赛　　（县总工会　提供）

西藏考察重要讲话精神、《中华人民共和国工会法》《中华人民共和国工会法实施办法》、新冠肺炎疫情防控知识、民族团结、《中国工会章程》、劳动合同法、民法典及个人信息保护等相关法律法规知识，发放宣传资料约1000份、宣传袋约500份，受益人数近1000人。

【工会会员信息实名制录入】年内，按上级相关要求，县总工会持续推进工会会员实名制管理，将基层工会单位信息、会员姓名和身份证号录入数据库，实施网上管理，县总工会组织人员积极录入工会会员信息，截至年末，信息录入完成率已达89%。

【会费收缴】2021年，县总工会严格按照《西藏自治区基层工会经费收支管理实施办法（试行）》要求收缴工会会费。会员个人会费按照个人基本工资的0.5%收缴，收缴金额共计175916.25元，年内，资金全部已到账。单位部分会费由县财政局按工资总额的2%划拨到各单位，再由各单位将单位部分会费的40%上缴县总工会，共计2757300.51元。截至年末，资金全部到账，实行专款专用。

【党风廉政建设】2021年，调整充实县总工会党风廉政建设工作领导小组，由县总工会主席任组长，副主席任副组长，强化对党风廉政建设工作的组织领导；深入开展警示教育和岗位廉政教育。通过集中学习市委、县委党风廉政会议精神和法律法规、各类文件及观看正反典型警示教育片等多种形式的廉政教育活动，不断提升党员干部廉政意识；严格落实廉洁自律各项规定，做到工会困难帮扶、助学、送温暖等各项政策公开透明，工会的财务管理、经费支出合理规范；年内，县总工会把反腐倡廉建设纳入年度总体规划和日常工作中，做到反腐倡廉工作和业务工作同部署、同落实。把执行党风廉政建设责任制情况列为县总工会各项工作和活动的重要内容，加强日常督促检查，确保工作有人抓、问题有人管、责任有人担。坚持“一岗双责”，层层落实党风廉政建设责任；加强制度建设。加强考勤管理，严肃上下班纪律，规范请销假制度。

共青团

【关爱慰问志愿活动】2月9日，共青团桑日县委员会（以下简称“团县委”）工作人员到白堆乡达西村、里龙村及桑日镇颇章村和赤康村开展“节前慰问贫困户　用心关爱送温暖”活动，为当地建档立卡脱贫户送去共计价值3100余元的慰问品。向群众讲解党的政策，希望广大青年坚决拥护党的领导，结合桑日县经济发展，用劳动改变面貌，发家致富。

3月5日，团县委工作人员前往山南市儿童福利院对桑日县籍孤儿开展“弘扬雷锋精神　播撒爱心火种”关爱慰问志愿服务活动。活动中，团县委工作人员与市儿童福利院老师、孩子们亲切交流，详细了解孩子们生活状况及实际困难。根据孩子们的上学需求，为他们送上书包、钢笔、笔袋、圆规套装等学习用品和床单被套（纯棉三件套）等价值 4500 余元的慰问品。

3 月 30 日，工青妇联合党支部成员前往白堆乡白堆村开展“为民办实事”志愿服务活动。活动中，团县委工作人员走访 5 名当地经济困难母亲、单亲母亲和 4 名留守儿童、孤儿，向村委会深入了解被慰问对象家庭情况，为他们解答社会保障和医疗保障等方面问题，向他们宣传党和政府的关心关爱，宣传新冠肺炎疫情防控各项政策措施，鼓励他们提振精神、坚定信心，通过自身努力和社会帮扶，克服困难过上更幸福的日子，并为他们送去总价值 4424 元的慰问品。

4 月 14 日，团县委工作人员前往桑日镇完全小学开展“学党史、办实事”暨新时代文明实践“护苗 2021”进校园活动。普及“扫黄打非”知识，共发放海报、书签、书籍、宣传册等 200 余份，受教育师生 60 余人。

5 月 28 日，团县委开展“服务在基层‘五送’活动暖人心”宣传活动。工青妇联合支部利用 2 天时间为坚守在虫草采挖监测点的 9 个工作组（临时党支部）送去价值 1000 元 / 组的慰问品，共计 9000 元；积极协调县人民医院医生为工作人员及农牧民群众义诊，送上价值 1 万元的药品，并发放宣传资料 1240 余份，发放环保宣传袋 600 余份，受益群众 620 余人。

6 月 1 日国际儿童节，团县委工作人员为绒乡完全小学 20 名经济困难家庭学生送去拉杆书包、卷笔刀、盒装铅笔套装等价值 3000 余元的慰问品，勉励大家努力学习，树立起爱党、爱国、爱社会主义之心，让红色基因、革命薪火代代传承。

6 月 9 日，团县委组织桑日县中学全体初三学生 181 人，举行以“轻松备考‘12355’与你同行”为主题的中考减压讲座活动。鼓励学生克服压力障碍，保持平稳心态，取得好的考试成绩。并为每名学生送上中考考试专用笔袋及中性笔等共计 3800 余元的慰问品。

8 月 25 日，团县委工作人员来到桑日镇洛村，开展“服务三农，为民办实事”活动，帮助缺少劳动力的家庭收土豆。

10 月 29 日，团县委工作人员来到绒乡巴朗村参加“民族团结一家亲，携手奋进新时代”主题宣讲暨“五下乡”活动。团县委工作人员向村民讲解如何预防青少年违法犯罪的相关知识，如何远离危险，遇到危险时应该选择的正确求生措施并发放自我保护宣传读本、法制教育和应急避险宣传读本各 50 册，环保布袋 200 个。

【西部计划志愿者】 2021 年，团县委共招录西部计划志愿者 2 名，分别为潘多，服务于县妇女联合会；张晓雪，服务于共青团桑日县委员会。共延期西部计划志愿者 2 名，分别为祝平，服务于县水利局；傅钰发，服务于共青团桑日县委员会。调岗西部计划志愿者 1 名，陈倩，服务于县总工会。

4 月 16 日，团县委举行西部计划志愿者专题学习会。

8 月 25 日，团县委组织西部计划志愿者到洛村开展“为民办实事”志愿服务活动。

9 月 29 日，团县委组织西部计划志愿者，开展“保护母亲

4月16日，团县委举行桑日县西部计划志愿者专题学习会，传达学习处分决定（团县委　提供）

河”志愿服务活动。

10月25日，团县委组织西部计划志愿者开展“护航青春，与法同行”志愿服务活动。

10月29日，团县委组织召开西部计划志愿者座谈会议。

12月28日，团县委组织全体西部计划志愿者展开对《大学生志愿服务西部计划服务西藏专项管理办法》的学习。

【法治宣传教育】 思想铸魂行动 广泛开展青少年党史学习教育，使党史宣讲走进校园，通过“国旗下的讲话”，利用“3·5”雷锋日、“3·28”西藏百万农奴解放纪念日、“五一”国际劳动节、“五四”青年节在学校开展党史学习教育交流会、举办相关讲座等。2021年春季开学第一堂课，以“学党史 爱核心 做新时代好少年”为主题，引导学生了解党史，理解“没有共产党就没有新中国”深刻内涵，共覆盖学生590余人。“3·28”西藏百万农奴解放纪念日到来之际，团县委邀请经历过旧社会苦难的老干部向青少年讲述西藏民主改革前广大农奴的悲惨命运和现在的幸福生活，回顾中国共产党在进军西藏、解放西藏、建设西藏、发展西藏各个时期的光辉历程，教育大家从党史教育中汲取砥砺前行的信念和力量，从而更加坚定感党恩、听党话、跟党走的信心和决心。2021年秋季开学第一堂课，团县委以“小小石榴籽，紧紧抱成团”为主题，学习宣传贯彻落实习近平总书记在西藏考察调研时重要讲话精神、“七一”重要讲话精神，培养学生的民族团结意识，使学生树立正确的民族观。

“缅怀先祖、缅怀先烈”主题扫墓活动 为缅怀革命先烈，深化“感恩”教育，激发学生爱国主义情怀，4月1日，团县委组织青少年前往山南市烈士陵园和西藏民主改革第一村克松村开展以“缅怀先祖 缅怀先烈”为主题的红色学习教育实践活动。

巡回播放爱国主义影片 年内，团县委开展以“追忆党的历史、传承红色基因”为主题的爱国主义影片巡回播放活动。活动期间，各学校安排少先队员们观看爱国主义影片《建党伟业》《建党大业》《铁道游击队》《地道战》。

【青春建功行动】“青年林”植树造林志愿服务活动 为贯彻落实习近平生态文明思想，建设美丽桑日，3月16日，团县委积极组织青年志愿者在桑日镇拉龙村参与全县“2021年国土绿化暨全民义务植树”活动。

“平安山南 志愿先行”平安志愿服务活动 为确保重点节点社会局势持续和谐稳定，3月，团县委组织志愿者积极参与维稳巡逻社会治安防控工作，共筑维稳铜墙铁壁。

主题支教活动 为认真贯彻落实习近平总书记关于“培养什么人、怎样培养人、为谁培养人”的指示要求，年内，团县委邀请“烛光支教团”大学生返乡志愿者开展为期23天的支教活动，主要为当地农牧民儿女辅导藏语、汉语、英语课程及寒假作业。

走访青年 年内，结合党史学习教育和“政治标准要更高，党性要求要更严，组织纪律性要更强”专题教育，团县委举行走访青年，为青年解决困难活动，

3月4日，团县委在增期乡小学开展“从小学党史 永远跟党走”主题“开学第一堂课”活动现场 （团县委 提供）

切实为青年群众办实事、解难事、做好事。

3月30日，工青妇联合党支部组织全体党员前往白堆乡白堆村开展“为民办实事”志愿服务活动。

4月，前往桑日镇小学开展“学党史、悟思想、办实事”暨新时代文明实践“护苗2021”进校园活动。

【党史学习教育】 2020年，按照中共中央及自治区党委、市委部署要求，团县委持续开展党史学习教育和“三更”专题教育。并在实际工作中严格工作目标，将学习内容学以致用，做到学有所获，做有所成。

【党建工作】 3月5日，工青妇联合党支部在工青妇党员活动室召开第九次“夜校”学习会议。

是日，工青妇联合党支部组织全体党员在工青妇党员活动室观看十三届全国人大第四次会议开幕会。

是日，工青妇联合党支部在工青妇党员活动室召开党史教育动员部署会议。

3月8日，工青妇联合支部开展庆“三八”国际劳动妇女节主题党日活动。

3月11日，工青妇联合党支部召开第十次“夜校”专题学习会。

3月19日，工青妇联合党支部召开第十一次“夜校”专题学习会。

3月25日，工青妇联合党支部召开第十二次“夜校”专题学习会。

4月25日，桑日县工青妇联合党支部组织全体在家党员到山南市人民检察院警示教育基地和山南市博物馆开展4月主题党日活动，实地参观学习。

6月4日，工青妇联合党支部召开第二十二次“夜校”专题学习会。

6月11日，工青妇联合党支部召开第二十三次“夜校”专题学习会。

6月18日，工青妇联合党支部召开第二十四次“夜校”专题学习会议。

7月8日，工青妇联合党支部开展红色经典诵读活动。

9月9日，工青妇联合党支部全体在家党员召开2021年党史学习教育专题组织生活会。

12月27日，工青妇联合支部组织全体党员集中学习上级相关文件。

妇　联

【全县妇女工作会议】 2月26日，桑日县召开妇女工作会议，县委书记康爱民出席会议。会议要求，全县妇女要坚持以习近平总书记关于群团工作的重要论述为指导，确保妇联工作正确的政治方向；要围绕中心服务大局，履行好新时代新发展阶段妇联人的职责使命。县妇联既要立足于服务县委、县政府工作大局，也要立足于服务群众职责，组织引导广大妇女在推进桑日改革发展稳定实践中，发挥好“半边天”的作用。要加强妇联自身建设，开展好党史学习教育和“三更”专题教育，提升工作战斗力、凝聚力；全县各级党组织要把妇联工作纳入工作大局，加快构建“党委领导、政府支持、妇联协调、社会参与”的妇女工作格局。

2月25日，桑日县妇女工作会议召开　（县委办公室　提供）

【党史学习教育】2021年，为扎实推动党史学习教育和“三更”专题教育在各级妇联组织走深走实，县妇联及时召开党史学习教育和“三更”专题教育动员会，成立工作领导小组，深入开展学习教育。利用微信群，每天线上发放学习材料，同时组织巾帼志愿者通过“巾帼夜校”、入户宣讲等各种方式开展宣传教育工作，引导广大妇女群众“学史明理、学史增信、学史崇德、学史力行”。工青妇联合支部创新“每周夜校”“每周学党史”学习载体，深入学习习近平《论中国共产党历史》等党史教育指定学习书目，全年共召开学习会51次，专题民主生活会2次，举办主题党日活动12次，观看影片3次。

各级妇联积极推动党史学习教育成果转化，把“我为群众办实事”实践活动成效作为检验学习教育成果的重要内容，努力践行“学史力行”。桑日县巾帼志愿者以“真情帮扶　巾帼关爱”主题活动为切入口，用心用情用力帮助孤寡老人、单亲母亲、经济困难家庭儿童、无劳力人家生活生产困难及群众反映强烈的其他问题。全年桑日县巾帼志愿者共开展517次“为民办实事”活动，投入资金6万余元。

【基层妇联“领头雁”培训班】2021年，县妇联组织全县43个行政村妇联主席、专职副主席，举办基层妇联“领头雁”培训班，安排《铸牢中华民族共同体意识》《女性健康知识讲座》《如何做一名新时代的巾帼志愿者》等课程内容，提升新一届基层妇联主席整体素质，在发展经济、服务群众、维护稳定、促进和谐等方面更好地发挥女性作用。开展“学党史　践初心　关爱儿童办实事”活动，走访慰问绒乡巴朗村幼儿园，向幼儿园75名儿童送上书包、油画棒、文具盒等价值1.2万余元的爱心物资。

4月27日，县妇联组织开展“魅力乡村　活力阿佳”活动

（县妇联　提供）

【巾帼志愿服务】2021年，桑日县做大做强“巾帼志愿阳光站”服务实践基地。截至年末，桑日县巾帼志愿服务队已发展壮大到1828人，在环境保护、社会稳定、政策宣讲、关爱空巢老人、留守儿童及残疾人等志愿服务中发挥新时代妇女社会作用，为建设和谐桑日做出积极贡献。

维稳　为确保“两庆”及重要时间节点期间辖区社会治安大局稳定，桑日县巾帼巡逻志愿服务队在辖区内进行巡逻，并提醒辖区居民要提高自身安全防护意识，扎实开展维稳安保联防联控，为庆祝中国共产党成立100周年、西藏和平解放70周年营造良好氛围。全年桑日巾帼巡逻志愿服务队共开展1712次巡逻。

环保　2021年，县妇联广泛动员各级妇联组织和妇女干部群众开展以“庭院美、室内美、厨厕美、身心美、村庄美”为目标的环保活动，鼓励引导广大妇女和家庭积极参与村庄清洁行动，掀起“半边天”引领清洁之风，共建美丽家园。年内，桑日县巾帼环境保护志愿服务队共开展6072次活动。为激励广大巾帼志愿者积极参与环境保护、创新创业，更好地在乡村振兴中发挥优势作用，根据各村每月评分成绩发放价值43万元的环保物资。

爱心志愿服务 2021年，桑日县巾帼志愿爱心志愿服务队坚持以“立足社区、面向家庭、扶危济困、守望相助”为宗旨，开展向全县孤寡老人、留守儿童、扶贫户等困难弱势群体献爱心活动，全年共开展爱心志愿服务2820次。

媒体聚焦 年内，桑日县巾帼志愿服务队活动事迹先后在中央电视台、西藏电视台、山南电视台多次播出，并在“学习强国”“西藏妇女”“微山南”等新媒体平台刊登，2020年9月28日，桑日县“巾帼志愿阳光站”成功被授牌，成为全国首批试点站之一，也是西藏自治区第一个“巾帼志愿阳光站”。2021年3月5日，桑日县巾帼志愿暖心故事被评为全国巾帼志愿服务“十大暖心故事”。

【巾帼文艺演出活动】 2021年，桑日县各级巾帼志愿文艺宣传队举办以庆祝中国共产党成立100周年、西藏和平解放70周年“巾帼心向党　礼赞百年史”“跟党奋进新征程　巾帼建功新时代”为主题的巾帼文艺演出活动，各级巾帼文艺演出队共演出38场次。

【巾帼夜校】 巾帼志愿者利用巾帼夜校平台，定期或不定期组织各村妇女学习使用国家通用语言文字，并在日常学习过程中共同研究探讨遇到的问题，分享学习中的方式方法。通过收听汉语广播、观看影片等群众喜闻乐见且易于接受的方式，开展国家通用语言文字知识培训，保证线上线下全方位开展学习，把集中学习与个人自学相结合，坚持每天学习与定期考试相结合，激发妇女群众学习热情，全年共开展学习活动3456次。

【“巾帼主题日”活动】 2021年，桑日县妇联建立“巾帼主题日”活动制度，每月开展内容丰富、形式多样的主题日活动，并长期坚持。全年县妇联组织巾帼志愿服务队先后开展“人人争做团结模范　处处盛开民族团结之花”“文明健康　绿色环保”“冰天雪地也是金山银山”主题环保志愿活动、“学党史　践初心　关爱儿童办实事”特别关心关爱主题活动、“再唱山歌给党听”微拍活动、“中华民族一家亲、同心共筑中国梦”主题活动、“甜茶馆里话党恩”等活动。通过“巾帼主题日”活动，进一步引导巾帼志愿者坚定不移跟党走，自觉维护祖国统一和民族团结的信心和决心；通过开展环保系列主题活动大力宣传爱国卫生运动，为创建全国县级文明城市奠定基础。

【妇女创新创业活动】 2021年，县妇联投入扶持资金14万元，在增期乡雪巴村创办第一家“巾帼阳光茶馆”。巾帼阳光茶馆作为巾帼志愿实践站点，组织巾帼志愿者传播党的丰功伟绩、光辉历程和英明决策，普及科学文化知识和法律法规，关心服务弱势群体，教育引导广大群众感党恩听党话跟党走，努力打造“甜茶馆里话党恩”巾帼志愿服务品牌，扎实推进新时代巾帼志愿服务。

7月16日，桑日县举行以“巾帼心向党　礼赞百年史”为主题的庆祝中国共产党成立100周年暨西藏和平解放70周年巾帼文艺演出活动

（县妇联　提供）

11月29日，桑日县巾帼阳光茶馆正式揭牌开业　（县妇联　提供）

【全市巾帼志愿服务活动现场交流会】　为加强全市巾帼志愿者学习交流，更好发挥巾帼志愿者在组织、引导和服务等方面的重要作用，推动巾帼志愿服务常态化，山南市召开志愿服务交流会。12月9日，山南市巾帼志愿服务现场交流会在桑日县举行，各县妇联、各村妇联主席共计105人参加，交流会上，与会人员详细查阅桑日县巾帼志愿服务活动的相关资料、志愿活动记录及工作档案等。

【巾帼创收活动】　2021年，县妇联依托区位优势、产业优势、政策优势，指导各村妇联通过卖牛粪、藏香粉、经营茶馆等途径创收64万余元，如增期乡支巴村出售藏香粉6个月收入达13万余元。11月29日，桑日县巾帼阳光茶馆正式揭牌开业。在不到1个月的时间里，茶馆纯收入达到82472元。

工商联

【概况】　2021年，桑日县工商业联合会认真履行工作职能，当好政企桥梁纽带。紧紧围绕“稳定、发展、生态、强边”四件大事，坚持信任、团结、服务、引导、教育工作方针，全力为民营企业提供保障工作，不断推动民营经济健康发展和民营经济人士健康成长。

【服务非公有制企业】　2021年，县工商联持续深化与非公有制企业的沟通联系。以“法律咨询、政策解答、反映诉求、解决困难”为主线的桑日县“1+10”（即民营企业之家+政策组、金融组、项目组、宣传组、人才组、科技组、统计组、党群组、维权组、督导检查组）服务引导民营企业工作专班，采取以会代训、实地宣讲、召开座谈会等方式，宣传法律法规、理论知识，引导民营企业筑牢守法经营底线，及时梳理民营企业诉求建议和问题，确保有效解决非公有制企业合理合法诉求。全年共开展各类宣传活动6次，受教育人数达100余人次。

【构建“亲”“清”新型政商关系】　2月8日，县工商联组织召开桑日县民营企业代表人士座谈会，听取民营企业经营发展过程中存在的困难问题，现场解答民营企业提出的相关政策问题，时任县委副书记、县人民政府县长、县民营经济工作领导小组组长吾金向全县民营经济人士致以春节和藏历新年的问候，并对推进民营企业健康发展和民营经济人士健康成长提出具体期望。

【代表人士队伍建设】　2021年，县工商联在日常工作中及时掌握民营经济人士的情况，不断拓宽民营企业代表人士参政渠道，积极做好优秀民营经济人士担任党代表、人大代表和政协委员的提名推荐工作。在2021年县级换届工作中，成功推荐8名优秀民营经济人士担任新一届党代表、人大代表和政协委员，实现民营经济人士代表（委员）比例有较大幅度增加，并鼓励他们关注民生、积极履职，提高参政议政、履行职责能力，为桑日县经济社会发展积极建言献策。

2月8日，桑日县召开民营企业代表人士座谈会，传达学习中共十九届五中全会精神和中央第七次西藏工作座谈会精神，开展慰问民营企业和民营经济人士活动 （县工商联 提供）

【新冠肺炎疫情常态化防控】2021年，县工商联抓好新冠肺炎疫情常态化防控工作。积极深入各会员企业传达各级关于疫情防控工作会议精神，分析疫情防控形势变化，宣传疫情防控相关知识，引导各会员企业做到不造谣、不信谣、不传谣，自觉遵守疫情防控相关规定，确保共同打好常态化疫情防控阻击战，及时了解各会员企业接种疫苗人数，积极引导广大会员企业做好接种新冠疫苗工作，桑日县工商联各会员企业除部分从业人员因身体原因未能接种外，其余均做到“应种尽种”。

【深化“百企帮百村”工作成果】2021年，各会员企业积极弘扬“致富思源、富而思进，义利兼顾、以义为先，扶贫济困、共同富裕”的光彩精神，以藏历新年、庆祝中国共产党成立100周年、庆祝西藏和平解放70周年等重大节庆为契机，开展慰问、讲党课、重温入党誓词等活动，累计发放慰问金及慰问品价值120余万元。2月，西藏山南平安建筑工程有限责任公司工作人员深入县城、桑日镇比巴村、桑日镇派出所等地，向环卫工人、农牧民群众开展年前慰问活动，累计发放慰问金69.16万元，桑日县冲达商砼有限责任公司工作人员深入绒乡冲达村发放慰问金6万余元。7月，努卡砂石场和西藏山南鲁定建筑有限责任公司开展“献爱心、送温暖”主题党日活动，共为桑日镇奴卡村全村158户群众送去电冰柜158台，为全村95名党员送去电压力锅95台，价值311628元；西藏山南旭日建筑有限责任公司向绒乡程巴村12名老党员送去慰问金1.2万元；桑日县洛村砂石有限责任公司、山南市夏果绿化工程有限责任公司为桑日镇洛村5名老党员和桑日镇赤康村4名老党员送去电饭锅等价值2.3万元的慰问品；11月，桑日县青创农畜特色产品开发有限责任公司为桑日县桑日镇小学六年级30名学生每人送去行李箱和被子各1件，价

7月1日，山南市夏果绿化工程有限责任公司负责人普布次仁慰问桑日镇洛村5名老党员和赤康村4名老党员，送去电饭锅等价值2.3万元的慰问品 （县工商联 提供）

值 1.14 万元。

【2020 年民营经济工作考核】 1 月，自治区工商联二级巡视员、自治区民营经济第五考核组组长刘炳行带队的一行人员，到桑日县对 2020 年桑日县民营经济工作开展情况进行全面考核，并对桑日县民营经济工作领导小组开展的各项工作给予充分肯定，特别是对全县民营企业诉求反映和解决机制、民营企业家素质提升班等创新工作给予高度评价和肯定。

【理论学习】 2021 年，县工商联以开展党史学习教育和“政治标准要更高、党性要求要更严、组织纪律性要更强”专题教育为契机，充分发挥县委统战部（工商联）党支部“每周一课”学习平台优势，认真学习领会习近平总书记关于非公有制经济发展系列重要指示精神和中央第七次西藏工作座谈会精神、习近平总书记在庆祝中国共产党成立 100 周年大会上的讲话精神、习近平总书记西藏考察重要讲话精神、全国工商联系统对口援藏工作座谈会精神和《关于加强新时代民营经济统战工作的意见》等重要会议、文件精神，不断用理论知识武装头脑、指导实践，推动桑日县工商联工作迈上新台阶。

【合作交流】 9 月 8 日，岳阳市委统战部、市工商联、市民族宗教事务局一行 8 人组成的联合考察组到桑日县委统战部、县工商联开展交流考察活动，通过座谈交流、实地察看等方式，深入了解桑日县民营企业发展现状、存在的困难和问题等情况，对相关工作提出相应建议，岳阳市委统战部、市民族宗教事务局、市工商联向桑日县委统战部（县民族宗教事务局）捐赠对口援助资金 9 万元，向县工商联捐赠对口援助资金 5 万元。

【非公有制党建】 2021 年，县工商联通过实地调研，深入各会员企业对党组织建设工作再次进行摸底调研，认真统计各会员企业党员、青年、妇女等人员数量，教育引导广大会员企业积极做好发展党员和党支部标准化建设工作，切实把党建工作融入企业生产经营全过程，持续推动党建工作与企业生产经营有效融合。7 月 1 日，县工商联各会员企业组织员工观看庆祝中国共产党成立 100 周年大会直播、开展支部书记讲党课、重温入党誓词、慰问老党员等系列形式多样的庆祝活动。

【县工商联重点会员企业】 西藏山南平安建筑工程有限责任公司西藏山南平安建筑工程有限责任公司注册成立于 2013 年 3 月，注册资本 4000 万元，注册地为桑日县，法定代表人为边巴次旦。公司业务从桑日县延伸至山南市各县（区），工程合格率达 100%，创建出一批优质工程，深得业主信赖和好评。西藏山南平安建筑工程有限责任公司在脱贫攻坚、促进就业、带动增收等方面发挥重要作用，先后获得“文明单位”“特别贡献企业”“民族团结模范集体”等

9月8日，岳阳市委统战部与市民族宗教事务局调研组一行8人到桑日县委统战部、县工商联开展交流考察活动，图为考察组深入桑日县民营企业调研

（县工商联　提供）

8月19日，工商联会员企业组织员工观看庆祝西藏和平解放70周年大会直播　（县工商联　提供）

荣誉，公司法定代表人边巴次旦于 2017 年被西藏自治区人民政府授予西藏第二批“优秀中国特色社会主义事业建设者”荣誉称号。

西藏山南旭日建筑有限责任公司西藏山南旭日建筑有限责任公司注册成立于 2013 年 5 月，注册资本为 3767 万元，注册地为桑日县，法定代表人为巴桑达瓦。公司主要经营范围为房屋建筑工程施工、市政工程施工、水利水电施工、道路桥梁工程施工、物业管理、网围栏生产销售及安装、工程机械出租、水污染治理、大气污染治理、固体废物治理、土壤污染治理和修复服务、其他污染治理、环境卫生管理、园林绿化工程施工、钢结构安装工程施工、景观工程施工、地基与基础工程施工。西藏山南旭日建筑有限责任公司在脱贫攻坚、促进就业、带动增收等方面发挥重要作用，先后获得“文明单位”“特别贡献企业”“民族团结模范集体”等荣誉，2018 年，公司被山南市人力资源和社会保障局评为“A 级诚信用工单位”。2021 年 4 月 28 日，西藏山南旭日建筑有限责任公司被中共西藏自治区委员会、西藏自治区人民政府表彰为“西藏自治区脱贫攻坚先进集体”。

残　联

【残疾人保障】 2021 年，桑日县享受残疾人“两项补贴”1130 人，其中享受困难残疾人生活补贴人员 1130 人，享受重度护理补贴人员 446 人。兑现残疾人“两项补贴”资金 2398200 元，兑现残疾人十大民心资金 2623650 元，共计 5021850 元。根据《关于下达湖南省交流交往交融项目资金的通知》精神，为符合条件的全县 35 名残疾人兑现残疾人“阳光家园”补助金 5.25 万元（1500 元 / 人）。根据改造需求，为全县 12 户残疾人家庭按 3500 元 / 户的标准进行无障碍改造，共计 4.2 万元。

【残疾人就业】 2021 年，桑日县残联认真做好申报残疾人的入户筛查摸底工作，及时帮助需要资金扶持自主创业的 2 名具有桑日户籍、持有第二代残疾人证的残疾人解决创业问题，发放扶持资金共计 3 万元（1.5 万元 / 人）。

【基层组织建设】 2021 年，桑日县残联深入各乡（镇）开展基层村残协工作建设，选优配强协会主席、专职委员，切实履行“代表、服务、维权、监督”职能，做到强基层、强服务，健全完善“横向到底，纵向到边”的组织体系,实现从“有”到“好”、从“有”到“强”的转变，不断提升服务残疾人的能力和水平，为推进全县残疾人事业发展提供组织保证。通过摸底核查，成立乡（镇）级残疾人协会 4 个，村级残疾人协会 21 个，选举村级残协主席 35 名，村级专职委员 36 名。截至年末，全县均已完成选举，并完成当选人员政审工作。

【扶残助残】 2021 年，桑日县残联为全县持证残疾人 75 人适配辅助器具 121 把（部、个、辆）。

6月18日，县残联工作人员开展残疾人自主创业入户核查工作
（县残联　提供）

其中，手杖35把，助听器7部，腋拐9个，坐便椅27个，防褥疮坐垫17个，防褥疮床垫2个，轮椅19辆，靠背架4个，溜光镜1个，确保有需求的残疾人基本康复服务率和基本辅具适配率均达到100%。

法　治

政法委及综治

【全面深化改革】 2021年，县委政法委员会牢牢把握政法领域改革工作要求，及时成立以县委政法委员会书记为组长的县委政法委员会全面深化改革领导小组，制定《桑日县委政法委2021年贯彻落实全面深化改革工作要点》，细化涉及县委政法委员会改革工作任务、明确工作职责、细化工作措施，全力确保县委政法委员会改革工作持续有序推进。

年内，县委政法委员会认真研究制定学习计划，充分利用“周学习会”平台，采取多种方式组织理论知识学习，深入学习中共中央、自治区党委、市委关于推进政法领域改革工作相关文件精神，进一步夯实推进政法领域改革工作思想基础。全县政法各部门制定学习计划5份、开展政法领域专项改革工作专题学习80余次。

建立健全应对重大风险隐患评估机制，制定下发《桑日县政法委重大决策社会稳定风险评估工作制度》《桑日县维护社会稳定风险评估程序》《桑日县重大项目社会稳定风险评估登记备案表》等相关文件，系统性地对全县风险隐患评估工作进行梳理，制定相应风险隐患评估制度，明确风险隐患评估程序，严格风险隐患评估备案。

【维护稳定】 2021年，县委政法委员会织密社会面“防控网”。突出重点时段、重大节庆，切实担负起维稳主责，抓实面上巡防、流动人口清查等工作，特别是庆祝中国共产党成立100周年及西藏和平解放70周年期间，在县城开展不间断的街面巡逻，组织警力开展武装拉动演练5次、各类应急处突演练4次、最小作战单元实战演练20余次，相继投入警力200余人次、车辆30余辆次。

【平安建设】 2021年，县委政法委员会坚持发扬和创新新时代“枫桥经验”，制定下发《2021年桑日县涉稳风险排查整治工作实施方案》等相关文件，坚持摸排化解工作，把各类矛盾纠纷隐患消除在萌芽阶段。截至年末，共排查各类安全隐患4500次，排查隐患36起，整治36处，组织治安巡逻4000余次，巡逻人数达3000余人，“双联户”联户单位登记外来人口290人次，用油存油专项清查321次。

坚持“守住安全底线、不

踩红线”原则，先后组织公安民警开展涉及民用爆炸物单位检查共计30余次，开展企业、学校、电站等重点区域检查50余次。投入80万元，在县城新增交叉路口安装行车红绿灯控制系统和大型户外显示屏，县城区交通得到进一步规范。

【社会治理体系基础工程】 2021年，县委政法委员会扎实推进“雪亮工程”、市域社会治理现代化试点工作、网格化综治中心建设等相应社会治理体系基础工程建设，强化情报信息共享研判力度，实现县、乡（镇）、村网格明晰、步调一致、行动迅速。年内，“雪亮工程”建设已完成基础电缆、配电箱及静电地板安装，截至年末，已全部投入使用。

【疫情防控】 年内，根据新冠肺炎疫情常态化防控要求，桑日县动员全县基层“双联户”户长、巾帼志愿者等基层群防群治组织，共开展环境卫生消杀工作18980余次，开展各类矛盾隐患排查27110余次，各村居登记流入流出人员140余人，均为低风险区域人员。

【政法队伍教育整顿】 2021年，县委政法委员会紧紧围绕“学习教育、查纠整改、总结提升”三个环节，扎实开展桑日县政法队伍教育整顿专项活动。县委及时成立以县委书记为组长的县政法队伍教育整顿领导小组，先后召开教育整顿动员部署会、推进会7次。组织干警开展法纪法规专题学习20余次，开展政治轮训专题学习15次，集中组织政法干警观看警示教育片38场次，开展县委书记、县委政法委员会书记、政法各部门“一把手”讲党课活动10场次，组织教育整顿应知应会知识测试20余场次。

广泛开展谈心谈话活动，共谈心谈话171人，填写个人自查事项报告表342份。全县政法各部门召开专题民主生活会5次，形成批评与自我批评意见54条；组织人员对2018年以后各类案件进行全面摸排，收集自查说明问题线索111条,核查认定98条，其中核查认定违反“三个规定”占比57.14%，有案不立、压案不查、有罪不究占比23.12%，违规经商占比19.64%。共有59名政法干警受到处理，其中全市通报并扣发60%绩效奖励1人，单位内部通报、取消2021年评优资格1人，单位内部通报、责令书面检查2人，单位内部通报39人。建章立制抓长效，总结提升有建树。全县政法各单位围绕自治区党委政法队伍教育整顿领导小组办公室《关于建章立制工作任务清单》，共建章立制49条。其中，健全党领导政法工作体系7条，健全正风肃纪长效机制9条，健全执法司法制约监督机制11条，健全干警素质提升机制1条，健全政法干警交流轮岗机制2条，健全基层基础体系方面机制2条，创新执法司法便民利民长效机制17条。

【国家安全人民防线工作】 2021年，县委政法委员会严格按照市国家安全人民防线工作领导小组办公室下发的工作要点，制定下发《桑日县2021年人民防线工作要点》，结合县情实际，调整充实桑日县国家安全人民防线工

3月11日，桑日县政法队伍教育整顿动员部署会议召开

（县委政法委员会　提供）

作领导小组，充分利用3月平安建设宣传月、6月平安建设宣传周等各类宣传活动，积极宣传国家安全人民防线相关法律法规及“12339”群众举报电话，进一步提升人民防线工作的知晓率、参与率。对增期乡温泉酒店、桑日县平安商务酒店等重点场所进行全覆盖宣传，在酒店大堂、房间及各大办公楼楼道内张贴宣传海报，充分提升国家安全人民防线相关知识普及率。共计发放各类宣传海报530余份、举报电话台签80个。联合县委保密委员会，扎实开展2期保密知识培训，重点讲解电子邮箱的弊端、各类存储介质的使用规范、计算机网络的防范工作、网络信号端口的正确设置方式等，全面提升干部职工的防泄密、防间谍、反窃密水平，从根源上杜绝各类泄密安全隐患，实现全县网络环境安全清朗。

【“双联户”服务管理】 年内，县委政法委员会扎实开展“双联户”“10+1”工作，统一规范“先进双联户”创建评选检查内容和考核评分机制，按期完成各级“先进双联户”创建评选工作，共评选村级“先进双联户”90个联户单位798户，乡（镇）级“先进双联户”18个联户单位155户，县级“先进双联户”单位6个联户单位52户，市级“先进双联户”2个联户单位15户。

按照上级相关安排部署，按规定开展“双联户”户长补助工资发放工作，7月，完成“双联户”户长通信补贴发放，共计发放527040元，涉及“双联户”户长560人。12月28日完成“双联户”户长绩效考核工资发放，共计资金582400元，涉及户长560人。

3月19日，桑日县在县城主干道开展3月综治宣传月集中宣传活动 （县委政法委员会 提供）

【业务培训】 2021年，县委政法委员会通过边培训边上岗，让乡（镇）政法委员和综治专干更加直观真切体会到平安建设、“双联户”工作价值，使其尽快进入角色，确保各乡（镇）平安建设、“双联户”工作平稳过渡有序交接。截至年末，开展乡（镇）政法委员及综治专干业务培训2场，涉及人数14人。

【扫黑除恶专项斗争】 2021年，县委政法委员会持续推进扫黑除恶专项斗争常态化工作，制定下发《桑日县扫黑除恶专项斗争常态化实施方案》，细化9类48条线索摸排问卷调查，制定6项台账。

年内，召开2021年桑日县第一次扫黑除恶常态化暨四大行业领域整治推进会。

公　安

【概况】 2021年，在县委、县人民政府和市公安局的领导下，桑日县公安局围绕庆祝中国共产党成立100周年暨西藏和平解放70周年等重点安保工作，持续推进公安业务、基础建设、队伍建设等工作，全面提升公安机关实战能力和水平，各项公安业务工作取得新成效，为全县社会稳定，经济、社会健康发展作出应有贡献。

【党建规范化建设】 2021年，县公安局将党建工作与业务工作深度融合，以党建工作引领公安工作的高质量发展，结合“八星党支部”创建活动，着力推动“党建+”引领公安业务工作，按照计划要求每月制定学习计划、开展策划主题党日活动等工作。全年县公安局党委召开理论中心学习组（扩大）学习会议11次，召开党委会议26次；各党支部累计组织召开集中学习会议270余次，开展主题党日活动72次。

年内，县公安局以全国政法队伍教育整顿为契机，全力推进党风廉政建设，不仅把政法队伍教育整顿作为一项重要政治任务抓实抓牢，更是作为保障公安中心工作落实、促进执法为民、推动公安队伍正规化建设和维护民警执法权益的重要抓手。全年县公安局严格落实每月主题党日、“三会一课”等党内生活制度，组织民警赴山南市烈士陵园、市公安局警史馆等地进行红色教育；先后开展明察暗访90余次，出动督察警力190余人次，落实“我为群众办实事”事项169件；全员开展2轮谈心谈话，做到全覆盖，并组织召开3次专题民主生活会；民警主动说明问题线索60条、核实39条，全面核查2018年以后办理的所有刑事案件67起、行政案件232起，做到“一案一表”；同时结合党史学习教育、“三更”专题教育全面开展公安队伍英模教育、忠诚教育、警示教育等活动，共开展各类学习300余次。

【反分裂斗争】 2021年，县公安局坚决贯彻总体国家安全观，始终把深入开展对十四世达赖集团斗争放在突出位置来抓。截至年末，县公安局开展见面回访18次，电话回访93次，涉宗教领域检查7次，反分裂法宣传4次，省道703沿线专项排查3次。

【应急处突能力建设】 2021年，县公安局严格按照各项既定维稳处突方案，开展应急处突拉练，截至年末，桑日县公安局共组织警力开展武装拉动演练5次、各类处突演练4次、最小作战单元实战演练20余次，县公安局相继投入警力约200人次、车辆30余辆次，为辖区人民群众创造祥和安定环境。

【打击犯罪】 截至2021年末，县公安局全年共受理刑事案件29起，立案19起，破获刑事案件16起，不予立案8起，共抓获犯罪嫌疑人56人。全年举行返还仪式2次，返还电信网络诈骗受害人现金22万余元。共刑拘各类犯罪嫌疑人45人，其中刑拘涉嫌盗抢犯罪14人，刑拘涉嫌电信网络诈骗犯罪31人；移送起诉各类犯罪嫌疑人47人，公诉各类犯罪嫌疑人47人，抓获逃犯17人。

【治安管理】 2021年，县公安局以各项专项行动为契机，切实做到早谋划、早安排、早部署，有效确保辖区社会治安稳定。截至年末，共受理各类治安违法案件12起，处理违法人员24人，违法单位2家，并处6人，罚款10.72万元。进一步加强和改进民用爆炸物品管理，严防事故发生。对辖区涉及民用爆炸物单位检查共计30余次，出动警力80余人次，出动车辆30辆次。规范零散成品油销售管理，防止监管不到位、使用不当带来的安全隐患。全年开展临时油库、加油站检查50余次，出动警力150余人次，出动车辆50辆次。

2021年，桑日县公安局开展例行清查行动 （县公安局 提供）

【道路交通安全】2021 年，县公安局交警大队强化道路管控，预防道路交通事故。完善道路基础设施，提高通行效率。截至年末，县公安局交警大队投入资金在县城 3 个交叉路口安装行车红绿灯控制系统、大型户外显示屏。全年查获各类交通违法行为 1679 起，行政拘留 2 人，其中超速 850 起；危险驾驶案 14 起（截至年末已办结 9 起、正在办理 5 起），无证驾驶 54 起，伪造变造机动车驾驶证 2 起，饮酒驾驶 7 起，货车违反规定载客 1 起，驾驶证暂扣期间仍驾驶机动车 1 起，其他违法行为 750 起。罚款 42 万元。

截至年末，共开展隐患排查 80 余次，出动警力 160 余人次，共排查上报隐患 131 处（其中 41 处为 2020 年末整改隐患）。县公安局交警大队事故科共处理财产损失事故 90 起，同比下降 6.87%；死亡事故 0 起，同比下降 100%。共开展交通安全宣传活动 27 次，悬挂横幅 19 条，发放各类宣传材料 3350 余份，张贴海报 70 余张，曝光典型交通违法案例 23 起。共开展路检路查共 600 余次、出动警力 9800 余人次、警车 2500 余辆次，检查车辆 9 万余辆。开展夜查行动 110 余次，检查车辆 2 万余辆，通过酒精检测及排查仪，排查检测 5900 余人。

年内，县公安局交警大队车辆管理所共办理业务 1175 起。其中，小型汽车注册登记业务（上户）99 起；摩托车上户 3 辆，办理行驶证相关业务 295 起；办理驾驶证相关业务 220 起；驾驶证记分审验 440 起；补办机动车号牌 23 起，补领临时号牌 7 起，机动车报废业务 18 起，其他业务 70 起。

【打击网络犯罪】2021 年，县公安局合理安排组织民警值班备勤，开展网上巡查工作和县城区网吧现场检查 16 次，开展属地网站及重要信息系统主管单位网络安全检查 9 次，检查单位 30 家次，完成网站备案 1 家，完成对县城内互联网非经营场所公共 Wi-Fi 检查工作。

【户籍管理】2021 年，为进一步提高实有人口管理水平，县公安局结合“我为群众办实事”实践活动，积极开展户籍业务上门服务工作。截至年末，共校对常住人口 5472 户 17810 人，共受理二代身份证 1431 张，办理异地身份证 35 张，办理新出生人口上户 137 人，办理户籍市外迁出 45 人，办理户籍市外迁入 57 人，办理主项变更 16 人。强化流动人口服务管理，全年共登记录入流动人口 2132 人，累计办理居住证 39 张，办理暂住登记卡 2093 张，清理录入租赁房屋共计 270 户。

【信息化建设】2021 年，按照县公安局指挥中心严格要求，充分利用视频监控系统对辖区路面警力部署、道路交通状况、重点活动场所等进行严密监控，基本覆盖全县各领域。截至年末，为办案提供案件视频资料共 15 份，共接到有效警情 294 起，其中有效警情 294 起，警情回访 294 起，回访率达 100%。共报送“每日一报”291 份，登记过往车辆 183629 辆、过往人员 534672 人。

2021年，桑日县公安局交警大队民警开展法治暨道路安全宣传

（县公安局　提供）

【警务实战练兵】 2021年，县公安局持续推进警务实战大练兵活动，严格按照市公安局实施方案要求开展工作。以各支部为单位组织开展体能训练、最小单元练兵。截至年末，开展理论练兵50余次，各类全警实战大练兵训练80余次，参训民警达到1000余人次，参训率达90%。打造教官队伍。打造业务部门主要负责人及各警种业务骨干组成的素质高、能力强、覆盖各个业务警种的业务教官和警务实战教官团。年内，县公安局选派7名骨干民警参加首届警务实战大练兵比武活动，荣获个人二等奖、团体第四名的成绩，各部门共开展业务练兵40余次，参训民警达300余人次。

检 察

【概况】 2021年，桑日县人民检察院在县委和上级检察机关领导下，在县人大常委会监督与县人民政府、县政协和社会各界支持下，深入学习领会中共十九大，十九届二中、三中、四中、五中、六中全会精神，以习近平新时代中国特色社会主义思想武装头脑，牢牢把握新时代检察机关政治属性和宪法定位，认真践行"讲政治、顾大局、谋发展、重自强"检察工作总要求和"稳进、落实、提升"的检察工作主题，牢牢把握"一个引领""两个紧扣""三个围绕"工作思路，切实把检察业务工作同抓好党史学习教育、"三更"专题教育和检察队伍教育整顿结合起来，同市委巡察"回头看"结合起来，推动各项检察工作取得新成效。

【党的建设】 2021年，县人民检察院深刻领悟习近平总书记全面依法治国新理念新思想新战略，坚持党对检察工作的绝对领导，以高度的政治自觉不断增强"四个意识"、坚定"四个自信"、做到"两个维护"。年内，县人民检察院牢牢把握检察机关的政治属性，把党的绝对领导贯穿到检察工作全过程,以"四个到位"周密部署，"五个抓好"统筹推进党史学习教育、"三更"专题教育和检察队伍教育整顿。扎实开展党史学习教育，把"学党史、悟思想、办实事、开新局"贯穿始终；扎实开展"三更"专题教育，教育引导干警筑牢信仰之基、补足精神之钙、把稳思想之舵，旗帜鲜明讲政治、反分裂；深入开展政法队伍教育整顿，层层压实主体责任，党的政治建设得到持续加强，严格执行请示报告制度，严肃党内政治生活，确保中共中央、自治区党委、市委、县委和上级检察机关决策部署不折不扣落地见效。共开展各类学习活动100余次，班子成员讲党课4次，切实增强"四个意识"、坚定"四个自信"、做到"两个维护"，确保检察工作始终沿着正确方向前进。

【巡察"回头看"整改】 2021年，县人民检察院做好市委巡察"回头看"整改工作，针对市委巡察三组向县人民检察院反馈的3个方面11条巡察整改意见，县人民检察院照单全收，有针对性地提出整改措施。通过3个月集中整改，3个方面存在的9项问题已完成整改，2项问题已取得阶段性成效，并建立完善8项规章制度，废止1项规章制度。

【维护国家安全和社会稳定】 2021年，县人民检察院牢牢把握新时代党的治藏方略，统筹安全和发展，坚持用系统观念把握大局大势，把维护国家安全和社会稳定摆在更加突出的位置，坚持发挥检察机关维稳中坚力量的作用，全力维护重点时段和重大活动期间的社会稳定，确保重要时段社会局势持续和谐稳定。成立涉黑涉恶案件专业办案队伍，不断开展线索排查和扫黑除恶专题宣传工作，持续推进扫黑除恶专项斗争深入开展，确保桑日县社会局势持续和谐稳定、经济社会健康有序发展。2021年，县级干部下沉增期乡支巴村、绒乡程巴村检查指导工作6次，督导检查曲龙寺、曲桑寺、尼玛林寺工作4次，履行"河湖长"职责巡查浪郎河、德里母曲河6次；督导村"两委"换届选举工作4次，高标准推进增期乡支巴村、白金村"两委"换届工作；干警参加维稳值班220人次，参加巡逻150人次，出动车辆10辆次；

开展扫黑除恶线索排查2次，专题宣传2次，发放宣传资料300余份。

【新冠肺炎疫情常态化防控】 2021年，县人民检察院召开院党组会议研究部署疫情防控工作2次，深入村（居）、学校、寺庙开展新冠肺炎疫情常态化防控督导6次，提出意见建议2条；深入食品卫生行业开展防疫安全隐患排查3次，提出意见建议1条。加大检察院内部防护力度，采购防疫装备20余套，开展院内环境卫生整治60余次，切实在疫情防控中践行初心使命。

【打击刑事犯罪】 2021年，县人民检察院受理审查逮捕案件13件51人。其中，批准逮捕13件50人，不批准逮捕1人；受理审查起诉25件66人，起诉19件46人，不起诉4件11人，截至年末，审查2件9人，开展羁押必要性审查5人，变更强制措施4人，适时介入侦查案件2件2人。全年适用认罪认罚从宽制度办理案件19件43人；严格落实社区矫正人员“一人一档”制度，对县司法局、3个乡1个镇司法所监管的3名社区矫正人员进行档案核查和谈话，防止社区矫正人员脱管漏管现象发生。督促行政机关依法履职。调阅桑日县公安局交警大队行政处罚决定书24份，调阅行政处罚卷宗1件，行政社会综合治理类立案1件，发出检察建议书1份，已整改到位并按期回复；调阅县林业和草原局行政处罚卷宗2件，立案1件，截至年末，正在审查中。开展刑事判决财产刑执行监督，查阅县人民法院财产刑执行案件卷宗，掌握财产刑执行案件的移交、立案、执行等情况，掌握每起案件执行生效或未执行原因、执行迟缓和执行中存在的热点、难点问题。开展民事诉讼监督，调阅审查桑日县人民法院民事诉讼卷宗20件，审查民事执行卷宗13件，民事执行监督活动立案10件。同时，积极组织干警学习相关法律法规，加强同县人民法院的沟通协调，着力提升干警法律监督水平。

【公益诉讼】 2021年，县人民检察院共开展公益诉讼线索排查40余次，搜集公益诉讼案件线索30余条，立案22件，发出检察建议书4份，督促行政机关清除违法堆放的各类生活垃圾23.49吨，回收和清理生产固体废物12.8吨，占地7666.7平方米，查处60余家商铺销售假冒伪劣食品866份，标值5945元；查处假冒伪劣日化用品172份，标值4092元，督促14名餐饮行业从业人员办理健康证。年内，召开山南市首例食药领域公益诉讼案件公开听证会，就县域内食品安全、消费者权益保护听取各方意见；针对拉林铁路桑日段生态环境整治问题向市生态环境局桑日县分局送达检察建议书2份。

【未成年人检察】 2021年，县人民检察院关注未成年人健康成长。成立未成年人办案组，办理涉未成年人刑事案件1件2人（帮助信息网络犯罪活动罪），依法作出相对不起诉决定，宣布不起诉决定并进行训诫。并针对侦查机关办案民警的违法行为，下发侦查活动监督通知书1份；办理未成年人检察一般预防案件

3月16日，县人民检察院工作人员在县城开展食品安全专项监督检查工作（县人民检察院 提供）

9月29日，县人民检察院干警前往桑日县中学、桑日镇完全小学、绒乡小学等各校开展“两法”（未成年人保护法、预防未成年人犯罪法）进校园活动 （县人民检察院 提供）

6件，排查校园安全隐患3次，督促整改问题3条。年内，县人民检察院全面贯彻落实新修订的未成年人保护法和预防未成年人犯罪法，针对校园电信网络诈骗、校园欺凌等问题，检察官深入辖区内5所中小学，开展“检爱同行 共护未来”检察开放日法治讲座和“防范电信网络诈骗，提高网络安全意识”“防止校园欺凌，拒绝校园暴力”专题授课，学校内大屏幕播放《中华人民共和国未成年人保护法》《中华人民共和国预防未成年人犯罪法》宣传片7次。

【案件公开听证】 2021年，县人民检察院扎实开展案件公开听证活动。邀请人大代表、政协委员、人民监督员及县委政法委员会、县人民法院、县司法局等单位代表，依法组织召开公开听证会3次，对3件拟不起诉危险驾驶案、2件公益诉讼案开展公开听证工作，充分听取社会各界代表的评议意见。

【检察队伍建设】 2021年，县人民检察院认真落实习近平总书记“四个铁一般”（铁一般信仰、铁一般信念、铁一般纪律、铁一般担当）要求，深入贯彻检察官法，以过硬的本领守初心、担使命。把政治理论学习和检察工作、检察理念、个人办案结合起来，引导干警持续更新、转变司法理念，运用“以人民为中心”“双赢多赢共赢”“在监督中办案、在办案中监督”“客观公正立场”等最新理念成果指导具体检察工作，共组织开展交流研讨7人次，学习先进检察理念、开展英模教育等8次。

年内，县人民检察院深入推进“互联网+教育培训”，用好“学习强国”学习平台、中检网、检答网和检察教育云课堂，组织网络学习30课时，实现在线学习常态化；发挥“传帮带”积极作用，检察官手把手教学17案次，增强年轻干警办案能力；坚持县人民检察院检察委员会学习常态化、制度化、规范化，组织检察委员会业务学习2次，及时学习新法律法规、指导性案例和案件精细化办理的方式方法，更

5月21日，县人民检察院公开听证会召开

（县人民检察院 提供）

新干警工作理念，提升干警办案能力，提升办案质量。

从严治检硬作风。严格落实“三个规定”及其实施办法，开展自查活动7次，填报重大事项报告80余人次，切实筑牢廉洁司法“防火墙”；严格落实全面从严治党主体责任，组织《关于新形势下党内政治生活的若干准则》和《中国共产党党内监督条例》学习2次，签订《廉洁从检承诺书》《严格执行“三个规定”承诺书》《严肃换届纪律承诺书》《西藏检察机关共产党员的政治承诺书》《八小时外行为规范承诺书》等承诺书80余份，开展谈心谈话22人次，自查梳理“顽瘴痼疾”问题线索10条，办结10条。

【检察队伍教育整顿】 年内，县人民检察院召开检察队伍教育整顿专题民主生活会2次，专题组织生活会1次，围绕清除害群之马、整治顽瘴痼疾，深入开展批评与自我批评，切实达到“红红脸”“出出汗”的效果。县人民检察院以检察队伍教育整顿为契机，全面加强对干警日常工作纪律、检容检纪等方面的督导检查，筑牢拒腐防变思想防线。

法　院

【民事审判】 2021年，县人民法院共受理民商事案件115件（含旧存5件），同比上升23.66%，审结97件（含旧存5件）。其中，合同类案件79件，人格权侵权责任案件4件，婚姻家庭、继承等案件10件，劳动争议案件2件，司法确认案件2件。结案率84.35%，调撤率77.9%。

1月26日，县人民法院依法开庭审理公诉案件

（县人民法院　提供）

【刑事审判】 2021年，县人民法院共受理各类刑事案件26件（含旧存1件），同比上升85.71%，审结23件（含旧存1件）。其中，危害公共安全罪10件，侵犯公民人身权利罪3件，侵犯财产罪7件，职务犯罪1件，破坏社会主义市场经济秩序罪1件。结案率88.46%。判处实刑18人，判处缓刑15人。

【执行案件受理】 2021年，县人民法院共受理执行案件68件（含旧存3件），同比上升106.06%；执结62件（含旧存3件），结案率91.18%。执行到位标的额693万余元，有财产可供执行案件法定期限内执结率100%；发布失信被执行人个人信息11人次，限制失信被执行人高消费、乘飞机、出境10人；为农民工追偿薪金5万元，赴自治区外执行“骨头案”9件。

【诉讼服务】 2021年，县人民法院依托“互联网+”“大数据”等科技创新手段，坚持把非诉讼纠纷解决机制挺在前面，不断深化推进一站式多元解纷机制和诉讼服务体系建设。坚决落实立案登记制。畅通立案诉讼服务渠道，绝不让群众无处申诉，绝不许对群众诉求置之不理。全年跨域立案3件、网上立案9件（其中审核驳回4件），“12368”诉讼服务热线提供服务482人次。年内，县人民法院结合党史学习教育“我为群众办实事”实践活动，建立健全利民便民机制10条。进一步延伸“车载流动法庭”

12月9日，县人民法院法官为当事人兑现依法追回的被拖欠运输款　（县人民法院　提供）

服务广度和深度，把巡回办案作为重要办案形式，充分发挥主动调解处理纠纷职能作用，打造流动的诉讼服务中心。年内，县人民法院“车载流动法庭”巡回办案64件。

【司法体制改革】 2021年，县人民法院把司法体制改革作为推动审判能力建设和审判体系现代化的契机，根据上级人民法院统一部署，立足自身实际，稳步推进各项工作。全年适用速裁、简易程序审结刑事案件20件，适用简易程序审结民事案件73件。

年内，县人民法院进一步落实“让审理者裁判，由裁判者负责”的办案质量终身负责制，完善法官、合议庭办案责任制；强化审判委员会、专业法官会议作用，落实院长、庭长办案要求，健全院长、庭长办案机制，实现院长、庭长办案常态化，全年院长、庭长办理案件209件，占案件总数100%。

【“智慧法院”建设】 2021年，县人民法院全业务实现网上办理，全流程依法公开和智能化服务成为常态，强化信息化应用，全面投入使用互联网法庭，完成国产化终端配置工作，并着重强化干警运用和运维保障力度。依托信息化平台，公开裁判文书36篇，公开案件信息53件，案件庭审网络直播38场次，点击量达6.7万余人次。

【接受各界监督】 2021年，县人民法院依法接受人大监督，及时、主动地向县人大常委会报告审判执行工作2次和提交任免职议题2次。主动邀请人大代表、政协委员参加庭审观摩活动。在全国政法队伍教育整顿查纠整改环节，邀请县人民检察院开展案件评查，依法主动接受检察机关法律监督。

【落实人民陪审员制度】 2021年，县人民法院全面落实人民陪审员制度，召开人民陪审员培训暨总结表彰大会，并兑现人民陪审员参审补助，全年人民陪审员参审率达100%。

【巡回法治宣传】 2021年，县人民法院认真落实“谁执法、谁普法”普法责任制，以法官为法治宣传的生力军，充分发挥司法教育、引导功能，回应群众期望和人大代表、政协委员建议，结合党史学习教育、民族团结进步创建，开展“遵行四条标准、争做先进僧尼”教育实践活动，采取专题宣传、法治讲座、以案释法、法律咨询、有奖问答等多种形式，拓展和创新法治宣传内容和形式，深入田间地头、草原牧场、学校、乡村、寺庙，开展以法律知识为主要内容，以党史知识、党的惠民政策为辅助内容的巡回法治宣传教育活动21场次，助力乡村振兴。

【我为群众办实事】 2021年，县人民法院结合党史学习教育“我为群众办实事”实践活动，开展案件回访9件，为9名困难案件当事人、家属发放“爱心基金”3100元。以党支部“主题党日”活动为平台，积极发挥党员先锋模范作用，到身患残疾的案件当事人家中开展爱心活动，投入资金1200元。在春节前和“七一”中国共产党建党节前向退休老干部、老党员和县特困人员集中供养服务中心供养老人开展送温暖活动，投入资金6800元。为经济困难的案件当事人减免诉讼费8700元。持续落实结对帮扶责任，组织干警开展结对帮扶活动和高校毕业生就业帮扶工作，帮忙提出致富增收、发展产业、劳务输出、农牧民专业合作社创收等建议7条，投入帮扶资金1.03万元，帮助群众解决生产生活实际困难。

【队伍建设】 2021年，县人民法院以全国政法队伍教育整顿为契机，结合党史学习教育和“三更”专题教育，加强干警政治理论水平的同时，提升业务能力水平。全年开展院党组理论学习中心组学习13次，支部“夜校”学习45次。全年共派出干警14人次参加上级组织的各类培训，通过全国政法队伍教育整顿“五大专项行动”，组织干警业务知识学习7次，派出2名干警到山南市乃东区人民法院跟班学习；按照队伍教育整顿“回头看”和“五大专项行动”方案，开展法律大学习、执法大培训、素质大提升等活动17次。

【基础设施建设】 2021年，投资306万元的县人民法院诉讼服务中心项目已竣工，并投入27万余元配套综合布线和局域网、监控设备建设，司法服务条件得到进一步改善。

司法行政

【概况】 2021年，桑日县司法局各项工作在县委、县人民政府领导下，在上级业务部门指导下，以服务经济建设、促进社会稳定为首任，以服务农业、服务农村、服务农民为重点，充分发挥法制教育、法律服务、法律保障三大职能，拼搏进取，扎实工作，在促进全县经济社会发展、维护社会稳定中起到积极作用。

【“八五”普法】 2021年，县司法局以“法律七进”工作为重点，全力做好“八五”普法开局之年宣传工作，全力做好“八五”普法规划前期调研准备工作。截至年末，配合市人大常委会普法调研2次。积极开展“五下乡”活动5场次，累计发放宣传资料3800余份，受教育人数达4200余人；开展3月综治宣传月、“4·15”国家安全日主题宣传、《中华人民共和国民法典》宣传日、“9·16”平安宣传周等活动4场次，发放宣传资料3048份，受教育人数达750余人；开展虫草采挖点宣传活动3场，发放宣传资料800余份，受教育人数400余人；深入寺庙开展法治宣传教育5场次，受教育人数达50余人次，组织寺庙僧尼考试5场次，考试人数34人；深入企业开展法治宣传教育4场次，受教育人数480余人次；组织“法治副校长”开展“开学法治第一课”活动，累计为学校师生开展法治教育3场次，受教育师生达700余人。是年，县司法局率先成立民法典宣传组，利用法律援助律师资源在企业、村（居）、学校、寺庙分别开展民法典法治讲座，全面剖析民法典各项内容。县司法局宣传组还积极与华新水泥（西藏）有限公司、华电西藏能源有限公司沟通协调，各开展

11月30日，桑日县司法局在县城主干道开展“12·4”国家宪法日集中宣传活动（县司法局 提供）

1 次民法典进企业活动，受教育干部职工和企业员工 2000 余人。利用 LED 大屏、法治公园开展《中华人民共和国未成年人保护法》、《中华人民共和国预防未成年人犯罪法》、反电信网络诈骗等宣传活动，更换法治公园宣传内容 3 个版面，播放宣传片 3 部 10 天次。为进一步丰富宣传形式和宣传内容，经分管县级领导同意，县司法局党组会议研究后，县司法局从普法专项经费中拿出 5 万余元，制作宣传资料 2000 余份、宣传纸杯 3000 个、宣传罩衣 1000 个、宣传水杯 1000 个、宣传脸盆 1000 个、宣传手提环保袋 3000 个。年内，为进一步拓展“法律进校园”法治文化阵地建设，由县司法局牵头，从业务经费中拿出 2 万余元，在县中学专门打造“法律进校园”宣传阵地。截至年末，项目已经建成通过验收并投入使用。

2021年，桑日县司法局邀请援藏律师举办桑日县政法系统集中学习会暨法治讲座　（县司法局　提供）

【人民调解】 2021 年，桑日县进一步优化人民调解员队伍，将人民调解员档案按照上级要求录入人民调解员系统，由于换届选举，人民调解员人员有较大变化，县司法局及时更新、调整充实全县 54 个人民调解组织的调解员。年内，全县专业性、行业性调解委员会共有 5 个，其中在劳动保障专业性行业性调委会中设立工地流动调解室 1 个，在县工商联成立民营企业调解委员会。县司法局从人民调解经费中拿出部分资金解决 5 个专业性、行业性调解委员会的各项制度及相关设施、调解委员会专用章。全年全县共排查调处矛盾纠纷 15 起，成功调处 15 件，累计涉及金额 129 万元。无越级上访和“民事转刑事”案件发生。县司法局针对矛盾纠纷日益增加大趋势，为进一步提升调解员业务水平，组织开展 1 次人民调解业务培训，43 名调解员参加培训。县司法局还不定期对调解业务人员进行指导，对调解案件受理、协议签订、卷宗存档、人民调解终止协议的签订、案件移交、案件回访、协议履行情况等均进行系统培训和指导。在春节、藏历新年、虫草采挖期间等重大节日和重要时段前后，按照要求在全县各乡（镇）、各单位都开展矛盾纠纷排查调处活动，及时排除和化解不安定因素，严防越级上访、群体性事件和个人极端行为的发生。

【法律服务】 2021 年，县司法局充分发挥援藏律师的职能作用。积极发挥法律援助律师专业性特点，适时安排援藏律师为全县干部、群众开展专题讲座等活动。全年桑日县援藏律师累计开展法律进企业讲座 3 场次，受教育群众 280 余人次；开展法律进学校 2 场次，受教育师生 380 余人次；开展法律进寺庙 5 场次，受教育人数 50 余人次。全年共办理各类诉讼案件 36 件，提供法律咨询 80 余人次，为全县提供免费法律顾问，代书文书 143 件，见证认罪认罚 36 件，参与调解矛盾纠纷 12 件，挽回经济损失 146 万余元。

【安置帮教】 2021 年，在春节、藏历新年、3 月平安建设宣传月、全国“两会”、萨嘎达瓦节、虫草采挖期间、“七一”建党节、国庆节等重要时间节点期间，县司法局工作人员深入经济困难的安置帮教人员及社区矫正人员家中开展走访慰问、调查摸底活动，给他们送去党的关怀。在日常工作中，县司法局也多次进行走访排查，了解重点人员思想动态，做到底数清、情况明，最大限度地预防和减少刑满释放人员重新违法犯罪，全年县司法局组织刑满释放人员集中教育2次。截至年末，全县刑满释放人员思想稳定、表现良好。

【社区矫正】 2021年，在社区矫正工作开展中，县司法局严格按照《西藏自治区社区矫正实施办法》执行，在衔接工作中落实有关法律文书、矫正方案、核查核对信息等制度；在监督管理工作中落实监督考察、走访、报到、定期排查等制度；在教育矫正工作中落实个案矫正、集中教育、公益劳动等制度；在考核奖惩工作环节落实计分考核办法，实施奖惩结果告知制度。根据社区矫正对象分类分级管理需要，确保每个矫正对象有专门的帮教小组，由县司法局负责社区矫正工作的日常监督管理及建档立制工作，由乡（镇）、村（居）、“双联户”户长、监管人负责对矫正对象的监督和日常沟通联系。截至年末，全县社区矫正工作共解除矫正人员8名，新入矫正人员4名，社区矫正评估7人，外省转入1人，转出1人，共有在册人员4人。

新修订的《中华人民共和国社区矫正法》颁布后，县司法局拿出社区矫正经费1万元制作1000册藏语汉语社区矫正法宣传资料，并第一时间组织社区矫正人员进行集中学习，在“五下乡”和各类宣传中，县司法局已发放社区矫正法宣传资料278份，受教育群众278人。根据上级要求，在社区矫正人员中开展反邪教主题教育及宣传中共十九届六中全会精神、中国共产党西藏自治区第十次代表大会精神，县司法局对在册4名社区矫正人员进行排查宣传6次，开展集中教育6次，开展公益劳动6次，开展反邪教警示教育活动5次，开展中共十九届六中全会精神和中国共产党西藏自治区第十次代表大会精神宣传2次。

2021年，解除矫正人员向县司法局赠送锦旗（县司法局 提供）

【司法所建设】 “十三五”规划建设项目中，自治区将各乡（镇）司法所建设项目纳入规划，2016年自治区发展和改革委员会已对桑日县桑日镇司法所建设项目进行立项，司法所建设完毕并通过验收，由于设计原因，根据自治区司法厅、市司法局要求，经县司法局党组研究通过，2021年县司法局从2020年中央政法专项经费中拿出60余万元，按照《进一步规范司法所建设》文件要求，按照正常合法程序对桑日镇司法所硬件进行改造，对司法所相关设备进行采购。截至年末，桑日镇司法所已经投入使用。根据自治区党委组织部等五部门联合下发的《关于进一步规范司法所建设的意见》通知、自治区司法厅《西藏自治区加强司法所规范化建设　打造“枫桥式”司法所三年行动方案》和自治区司法厅《司法所建设“顽瘴痼疾”专项整治方案》精神，县司法局积极与县委组织部、县财政局协调，收回司法所“人权”“财权”“事权”“物权”相关事宜及清理长期借调的司法所政法专项编制人员。年内，绒乡、增期乡、白堆乡司法所建设项目已纳入“十四五”规划，截至年末，县司法局建设项目前期手续办理完毕，待资金下达正式开始建设。

【行政执法】 随着机构改革的全面完成，原县人民政府法制办公室相关职能已划归县司法局。2021年，县司法局克服困难，主动衔接和学习，积极开展相关法制工作。截至年末，县司法局根据上级要求，积极推动“三项制度”的落实和行政执法清理工作。按要求下发“三项制度”实施方案及任务分解方案，并要求及时上报相关数据。积极开展行政执法监督检查，在监督执法过程中发现执法人员不亮证执法或无执法证执法等现象，经司法局积极与市人民政府法制办公室沟通协调，争取加大全县执法人员培训和考试力度。2021年初，县司法局积极与市司法局领导和专家协调，组织全县30余名需办理执法证的人员在桑日县开展为期2天的培训，并组织考试，现场通过考试发放执法证人员27人。组织11名执法单位人员参加山南市行政执法培训，经培训全部合格。根据上级要求，县司法局对全县持有行政执法证人员进行全面统计，按照要求开展行政执法证更换工作，将全县执法部门执法证件进行统计上报更换。年内，县司法局联合县人大常委会、县人民政府，邀请市援藏专家到桑日县进行规范性文件审查备案培训，全县各部门80余人参加培训。

【依法治县】 桑日县依法治县委员会办公室设在县司法局。2021年，在人员严重紧缺和无专业性人员的情况下，县司法局持续推动县依法治县委员会各项工作按计划开展。

【党建工作】 2021年，县司法局党组持续推进党史学习教育、“三更”专题教育、政法队伍教育整顿工作成果常态化制度化，以“三会一课”为基本制度，以局党组、党支部为基本单位，通过多种形式的学习讨论，在全局掀起了比学赶帮超的热潮，全年共组织政治理论学习40余场次。引导全体干警以党史学习教育、“三更”专题教育、政法队伍教育整顿工作为契机，全面推动司法行政工作的深入开展。全年党支部组织业务学习5场次，开展党建促业务活动2场次。争做宣传习近平新时代中国特色社会主义思想、中共十九届系列全会精神、习近平总书记“七一”重要讲话精神，习近平总书记视察西藏的重要讲话精神，习近平法治思想的表率，党支部制作学习宣传计划和授课表，县司法局领导班子带头宣讲，全年县司法局领导班子深入基层宣讲4场次，单位内部授课6场次。持续开展党组班子成员讲党课、先进典型讲事迹、党员干部谈体会、理论知识测试等多种活动，全年县司法局党组班子成员讲党课4次，撰写调研报告2篇、心得体会20余份，举行理论测试1次。

严格落实党支部抓党建工作主体责任，形成党组书记负总责、班子成员具体抓“一岗双责”的工作体系。年初结合实际制定年度党建工作计划，把党建工作纳入全局工作整体规划，将党建工作内容进行层层分解，落实党建工作责任制。认真开展主题党日活动和“三包五带五促”活动，党组班子成员充分发挥带头作用，每月组织全体党员开展各类主题党日活动，到驻村点开展“三包五带五促”送政策、送温暖、送法律系列活动。全年共开展活动20余场。组织学习《中国共产党廉洁自律准则》《中国共产党纪律处分条例》，将党风廉政建设责任制落实情况纳入司法行政干部绩效考核内容，以政法队伍教育整顿为契机，统一制作“三个规定”记录册，并发放到每名干警手中，如实填写登记，切实筑牢廉洁从政“防火墙”。

认真贯彻落实《中国共产党支部工作条例（试行）》规定，以创建“八星党支部”为抓手，严格落实“三会一课”、组织生活会、民主评议党员、党费收缴、主题党日活动等基本制度，实现组织生活标准化。进一步完善党支部工作制度3项。认真组织开展2021年度组织生活会暨民主评议党员活动。定期公示“三会一课”、党费收缴、党建经费使用等情况，积极开展党员民主评议工作。2021年，党支部共召开党员大会4次，支委会12次，领导班子讲党课4次，开展主题党日活动12次。开展党组学习7次，业务学习5次。

坚持全面从严治党，组织县司法局全体干警参加廉政报告1场，受教育司法干警4人。组织干警深入学习《中国共产党廉洁自律准则》《中国共产党纪律处分条例》《中华人民共和国公职人员政务处分法》和防止干预司法“三个规定”等党纪党规，组织参观山南市人民检察院初心教育厅、观看警示教育片。组织司法干警参加县委书记康爱民等领导专题党课2次。邀请县中学政治老师作习近平法治思想专题讲座1次。组织观看《榜样5》、自治区英模事迹报告会、县政法系统先进报告会，全年开展英模教育3场次，参加司法干警8人次。

为有效整治全国政法队伍教育整顿中自查发现的问题，县司法局制定《桑日县法律援助中心“为民办实事”工作制度》《桑日县司法局党组会议议事规则》《桑日县司法局“七项禁令”》等7个工作制度，并于7月1日正式实施。坚持重大事项上会研究，全年共召开6次党组会议，研究政法队伍教育整顿工作线索核查认定、建章立制等重大事项。

军事

人民武装

【概况】 2021年，桑日县人民武装部坚持以习近平新时代中国特色社会主义思想为指导，坚决贯彻落实中共十九届五中全会、中央第七次西藏工作座谈会精神及上级党委指示要求，以达标建设为抓手，不断强化政治引领铸魂固本，为庆祝中国共产党成立100周年、西藏和平解放70周年，持续加强部队安全管理和官兵、职工的思想教育。着眼抓好后备力量建设，持续保持高度戒备状态，抓紧民兵军事训练和战备建设，提升民兵“平时服务、急时应急、战时应战”能力。

【政治建设】 2021年，桑日县人民武装部强化旗帜引领矢志奋斗强军方向。始终把政治建设摆在首位，增强“四个意识”、坚定“四个自信”、做到“两个维护”，贯彻军委主席负责制。持续深入抓好理论武装。学习贯彻习近平新时代中国特色社会主义思想和习近平强军思想，跟进学习习近平主席最新讲话，深入学习习近平主席西藏考察时的重要讲话和习近平主席给“高原戍边模范营”全体官兵回信精神，常态抓好党委理论学习，组织人员参加西藏军区上校以上军官理论轮训。结合征兵宣传、民兵整组、民兵训练执勤、扶贫、调研，向民兵和群众宣讲党的创新理论、政策法规。坚决贯彻习近平主席关于深化政治整训、整肃政治纲纪的重大决策部署；对照军委、陆军、西藏军区党委巡视反馈移交问题，扎实开展自查自纠和问题整改，始终确保从思想上、政治上、行动上与党中央、中央军委和习近平主席保持高度一致。积极推进思想政治教育改进。扎实开展“传承红色基因，担当强军重任”主题教育及党史学习教育，持续抓好经常性思想政治教育，严格落实党委议教制度，严肃党内政治生活，狠抓组织生活制度落实，营造浓厚营区文化氛围，进一步推进思想政治工作创新发展。

【练兵备战】 2021年，桑日县人民武装部聚焦战建统筹，推进练兵备战。准确领会习近平主席和军委战略意图，贯彻西部战区、陆军党委命令指示，坚持边斗争边备战边建设，一体推进战建备纵深发展。聚焦主责主业。把备战打仗作为党委工作第一要务，严格落实每月议战议训制度，按照《军事训练与考核大纲》要求，狠抓部队基础训练，扎实开展专业技能训练，严密组织单个军人训练阶段考核，针对训练中出现的情况与问题，及时调整训练方法手段，发挥“两卡一档一栏”作用，官兵训练整体水平得到稳步提升，上半年2人通过军事训练等级评定。纠治和平积弊。深化实战化军事训练，培育战斗精神，坚决从维护核心、听从指挥的政治高度，深刻领悟军队统帅的胜战之忧，自觉把“和平积弊大起底大扫除”活动作为听习近平主席指挥、对习近平主席负责、让习近平主席放心的实际行动，切实增强“和平积弊大起底大扫除活动”的政治责任感和政治自觉性，树立清除和平积弊的根本标准；坚持把军事训练摆在战略位置，抓好军事训练这个中心工作，瞄准实践训练育人，抓实岗位练兵，提高组织战时政治工作的实效性，使训练严起来、实起来、训起来。狠抓真训实备。严格落实日常战备，扎实学习贯彻《军区部队战备值班运行规定》，规范战备值班秩序，修订完善方案（预案）多份，国防动员方案多份，组织战备训练（演练）多次。

【提升保障】2021年，桑日县人民武装部紧贴使命任务需要，以高度的政治自觉和强烈的责任担当，不等不靠，主动作为，逐步改善战备、训练、工作和生活环境，投资26万元整修办公楼、饭堂、军械库围墙。组织进行营区电力电缆入地和民兵战备物资采购工作，解决近年来想解决没有解决的棘手问题。认真对所属资产进行大清查，就军用土地使用保护同所在乡交换意见。及时请领主副食和被装，加大机氧设备维护保养，积极发展农副业生产，组织官兵体检、接种新冠疫苗，加强伙食管理，官兵的生活满意度有较大提升。

【转型建设】2021年，桑日县人民武装部突出规划牵引加快转型建设。突出贯彻军队改革部署要求，持续做好改革向下向纵深延伸的各项工作。以习近平新时代中国特色社会主义思想和习近平强军思想为指导，认真贯彻落实中央军委关于民兵调整改革工作的决策部署，始终坚持党管武装的根本原则，依据《深化民兵调整改革检查考评实施细则》，坚持优化力量编组、创新训练模式、提升训练质量、改进综合保障和基层人民武装部全面建设，建立常态有效的检查机制，切实推动民兵建设在基层落地、在末端见效。

年内，县人民武装部为主动适应新体制、新形势、新使命，把握工作重点、增强工作质效，确保履行使命任务能力不断提高，县人民武装部党委坚持务实创新、主动作为，在破解难题中提升能力、推动发展，注重在抓党建统领、力量编成、练兵备战、制度规范等方面持续用力，实现民兵工作由“实起来”向“好起来”“强起来”转型升级。年内，县人民武装部如期完成乡（镇）人民武装部达标建设考评迎检工作。

年内，县人民武装部党委深刻领会中共中央和中央军委决心意图，聚焦实现中国人民解放军建军100年奋斗目标，紧紧围绕中国人民解放军建设“十四五”规划布局谋划和推进工作。坚持以战领建，加强战建统筹，进一步增强责任感、紧迫感、主动性，把人民武装部建设年度计划安排的各项工作往前赶、往实里抓，有效确保年度各项工作和任务的完成。

【基层建设】2021年，桑日县人民武装部对标“三个过硬”（思想政治要过硬、打仗本领要过硬、战斗作风要过硬），夯实基层基础方面。突出深入学习贯彻军委基层建设会议精神，以树立务实作风为基本前提，以解决“四风”问题为有力抓手，以提升建设层次为基本目标，积极作为，持续用力，基层建设水平不断攀升。严格落实条令法规。县人民武装部党委书记、副书记带头落实条令条例和各项法规制度，深入学习贯彻中共十九届五中全会精神和军委基层会议精神，组织官兵原原本本学《军队基层建设纲要》，通过党委议教、领导带头学、官兵互学、组织督学，使中共十九届五中全会精神和军委基层建设会议精神在官兵中入脑入心。

年内，县人民武装部着力夯

实单位基础。积极采取自主筹措、上级配发、政府帮建等举措，解决缺场地、缺经费、缺器材等现实问题。把武装工作纳入地方经济社会发展总体规划，纳入政府财政保障范围，建设完善集训练、教育、办公、生活、娱乐于一体的多功能民兵训练基地，推进基层武装训练场地正规化建设，配齐乡（镇）人民武装部“两室一库”（连部办公室、活动会议室和装备器材库）所需办公设施设备和装备器材，确保教学有器材、训练有场地、保障有经费。

【安全稳定管理】 2021年，桑日县人民武装部党委始终把抓安全、保稳定作为主官工程、保底工程，定期召开安全形势分析会，组织安全隐患排查，制定针对性整改措施，突出安全管理重点，坚持从细梳理、从严管理、从快处理。严格执行议训、议教、议管、议安全和保密等有关规定，严密组织新冠疫情防控，严格人员管理，掌握官兵底数，按要求开展安全教育整顿等活动，强化安全意识，确保部队“四个正规”；持续抓好《军队安全管理条例》《中国人民解放军保密条例》和《军队基层建设纲要》学习贯彻，完善技防设施，不断打牢安全基础；突出季节性地质灾害事故防范，配合地质调查队对附近山体进行勘查，及时排除安全隐患。

【党的建设】 2021年，桑日县人民武装部党委坚持全面从严加强党的建设。突出深入学习贯彻军委党的建设会议精神，立起全面从严标准、强化管党治党功能，解决“四个不纯”“七个弱化”等突出问题，锻造过硬党组织。把党的政治建设摆在首位，旗帜鲜明讲政治，坚定政治原则、政治立场、政治方向，严格执行党的政治纪律和政治规矩。县人民武装部党委书记、副书记带头学懂弄通习近平新时代中国特色社会主义思想，筑牢思想信仰根基，增强“四个意识”、坚定“四个自信”、做到“两个维护”，以此引领和带动全面从严治党各项工作。持续加强党组织建设。深入学习贯彻《军队党的建设条例》《中国共产党军队委员会（支部）工作规定》等条例法规，认真学习贯彻西藏军区党委书记座谈会精神，及时健全各类组织，按照营有党委、连有支部、排有小组要求，抓好基干民兵党组织预建，明确各级党组织领导关系。以增强党组织的生机活力为着力点，严格落实“党日活动”制度，认真落实“三会一课”制度、组织生活会制度和报告工作制度。加强党支部对军人委员会开展工作的领导和指导，健全党支部、军人委员会联建联创机制，做到组织健全、制度落实、活动经常、作用明显。

2021年，桑日县人民武装部党委结合“不忘初心、牢记使命”主题教育，重点抓好《习近平新时代中国特色社会主义思想学习纲要》《习近平强军思想学习纲要》和习近平总书记最新讲话精神的学习，深入开展党史军史学习教育，以县人民武装部党委理论学习中心组学习会等制度为主要抓手，定期开展集体学习。通过学习进一步筑牢信仰之基、补足精神之钙、把稳思想之舵。以《中国共产党章程》《关于新形势下党内政治生活的若干准则》《中国共产党党内监督条例》为遵循，全面规范和加强党内政治生活，刚性落实七项组织生活制度，党委书记作为“第一责任人”，纪委书记作为“第一监督人”，牢固树立落实党内政治生活制度，提高党管党员、党管干部能力就是很大政绩的意识，担负起主体责任、监督责任，带头躬身践行，真正把严格严肃党内政治生活，加强对党员、干部的教育、管理和监督落到实处。党委书记带头落实双重组织生活制度，自觉参加所在支部的组织生活，带头交纳党费，主动与普通党员一起学习讨论、一起查摆解决问题、一起接受教育、一起参加党员民主评议，用自身行动引导普通党员用党章党规规范自身行为，切实发挥先锋模范作用。

【党风廉政建设】 2021年，桑日县人民武装部党委坚持以严的要求、严的措施、严的纪律管理约束官兵，把纠“四风”正风气、“微腐败”整治和基层风气建设专项整治活动贯穿工作、生活各领域全过程。通过加强政策法规学习宣传，经常性开展党纪国法军规教育，及时传达上级有关违纪违规情况通报，以严重违规违纪案例为反面教材，组织官兵认真学习讨论，举一反三查纠问题，借锤敲钟增长记性，确保利剑高悬、警钟长鸣。严格遵照法规制度办事，凡涉及热点敏感等重大事项，县人民武装部纪委全程监督，县人民武装部党委集体研究，从制度上杜绝个人说了算。

武警山南支队执勤一大队桑日中队

【概况】 2021 年，武警山南支队执勤一大队桑日中队（以下简称“武警桑日中队”）深入学习贯彻中共十九大和十九届五中全会精神，以习近平新时代中国特色社会主义思想为指导，牢固确立习近平强军思想的根本指导地位，全面贯彻党在新时代的强军目标，坚决贯彻落实上级党委扩大会议精神，推动年度工作高标准落实，确保各项工作任务如期完成。

【基层党建】 2021 年，武警桑日中队党支部始终围绕强军目标，坚持问题导向，坚持以习近平强军思想为统揽，以深入学习贯彻中共十九大精神和十九届五中全会精神为主线，强化政治引领、转变思想观念，采取“集智归纳法”，梳理出思想观念亟待转变、短板弱项亟待补齐、争先氛围亟待浓厚、建设标准亟待提升的“四个亟待解决”的问题，切实厘清矛盾问题和抓建思路，有效推动年度工作全面展开。提升能力素质，建强战斗堡垒。紧紧抓住支部班子建设这个“龙头”，聚焦“三支队伍”（党员队伍、警官队伍、警士队伍）能力提升这个“关键”，以支队干部理论学习及业务技能培训为抓手，抓好两个群众性组织的作用发挥，按照支部有部署，群众组织有回应的方式抓好工作落实。认真传达学习上级指示精神，组织支部“一班人”反复学习《军队基层建设纲要》《中国共产党支部工作条例（试行）》等制度规定，着重“从工作思路如何理，工作业务如何学，工作落实如何抓”三个方面锻炼提高，着力提高干部骨干的能力素质。从严抓好风气，树起鲜明导向。深入贯彻落实武警部队建强用好基层风气监督员队伍推进会精神，以抓好基层风气监督员为基础，进一步把握规律、理清思路、改进方法，提高监督员工作质量效益，充分发挥群众监督作用，夯实监督员要当好纠风除弊“警戒哨”、政治生态“守护者”、官兵维权“发言人”、内部关系“疏导员”、真打实备“督战队”、抓风促建“排头兵”6 种角色，坚持民主决策，秉公用权，坚持公开公平公正处理事关官兵切身利益问题，持续发扬三大民主，积极畅通民主渠道，设立举报信箱，让官兵“有话敢讲、有话愿讲、有话会讲、有话有地方讲、讲了必有回应”，营造团结友爱、和谐纯洁的内部关系。在事关官兵切身利益问题上，始终坚持一碗水端平，全程公开透明，不搞关系照顾，不搞暗箱操作。年内，武警桑日中队选送预提士官集训 2 人、驾驶培训 1 人、通信技术培训 1 人，发展党员 2 人、团员 1 人，选取入党积极分子 3 人，4 人改选士官（其中中士 2 人、下士 2 人），均做到公平、公正、公开，群众满意，切实树立正确的风气导向。

【思想政治教育】 2021 年，武警桑日中队以新修订的《军队基层建设纲要》《加强党员领导干部政治能力训练三十条（试行）》等基层建设法规为依据，认真贯彻新时代党的建设总要求，把住“关键在治、要害在严”，严格落实管党治党责任，不断增强支部班子凝聚力战斗力，大力提升组织功能。突出浓厚学习氛围。坚持把政治建设摆在首位，把学习中共十九届五中全会精神与习近平新时代中国特色社会主义思想作为头等大事来抓。深入学习领会三级党委扩大会议精神，积极学习领悟首长指示，务求用学习梳理思路，调整工作偏差。常态推进纯正风气。深入贯彻习近平强军思想，聚焦清除纠治政治领域官僚主义，狠抓学习教育、清理清查、对照检查、监督检查、立规明纪，重点学习《纠正形式主义、官僚主义问题清单》《中国共产党纪律处分条例》等条例，切实在全面彻底肃清郭徐房张流毒影响上见实效，在全面彻底剔除官僚主义歪风积弊上下功夫。守牢政治教育“主阵地”。注重把“传承红色基因、担当强军重任”和“不忘初心、牢记使命”主题教育捆在一起，精心设计思想调查、备课示教、专题辅导、小课串讲、微课解读、配合活动等步骤环节，注重严格落实教育制度，规范教育机制，以主题教育为统领优化整合各项教育内容，抓实“大课辅导、小课串讲、讨论深化、配合活动”四项内容，精心设计每次教育配合活动。开展电影展播、广播宣传、简报创作等活动，引领官兵领悟观点、强化认同，并针对新兵“第二适应期”、年度工作全面展开、大项活动多、官兵心理思想易出现波动的实际，扎实开展经常性教育，确保官兵思想绝对纯洁，不断增强官兵荣誉感和使命感，激发争上一线的不竭动力，进一步深化主题教育效果，切实推进主题教育走深走实。掌握思想工作“主导权”。

【练兵备战】 2021 年，武警桑日中队以能打仗、打胜仗为目标，突出能力训练保中心。牢记习近平主席嘱托，认真搞好练兵打仗这一核心要求，在立足应对强敌、做好新冠疫情常态化防控工作背景下，始终聚焦备战打仗这个主责主业，持续巩固应对强敌考验、遂行多样化任务的能力基础，紧紧围绕为决胜全面建成小康社会营造安全稳定环境。推进战备精细化。结合节日战备、疫情防控、抢险救援，武警桑日中队按照“多能一体、维稳维权”战略要求，立足三个重点方向，加强任务研究和拉动检查，紧盯执勤战备工作。狠抓训练实战化。

【“条令年”活动】 2021 年，武警桑日中队用条令条例抓规范保安全。深入开展“条令年”活动。确保条令学习扎实有效，促进中队全面建设稳步提升。严格落实安全发展底线，持续抓好“条令年”活动贯彻落实，把学习条令与学习法规制度相结合，与正规化建设、安全管理、作风养成相结合，每日落实翻安全倒计时翻牌制度，呼喊安全警句，浓厚安全氛围，狠抓经常性基础性工作的落实质量，把开展“条令年”、翻安全计数牌活动与群众性创建安全活动相结合，充分利用橱窗展板等方式，不断深化学习效果，把人人学条令、人人用条令、人人遵守条令贯穿始终，利用抓作风养成、抓礼节礼貌、抓生活秩序、抓军容风纪等手段稳步提升正规化、精细化管理水平，打牢建队基础。严密组织每月的法治教育，切实强化官兵法治思维，让新条令法规在官兵脑海中烙下深印，内记于心，外化于行，强化标准思维，注重按照条令规范行为、运转工作，严格每日生活秩序，严密执行内务标准，坚持每周内务卫生检查，使官兵在活动中明白“工作要从小处着手，管理要向精细看齐”。贯彻年度安全警示专题教育活动。坚决守住“六个不出”底线，高标准实现安全“四无”的工作目标。特别是针对保密等上级关注度高、官兵容易犯的问题，始终保持高压态势，守住底线、红线，真正做到安全建立在全面上、安全建立在细节上、安全建立在实招上、安全建立在严格上、安全建立在规范管理上。狠抓部队正规化建设。依据《正规化管理图册》，在库室上抓规范，对设施使用管理、标语号牌悬挂、房间物品放置进行统一，结合中国人民武装警察部队队徽更换，对中队所属库室进行对照整改；对官兵军容风纪、礼节礼貌细小养成上进行规范，狠抓官兵“三手”（军人不得袖手、背手和将手插入衣袋）现象与军队正规化秩序（训练秩序、战备秩序、工作秩序和生活秩序）。做好事故案件预防工作。以百日安全竞赛活动和“预防自杀专项整治行动”为契机，组织开展以“爱惜生命、爱岗尽责”为主题的专项讨论，教育官兵树牢正确的价值取向，理性看待遇到的问题挫折，提升自我释压和调适不良心理的能力；以主题教育联系点为契机，坚持发挥好“三互”“双四一”载体作用，充分落实思想骨干工作机制，对发现的网络游戏充值金额较大，家庭环境特殊，易发生婚恋挫折等重点问题人员进行梳理，逐一谈心；利用主题党（团）日、节假日组织军营 KTV、球类比赛、电子竞技等喜闻乐见的文体活动，增强战友感情，营造和谐氛围，有效缓解部队工作压力。在安全管理中抓重点，加强对人员、营区、目标和兵器室的安全管控，定期分析形势、开展安全教育、落实谈心制度、排查安全隐患，确保内部安全稳定，中队落实“三包一”责任制，认真做好中队官兵思想工作和心理疏导工作。

【后勤保障】 年内，武警桑日中队加强后勤队伍建设。采取岗位练兵，抓好军械员业务水平能力、卫生员每日环境消杀灭菌，定期指定人员到炊事班帮厨，不断提高自身业务能力水平。加强经费和设施管理。坚持支部当家理财，对大项开支集体研究，并通过经济民主栏和队务公开栏，及时公布标准和经费开支情况。中队充分发挥“四小工”队伍作用，重点对用水、用电、用气等安全风险较大的设施进行定期检查维修，确保营产营具完好率及使用率。2021 年，在武警山南支队统一部署和组织下，对武警桑日中队年度“六难”问题进行解决。年内，武警桑日中队积极协调地方修建的士官公寓楼总体完工，并对室内装修进行规划。积极做好季节性疾病预防。定期开展卫生防病教育，组织官兵学习《驻高原部队安全管理案例汇编》，适时组织官兵开展营区内外环境整治活动，清理垃圾，排出下水道污水，营造良好环境卫生。

发展和改革

【概况】2021年，在县委、县人民政府领导下，桑日县发展和改革委员会坚持以习近平新时代中国特色社会主义思想为指导，紧紧围绕全县经济社会发展的中心工作，不断深化改革，提高项目质量，提升服务能力，确保年初各项计划目标如期实现。

【全县重点项目推进情况】2021年，全县计划实施项目61个，总投资440.36亿元。其中续建项目25个，总投资176.64亿元；计划新开工项目36个，总投资263.72亿元。因春季气温适宜，3月10日实现县城周边及绒乡范围内19个续建项目复工；3月20日，实现全县25个续建项目复工。其中，大古水电站、拉林铁路桑日段、拉林铁路站前市政公共基础设施、大古—沃卡500千伏送出工程等4个国家重点项目冬季未停工。截至11月末，已复工项目25个，新开工项目36个，开复工率达到100%。

【抵边搬迁】2021年，在各乡（镇）开展常规入户动员的同时，县人民政府把工作重点集中在绒乡扎嘎沟内5个行政村搬迁动员上，由绒乡人民政府牵头，先后6次深入扎嘎沟内5个行政村开展入户动员。6月16日，县委副书记、县人民政府县长人选索朗巴珠，县委常委、县人民政府常务副县长人选贾锋，县人民政府副县长人选刘积庭、二级调研员桑布及县人民政府办公室、县发展和改革委员会、县住房和城乡建设局、绒乡人民政府主要负责人再次深入扎嘎沟内5个行政村开展抵边搬迁动员工作，与村“两委”班子、驻村工作队、群众代表座谈，宣传讲解搬迁政策，听取各方关于搬迁工作的意见建议，帮助群众消除顾虑。经过最后一次入户确认，全县有意愿搬迁群众16户60人。

【拉林铁路桑日段收尾工作】2021年，拉林铁路桑日段完成固定投资4.05亿元，桑日县火车站站前广场配套设施建设项目完成固定投资3326万元。5月27日，桑日县火车站站前广场市政配套设施建设项目通过竣工验收，投入使用。6月25日，拉林铁路通车运营。年内，桑日县拉林铁路拆迁工作持续有序推进，其中吉康12户拆迁户补偿资金已全部兑现完成，12户拆迁户房屋已建设完成；环保9户拆迁户补偿资金已兑现8户；拉林铁路红线内17户拆迁户补偿资金已全部兑现完成。

【能源项目】5月23日，投资11.37亿元的大古电站实现第一台机组并网发电，截至年末，大古电站4台机组全部实现并网发电。年内，街需电站前期准备工作持续开展，玛罗村乡村公路项目、街需35千伏输变电工程项目、华能乡村振兴街需村综合服务中心项目、山南市玛罗村—街需村跨江交通项目、导流洞补充勘探工程已开工建设，全年已完成固定资产投资2992万元。截至年末，街需电站项目正在等待国家核准文件下达；巴玉电站正在开展前期实物指标调查工作。6月28日，由县委常委、县人民政府常务副县长人选贾锋主持召开桑日县增期抽水蓄能电站项目前期外业勘探工作协调会，年内，中南建筑设计院股份有限公司已进场开展前期外业勘探。

【经济与信息化工作】1—10月，华新水泥（西藏）有限公司及全县4家光伏发电企业分别完成产值7.54亿元、7652万元。2021年，县发展和改革委员会启动2021年西藏自治区中小企业发展专项资金申报工作，帮助华新水泥（西藏）有限公司、中广核太阳能（桑日）开发有限公司成功申报中小企业发展资金100万元。截至年末，大古电站产值达到1.41亿元，已具备纳入规模以上工业企业统计范围条件，年内，县发展和改革委员会工作人员多次开展调研走访，积极帮助大古电站开展纳入规模以上工业企业统计范围工作。

【招商引资】2021年，全县实施招商引资5个，总投资4.92亿元。截至年末，已开工建设项目4个，具体为华新垃圾协同处置项目、街需35千伏输变电工程项目、华能乡村振兴街需村综合服务中心项目、山南市玛罗村—街需村跨江交通项目；年内，投资3亿元的华新新型建材项目正在开展前期市场调研；完成招商引资固定资产投资4400万元。县发展和改革委员会结合相关政策和桑日县实际情况对《华电西藏能源有限公司大古水电分公司关于恳请给予财政扶持优惠的函》进行答复，答复意见已通过十四届县人民政府第八次常务会议研究和十届桑日县委常委会第八次会议审定，在给予华电大古公司相关优惠政策的同时进行合理奖励，促进企业持续稳定发展，推动全县水电资源优势向区域经济优势转化。

【农牧民施工企业实施400万元以下政府投资项目】2021年，全县共有23个400万元以下政府投资项目计划交由农牧民施工企业实施，总投资5605.3万元，吸纳农牧民用工人数500人，实现农牧民增收350万元。

【援藏项目】2021年，县发展和改革委员会（县受援办公室）积极配合岳阳市第九批援藏工作队开展实地调研，编制完成湖南省“十四五”对口援助桑日县项目规划，涉及惠民便民利民、文化卫生、产业发展、智力支援、交流交往5个大类6个项目，总

1月20日，县发展和改革委员会工作人员与岳阳市第九批援藏工作队队员一起开展桑日县增期乡乡镇（村）供水工程项目选址及调研

（县发展和改革委员会　提供）

4月9日，县发展和改革委员会工作人员与岳阳市第九批援藏工作队队员开展帕竹文化乡村特色产业基础设施项目现场踏勘工作

（县发展和改革委员会　提供）

投资1.06亿元。其中2021年计划实施援藏项目4个，总投资4335万元。分别为桑日县绒乡卫生院标准化建设项目，总投资435万元；桑日县帕竹文化乡村特色产业基础设施建设项目，总投资1400万元；桑日县增期乡乡镇（村）供水工程建设项目，总投资1250万元；桑日县雪巴村道路改造建设项目，总投资1250万元。截至年末，已开工项目2个，具体为桑日县帕竹文化乡村特色产业基础设施建设项目和桑日县增期乡乡镇（村）供水工程建设项目，其中桑日县帕竹文化乡村特色产业基础设施建设项目已于10月12日通过竣工验收，桑日县增期乡乡镇（村）供水工程建设项目形象进度已达到70%。

【“十三五”规划项目审计】 8月起，自治区审计厅对桑日县7个“十三五”规划政府投资项目开展专项审计，县发展和改革委员会派出专人担任审计联络员，协同县住房和城乡建设局、县农业农村局等部门全程参与审计的沟通协调服务工作。截至年末，审计结果已反馈，正在逐项梳理问题，协同各方开展整改工作。

【“十四五”规划编制及“十四五”规划项目储备】《桑日县国民经济和社会发展第十四个五年规划和2035年远景目标纲要》已委托四川大学工程设计研究院有限公司进行编制，并通过县人大会议审议，编制期间共开展实地调研1次，召开专题会议1次、征求意见3次、修改规划纲要3次；全县录入桑日县“十四五”储备项目库中的项目共计206个，总投资670亿元。2021年9月，由县委常委、县人民政府常务副县长贾锋带队，县发展和改革委员会、县住房和城乡建设局、县教育局、县林业和草原局等部门负责人多次前往自治区、山南市发展和改革委员会及各级归口部门衔接“十四五”规划项目入库工作。截至年末，桑日县已有50个项目纳入西藏自治区“十四五”规划项目库，总投资额5.05亿元。

统　计

【概况】 2021年，在县委、县人民政府领导下，县统计局认真落实县委、县人民政府工作部署，勇担当、敢作为，聚焦统计数据质量、统计改革、依法治统，为全县经济社会发展提供有力的统计保障。

【党的建设】 2021年，县统计局党组坚持党支部学习制度，每周进行党支部学习成为一项常规性制度。班子成员不断加强自身学习。每位成员认真学习党的各项方针政策和各级会议精神，特别是加强对党的执政能力建设、努力构建和谐社会等重大理论问题的学习，提高思想觉悟和政策理论水平。坚持民主集中制，在处理重大问题过程中，每位党组成员都能充分发表意见，集体研究决定。在人员分工、财务支出等工作中，严格按照组织程序，做到公平、公正、公开，使各项工作都具有较高的透明度。坚持集体领导和分工负责相结合原则。在“一把手”负总责的前提下,分管领导扎实做好各自工作,以优质高效的工作业绩体现对“一把手”负责,对全局工作负责。加强交流与沟通,增进班子成员的团结。班子成员在定期召开的民主生活会上,能够主动开展批评和自我批评,自觉接受其他党员干部的监督。成员之间能够以诚相待,经常沟通思想,坦诚交换意见,在原则问题上保持高度一致。严于律己,为干部职工作表率。在日常生活中,班子成员都能以身作则,从严要求自己,为全局职工作出表率。班子成员能够严格执行财务制度,坚持“一支笔”审批,大额资金集体研究,定期公布资金使用去向,把有限的资金使用好。

【基层统计业务知识培训】 2021年,为加强全县基层统计人员和建筑业企业、投资法人等业务知识学习,保证统计数据质量,县统计局多次派出工作人员,以培训、核查、督查等方式对基层统计人员、企业会计、单位会计开展业务知识培训。

【农牧人均可支配收入调查】 2021年,县统计局严格按照统计调查制度要求,依法对白堆乡白堆村和绒乡江塘村各10户群众开展农村居民人均可支配收入抽样调查工作,做到应统尽统,有据可依。

【农业生产统计】 2021年,县统计局紧扣县委、县人民政府关于“耕地面积和粮食产量只增不减”的工作目标和乡村振兴战略二十字方针。积极同各乡(镇)和县农业农村局衔接,深入实地调研全县涉农企业发展状况。

【落实统计机构主体责任】 2021年,县统计局严格落实统计机构主体责任,持续推进统计工作高质发展。严格落实自治区、市两级统计局监督检查要求,及时向县委、县人民政府提交申请,将部分统计法律法规纳入县委理论学习中心组、县人民政府党组理论学习中心组学习内容。

7月29日,县统计局组织召开桑日县2021年增收工作培训会

(县统计局　提供)

审　计

【预算执行审计】 2021年,桑日县审计局提高政治站位,加强组织领导,在人才匮乏、技术力量薄弱、数据环境不理想等条件不利的情况下,坚定决心、攻坚克难、稳妥推进,持续加强技能培训,有效整合审计资源,创新审计组织方式,采取现场审计与非现场审计相结合的方式,实现对桑日县直属一级预算单位2020年度预算执行情况和其他财政收支情况的审计监督全覆盖,重点审计桑日县本级财政预算编制、预算执行和预算管理以及部门预算编制、预算执行和决算编报等情况,揭示7个方面存在的20个问题,提出审计意见建议5条,涉及49个部门,涉及资金261243635元,客观全面反映各部门、单位在部门预算和财务收支管理中存在的突出问题,财政预算执行审计工作成效明显提升。

【财政审计】 2021年,桑日县审计局持续深化财政收支审计,促进财政管理科学化规范化。在全面审计预算编制、预算执行、国库管理、绩效管理和决算编报的基础上，以促进规范财政管理、提高财政资金使用绩效、推动加快建立现代财政制度为目标，揭示一些财政管理中需要改进和规范的问题，如预算编制方面，揭示预算编制不细化、预算资金代编比例过大问题。在预算执行方面，揭示部分预算未执行到位或执行情况不理想；在绩效管理方面，揭示未按规定盘活财政存量资金，部门存量资金未及时使用导致形成二次存量等问题。在决算编报方面，揭示部门决算数据与预算数据相互不对应，“三公”经费决算数据与实际产生数据不符，资产决算报表与固定资产系统数据不一致等问题。

2021年，县审计局工作人员在开展干部离任审计工作

（县审计局　提供）

【领导干部经济责任审计】 2021年，县审计局完成村（居）主要干部换届离任审计。按照县委、县人民政府统一部署，积极参与并完成全县43个行政村村“两委”班子换届离任审计，对村委会资产、资金进行全面梳理和检查，以村为单位出具审计报告及资产资金交接清单，提出审计意见建议134条，对审计结果进行公示，主动接受社会和群众监督，将审计资料装订成册移交给县委村“两委”换届工作领导小组办公室。严格落实离任交接监督工作。为推动换届工作进行，进一步规范领导干部经济责任行为，确保调整岗位的领导干部“离”得清白、“接”得明白，积极参与离任经济责任事项交接工作，保障财务工作换人不断档，完成对县人大常委会办公室、县交通运输局、县农业农村局等12个部门的财务交接监督，制定财务交接清单、资产交接清单，进一步规范和完善离任干部交接程序。

【财务收支审计】 2021年，县审计局按照年初计划，实施白堆乡2018—2020年财务收支情况审计，揭示4个方面17条问题，涉及资金4919653元，提出审计意见建议4条。实施桑日县人民医院2019—2020年财务收支专项审计，重点关注县人民医院医疗收入、药品收入管理情况及专项资金收支情况，揭示5个方面26条问题，涉及资金3411642元，提出审计意见建议5条。实施桑日镇2011—2017年镇本级及8个行政村村级账务清算审计，共清算以前年度管理不规范资金196837元，提出审计意见3条。

【其他审计工作】 2021年，县审计局参与市审计局组织实施的桑日县2020年度人居环境整治及产业项目稽查，并组织抓好审计提出问题整改落实工作。积极参与并开展“全区行政事业单位私设‘小金库’、援藏资金管理使用以及公款代缴水电费情况”专项监督交叉检查，赴加查县开展相关检查，并出具监督检查报告。按照县人大常委会相关工作要求，参与审查《桑日县2016—2021年国民经济和社会发展计划执行情况与五年发展计划草案》及《桑日县2016—2021年本级财政预算执行情况草案》，提出审查意见4条。为提升审计人员业务水平，派出1名干部赴市审计局参加山南市2020年度预算执行情况审计及琼结县2020年度预算执行情况审计。

【大数据运用】 2021年，桑日县审计局充分运用大数据分析审计技术，首次实现桑日县本级一级预算单位审计监督全覆盖。

【县委审计委员会办公室工作】年内，县委审计委员会办公室认真落实县委审计委员会工作要求，组织召开中共桑日县委审计委员会2021年第一次会议，传达学习中共中央、自治区党委、市委审计委员会会议精神，听取2020年全县审计工作开展情况，安排部署2021年审计工作，审议通过《中共桑日县委审计委员工作规则》、《中共桑日县委审计委员会办公室工作细则》、桑日县审计局2021年审计工作计划等，学习习近平总书记关于审计工作的重要论述，围绕“为什么审”“审什么”“怎么审”“审后怎么办下功夫”进行讨论，对做好审计监督工作进行全面部署，为全县经济社会高质量发展提供政治保障。

【党建与党风廉政建设】2021年，桑日县审计局始终把党建工作列入重要议事日程，认真研究，精心安排，充分发挥党支部战斗堡垒作用和共产党员先锋模范作用，狠抓党建工作各项任务落实。抓好党风廉政建设。为提高干部防腐拒变能力，抓好党的思想建设和党员、干部学习教育，年初制定政治理论学习计划，并明确落实专人抓党风廉政工作。抓好党员干部思想教育，组织全体党员到西藏民主改革第一村、山南市烈士陵园、廉政教育基地等进行参观学习，通过学习教育，使党员干部思想稳定，始终保持良好精神状态，为开展审计工作提供思想保证。认真开展党史学习教育和“三更”专题教育。桑日县审计局党组坚持把学习交流研讨贯穿教育活动始终，认真研读中共中央、自治区党委、市委、县委指定读本，创新学习方式、丰富学习内容，引导全体干部深入了解党的百年奋斗历史和党在西藏执政的光辉历程，深化对习近平总书记关于西藏工作的重要论述和新时代党的治藏方略的学习理解，认真开展“我为群众办实事”实践活动，结合审计工作，切实加强对群众“急难愁盼”的具体问题进行审计监督，确保责任上肩、工作上心、措施上手，推动党史学习教育和“三更”专题教育走深走实。

7月23日，中共桑日县委2021年审计委员会第1次会议召开

（县审计局　提供）

市场监督管理

【概况】2021年，桑日县市场监督管理局按照县委、县人民政府工作部署安排，围绕市场监管各项任务，认真履职尽责，积极部署，多措并举，迅速行动，切实强化市场监督检查，全面做好市场监管领域各项工作。

【新冠肺炎疫情常态化防控】2021年，按照县委、县人民政府安排部署，县市场监督管理局及时严密部署、迅速采取措施，确保市场监管领域防疫工作落到实处。对超市、商店、菜店等食品安全情况进行专项检查，执法人员检查中严格疫情防控工作部署安排要求，落实索证索票，切实确保肉、蔬菜、粮油等食品安全，并向市市场监督管理局上报检查情况小结及新型冠状病毒感染疫情防控市场检查报表。持续开展进口冷链食品排查工作，有效防范新冠肺炎疫情通过进口冷

2021年，县市场监督管理局工作人员持续开展新冠疫苗专项检查 （县市场监督管理局 提供）

链食品输入风险。加强市场价格监管，密切关注防疫药械、日常生活用品价格动态。主要对一次性医用口罩、医用酒精、体温计及抗病毒药品是否从合法渠道购进、产品是否存在过期失效、标签是否符合要求、价格是否符合规定等方面进行重点检查。

【食品安全监管】 2021年，县食品安全委员会办公室组织县公安局、县卫生健康委员会、县教育局、县农业农村局、县商务局、县旅游发展局等22个成员单位参加的食品安全工作专题会议，总结2020年食品安全工作取得成绩，并对2021年县食品安全委员会工作进行安排部署，县食品安全委员会与各成员单位签订食品安全工作责任书，共签订责任书22份。协同12家单位开展2021年食品安全桌面演练，提升全县食品安全应急处突能力。

年内，县市场监督管理局以农村地区、乡（镇）、学校周边、旅游景点为重点区域，以食品批发店为重点场所，以商店、超市和食品（杂）店为重点单位，以节日性、季节性食品为重点品种，集中整治无证照食品销售环节经营户。

持续开展以餐饮业为主的食品安全专项整治。重点对存在严重食品安全隐患的小餐饮店、小作坊进行整治。截至年末，全县已有7家餐饮服务单位（店）达到示范标准。

年内，持续开展学校食堂食品安全专项整治。年初与学校签订《食品安全责任书》，强化学校食品安全校长负责制和责任追究制，督促落实供应食品留样制度。联合相关单位严格开展定期和不定期对学校食堂及学校周边商户、餐饮店的日常检查；县市场监督管理局约谈学校食品供货商，严格要求落实企业主体责任，自觉遵守《中华人民共和国食品安全法》等规定，切实做好食品的进货查验、储存运输、抽检留样、从业人员食品安全知识培训、企业安全自查等各项工作，确保校园食品安全。

为切实做好全县2021年“小考”“中考”期间餐饮服务食品安全监管工作。县市场监督管理局执法人员加强供餐单位及周边

1月，县市场监督管理局工作人员在全县范围内开展春节、藏历新年前市场食品安全专项检查 （县市场监督管理局 提供）

餐饮单位的巡查，排查各种食品安全隐患，实现“平安中考”“平安小考”；秋季学校开学后，由县人民政府原副县长桑布带队，认真开展学校食堂食品安全专项检查工作，截至年末，全县中小学校规范化建设和“明厨亮灶”工程覆盖率达100%。共出动执法人员165人次，监督检查单位490户次，下发整改记录15份，并跟踪整改，年内均已基本整改到位。

根据2021年食品抽检工作任务要求，县市场监督管理局积极协助第三方检验机构开展食品抽检工作，共抽检48个批次，126个品种，检测结果均为合格。

【药品药械、疫苗监督管理】2021年，桑日县市场监督管理局联合相关单位，对县疾病预防控制中心、县人民医院、3个乡1个镇卫生院、村卫生室、诊所、药店开展药品药械、疫苗监督检查工作，以药械、疫苗的采购、储存、运输等环节和相关资质、证件为重点进行专项监督检查。对检查中发现的问题执法人员责令限期整改。执法人员对疫苗储存使用单位开展《中华人民共和国疫苗管理法》宣传贯彻工作，并与县疾病预防控制中心等相关单位签订《桑日县疫苗质量安全责任书》《桑日县药械安全责任书》，开展医药安全宣传进学校活动，因新冠肺炎疫情常态化防控影响，制作藏语和汉语教学书籍和教材，发放到各村（居）卫生室，保证村医有学习内容，共发放药品、食品教学教材2900余册，宣传品3000余份，价值2000余元学校慰问品，以及各学校保障口罩3000余只，保障全县疫苗及药械质量安全。

【商事制度改革】2021年，县市场监督管理局深化商事制度改革，企业准入更加便利安全，推动简化办证程序，实施减免费用、绿色通道，实现市场主体类型、多业务环节的全程无纸化、零见面、无介质审批；严格落实企业登记身份管理实名验证，推广注册身份验证App，遏制冒用他人身份证信息办理注册登记的违法行为。截至年末，全县共注册登记市场主体2117户，2021年新增市场主体260户，其中企业25家，农牧民专业合作社3家，个体工商户232家，从业人员463人。

【商标管理】2021年，为加大商标培育保护力度，县市场监督管理局持续派出工作人员，到有条件的企业和农牧民专业合作社，开展商标注册行政指导工作。截至年末，全县有效注册商标增加到135件，全年新申请注册商标3件。

【广告管理】2021年，县市场监督管理局开展年度广告经营单位资格检查，审查桑日县4家具备广告制作资质的单位，完善广告经营单位档案；开展虚假违法广告专项整治和“讲文明树新风”公益广告宣传活动。

【涉农市场管理】2021年，县市场监督管理局深入开展“护农”、保春耕等专项整治行动3次，出动执法人员15人次，检查涉农经营户30户次，对涉及有农用机械租赁和农业技术服务的农牧民专业合作社，涉及农业金融的行业，开展法律知识进企业的宣传教育活动；加强乡（镇）、村学校周边商品质量安全整治工作，责令下架过期、失效、假冒商品102千克。

【非公有制党建】2021年，县市场监督管理局组织全体党员、县城“小个专”党员召开2020年党建工作总结暨2021年党建工作安排部署会议，调整充实党建工作领导小组，定期召开党员大会、支部书记讲党课、党员“夜校”等活动，深入学习贯彻习近平新时代中国特色社会主义思想，中共十九大和十九届四中、五中、六中全会精神，以及党的各项方针政策，认真传达学习中央第七次西藏工作座谈会精神，有效提升党员思想意识。按照县党建办公室相关要求，每月及时组织开展参观、集体学习、慰问等多种形式的“主题党日”活动，切实把党的关心、关爱记在心里、送到实处。6月初，县市监党支部组织在家全体党员干部及“小个专”党支部党员召开“八星党支部”创建安排部署会议；认真开展每季度驻村联系点调研工作，及时研究解决工作开展中遇到的困难，在2021年“三优一先”评选活动中，县市场监督管理局“小个专”联合党支部获评“八星党支部”。

【“双随机、一公开”抽查】 年内，根据自治区市场监督管理局“双随机”抽查名单，县市场监督管理局落实抽查工作。全年不定向抽查86户市场主体，通过实地走访与公示信息核查相结合，对企业所公示的信息，真实反馈抽查结果，提高市场主体监管的公平性和规范性。抽查中，15户抽查结果为非正常户，采取有效措施，完善经济数据的准确性。

【打击传销】 2021年，县市场监督管理局工作人员深入各乡（镇）和县中学、退休区，签订目标责任书，落实“十个一”工作法，在全县打击传销工作中，经排查，全县无新涉传销人员参与。全年共发放宣传画2000余张、藏文版宣传手册1700册、宣传材料1400份，受教育群众1500余人。

【虫草采集区管理】 2021年，县市场监督管理局共发放虫草收购临时营业执照298户，其中县外户籍人员240户，本地户籍人员58户。加强虫草采集点管理，减少各类矛盾纠纷，保证虫草采集区内商品质量，在虫草采集区集中开展习近平总书记重要讲话精神宣讲活动。检查收购户和商户203人（户）次，发放宣传单5500余份，集中宣讲1次。

【消费维权】 2021年，根据自治区、市市场监督管理局关于做好“3·15”国际消费者权益日有关工作，切实保护消费者合法权益相关文件要求，县市场监督管理局开展以“凝聚你我力量 共同维护消费环境”为主题的系列宣传活动。在活动现场，通过悬挂横幅、发放资料和现场咨询等形式，宣传广告法、价格法、食品安全法及化妆品、药品安全、注册商标、地理标志、消费维权、农资等相关知识和法律法规，现场发放各类藏语、汉语宣传资料2800余份，接受群众咨询290余人次。全年共受理消费者申诉举报4起，全年销毁不合格商品500余千克。

【法治市场监督管理建设】 2021年，县市场监督管理局成立法治建设领导小组，安排专职法制员，开展案件评审工作，对案件中存在的问题进行全面梳理，对内部程序进行规范；狠抓干部教育，选派人员参加上级组织的法治培训。将新修订的广告法、疫苗管理法、《中华人民共和国食品安全法》实施条例和各类新规章制度纳入执法考核工作；开展法律进万家活动，到各乡（镇）开展法治宣传活动，发放宣传资料6500余份。

【特种设备管理】 2021年，为确保特种设备安全运行，桑日县市场监督管理局多次与相关部门联合对党政办公楼、县人民医院、华新水泥（西藏）有限公司、西藏山南桑日县煜炜工贸有限公司、西藏山南桑日县兴旺液化气站、加油站等场所，开展电梯、压力容器、起重机械等特种设备

2021年，县市场监督管理局工作人员到中国水利水电第九工程局有限公司开展特种设备检查工作 （县市场监督管理局 提供）

和加油计量器安全监督检查。下达《特种设备现场安全监督检查记录》《特种设备安全监察指令书》共16份，完成整改14处，截至年末，未完成整改的正在督查中。

【计量工作】 2021年，桑日县市场监督管理局积极配合第三方计量检测机构开展2021年全县质量、计量检测工作。

【化妆品领域监管】 2021年，县市场监督管理局全面推进全县化妆品领域监管工作。切实加大化妆品相关知识普及力度，5月28日，组织开展以“安全用妆 伴您同行”为主题的化妆品安全科普宣传周活动，现场接受群众咨询，发放宣传资料500余份。持续开展化妆品市场专项检查工作，没收下架不合格化妆品12类、120余千克。

【维稳工作】 2021年，县市场监督管理局制定全县市场维稳工作预案，安排部署维稳工作，加强巡查，杜绝走私油在农贸市场、商场超市、店铺门面等市场范围内流通，全面排查整治市场上涉稳隐患，保证全局和谐稳定。

【自身建设】 2021年，县市场监督管理局扎实推进党风廉政建设，严格落实“一岗双责”，参与党组织廉政谈话，向党组织汇报廉政情况，梳理本单位权责清单。加强窗口建设，推动党员先锋岗发挥引领作用，推进政务公开，实现透明服务，接受监督。

自然资源

【概况】 2021年，县自然资源局在县委、县人民政府领导下，全面贯彻落实习近平新时代中国特色社会主义思想，深入学习习近平生态文明思想、习近平总书记在西藏考察时的重要讲话精神，坚持以项目建设为抓手，以作风建设为保障，突出重点，明确责任，狠抓落实，切实履职尽责保护自然资源、节约利用自然资源、尽心尽力维护群众权益，积极构建保护资源和保障发展新机制，持续保障桑日县自然资源领域平稳健康发展。

【维护社会稳定】 2021年，县自然资源局按照县委、县人民政府统一安排部署，以开展自然资源领域社会治安综合治理工作为契机，始终坚持以稳定压倒一切作为政治任务来抓，严格落实目标责任制，层层签订责任书，成立维护社会稳定、社会治安综合治理、平安建设、矛盾纠纷排查化解、土地矿产卫片执法检查等专项工作领导小组，制定相应实施方案，积极开展法制宣传工作，定期不定期开展土地、矿山执法检查，为全县社会局势稳定提供保障。截至年末，县自然资源局共宣传6次，发放宣传资料3200余份，开展执法检查40余次。

【基层党建】 2021年，县自然资源局以党的建设为指导，认真开展党史学习教育与“三更”专题教育，进一步提升党员党性修养。牢固树立“四个意识”，不断增强“四个自信”，坚决维护党中央权威和集中统一领导，切实抓好党风廉政建设工作，把党风廉政建设与业务工作深度融合，同部署，同落实，同检查，形成党支部统一领导，党支部书记负总责，形成主要领导亲自抓、工作人员具体抓，党建工作与业务工作相互促进的工作格局。

【历年违法用地及整改】 2021年，根据年初山南市下发全市土地违法问题清单中桑日县共涉及11宗违法用地情况，县自然资源局仔细开展调查研究，认真制定调整方案，联合违法建筑所在乡（镇）人民政府，按整改方案持续推进整改工作。截至11月末，整改到位10宗，正在整改1宗。对涉及未批先建3个项目依据相关规定进行处罚，督促用地单位缴纳处罚金共计102647.45元。

年内，县自然资源局在日常开展土地卫片执法工作基础上，联合各乡（镇）人民政府对全县违法占用土地进行排查，发现全县还存在9宗违法用地，

2021年，桑日县国土空间总体规划编制工作动员部署会议召开
（县自然资源局 提供）

县自然资源局对涉及违法用地的业主单位进行沟通，并收集相关资料。

【国土空间规划编制】 4月6日，桑日县国土空间总体规划项目正式在网上公开招标并实施，中标价为718.8万元。截至11月末，已完成桑日县国土空间规划基础调研和城市开发边界划定工作。已形成初步汇报PPT文件。桑日县6个必选专题和2个特色专题同步编制中。

【农村乱占耕地建房摸排工作】 2021年，县自然资源局深入开展对2013年以来，特别是2020年7月3日以来全县农村乱占耕地违法建房情况摸底调查。截至11月末，共对桑日县4个乡（镇）共计1666个图斑外业工作进行摸排，核查图斑总面积达151.82公顷，共核查出占用耕地建房图斑宗地829宗，占用耕地面积64.65公顷（含一般耕地面积46.39公顷），占用基本农田面积18.26公顷。其中桑日镇202宗（2013年后38宗），占用耕地面积43公顷（含一般耕地面积36.03公顷），占用基本农田面积6.98公顷。增期乡228宗（2013年后42宗），占用耕地面积7.64公顷（含一般耕地面积3.73公顷），占用基本农田面积3.91公顷。白堆乡96宗（2013年后18宗），占用耕地面积3.34公顷（含一般耕地面积2.06公顷），占用基本农田面积1.28公顷。绒乡303宗（2013年后30宗）。占用耕地面积10.66公顷（含一般耕地面积4.57公顷），占用基本农田面积6.09公顷。

【不动产确权登记】 2021年，县自然资源局不动产登记中心持续推进农村不动产权登记，不断提升登记服务水平。截至11月末，县自然资源局不动产登记中心共完成桑日县绒乡卓吉村（追塘坝）安置点和白堆乡藏嘎村（霍布塘）搬迁点不动产权证发放工作，其中卓吉村105户426人，藏嘎村16户51人。

截至11月末，全县农村宅基地“房地一体”确权登记已完成43个村的外业测量工作和32个村的内业地籍图绘制工作。

2021年，桑日县扶贫搬迁安置点不动产确权登记发展仪式举行
（县自然资源局 提供）

【违建别墅问题清查整治】 年初，为清查全县违建别墅问题，县自然资源局结合工作实际，会同县农业农村局与3个乡1个镇人民政府对县境内的43个行政村进行排查，未发现违建别墅问题。

【耕地保护】 2020年，桑日县耕地保有量为3356.87公顷。与2015年末耕地保有量3406.67公顷相差面积共49.8公顷。由于耕地坡度大于25°，不适宜耕种，以及水源、野生动物破坏等造成弃耕或耕地损毁，致使2017年耕地保有量和基本农田调整为3356.87公顷。截至2021年11月，全县净增加耕地68公顷，为3424.87公顷（桑日县追塘坝增加耕地22.67公顷，2016年桑日县绒乡程巴村、增期乡增期村土地开发整理项目增加耕地26.67公顷、2018年扶贫高标准农田建设项目增加耕地18.67公顷）。2012年以后，为有效保护耕地，桑日县相继投入3800余万元，实现行政村农田网围栏全覆盖。

农业·林业·水利

农业农村

【概况】2021年，桑日县农业农村局在县委、县人民政府领导下，坚持以习近平新时代中国特色社会主义思想为指导，全面贯彻中共十九大和十九届历次全会精神，认真贯彻落实中央经济工作会议、中央农村工作会议，坚持以抓好农牧民增收、精细布局产业项目、稳步推广农机农技，切实保障粮食、牧业安全作为工作重点，立足新发展阶段，贯彻新发展理念，构建新发展格局，巩固拓展脱贫攻坚成果，全面推进乡村振兴进程，稳步推动农业生产，不断深化农业农村改革，推动全县“三农”工作持续向好。

【种植业】2021年，桑日县粮食产量9576.01吨，同比增长5.69%。全县粮经饲比例为75：19：6，各类农作物种植面积达1539.66公顷，其中粮食作物1163.53公顷、经济作物123.33公顷、饲草84.67公顷、蔬菜168.13公顷。培育二级种子田“喜拉22号”13.33公顷、“大地95”油菜33.33公顷、“藏青2000”6.67公顷。县级推广黑青稞3.33公顷。2021年全县粮食产量9576.01吨，比上年增加46.67公顷，通过各项有效措施，青稞总产量达到6348.85吨，平均单产提高67.5千克/公顷，小麦总产3217.3吨，平均单产提高75千克/公顷，比上年增

2021年，桑日县“喜拉22号”种子田开播仪式在增期乡支巴村启动 （县农业农村局　提供）

加516.01吨，同比增加5.69%。

年内，县农业农村局根据上级废弃闲置设施蔬菜大棚整改工作要求，为绒乡吉荣村、增期乡卡乃村温室共计购置草莓苗5000株，发放有机肥4吨、蔬菜种子338袋，并邀请奴卡村技术人员到吉荣村开展技术培训。持续实施化肥农药减量工程。加快实施农药减量控害增效、测土配方施肥工程，组织实施粮食高产创建，推广良种53.33公顷，建立高产创建示范田1106.67公顷、测土配方示范田0.12公顷，挖掘粮食增产潜力。调运化肥421吨，同上年持平，调运农药2.08吨，同比减少31%。

【农业物资调运】2021年，桑日县外调“喜拉22号”一级种子5000千克、“藏青2000”一级种子9000千克、“大地95”一级种子750千克。内调“喜拉22号”大田种子1.85万千克、“大地95”670.5千克。购置青饲玉米3000千克、地膜5000米、苜蓿草种子5000千克、藏豌豆1.4万千克、“山油4号”1500千克、矮油菜1000千克、有机肥135吨、尿素7吨。秋播二级种子田调运“山冬7号”6000千克。

【绿色虫灾防控】2021年，县农业农村局持续组织科技特派员对全县病虫害防治开展前期检测。全年蚜虫防控面积达到133.33公顷、地老虎防治面积达到100公顷。6月，启动全县蝗虫监测工作。年内，全县未发生任何农田虫灾。

【基础设施建设】产业项目 2021年，县农业农村局产业项目（涉农统筹整合项目）共13项，总投资3.83亿元，已完工项目12个，分别是桑日县追塘坝易地搬迁土地开发、绒乡追塘坝易地搬迁高效温室、绒乡程巴村苗圃基地、绒乡冲达村扶贫增收基地、白堆乡藏嘎村扶贫增收基地项目、赤康村苗圃基地项目、入股洛扎拉康电站、桑日县葡萄基地精细化改造项目、白堆乡菜籽油精加工项目、卡乃村旅游改扩建项目、雪巴村旅游改扩建项目、桑日县2020年葡萄基地建设项目。

截至年末，桑日县2021年葡萄基地建设项目正在建设中。2021年葡萄基地建设项目总投资1.72亿元（涉农统筹整合资金），全年已拨付资金1.45亿元。规划涉及3个地块，项目总建设规模233.33公顷，其中1号地块（追塘坝片区）种植规模146.13公顷，2号地块（江北公路以上坡地片区）种植规模21.2公顷，3号地块（塔木村村委会片区）种植规模66公顷。建设内容包括土地平整、土壤改良、田间道路工程、防护网围栏、葡萄种植、水利灌溉等工程措施。年内，已完成项目总投资的85%，项目完工后待3年挂果期满，可带动建档立卡贫困户658户、2105人增收。

农牧业领域基础设施建设项目 2021年，桑日县农牧业领域基础设施建设项目共8项。总投资9720万元。分别是桑日县3个乡1个镇畜牧兽医站建设项目、桑日县动物疫病控制中心建设项目、桑日县洗消中心建设项目、桑日县桑日镇雪巴村生猪规模化养殖建设项目、桑日县比巴村生猪规模化养殖建设项目、桑日县扎巴村生猪规模化养殖建设项目、桑日县2020年人居环境整治项目、桑日县村庄基础设施建设项目（以上项目属于“三农”领域补短板项目）。截至年末，已全部办理前置手续，待资金下达后逐项实施。

2021年本级配套项目 2021年本级配套共4项，分别为桑日县增期乡民俗文化街项目、桑日县桑日镇赤康村尼杰水塘维修加固工程、桑日县桑日镇洛村小型农田水渠建设项目、桑日县白堆乡白堆村水渠。年内，均已竣工验收。

【高标准农田建设】2020年桑日县高标准农田建设面积347.87公顷，总投资3427万元（本级投资2042.09万元，占投资比例的59.5%），截至2021年末，项目建设进度达到97%。在开展高标准农田建设工作中，使用107.5万元科技资金购置机械，成立集“防、种、收、翻”等一体的桑日县比巴农机农民专业合作社，辐射带动桑日镇比巴村农牧民持续增收。

【农业社会化托管服务】2021年，桑日县正式启动农业社会化托管服务，全县农业生产社会化服务面积达到133.33公顷。

【畜牧业】年末牲畜存栏控制在25.51万只绵羊单位，牲畜出栏率达到35%，成畜死亡率控制在1.2%以内，仔畜成活率达到95%以上。全年全县完成接羔育幼8600头（只、匹），成活率达到99%。肉产量2700吨、蛋产量2.12吨、奶产量5300吨。

【牧业抗灾物资储备】截至2021年末，全县共储备饲草料830吨。其中，饲草30吨，饲料800吨，包括市级分配饲草料45吨。新建牲畜暖棚圈15座，维修207座。发放兽药212件，为今冬明春接羔育幼和牲畜安全过冬的物资需求提供保障。

【牲畜改良】2021年，犏牛经济杂交市级任务下达95头，截至年末，全县犏牛经济杂交累计配种数98头、累计生产总数29头。

2021年，全县黄牛改良任务为1600头，分配到各乡（镇），其中白堆乡400头、桑日镇600头、绒乡600头。

【动物防疫】截至2021年末，全县牲畜应免疫接种6.7万头（只、匹），实免疫接种6.54万头（只、匹），其中牛应免疫接种6.3万头，实免疫接种6.2万头；羊应免疫接种2.3万只，实免疫接种2.2万只；猪口蹄疫和猪瘟应免疫接种1500头，实免疫接种1500头；禽类应免疫接种6400羽，实免疫接种6400羽，免疫率达到99%。

【草畜平衡】2020年末，桑日县实现草畜平衡户数为3767户，人数14534人，未实现草畜平衡户数为144户、人数696人，草原监督员52人，2020年享受草畜平衡奖励资金为505.22万元、草原监督员资金28.08万元。2021年，桑日县完成2020年度草畜平衡奖励资金兑现。

年内，全县42个行政村全部参与启动草场承包暨草原生态保护补助奖励机制工作，参与户数3911户、15641人，完成联户承包173726.67公顷。本级财政下发8万元/年的工作经费，用于开展全县草原补助工作。

【畜禽养殖业规范建设】2021年，为加强全县各养殖业环境监管，建立健全病死畜禽无害化处理工作，有效防控重大动物疫病，保障养殖业健康发展，防止和减少畜禽养殖污染，进一步改善环境质量，县农业农村局切实从规范处理流程入手，重点针对从事饲养、经营、运输人员，主动进行政策宣讲，引导督促相关从业人员守法经营，全面排查病死畜禽无害化处理机制中存在的隐患。

【科技工作】科技项目　2021年，县农业农村局积极与市农业农村局对接，在市农业农村局副局长王兵的带领下，前往自治区农牧科学院学习，并邀请自治区农牧科学院葡萄种植专家、副研究员李艳锋到桑日县绒乡吉荣村温室大棚实地调研，在充分调研论证的基础上，在吉荣村温室两大五小共计7个温室开展大棚温室鲜食葡萄优质高效栽培项目，预计投资30万元，项目实施3年，聘用吉荣村2名村民实施管理。

年内，桑日县依托湖南省岳阳市选派的1名短期援藏农业人才，帮助制定桑日县优质葡萄高产栽培技术研究与集成技术示范项目实施方案，成功通过自治区科技厅立项，争取项目资金300万元；又牵线搭桥促成桑日县葡萄基地与湖南农业大学签订校企合作协议，建立高原有机葡萄产学研合作示范基地。

科技特派员选派　年内，桑日县根据农牧业发展实际需要，择优选派84名具有较高素质、有实践经验的科技特派员在42个行政村开展科技服务工作。

科技专干　2021年，桑日县录用43名大学生科技专干（实到人数34人）。为切实加强科技专干业务工作能力，县农业农村局按照轮换制度选取5名大学生科技专干进行跟班学习，切实加强科技专干的业务指导、宣传教育、日常管理等工作。

【美好乡村建设】2021年桑日县人居环境整治储备项目分别为

增期乡支巴村、真措村、帮贡村；白堆乡曲果萨村、仁青岗村；桑日镇洛村、雪巴村、拉龙村、奴卡村、比巴村；绒乡程巴村（洛木组）、绒乡沿雅鲁藏布江4个村（程巴村、冲达村、江唐村、巴朗村）下水管改建项目。县美好乡村建设工作领导小组办公室工作人员利用2天时间到实地对以上15个行政村开展前期摸底调查工作。其间，设计单位在项目点上开展实地测量设计工作。年内，完成绒乡巴朗、江塘、吉隆、程巴村，增期乡雪巴、梦琼村，桑日镇雪巴村和吉秀组，白堆乡里龙、藏嘎村等10个村（组）的人居环境整治项目。

2020年度全县农村户厕改造共2367座，截至2020年11月25日已完成2250座。截至2021年末，已完成县级终验共计1938座（绒乡802座、桑日镇429座、白堆乡218座、增期乡489座），其中通过验收1934座，户厕奖补资金共计386.8万元。年内，通过验收的1934座奖补资金已全部兑现完成。

2020年本级配套资金项目（桑日县霍布塘易地扶贫搬迁土地开发项目、绒乡扎巴村水渠建设项目、桑日县增期乡白金村水渠建设项目、桑日县增期乡白金村农田灌溉水渠配套工程、桑日县霍布塘水渠及附属工程建设项目）、桑日县2020年人居环境整治项目（吉秀标段）、桑日县2020年第二批人居环境项目全部通过县级验收，并已投入使用。

【农村集体产权制度改革】截至12月31日，全县43个行政村清产核资工作已全部完成系统录入，全县各村组的资产总计25617.78万元，其中经营性资产2971.25万元，全县集体土地总面积为2443.75公顷；43个行政村股权量化工作已全面完成，合计量化资产2971.25万元。

年内，为深入贯彻落实县委书记康爱民关于深化农村改革工作的安排部署，提高全县各村居“两委”干部对农村集体产权制度改革的思想认识，全力推进农村集体产权制度改革工作，县农业农村局邀请山南市乃东区泽当镇农村集体产权改革工作负责人顿珠到桑日县讲解农村集体产权制度改革工作经验。县农村集体产权制度改革办公室成员、各乡（镇）农村集体产权制度改革办公室负责人、各村（居）第一支部书记、乡村专干负责人、程巴村群众、雪巴村群众共计600余人参加培训。

截至2021年末，全县4个乡（镇）43个行政村4273户15600人确定为集体经济组织成员。年内，桑日县如期通过市级农村集体产权改革工作检查验收。

【组建农牧民专业合作社】2021年，桑日县43个行政村组建成立农牧民专业合作社，截至年末，已经完成股东代表、监事会、理事会成员的选举工作。

2020年1月至2021年8月，县农业农村局持续开展“空壳社”清理工作，经排查，全县共注册各类农牧民专业合作社137家，其中未运营39家。共清理“空壳社”1家，自愿注销2家。截至2021年末，桑日县不存在以

3月18日、19日、22日，县农业农村局组织召开桑日县农村集体产权制度改革工作培训暨安排部署会，图为山南市乃东区泽当镇农村集体产权改革工作负责人顿珠应邀分享农村集体产权改革工作经验　　（县农业农村局　提供）

农牧民合作社名义骗取国家财政项目资金或从事非法金融活动的农牧民专业合作社。

【全国农业产业示范项目创建】4月28日，农业农村部、财政部联合印发《关于公布2021年农业产业融合发展项目创建名单的通知》，桑日县绒乡入选2021年国家农业产业强镇创建名单。

12月7日，农业农村部、财政部、国家发展和改革委员会公布《2021年农业现代化示范区创建名单》，桑日县入选。

【展销营销】9月23日，以“庆丰收·感党恩”为主题，旨在弘扬西藏农耕文明、游牧文化和优秀传统文化，展示山南农牧民伟大创造精神，有效推进全县观光农业发展的“2021年西藏·山南庆祝‘中国农民丰收节’暨葡萄采摘节开幕仪式”在桑日县举行。开幕仪式现场还举办农牧产品展销会，17家农牧民专业合作社带来各自独具特色的藏鸡蛋、糌粑、藏式辣椒粉等农畜产品及手工艺品。

9月28—29日，桑日县驻村帮扶“心连心”暨职工消费助力拓展脱贫攻坚成果展销会举行，集中展销全县26家农牧民专业合作社生产的桑日葡萄酒、思钦辣椒、奴卡绿色蔬菜、曲果萨糌粑、达西牦牛肉、比巴藏香猪及木碗、石锅等农畜产品和手工艺品，累计交易金额50余万元。推动增加群众现金收入，进一步提升桑日县农特产品知名度。

【巩固拓展脱贫攻坚成果同乡村振兴有效衔接】2021年，在各乡（镇）、各部门共同努力下，桑日县巩固拓展脱贫攻坚成果同乡村振兴有效衔接工作取得阶段性进展。

基础设施建设　年内，桑日县投入水利设施养护资金402.75万元，实施农村饮水维修、山洪沟治理，水质检测均已达标，群众饮水安全得到保障；自然村通硬化路比达80%以上。基本实现通信网络信号全覆盖，村村通光缆（网络）。

9月23日，2021年西藏·山南庆祝“中国农民丰收节”暨葡萄采摘节在桑日县举行　（县农业农村局　提供）

全年兑现农村危房改造资金1002万元，惠及638户；农村“厕所革命”完成户厕改造2250座，兑现户厕奖补资金386.8万元。

产业项目　2021年统筹整合资金项目共计9个，总投资1.92亿元，截至年末，已开工8个，竣工验收并投入使用4个，项目收尾建设阶段4个，已拨项目款项1.13亿元，拨款进度达到58.75%。实施产业项目累计分红410.1万元，涉及群众586户，户均增收6998.29元，带动群众务工6000余人次，兑现劳务工资、机械费用、土地流转金共计3561万元。

转移就业　全年共完成农牧民转移就业6440人，实现劳务增收4709.56万元，人均增收7312.98元。

落实惠民政策　2021年，桑日县严格落实各项惠民政策，兑现各类兜底保障资金237.51万元、惠及548人，兑现各类教育政策资金1467.22万元，惠及4469人。

【桑日县帕竹荣顺（净土）庄园有限公司】2017年9月，由桑日县荣顺帕竹（净土）庄园有限公司与桑日县沃德投资有限公司共同投资组建成立桑日县帕竹荣顺（净土）庄园有限公司，为合资企业。其中桑日县荣顺帕竹（净土）庄园有限公司占股60%，桑日县沃德投资有限公司占股40%。

生产经营 2021年，桑日县帕竹荣顺（净土）庄园有限公司葡萄种植基地获得西藏自治区农业农村厅颁发的无公害农产品证书。截至年末，帕竹荣顺（净土）庄园有限公司有农业种植土地160.06公顷，分别位于桑日县桑日镇塔木村、洛村，建有酒类生产加工厂1个，同时进行葡萄种植及销售、水果种植及销售、苗木繁育及销售；葡萄酒、蒸馏酒、配制酒、山葡萄酒、非酒精饮料、果酱加工销售；包装材料及制品、酿酒机械生产加工及销售。2021年度公司实现营业收入421.03万元，收入主要来源为葡萄苗销售，金额10万元；葡萄酒销售，金额345.78万元；葡萄销售，金额65.25万元。

桑日县帕竹荣顺（净土）庄园有限公司农业种植基地主要种植的葡萄品种名为“超高海拔A”。

2021年，桑日县帕竹荣顺（净土）庄园有限公司葡萄种植基地迎来葡萄丰收　　桑日县帕竹荣顺（净土）庄园有限公司　提供

2021年，航拍桑日县帕竹荣顺（净土）庄园有限公司葡萄种植基地　　桑日县帕竹荣顺（净土）庄园有限公司　提供

历年葡萄挂果产量一览表

表1　　单位：吨

年度	葡萄产量
2017	30
2018	60
2019	105
2020	240
2021	305

葡萄酒产量及市场价值明细表

表2

年度	葡萄酒产量	市场价值（万元）
2017—2018年	5.9万	944
2019—2020年	28.8万	4608
2021年	32万	5120

说明：每支葡萄酒为750毫升

葡萄及葡萄酒销售收入明细表

表3　　单位：万元

时间	收入额
2019年5—12月	81
2020年1—12月	167
2021年1—12月	425

带动农牧民增收　桑日县帕竹荣顺（净土）庄园有限公司成立后，经营涉及葡萄育苗、种植、鲜果售卖、葡萄酒加工、果汁饮料等行业，将周边10个村寨老百姓成功转变为葡萄产业技术工人，周边百姓在公司基地获取收入分为土地流转金、务工与机械租赁收入、产业分红三大块，产业经营带动当地农牧民群众持续增收。2021年，桑日县帕竹荣顺（净土）庄园有限公司葡萄种植基地带动当地500余名农牧民群众实现增收291.7万元。

林业和草原

【概况】　桑日县地处西藏自治区中南部，位于冈底斯山和念青唐古拉山脉以南，雅鲁藏布江中游河谷地带，县人民政府驻地桑日镇，距离山南市主城区30千米。全县土地总面积2632.18平方千米，其中林地面积122499.86公顷，占土地总面积的46.54%。生态公益林地面积122171.92公顷，生态公益林中，国家公益林地面积12130.7公顷、地方公益林地面积110041.22公顷。

2021年，全县3个乡1个镇共有林业管护人员598名，林业生态脱贫岗位管护人员509名。

【森林资源】　根据《西藏自治区桑日县森林资源规划设计调查报告（2013年）》数据，全县森林面积98655.95公顷，占林地面积的80.54%，森林覆盖率37.48%，林木绿化率45.46%。桑日县地处藏南山地灌丛区与藏东森林区的过渡地带，植被类型较多。高等植被约有53科191属419种，其中草被植被369种、乔木13种、灌木37种。动物资源种类也较多，有脊椎动物53科173种，其中鸟类31科123种，哺乳类14科31种，两栖爬行类5科6种，鱼类3科13种。

【植树造林】　义务植树　根据年初市林业和草原局下达的全年1500亩造林绿化工作任务内容，3月16日，桑日县在桑日镇拉龙村组织举行全民义务植树活动，参与人数达7621人，种植油松、河北杨、刺槐等82930株，如期完成市林业和草原局下达的工作目标。

乡村“四旁”植树　年内，结合山南市乡村“四旁”植树行动任务要求，县林业和草原局科学合理编制方案，并严格在宜林地上开展“四旁”植树工作，将乡村“四旁”植树工作同义务植树工作同安排、同部署、同种植。在海拔4300米以下行政村（居）共种植7.27万株，切实做到见

3月16日，桑日县在桑日镇拉龙村开展2021年国土绿化暨全民义务植树活动，图为义务植树现场场景　　（县林业和草原局　提供）

缝插绿、应绿则绿、成倍增绿。

“五消除”工作　在2020年实施“五消除”（消除无林乡镇、无林村组、无绿院落、无林农户、种树空白）工作的基础上，按照人均10棵树、“消除无树户、无树村”要求，继续实施补植补栽工作，在海拔4300米以下有条件的地方补植补栽2000株，栽植树木成活率达95%，全部消除“无树村、无树户”。为巩固拓展脱贫攻坚成果，保障当地农牧民苗木销售，年内，县林业和草原局通过优先购买使用本地苗圃基地苗木，推动绒乡程巴村苗圃和桑日镇赤康苗圃发展，推进生态产业化、产业生态化。

【项目前置推进】2021年，县林业和草原局“十四五”规划盘子项目共13个，年内已申报上级部门与县发展和改革委员会审核。计划2022年实施年内项目2个，年内已提前完成前置手续。

【2021年续建项目】2021年，县林业和草原局续建项目共有2个，分别是桑日生态功能转移支付“村及县城绿化”提升改造项目，总投资为527万元，绿化规模为24884.4平方米，项目于2020年9月开工，2021年5月完工；扶贫产业葡萄种植基地建设项目，项目总投资为596.79万元，建设规模为26.67公顷。于2020年9月开工，2021年4月完工。

【2021年造林项目建设】2021年，桑日县新建造林项目共1个，为西藏山南市桑日县2021年营造林先造后补工程（绒乡程巴村），总投资为1292.65万元，项目建设单位为山南市林业和草原局，于2021年3月开工，截至年末，项目进度为50%。

【森林资源保护管理】森林草原防火　年内，县委、县人民政府高度重视森林草原防火工作，把森林草原防火摆在重要议事日程，切实加强领导，狠抓落实责任。认真贯彻落实全国秋冬季森林草原防火电视电话会议精神，于10月、11月分别召开全县森林草原防火工作会议，全面安排部署今冬明春森林草原防火工作，认真落实防火责任制，县林业和草原局与各乡（镇）、县内各大企业及施工单位共签订森林草原防火目标责任书13份，要求各乡（镇）与村委会、辖区寺庙管理委员会签订责任、村委会与护林员签订责任、护林员与户签订责任，做到层层落实责任，严格督导检查村级护林员工作职责落实，制作并发放护林员巡查日志598本、森林火源管理台账43本、森林防火火情报送登记本43本、森林督查台账4本、护林员值班登记本43本、护林员红袖标420个，做到日巡查有登记、日排查有台账。依照科学处理好防火和国土绿化的关系，防火和旅游、防火和各项生产关系、充分认识做好森林草原防火、森林草原生态安全的原则，持续抓好火灾预防各项工作，不断提升综合防控水平，切实维护好人民群众生命财产和森林草原资源的安全。

森林草原防火宣传教育　年内，通过“3·19”森林消防宣传日和各类法制宣传日，在全县各村（居）及重点林区，向群众零距离广泛宣讲、发放宣传资料、组织群众扑火实战演练等方式开展森林草原防火宣传，增强广大群众对森林草原防火的认识。在森林草原防火教育开展中悬挂宣传横幅8条，张贴桑日县森林草原防火扫码海报56张，发放知识宣传手册210余本，宣传单400余张，刷新固定森林草原防火宣传牌10余面，通过微信公众号平台播放通俗易懂的藏语版森林草原防火宣传视频等。

灭火实战演练　2月3日，县林业和草原局、县应急管理局联合山南市林业和草原局与驻防山南市那曲森林消防大队在桑日镇比巴村组织群众开展年初扑火实战演练培训。11月24日，县林业和草原局组织白堆乡4个行政村护林员及当地群众开展年末森林草原防灭火实战应急演练培训活动（两次活动共250余人参加），现场向群众讲解消防设备的使用及维护保养等相关知识，深入宣传宣讲《西藏自治区人民政府关于2021年冬季至2022年春季森林草原防灭火的命令》精神、“森林草原防火十个不准”等相关藏文常识。

隐患排查　2021年，县林业和草原局按照“预防为主、积极消灭”的森林防火方针，结合林业和草原工作实际，组织专人，深入3个乡1个镇、各施工点、重点路段、森林火灾易发村（居）等地段对责任落实情况、护林员在岗情况、巡山巡查记录及隐患排查登记情况等进行认真细致的督促检查，特别是今冬明春防火期严格管控火源、制定科学防火应急预案和措施、坚守24小时值班制度，全力抓好森林草原防火工作。截至年末，深入3个乡1个镇及各行政村明察暗访共38次，召开森林草原防火工作专题会议53次，在日常检查工作中对发现的隐患及漏洞现场提出科学可行的整改意见，立即督促整改，切实做到纵向到底、横向到边、不留死角。

11月24日，县林业和草原局组织白堆乡4个行政村护林员及当地群众开展年末森林草原防灭火实战应急演练培训活动，图为演练现场场景
（县林业和草原局　提供）

【全国第一次森林和草原火灾风险普查】 2021年，县林业和草原局根据《全国森林和草原火灾风险普查实施方案（修订版）》《西藏自治区第一次全国自然灾害综合风险普查方案》，以及市、县普查工作安排部署，结合实际，制定工作方案，并安排专人负责开展森林和草原火灾风险普查工作，在日常工作中积极主动对接上级部门，全力配合协助县第一次全国自然灾害综合风险普查领导小组办公室工作，确保普查各项工作有序开展。截至年末，全县森林草原减灾能力和野外火源调查系统录入、收集历史火灾资料、森林和草原可燃物样地外业调查等各项工作已全部完成。

【落实林业惠民利民政策】 2021年，按照自治区、市、县关于做好落实民生资金工作相关要求，县林业和草原局积极落实民生资金。

生态公益林管护资金　根据《西藏自治区公益林管理办法》要求，全县共有生态公益林管护人员598人，根据管护职责落实情况，已兑现上半年管护资金441.03万元（其中2020年生态公益林管护增量资金44.85万元），12月20日前，村（居）护林员年终考核结束后，兑现下半年管护资金441.03万元。

生态岗位补助资金　2021年，全县森林草原生态岗位509

人，县林业和草原局严格按照生态岗位政策要求，年内已兑现全年生态岗位补助资金 178.15 万元，确保生态岗位资金全部落实到户、到人。

2021 年乡村“四旁”植树造林补助资金　根据上级部门工作要求，发动群众积极参与“四旁”植树造林活动，2021 年乡村“四旁”植树造林 7.27 万株。持续开展村、乡（镇）、县三级实地验收工作，通过三级验收后（成活率达标 80% 以上），12 月 15 日，兑现乡村“四旁”植树造林补助资金 323.52 万元。

3月4日，桑日县出现森林草原有害生物春尺蠖蝗虫虫害，县林业和草原局组织技术人员及当地护林员以喷播化学药剂方式，全面开展春尺蠖蝗虫虫害防治，图为害虫防治现场场景

（县林业和草原局　提供）

【虫草采集交易管理】　桑日县委、县人民政府把每年虫草采集期作为推进农牧民群众增收，巩固拓展脱贫攻坚成果的重要途径，切实加强思想认识，增强做好虫草采集管理服务工作的责任感和使命感，认真调研、专题部署。2021 年，全县在 9 个虫草采集点共派驻 9 个工作组 67 人。各虫草采集点上共有全县农牧民群众采集人员 1310 人（其中加查县拉玉沟内 600 人），共发放 710 个虫草采集证，共有虫草收购人员 260 名，虫草采集量约 227 千克，带动群众增收 18720 元 / 人。在各驻点工作组的领导下，各采集点未发生任何矛盾纠纷和安全事故，如期完成 2021 年度冬虫夏草采集交易管理服务各项工作。

【有害生物防治】　2021 年，县林业和草原局围绕“预防为主，科学防控，科学治理、依法监管、强化责任”的森林病虫害防治工作方针，加强森林草原资源有序健康发展。3 月 4 日，针对桑日县出现的森林草原有害生物春尺蠖蝗虫虫害，县林业和草原局及时组织技术人员及当地护林员，以喷播化学药剂方式，全面开展春尺蠖蝗虫虫害防治，共投入劳动力 1290 人次，出动机械 23 台次、车辆 53 辆次，使用设备 800 台次、防治药剂 113 箱，防治面积达 586.67 公顷。有效遏制病虫害的传播和蔓延，将病虫灾害损失降到最低。

【林政资源管理】　2021 年，县林业和草原局按照《中华人民共和国森林法》《中华人民共和国草原法》《草原征占用审核审批管理规范》等法律法规，结合桑日县实际，制定《关于进一步规范建设项目征占用林草地审核审批工作的通知》，要求全县各直属部门提前介入办理林草地征占用审批手续，避免出现违规征占森林草地及未批先建问题。年内，针对历年森林督查整改工作，县林业和草原局成立专项领导小组，及时制定森林督查整改方案，严格查处非法占用林地、草地情况。针对未批先建问题，及时对项目业主单位下达督办通知书，并责令限期办理征占用林地审批手续。全年共办理林地手续 16 项、下发 6 份督办通知书。截至年末，已整改到位 1 项，正在办理手续 5 项。

【党建工作】　2021 年，县林业和草原局以习近平新时代中国特色社会主义思想为指导，深入学习贯彻中共十九大、十九届六中全会精神，中央第七次西藏工作座谈会精神及习近平总书记在西藏考察时的重要讲话精神，切实做到党建和业务工作同安排、同部署、同落实，全力抓好党建、党风廉政、意识形态、依法治县和综治维稳工作。坚持“围绕聚力抓党建，抓好党建促发展”的工作思路，以高质量党建凝聚强大合力，以开展党史学习教育、“三更”专题教育为契机，以“我为群众办实事”实践活动为载体，扎实推进党建工作取得新成效、迈上新台阶，为全县林业草原事业发展奠定坚实的政治基础。

水　利

【重点项目建设】2021年，桑日县实施水利“十四五”规划重点项目共3个，总投资7324.05万元，均为国家投资，根据县人民政府2021年文件批复，项目法人单位为桑日县沃德投资有限公司。县水利局全面加强项目监管，切实推动项目建设，抓好项目建设进度和工程质量。桑日县达西姆曲防洪堤工程，总投资3041.56万元，工程于2021年4月18日开工建设，年内已竣工；桑日县绒乡鲁牧沟治理工程，总投资1067.78万元，工程于2021年5月5日开工建设，年内已竣工；桑日县江南灌区续建配套与节水改造工程，总投资3214.71万元，工程于2020年6月21日开工建设，年内已竣工运行。

【维修养护项目】2021年，县水利局积极争取维修养护资金402.75万元，实施农村饮水维修改造提升项目、山洪沟治理项目，切实提高农牧民群众饮水安全巩固和山洪灾害抵御能力。

桑日县绒乡多那村堤防维修养护工程　总投资53万元，工程于7月15日开工建设，9月15日竣工。

桑日县白堆乡许木村人饮工程　总投资50.07万元，工程于8月6日开工建设，10月5日竣工运行。

桑日县第一批人饮维修改造提升工程　总投资299.68万元（本级财政），工程于9月10日开工建设，11月20日竣工运行。

【项目验收】2021年，县水利局全面加强项目建设验收工作，确保水利基础设施切实发挥效益。

8月13日，由县人民政府牵头，完成西藏山南雅砻投资有限公司代建的2个PSL（抵押补充贷款）水利项目——总投资1080.73万元的颇章水库工程与总投资552.46万元的绒乡程巴村水土流失综合治理工程竣工验收工作。

【项目前期工作】2021年，县水利局组织专人负责跑办衔接，加快推进项目前期工作。完成水利“十四五”重点项目桑日县比巴河防洪堤工程，总投资1160.98万元；桑日县白堆乡防洪堤工程，总投资719.98万元；桑日县增期河防洪堤工程，总投资2622.67万元的前置手续办理工作，并且积极衔接上级业务部门，争取列入2022年投资计划。

年内，县水利局持续推进维修养护项目前期工作进度，完成桑日县桑日镇比巴河险工险段维修工程设计评审工程，总投资284.85万元；完成桑日县人饮维

10月12日，县水利局组织人员开展水利项目完工验收
（县水利局　提供）

修改造提升工程（第二批）设计评审工作，总投资378.43万元；完成桑日县绒乡江塘村防洪堤维修工程设计报告编制工作，总投资278.93万元；完成桑日县程巴村（鲁牧专业市场）饮水工程设计评审和批复下达工作，批复总投资216.11万元。

【防汛抗旱】 2021年，县水利局按照“安全第一、常备不懈、以防为主、全力抢险”的工作方针，继续全面落实以行政首长负责制为核心的各项防汛责任制落实工作，县防汛抗旱指挥部与各乡（镇）及县防汛抗旱指挥部各成员单位签订2021年度防汛目标责任书44份，与水库所在乡（镇）签订水库安全度汛目标责任书9份，并通知要求防汛抗旱指挥部各成员单位结合各自工作职责，及时编制防汛抗旱应急预案，确保全年全县防汛抗旱工作责任明确，落实到人。组织开展防洪演练。投入资金50万元及时采购防汛抗旱储备物资，按照各乡（镇）需求，向3个乡1个镇发放编织袋3万条、铅丝石笼网60卷、铁丝50卷、救生衣50件和雨衣雨鞋强光手电筒等必备物资。确保物资调度及时有序，灾情及时处置。全年未出现重大防汛灾情。

【河湖长制工作】 河湖长履职 2021年，结合县、乡（镇）换届选举工作，及时更新完成24个县级主要河湖（水库）河湖长名单。按照“生态环境六大专项整治行动”和“清四乱”专项整治行动，各级河湖长积极履行职责，加大巡河巡湖力度，全面加强河道采砂、河湖垃圾清淤、河道整治等各项工作。截至2021年末，县级河湖长巡河（湖）132人次、乡（镇）级河湖长巡河（湖）291人次，清理河湖垃圾12吨。

8月31日，桑日县水利局在拉龙村开展山洪灾害防御演练

（县水利局　提供）

河湖管理范围划定和岸线保护与规划编制工作　按照市总河长办公室要求，年内，桑日县匠浦和德里姆曲河湖管理范围划定和岸线保护与规划编制工作已委托长江水利委员会长江科学院进行方案编制。年内，已完成河道基础测绘、水文分析和DEM（数字高程模型）、DOM（数字正射影像图）、地形图绘制等基础工作，12月末，完成方案编制审查工作。

河道采砂监管　2021年，县水利局结合“清四乱”专项整治行动，全面加大河道采砂监管力度。联合市总河长办公室、市水利局执法大队专项检查4次，下达整改通知书2份。全面加大汛期河道采砂监管力度，严厉打击汛期非法采砂行为。联合县自然资源局、县应急管理局和市生态环境局桑日县分局，持续推进桑日县努卡砂石厂生态恢复治理工作。

【水土保持监管】 2021年，县水利局根据《水利部水土保持司关于下发2021年第一批次省份遥感监管疑似违法违规扰动图斑的通知》《西藏自治区水利厅关于开展2021年生产建设项目水土保持遥感监管工作的通知》，组织专人对全县境内的卫星图斑疑似违规问题进行全面复核。针对3个未依法编报水土保持方案的未批先建项目下发整改通知书，确保在规定时间内完成整改。

【全面落实实行最严格水资源管理制度】 2021年，根据山南市分解控制性指标，桑日县严格控制取用水总量，加大水资源监管力度，确保实行最严格水资源管理制度落到实处。

全面加强水资源论证工作 年内，县水利局全面加强水资源论证和取水许可办理工作。督促桑日县自来水厂完成取水许可证办理工作，完成桑日县沃德投资有限公司桑日镇砂石厂和霍布淌砂石厂取水许可论证报告评审工作，年内，霍布淌砂石厂取水许可证办理完毕。下发完成新建川藏铁路拉萨至林芝段巴玉、沃卡和拜珍3座车站取水工程取水许可申请的行政许可决定；完成江北灌区降乡子灌区、沃卡灌区和比巴灌区3个中型灌区的水资源论证评审工作。截至年末，开展41个农村饮水工程（供水人口100人以上）和57个小型灌区水资源论证工作；下发全县5座温泉地热温泉限期补办取水许可证的通知，确保取用水管理专项整治行动提升工作扎实开展。

农村饮水安全工程运行管理 2021年，桑日县制定《桑日县农村饮水安全工程运行管理办法》，全面落实“三个责任”，

11月16日，县水利局工作人员对高寒村居开展饮水安全隐患排查 （县水利局 提供）

建立健全完善“三项制度”。落实“三个责任”：全面落实农村饮水安全管理地方人民政府主体责任、水行政主管部门行业监管责任、供水单位运行管理责任，确保“三个责任”落实到位。健全完善县级农村供水工程运行管理机构、运行管理办法和运行管理经费“三项制度”，确保农村饮水工程有机构和人员管理、有政策支持、有经费保障；结合桑日县农村供水工程实际情况，印发《西藏自治区桑日县农村供水工程水费收缴工作的方案》，各乡（镇）自2020年7月开始开展农村饮水工程水费收缴工作；委托第三方机构认真开展水质检测工作（枯水期、丰水期各1次），水质均已达标。

【基层党建】 2021年，县水利局党组以开展党史学习教育及“三更”专题教育为契机，狠抓党的政治理论学习教育，在学懂弄通做实上狠下功夫，增强“四个意识”、坚定“四个自信”，做到“两个维护”。落实全面从严治党责任，始终严守政治纪律和政治规矩，认真落实违规违纪发展党员、以案促改等工作事项，持续深入做好维护社会稳定工作，加大项目监管力度，确保水利重大事项在县水利局党组领导下持续推进。

县交通运输局

【党的建设】2021年，桑日县交通运输局机关党支部召开会议，对全年党建、精神文明建设、党风廉政建设、机关党支部等工作进行谋划、部署。签订党建工作目标责任书，有针对性地提出不同的目标要求，将工作成效直接纳入相关责任考核重点内容。

年内，桑日县交通运输局机关党支部健全党建目标责任制。坚持每周召开1次党建工作例会，及时传达县委、县人民政府会议精神，安排阶段性工作，研究解决工作中出现的新问题。持续开展各项承诺活动。党支部、党员干部根据责任书要求，紧密联系岗位实际，将党建目标管理责任书内涵进一步延伸和深化。积极开展主题党日活动，通过活动增强干部间团结，创建团结向上，积极互助的支部氛围。

按规定持续组织全局党员干部开展党史学习教育与“我为群众办实事”实践活动，持续推进“三更”专题教育。

年内，桑日县交通运输局机关党支部加强党费收缴管理，提高党员组织纪律性。认真贯彻执行《关于共产党员交纳党费办法的规定》，坚持标准，及时收缴，足额上缴，采取专人负责、定期足额缴纳的办法，进一步规范党费收缴管理工作。

【项目建设】2021年，全县在建交通项目1个，即桑日县增期乡措巴村山体地质灾害治理工程，总投资296万元，业主为桑日县交通运输局，4月末进行竣工检测、验收；2021年续建项目为增期乡措巴村原农村公路改建项目，该项目已按照施工图纸及合同约定全部完工，完成项目竣工检测、验收等后续工作，4月末开放交通进入试运营期。为使项目按期推进，县交通运输局已多次就项目征地拆迁、材料运输及相关问题召开专题会，研究解决建设期间出现的各类问题，组织县直属相关部门赴项目现场开展具体协调服务工作，为工程如期实施奠定良好基础。

【项目前期工作】2021年，按照上级行业主管部门项目审批投资导向，县交通运输局通过向上争取，将卡乃村、达杰村、帮贡村行政村通畅项目作为“十四五”规划重点实施交通领域项目，积极与市交通运输局、自治区交通运输厅对接。截至年末，3个村公路建设项目前期工作全部完成。年内，县交通运输局积极与自治区、市、县乡村振兴局衔接，申报 X306 至西沟公路和 X320 至白玛松多公路硬化项目，截至年末，已经开展公路建设项目前期工作，其中勘察设计工作已全面开展，正在进行外业勘察测量工作，其间全程邀请项目所在地乡（镇）村委会负责人参与，不断提升前期工作质量、深度，为项目落地实施创造有利条件。

3月10日，县交通运输局工作人员在绒乡扎嘎沟开展道路安全隐患排查　（县交通运输局　提供）

【公路养护管理】 2021 年，县交通运输局持续强化道路养护，努力提高通行能力。全面落实“四好农村路”精细化养护，注重培育和强化基层养护力量。开展农村公路小修保养计划。对全县农村公路路况进行全面排查，制订农村公路中、小型养护工程计划。2021 年，县交通运输局实施比巴三组至荣堆岗公路等 29 条农村公路小修保养（水毁）工程，完成路面清除塌方 1260 立方米，增设涵洞 2 道 50 余米、路基填方 1.76 万余立方米，铺筑路面料 3.75 万余平方米，清理边沟 260 余千米。对 2020 年桑日县境内出现的农村公路水毁资料进行整理上报，积极向上争取水毁资金。

【执法监督】 2021 年，县交通运输局着力维护路产路权。依法对辖区公路开展路产路权隐患排查整治行动共 10 余次，公路保通保畅执勤任务 2 次，执行应急抢险任务 2 次。依法查处损坏公路及其设施 1 处，处理占用公路及其留地 3 处，清排公路路障 1 处。通过县交通运输综合执法队巡查执法和安全隐患大排查大整治，实现辖区公路路产路权维护全覆盖，及时消除道路交通安全隐患，构建辖区公路良好道路通行环境。

【交通行业管理】 2021 年，客运公司运营严把行业准入关，配合市道路运输管理局做好交通行业从业人员的资质审查工作，提升从业人员整体素质能力；坚持从业人员安全学习，加强对从业人员的相关法律法规、职业道德、规范服务及行车安全的教育，优化客运班线调剂和“一车两线”工作，确保全县农村客运班线通车率达 85% 以上。

3月18日，县交通运输局与县公安局交警大队联合开展全县旅客运输市场乱象摸排整治工作　（县交通运输局　提供）

超限超载整治　年内，县交通运输局在开展源头治超法律法规宣传的同时，持续开展道路运输超限超载整治活动和源头企业整治活动，组织实施联合治超专项行动，始终保持治理超限超载高压态势，流动稽查覆盖范围不断扩大。

提高执法服务水平　2021年，县交通运输局通过参加执法培训、开展执法教育，加强日常执法监督、完善执法制度、推进政务公开、实施查处分离，规范交通执法行为，执法服务水平得到显著提高，上半年未出现行政复议和行政诉讼案件。

【交通安全监管】2021年，桑日县按照“党政同责、一岗双责、失职追责、齐抓共管”的要求，建立健全交通运输安全生产责任体系，层层签订《安全生产目标责任书》，认真落实企业主体责任。坚持交通安全“一岗双责”，进一步加强道路客货运输源头监管，通过行政执法加强对客货运输市场的查处；加强交通工程建设安全生产管理，严格执行安全生产制度，落实安全生产员职责，强化对施工现场的管控，对在建项目不定期进行安全检查，对发现问题要求参加单位限期做出整改，有效确保施工现场人员、设备安全；切实加强重大节日和汛期期间安全生产工作，确保道路交通运输安全。全年县交通运输局共开展安全生产宣传教育活动5次，散发交通安全宣传单790余份，有效提高广大农牧民群众安全出行意识，保证公路交通的持续安全畅通。

【交通领域扫黑除恶专项斗争】2021年，县交通运输局以公路工程、市场运输、交通执法等领域为重点，强化宣传教育，深入大古电站等中大型项目建设一线，在宣传扫黑除恶专项斗争相关文件精神外，积极讲解道路运输领域的相关法律法规，在客运站、公交站亭、停车场及公共场所悬挂宣传横幅15处，设置宣传面板2块，发放宣传单500余份，强化线索摸排，狠抓防范整治，推动交通领域扫黑除恶专项斗争深入开展，全力维护社会治安大局稳定。

6月2日，县交通运输局工作人员开展交通运输行业安全生产和新冠肺炎疫情常态化防控检查　　（县交通运输局　提供）

中国移动桑日县分公司

【业务经营】2021年，中国移动桑日县分公司按照中国移动西藏公司山南分公司的总体安排和部署，坚持品牌发展，通过细分客户群，按业务类型细分市场，以保有中高端市场为基准，以拓展潜在市场为动力，以效益增长为目标，全面推进各项工作，截至年末，完成全年任务指标，客户份额57.7%，业务参与率平均约45%。全年经营业绩在山南市12个基层单位中排名第一。

【基站建设】2021年，通过网络建设维护人员的不懈努力，截至年末，全县中国移动基站共计115个，全县网络和信号覆盖99%以上。

【企业文化建设】2021年，中国移动桑日县分公司不断开展爱国守法，明礼诚信，团结友善，勤俭自强，敬业奉献的公民道德教育和以“正德厚生、臻于至善”为企业文化核心内容的企业

5月13日，中国移动通信白堆小学宽带促销现场

（中国移动通信桑日县分公司　提供）

精神、经营宗旨、服务理念为主要内容的企业文化教育。全年对“职工之家”进行重点布置，添加一些健身器材设施及员工厨房用具，以活跃职工业余生活，陶冶职工情操。持续引导员工以“做信息社会栋梁、创无限通信世界”为己任，努力成为“卓越运营体系的创造者”。

【服务质量】 2021 年，为有效提升客户感知，加快服务工作显性化，中国移动桑日县分公司将“服务领先”作为硬性指标，在全县范围内展开竞赛，按营业厅、直销队、客户经理、装维人员细分，开展各项服务竞赛活动。通过一同分析经典服务投诉案例，研究改进措施并进一步总结经验，持续提高整体服务水平。

【党建工作】 中国移动桑日县分公司不断加强党组织和党员、人才队伍建设，把党员发展重点向生产一线倾斜，把生产一线骨干发展为党员。年内，中国移动桑日县分公司所有 7 名员工向党组织靠拢并接受考验，其中有 2 名党员，1 名员工年内转为入党发展对象，4 名入党积极分子；扎实推进党史学习教育，高质量推进各项工作落实落地。开展“质量达标、合格行动”主题实践活动以来，中国移动桑日县分公司以“雅砻三星”党建品牌为引领，发挥党员带头作用，开展一系列专项攻坚行动，实现党建与业务发展的紧密融合，取得较好效果。

【党风廉政建设】 2021 年，中国移动桑日县分公司把严肃党内政治生活作为基础性工作来抓，坚持把纪律规矩挺在前面，要求全体员工深刻汲取严重违反政治纪律和政治规矩典型案例的教训。聚焦“四风”问题，认真落实员工谈话提醒制度，坚持不懈抓好作风建设。

【争先创优】 2021 年，中国移动桑日县分公司自觉践行中国移动通信集团有限公司“客户为根、服务为本”的服务理念，围绕客户最关心、最直接、最现实的问题，推进实施一系列服务举措。要求员工做到“三亮”

6月26日，桑日县移动通信公司和大古华电公司开展支部联建党日活动

（中国移动通信桑日县分公司　提供）

（亮标准、亮身份、亮承诺）。在服务窗口，采取公示牌、公示板、电子显示屏等形式，对服务事项、服务流程、服务标准、服务承诺等进行公示，通过佩戴党员徽章、团徽、服务卡和设立党员责任区、党员示范岗、党员先锋岗、团员模范岗等，亮出身份、亮明责任，强化自我约束，接受群众监督；“三比”（比技能、比作风、比业绩），对照行业和单位先进标准、先进典型，开展“对标定位”、岗位练兵、技能比武，不断提高业务技能，争当行业“排头兵”；“三创”（争创群众满意窗口、争创优质服务品牌、争创优秀服务标兵），积极推行阳光服务、微笑服务、规范服务、高效服务等特色服务，充分利用“党员示范岗”“党员志愿者”“青年文明号”“工人先锋号”“巾帼文明岗”等服务品牌，积极开展为民服务，丰富品牌内涵，提升品牌品质，打造社会知名度高、群众信任度高的优质服务品牌；持续开展“三评”（群众评议、党员互评、领导点评），通过设置意见箱、电子测评系统，组织召开内部评比会、评议会及聘请形象监督员、行风评议员、开展客户满意度调查等方式，对履职情况、服务质量进行群众评议。做好群众意见反馈和问题整改工作，以实际效果取信于民。

邮　政

【经营收入】 2021年，中国邮政集团有限公司西藏自治区桑日县分公司（以下简称“邮政桑日县分公司”）全年计划完成收入125万元。截至12月末，共计完成收入111.59万元，完成全年收入预算进度的89.27%，同比增长-9.54%。规模排名全市邮政县支局所第10。

2021年末，邮政桑日县分公司储蓄余额达2285.42万元，完成年度预算的133.04%。截至12月30日，储蓄余额增幅排名全市所有县支局第2。

【邮政普遍服务】 年内，邮政桑日县分公司按照国家邮政局《邮政普遍服务标准》，认真履行邮政普遍服务的义务，按照标准基本内容、要求和服务规范，组织生产、强化管理、保证质量、规范服务，有效巩固和提升邮政普遍服务整体水平，从传统邮政业务迈上多元化经营道路。截至2021年末，依法开展的业务有邮政储蓄、汇兑、代理保险、代发工资、包裹、函件、中邮广告、报刊发行、报刊零售、特快专递、邮政礼仪、集邮、代缴话费、代收交警罚没款、邮政物流、邮政分销等。

【支局所运营情况】 2021年，邮政桑日县分公司设有邮政乡（镇）网点共3个，所有乡（镇）网点每周营业时间为5天，每日6小时，所有县到乡（镇）网点邮件投递频次为每周五班，乡到村的邮件投递频次为每周三班。

2021年，为做好邮政普遍服务工作，中国邮政集团有限公司西藏自治区分公司统一为邮政桑日县分公司的3个乡（镇）网点安装监控设备。

7月，邮政桑日县分公司开展乡（镇）网点普遍服务检查工作

（邮政桑日县分公司　提供）

【企业党建】2021年，邮政桑日县分公司积极组织党员参与联合支部组织的“两学一做”学习教育，系统学习党史、《习近平谈治国理政》、《习近平七年知青岁月》、《刘爱力董事长在全国邮政系统干部职工警示教育电视电话会议上的讲话》等，并要求每位员工撰写读书笔记和心得体会，不断强化员工“四个意识”，用习近平总书记重要讲话精神武装头脑、指导实践、推动工作。引导党员干部筑牢信仰之基、补足精神之钙，把稳思想制度，坚持不忘初心，继续前进。通过学习，全体党员干部深刻体会到必须要进一步解放思想，更新观念，拓展思路，提高自身的综合素质和业务能力，尽力尽责，爱岗敬业，勇挑重担，为邮政桑日县分公司可持续发展而努力奋斗。

国网桑日县供电局

【概况】2021年，国网桑日县供电公司以习近平新时代中国特色社会主义思想为指导，深入学习贯彻中共十九届五中、六中全会，中央第七次西藏工作座谈会，习近平总书记在庆祝中国共产党成立100周年大会上的重要讲话，习近平总书记西藏考察重要讲话精神，扎实开展党史学习教育，努力践行“人民电业为人民”企业宗旨，认真组织开展为民办实事活动。在国网西藏电力有限公司党委和国网山南供电公司党委领导下，较好地完成年度安全生产各项工作任务，全年未发生电网、人身等安全事故。

【基本生产经营情况】2021年，国网桑日县供电公司担负桑日县3个乡1个镇、43个行政村、83个自然村、2.1万人的供电任务。所辖35千伏变电站2座，35千伏线路2条，10千伏线路7条；营业户数5578户，通电率达到100%。

截至2021年末，国网桑日县供电公司购电量1874万千瓦时，售电量1679万千瓦时，线损率10.4%。截至10月末，主营业务收入743万元，主营业务成本953万元，净利润为-179万元。

【安全生产管理】2021年，在安全生产专项整治三年行动工作中，国网桑日县供电公司严格按照上级公司统一安排部署，扎实开展安全生产专项整治工作，确保电网安全稳定运行，提升安全管控能力。全面夯实基础台账，建立健全安全管理制度，发挥公司安全生产委员会作用，加强作业安全风险管控。严格执行“两票三制”，认真组织开展安全教育培训，全年开展《安全生产操作规程》考试5次。扎实开展今冬明春有序供电和森林草原防火等安全隐患排查治理活动23次，完成电网设备、森林防火、防汛等隐患排查及消缺工作。供电可靠率同比上升7.7%，跳闸率同比下降18.6%，大幅度提升桑日电网安全运行水平。

【经营管理】2021年，国网桑日县供电公司努力增供扩销，狠抓业扩报装、电费回收等工作。截至12月末，国网桑日县供电公司购电量同比增长0.5%，营业普查及电费回收率达100%。

12月28日，国网桑日县供电公司召开四季度安全生产委员会会议，研究保供电及供电安全工作　（国网桑日县供电公司　提供）

狠抓综合线损治理，指标同比持平。工作推行全员绩效管理，严格实施公司绩效分配考核细则。

【基层党建】2021年，在上级党组织的领导下，国网桑日县供电公司党支部进一步强化组织建设，规范党组织管理，严格落实七项组织生活制度。落实党风廉政建设要求，党员领导干部带头遵守党纪党规，年内未发生任何违规违纪及信访事件。全年召开支部党员大会7次，开展主题党日活动12次，讲党课4次。发展预备党员1名，入党积极分子4名。扎实开展党史学习教育29次，按照计划完成必读书目的集中学习，坚持读原著、学原文、悟原理，提升党员思想政治素质，扎实开展“我为群众办实事”实践活动和“党建＋安全”活动。公司共产党员服务队深入学校、农村、小区、寺庙等开展安全用电宣传及隐患排查治理工作，为广大用户提供优质服务。

【电力体制改革】10月，根据国家农电体制改革精神，桑日县供电有限公司正式上划至国家电网有限公司，隶属于国网西藏电力有限公司，更名为国网西藏电力有限公司桑日县供电公司。年内，按照国网西藏电力有限公司党委统一安排部署，公司认真落实“子公司改分公司”工作方案，逐步开展各项工作任务，已按照时限要求完成子公司出资人变更、分公司注册、车辆权证变更、合同主体变更等工作。

【内部建设】专业培训　2021年，国网桑日县供电公司编制《国网西藏电力有限公司桑日县供电公司职工素质能力提升建设工程实施方案》，充分发挥公司专业技术骨干人员力量，每周组织开展各种专业管理培训学习，努力提升员工综合素质。

改善办公环境　年内，在国网西藏电力有限公司和国网山南供电公司领导及相关部门的帮助指导下，国网桑日县供电公司努力克服困难，全体干部职工发扬自力更生、艰苦奋斗的精神，完成新租赁办公场所搬迁工作，其间未影响公司正常工作，也未发生任何安全事故。

成立工会小组　年内，在国网西藏公司和国网山南公司工会帮助指导下，国网桑日县供电公司成立工会小组。

职工食堂投入运营　10月末，国网桑日供电公司建成职工食堂，11月1日正式投入运营，解决干部职工长期以来就餐难的问题。

6月3日，国网桑日县供电公司职工到吉绒村安装变压器保障村居供电　（国网桑日县供电公司　提供）

保利协鑫（桑日）光伏电力有限公司

【概况】保利协鑫（桑日）光伏电力有限公司是协鑫新能源控股有限公司全资子公司，公司以电力生产、销售及其相关工程咨询服务、光伏电力项目开发及光伏产业项目开发为主要生产项目。光伏电力项目总装机容量10兆瓦，占地面积23334.5平方米，总投资1.92亿元，于2011年5月17日注册成立，5月28日开工建设，10月13日竣工，是年12月30日，并网试运行。

保利协鑫（桑日）光伏电力有限公司电站分站前区和核心

发电区，站前区由综合楼、配电间、停车场组成，核心发电区主要由太阳能电池阵列、防雷汇流箱（220台）、逆变器（20台）、就地箱式变压器（10台）组成，支架角度32°，全站共10个发电单元。

【解决当地农牧民就业】保利协鑫（桑日）光伏电力有限公司成立后，积极响应政府号召，招收当地待业农牧民就业，截至2021年末，公司在编人员为5人，其中当地农牧民员工1人，占公司总人数的20%。

【生产业绩】2011年1月31日至2021年12月31日，保利协鑫（桑日）光伏电力有限公司并网运行以后，共安全运行3623天，发电量总计1445.03万千瓦时，日平均发电量4.8万千瓦时，平均年产值1369.54万元。

【安全生产】2021年，保利协鑫（桑日）光伏电力有限公司未发生EHS（环境管理体系和职业健康、安全管理体系）事故事件。年内，保利协鑫（桑日）光伏电力有限公司运营电站未发生异常及安全事件。是年，保利协鑫（桑日）光伏电力有限公司工程项目未发生生产安全事故。全年保利协鑫（桑日）光伏电力有限公司未发生环境保护、交通安全及其他安全事故。

商务·旅游

商　务

【概况】 2021年，在县委、县人民政府的领导下，在上级业务部门的指导帮助下，县商务局围绕全县中心工作，认真贯彻落实年初“两会”和县委经济工作会议上各项既定安排部署，认真贯彻落实自治区、山南市商务工作会议精神，坚持以习近平新时代中国特色社会主义思想为指导，进一步提高思想认识、强化责任担当、认真履职尽责，按照既定工作要求、目标任务，积极推进商贸流通领域各项工作，确保全年各项工作任务按计划完成。

【安全监管】 2021年，县商务局进一步加强商贸流通领域成品油企业安全监管工作。联合所在乡（镇）、县直属相关部门，定期不定期对全县辖区内加油站、重点建设项目撬装加油点、商铺、超市等人员较为密集的场所，适时开展安全隐患排查和督促整改工作。

强化宣传和教育工作。健全完善安全隐患排查登记台账和流通领域产品销售、进货造册备案等方面整治机制。年内，县商务局联合所在乡（镇）、市场监管、应急管理、生态环境等部门，共开展各类执法监督检查35场次，出动车辆40余辆次，检查企业主体60余场次，督促企业落实安全主体责任，强化应急处突预案演练，为排查消除安全隐患、遏制和杜绝各类安全生产事故的发生提供坚强保障。

3月，市、县商务部门联合开展成品油企业安全隐患排查和绒乡巴朗村中信加油站油气回收治理工作　　（县商务局　提供）

【疫情防控】 2021年，县商务局严格按照自治区、市及县委、县政府的统一安排部署，认真做好新冠肺炎疫情常态化防控各项工作，为确保市场生活物资必需品有序供应、价格平稳，积极沟通对接上级业务部门和县直属有关单位，立足县域实际，强化落实生活必需品的保供应工作和价格监管工作；定期不定期安排人员到辖区内超市、蔬菜冻肉店、商铺、酒店等场所开展督导检查，合理筛查布点，及时调配生活物资，联合县发展和改革委员会、县市场监督管理局等部门强化市场价格运行监管，为确保市场生活物资平稳供应奠定坚实基础；年内，县商务局就日用百货、蔬菜、粮油肉类等商贸流通领域共开展执法检查23场次，涉及人员700余人。

强化宣传教育引导，严格消杀防控措施。在元旦、春节、藏历新年、全国“两会”、“3·15”国际消费者权益日、3月平安建设宣传页、“萨嘎达瓦”、虫草采集、2021西藏雅砻文化旅游节、山南市2021第41届雅砻物资交流会期间，县商务局进一步加强宣传教育和引导工作，联合县发展和改革委员会、县市场监督管理局强化市场价格运行监管；联合卫生防疫、消防救援等部门，加强对超市、蔬菜店、餐饮店、商铺等人员密集场所领域的疫情防控措施，在做好消防安全工作的同时及时配备医用口罩、消毒水等防疫物资，密切部门协作，形成工作合力。截至年末，县商务局共开展各类宣传教育30余场次，散发各类宣传资料2000余份，受教育群众2300余人次。

年内，县商务局落实工作责任，及时调度监测。畅通信息渠道，加强每日信息报送工作，严格落实执行新冠肺炎疫情防控“日报告”制度，及时统计汽油、柴油、生活物资当日储备情况，掌握应急物资储备库存，保障疫情防控期间各类物资保供平稳有序。

【项目建设】 2021年，县商务局与县发展和改革委员会、县住房和城乡建设局、县自然资源局、县供电公司等有关部门加强沟通衔接，完善资质手续，积极推进项目建设进度；立足实际，督促承建方、监理单位严格施工现场各项安全防范措施，落实主体责任，积极推进桑日县生活必需品储备库项目建设。截至年末，项目正在建设当中，前后已拨付工程款及其他建设费用合计468万余元，工程建设进度已达到95%以上。

【电子商务】 年内，县商务局积极沟通对接市商务局与拉萨市净云电子商务科技有限公司、京东物流等第三方电商平台企业，按照自治区商务厅和山南市关于电子商务进农村综合示范整体推进工作安排和部署，立足县域实际，安排专人、专班负责，协调做好县级服务站点项目选址、县域农特产品数据采集等各项服务工作，加快推动和完善县域物流体系网络的建设。

【健康低氟茶统一配送】 年内，县商务局完成由自治区商务厅、市商务局牵头组织实施的健康低氟茶统一配送工作。9月12—15日，由承办企业拉萨市净云电子商务科技有限公司协同智昭同城物流（山南）公司为全县3个乡1个镇统一配送健康低氟砖

6月，县商务局联合县发展和改革委员会、县住房和城乡建设局、县应急管理局、市生态环境局桑日分局，就桑日县生活必需品储备库建设项目（桑日镇雪巴村）开展实地督导检查　（县商务局　提供）

茶，按照 3 千克 / 人的统一标准，为全县 15639 人（户）配送低氟普洱茶。具体为白堆乡 1878 人、313 件、5634 千克；增期乡 4428 人、738 件、13284 千克；绒乡 5604 人、934 件、16812 千克；桑日镇 3729 人、621 件、11187 千克，全县合计 15639 人，46917 千克。其中各乡（镇）不足部分，县商务局正与上级业务部门和第三方承办企业进行对接和协调。

旅　游

【概况】 2021 年，在县委、县人民政府领导下，在上级业务部门支持下，桑日县旅游发展局以习近平新时代中国特色社会主义思想为指导，主动适应旅游业发展形势要求，认真抓好“十四五”规划项目申报、桑日县全域旅游规划、本级投入项目前置办理、自治区审计“十三五”规划旅游项目及旅游业发展等各项工作。年内，全县旅游工作成效显著，持续带动全县第三产业发展，为全县经济发展贡献应有力量。

【旅游接待情况】 截至 2021 年 11 月末，桑日县共接待国内外游客 34.92 万人次，同比增长 20.2%；完成旅游总收入 1244.5 万元，同比增长 41.81%。

【旅游服务行业疫情防控】 2021 年，县旅游发展局持续做好旅游服务行业疫情防控工作，每月开展 2 次旅游行业疫情防控工作督导检查，组织人员赴全县各景区景点、家庭旅馆、宾馆酒店等地，对外来人员登记、消毒消杀、测温扫码等工作进行实地检查，并向旅游从业人员宣传疫情防控知识。年内，全县旅游行业继续保持平稳有序的发展态势，旅游市场复苏势头明显，游客数量、旅游收入等重要数据大幅提升。

【安全生产】 2021 年，县旅游发展局与县域内的宾馆酒店、家庭旅馆、温泉接待点等业主签订《桑日县旅游行业安全生产目标管理责任书》，进一步强化旅游服务行业从业人员的安全责任意识。加强对辖区内旅游道路交通、食品安全、消防安全等方面监管，组织人员以实地查看、现场询问等方式，开展旅游安全专项检查 23 次，出动检查人员 40 余人次，提出整改建议 9 条。全年桑日县旅游领域未发生任何安全生产事故。

【景区环境卫生整治】 2021 年，县旅游发展局持续加强对景区景点环境卫生的整治工作，以治理“白色污染”为重点，在达古峡谷景区、思金拉措、沃卡温泉、嘎堆雪追等景区景点共开展环境卫生整治 17 次。对检查中发现的问题立即整改，并通知景区管理人员加强管理，确保景区景点环境干净整洁。雇用专人对达古峡谷景区、嘎堆雪追景点及厕所进行定期清扫，确保景区景点环境卫生保持良好。

【基础设施建设】 2021 年，雪巴村旅游公共服务配套设施建设项目、雪巴村旅游改扩建项目和卡乃村旅游改扩建项目相继竣工并投入使用，全年实现旅游收入近 400 万元；完成卡乃村旅游改扩建项目和鲁定颇章基础设施建设项目的移交；投入 5 万余元对嘎堆雪追景点和达古峡谷景区游步道、栏杆进行维修和刷新，投入 2 万余元对思金拉措景区涉

2021年，县旅游发展局工作人员持续开展旅游行业疫情防控、安全生产常态化督导检查　　（县旅游发展局　提供）

2021年，实施改造升级工程后的嘎堆雪追景区（县旅游发展局　提供）

水路面增设栈道；积极配合自治区审计工作组，对县旅游发展局“十三五”规划期间实施的雪巴村旅游改扩建项目、卡乃村旅游改扩建项目、鲁定颇章基础设施建设项目、沃卡温泉景区建设项目等4个项目进行审计；持续推进与中惠旅智慧景区管理股份有限公司和山南旅游文化投资有限责任公司共同开发达古峡谷景区事宜；配合市、县人民政府和市旅游发展局推进西藏山南首届“思金拉措”旅游民歌节，完成实地调研、策划方案等前期工作；按照市旅游发展局工作安排，开展桑日县全域旅游规划编制工作，已通过县人民政府常务会议和县委常委会议审议，截至年末，即将进行招标工作；推进思金拉措景区建设项目设计工作，完成项目可行性研究报告，各项前置手续正在有序推进；为增期乡雪巴村3户家庭旅馆采购电视、床上用品等，全面提升家庭旅馆档次。

【旅游宣传】 2021年，县旅游发展局投资18万元在拉萨市布达拉宫广场旁租赁电子显示屏，全天滚动播放桑日县旅游宣传片；投入25万元在泽贡高速公路旁租赁2个大型广告牌，宣传桑日县旅游资源；通过开展“5·19”中国旅游日宣传活动，进一步提升桑日县旅游知名度；积极参加山南市旅游发展局在拉萨市举办的2021年山南乡村旅游产品推介会，通过展销让桑日县葡萄酒知名度进一步提升；积极参加市旅游发展局组织的山南市旅游商品大赛，县旅游发展局推送的桑日县帕竹荣顺庄园葡萄酒荣获铜奖、“山南市必购礼品奖”和“最具地域特色奖”等三大奖项；积极参加山南市“3+1”精品旅游线路采风活动，组织自治区内外70余家旅行社、旅游媒体深入桑日县各景区景点踩线，不断提升桑日县旅游知名度，有效开拓旅游市场。

【产业增收带动就业】 持续推进旅游产业增收，年内，措巴村温泉实现收入35万元，雪巴村温泉实现收入340万元，其他乡村旅游（家庭旅馆、农家乐、牧家乐及其他温泉）实现收入200余万元。沃卡温泉带动20人实现就业，平安商务酒店带动12人实现就业，月人均工资约3500元。发放生态岗位旅游厕所保洁员工资，每人每月2625元，共6人全年发放189000元；发放景区厕所保洁员工资，每人每月2625元，共2人全年发放63000元。

9月30日，县旅游发展局选送的桑日县帕竹荣顺庄园葡萄酒获得“山南市必购礼品奖”（县旅游发展局　提供）

住房和城乡建设

【概况】 2021年，在县委、县人民政府领导下，桑日县住房和城乡建设局党组团结带领全局干部职工，坚持以习近平新时代中国特色社会主义思想为指导，全面贯彻中共十九大，十九届二中、三中、四中、五中、六中全会精神和习近平总书记在西藏考察时重要讲话精神，以城乡建设为立足点，牢记嘱托、感恩奋进，狠抓党风廉政、乡村振兴、扫黑除恶、风险防控、生态环保等各项工作。人民群众居住环境得到明显改善，城市环境综合承载能力大幅提升。

【基础设施建设项目】 2021年，桑日县住房和城乡建设局续建、新建项目共5个。

2019年公租房（桑鲁嘉园）建设项目　总投资1554.18万元，建设住房56套，建筑面积4084平方米，于2021年3月复工，4月末竣工，5月初完成分配入住工作。

2019年公租房（鲁牧木材石材专业市场）建设项目　总投资2833万元，建设住房152套，建筑面积7600平方米，于2021年3月复工，2021年10月组织竣工验收。

2020年公租房（县公安局）建设项目　总投资1166.25万元，建设住房56套，建筑面积3353平方米，于2021年3月复工，2021年10月竣工。

桑日县城老水厂和旧管网改造项目　本级财政投入650万元资金，启动县城老水厂和管网改造工作（县城供水扩容提质工程），对县城供水主管网和2个小区、主要办公区管网进行节水改造，完成退休基地、桑鲁嘉园、安详嘉园、县中学、县完全小学、主要办公场所等区域供水管网改造，对主要管网进行分段控制。

2021年公租房（幼儿园）建设项目　总投资497万元，建筑面积1440平方米，7月2日，放线动工，11月30日，组织初验。截至年末，相关问题正在整改中。

【农村住房改造】 2021年，县住房和城乡建设局按照“应改尽改”原则，通过精准摸底，全县实施完成2020年度第二批和第三批农村住房改造共516户（其中“四类对象”156户），已兑现第二批改造278户的资金419.4万元。12月15日，向第三批实施农村住房改造、通过验收的群众兑现完毕项目奖补资金。

【县城污水处理厂建设项目】5月，总投资2500万元的桑日县污水处理厂竣工投产，由项目施工单位进行试运行。7月，县住房和城乡建设局通过公开招标方式，确定西藏国华环保有限公司作为县城污水处理厂运行单位。截至年末，县城污水处理厂正常运行。

【环境治理】2021年，县住房和城乡建设局狠抓上级环保督察反馈问题落实，就县城在建工地扬尘治理共下发整改通知13份，帮助各施工企业制定并督促落实建筑工地治理方案，截至年末，县城在建工地全部落实“6个100%（施工现场100%围蔽，工地砂土100%覆盖，工地路面100%硬地化，拆除工程100%洒水压尘，出工地车辆100%冲净车轮车身，暂不开发的场地100%绿化）”。

【县城市政服务】供水　2021年，年供水总量约100万吨，水质综合合格率达99%以上；查处管道暗漏点50余处，维修破损管道120余处，确保县城安全供水。

基础设施维护保养　2021年，县住房和城乡建设局加强路灯亮化设施日常维护管理，保证路灯用电安全和亮灯率达95%；加强市政设施巡查，及时完成县城突发的排水、排污、井盖、道路等设施安全隐患问题抢修恢复；及时修补破损路面，完成城市桥梁承载能力检测。

【质量安全监管】2021年，县住房和城乡建设局把办理施工许可证作为抓好行业监管的重要抓手，狠抓房屋和市政工程质量安全工作，实行建筑安全目标管理责任制，与各施工单位签订建设工程质量安全生产目标责任书17份，构建“权责明确，行为规范，监管有效，保障有力”的安全监管责任体系。落实“月考月评”制度。5月25—30日，对全县在建工地进行现场打分，作出通报排名，对排名靠后的工地进行谈话提醒。落实建筑领域每日报平安制度。全县所有在建工程项目，每日在桑日县建筑领域监管微信群执行“有事报事、

3月，县住房和城乡建设局工作人员对华新环保项目开展复工、维稳及疫情防控工作检查（县住房和城乡建设局　提供）

3月，县住房和城乡建设局组织开展加气站维稳检查（县住房和城乡建设局　提供）

无事报平安”制度，确保监管到位。强化安全生产预警机制。在节假日、恶劣天气季节及施工高峰期，县住房和城乡建设局及时下发文件，及时提出强化监管相关要求，有针对性地进行部署。强化监督检查。利用项目验收、安全生产检查等时机，深入各施工现场检查建筑安全生产工作，1—11 月，开展各类监督检查工作 8 次，覆盖全县所有在建项目，下发停工整改通知书 14 份。

【扫黑除恶专项斗争】 2021 年，县住房和城乡建设局持续开展扫黑除恶专项斗争。加强线索搜集，坚持“线上＋线下”相结合的线索摸排方式，畅通群众举报投诉渠道，设置扫黑除恶举报邮箱，在建筑领域监管微信群公开举报电话，切实发动群众检举揭发城乡建设行业领域的乱象。通过召开座谈会、进企业、到工地、入小区等多种方式，深挖问题线索，截至年末，暂未收到问题线索。

【建筑工程招投标监管】 2021 年，县住房和城乡建设局对县中学改造建设项目、传染病能力提升建设项目、生活必需品储备库建设项目、公共体育服务设施建设项目招投标情况进行抽查，重点对招标方式选择、招标文件编制和发布情况、投标人资质审查、评标决策机构组成、开标、评标及合同签订等环节的执行情况是否符合相关法律法规进行全面检查。

【强化建筑工地实名制管理】 2021 年，县住房和城乡建设局把建筑工地实名制管理、开展民工工资专户作为办理施工许可证前置条件，从严审查。年内，对火车站站前广场建设项目落实实名制管理不到位、未及时考勤锁定施工单位资质，给予罚款 5 万元处理。

市管理和综合执法

【县城环境卫生】 2021 年 7 月，桑日县城市管理和统合执法局对辖区政府购买服务详单进行全面核实更新，出具桑日县城区生活垃圾托管运营服务采购项目概算。8 月 23 日，完成政府采购所有流程，中标单位为西藏国策环保科技股份有限公司。服务主要内容是县城 16 条道路（长 10037.26 米，面积 173256.41 平方米）、法治公园（1942 平方米）、停车场（2300 平方米）、鲁定林卡（3731.45 平方米）、火车站站前广场（1.5 万平方米）。2021 年服务项目比 2020 年增加 58124.11 平方米，分别是通站路长 643 米、宽 25 米，保洁面积 16075 平方米；站前路长 351 米、宽 25 米，保洁面积 6900 平方米；伟色路大桥至鲁定林卡前县文化局路长 248.5 米、宽 5 米，保洁面积 1242.5 平方米；火车站站前广场长 150 米、宽 100 米，保洁面积 15000 平方米；进城牌坊至西藏山南桑日县兴旺液化气站的奴卡路长 644 米、宽 19 米，保洁面积 12236 平方米；鲁定林卡 3731.45 平方米（主要是道路保洁），县城市管理和综合执法局经常性按照县城环境卫生考评表进行督导检查、人员在岗率检查、片区管理明细检查，严明组织纪律，强化内部管理，对于国策环保科技股份有限公司管理层人员进行报备制度，遵循“出必告，反必面”原则，共同努力，做好县城环境卫生工作。

【垃圾填埋场运营管理】 2021 年，县城市管理和综合执法局定期不定期对垃圾填埋场开展检查督导，截至年末，对生活垃圾清运进入垃圾填埋场垃圾称重登记表（约 9.5 吨 / 天）、渗滤液回喷回灌记录（冬季：1 次 / 周；夏季：1 次 /3 天）、消杀记录（1 次 /4 天）、维修保养台账（实际记录）、覆土台账（1 次 /2 天，平均 30 厘米）、覆土日志等进行检查，记录及时内容翔实。

9 月 28 日，山南市 2021 年度城镇供水、污水垃圾处置设施规范化运行及城市市容市貌环境卫生、城管执法交叉考核组到桑日县开展检查，现场指出 11 项问题，县城市管理与综合执法局与国策环保科技股份有限公司高度重视，立即动手整改，截至年末，完成整改。

【占道经营整治】 2021 年，县城市管理和综合执法局与县公安局、县市场监督管理局、县自然

8月16—17日，城市管理和综合执法局联合县市场监督管理局、县公安局交警大队整治县城内占道经营和店外经营，图为整治现场

（县城市管理和综合执法局　提供）

资源局，山南市生态环境局桑日县分局等相关部门联合执法，治理县城所有出店经营及占道经营，但占道经营整治过后均会出现经常性反弹，年内，县城市管理和综合执法局发现一处劝返一处，全年共治理30余次。

【校园周边环境专项整治】2021年，县城市管理和综合执法局开展学校周边环境专项治理工作。保证各学校周边无噪声、无占道经营、无乱倒垃圾现象。校内垃圾清运及时，营造良好的教书育人环境氛围。县城市管理和综合执法局深入校园进行了解，截至年末，未发现服务不到位现象。

【县城污水处理及收集系统建设】县城污水处理厂设计规模为近期1000米^3/日，远期1500米^3/日，污水收集主管管径DN400长度1300米，采用工艺为“一级强化＋人工湿地”，投入资金2499.99万元。资金来源为打赢污染防治攻坚战专项资金（中央财政资金、自治区人民政府债券资金）。截至年末，县城污水处理及搜集系统工程已经完成，处于试运行阶段，为县住房和城乡建设局主监管。

【城市管理法治宣传】2021年，县城市管理和综合执法局持续宣传《山南市城市建设管理条例》，下发100册藏语、汉语的《山南市城市建设管理条例》及100张宣传漫画。

【燃气领域安全生产】2021年，桑日县城辖区燃气领域行业企业有西藏山南桑日县兴旺液化气站，按照相关要求，县城市管理综合执法局至少每月3次到点上检查指导工作，以燃气领域安全生产工作为主，加强疫情防控，主要做法是不戴口罩不准进站，机动车、非机动车禁止入内，人员进站须经消毒地毯消毒，进站后立即测体温。进行人员信息实名登记，第一时间摸清加气人员基本信息并传送到县公安局。10月28日，市城市管理和综合执法局领导到桑日县检查指导工作，提出14项问题，经县城市管理和综合执法局与西藏山南桑日县兴旺液化气站共同努力，年内完成整改。

市政供水

【概况】2021年，桑日县锦砻市政供水有限公司在各部门大力支持下，始终坚持“始于群众需求，终于用户满意”的宗旨，不断开拓进取、创先争优，在实现企业经济效益的同时，勇于承担相应的社会责任，较好地完成各项年度工作任务。

【主要经运指标】2021年，全年供水量累计完成90万立方米，新铺设供水管道5600米，改造供水管道320米，维修水表537次，夜间抢修16次。

【安全供水】2021年，桑日县锦砻市政供水有限公司严格落实新冠肺炎疫情常态化防控措施，持续进行严防严控，切实贯彻执行上级有关新冠疫情常态化防控工作会议精神，不信谣、不造谣、

2021年，桑日县锦砻市政供水有限公司在桑鲁家园抢修自来水管网（桑日县锦砻市政供水有限公司 提供）

不传谣，宣传普及防疫知识，提高员工卫生意识，引导员工进行自我防护。结合供水工作实际，全面部署，有序安排，妥善应对，及时排除各类供水隐患，确保安全供水。对水厂采取全封闭式管理，外来人员和车辆一律禁止进入；对水源地、供水设施设备加强守护、巡视，加强值班值守和安全保卫工作，如期完成全年安全供水任务。

【水费收缴】 2021 年，桑日县锦砻市政供水有限公司着力收费主线，践行创新举措，结合县城零散商住户、各单位实际情况，切实攻克收费工作困难，收费程序复杂问题，保证水费按期收缴到账。

【缓解用水紧张】 2021 年，为缓解生产生活用水紧张的局面，更好地保障县城用户供水，桑日县锦砻市政供水有限公司新增设备用抽水泵房 1 个，对原有的 3 个抽水泵房、蓄水池定期进行维护保养，清洗消毒。

【履行社会责任】 2021 年，为深入贯彻习近平总书记“绿水青山就是金山银山”理念，3 月 12 日，在第 43 个植树节来临之际，桑日县锦砻市政供水有限公司员工积极开展义务植树活动。

在“六一”国际儿童节来临之际，桑日县锦砻市政供水有限公司组织员工分别到县城 5 所小学、19 所幼儿园开展节日慰问。年内，桑日县锦砻市政供水有限公司组织员工前往扎热塘等新冠肺炎疫情防控卡点进行走访，并慰问坚守在疫情防控一线的警务人员、医护人员，为奋战在疫情防控一线的工作人员送去牛奶、面包、饮料、消毒液、一次性口罩等慰问物资。是年，桑日县锦砻市政供水有限公司组织员工自发购买棉衣、棉裤，给经济困难家庭学生们送去，并为其送上助学金。

市生态环境局桑日县分局

【概况】 2021 年，在县委、县人民政府、山南市生态环境局的领导下，在县人大常委会、县政协的监督下，市生态环境局桑日

2021年，桑日县锦砻市政供水有限公司员工在清洗自来水厂水池（桑日县锦砻市政供水有限公司 提供）

县分局坚持以习近平新时代中国特色社会主义思想为指导，坚决扛起生态环境保护的政治责任，全面完成好桑日县生态环境保护领域各项工作任务。

【党建工作】2021年，市生态环境局桑日县分局坚决落实“三会一课”制度、“两学一做”学习教育常态化制度化、主题党日活动，以深入学习习近平新时代中国特色社会主义思想为抓手，采取自学与集中学习研讨、理论学习与工作实践相结合方式落实学习制度。全年共组织集中学习42次，召开党员大会4次，讲党课4次，开展主题党日活动11次。结合党史学习教育、“三更”专题教育及新时代文明实践活动，桑日分局党支部积极开展“我为群众办实事”实践活动和“三包五带五促”工作。全年支部开展各类宣传宣讲活动12场次，受教育群众1900余人次，带头对环境卫生进行彻底清理7次，开展走访调研3次，为群众办实事、解难事、做好事10件。

持续开展党史学习教育暨“三更”专题教育，及时制定专题教育方案，成立领导小组，组织召开动员部署会议、专题学习会议18次，开展专题交流研讨6次，形成简报22期。

年内，市生态环境局桑日县分局高度重视党风廉政建设工作，与分局干部职工签订党风廉政建设责任书，积极开展警示教育活动，认真组织集中观看廉政教育警示片、参观廉政教育基地，支部书记带头讲授廉政党课等活动，始终坚持把思想政治建设放在干部队伍建设的首位，将党风廉政建设与支部党建相结合，切实提高干部思想水平，改善工作作风。

【巡察整改】2021年，市生态环境局桑日县分局严格按照市委巡察一组巡察“回头看”山南市生态环境局情况反馈意见，及时对巡察整改工作进行动员部署，对市委巡察一组提出的涉及市生态环境局桑日县分局3个问题，逐条制定整改措施。截至年末，桑日县新型绿色环保建材生产基地现场作业中扬尘污染较大，未采取相应措施和市生态环境局桑日县分局执法不规范，存在1人执法和公益性岗位人员执法的问题已整改完成，另外关于落实中央、自治区环境保护督察组反馈意见整改不到位问题（小型水泥砖厂无环评手续仍在运营），各乡（镇）上报辖区内砖厂保留名单，待县人民政府、市生态环境局整合意见明确后，对符合条件的及时督促办理环评相关手续，并严格监督企业落实环境保护措施。

【生态环境专项整治】2021年，市生态环境局桑日县分局持续开展桑日县生态环境六大专项整治工作。市生态环境局桑日县分局投入资金5.3万元对拉林铁路（桑日段）桑日镇奴卡村、雪巴村周边的无主生活垃圾、建筑垃圾等进行全面清理，并在易倾倒各类垃圾入口安装网围栏封锁简易铁门。

年内，市生态环境局桑日县分局在桑日镇比巴村投入63.91万元，用于比巴村规划用地面积17627.47平方米（约1.76公顷）、新建挡土墙60.68米、新

4月9日，市生态环境局桑日县分局工作人员参加新时代文明实践之“我为群众办实事”“五下乡”活动，宣传普及环境保护法律、知识　　（市生态环境局桑日分局　提供）

建通透式围墙 60.68 米、新建实体围墙 15.25 米、种植旱柳 30 株、开展场地大石头清理及垃圾清理 17627.47 平方米。

【环保宣传】2021 年，市生态环境局桑日县分局组织开展 10 次“禁白”宣传教育活动，发放环保购物袋 4000 余个、宣传资料 1700 余份、环保宣传品 1300 余份。

【饮用水水源地监测和企业后督察环境质量监测】2021 年，除常规监测外，市生态环境局桑日分局增加农村饮用水水源地监测和企业后督察环境质量监测。截至年末，第三方已完成全年各季度监测工作，监测结果已在桑日县人民政府门户网站公示。监测结果显示，全县县域环境地表水及集中式饮用水水源地检测项目均满足《地表水环境质量标准》三类标准，空气检测项目均满足《环境空气质量标准》一级标准。

【环境执法检查】2021 年，为有效防控环境风险，市生态环境局桑日分局开展执法检查 30 次，出动执法人员 62 人次，检查企业 10 家；开展联合检查 8 次，检查企业 8 家，对存在问题当场提出整改要求 2 条，填写检查记录单 23 份、下发责令整改通知书 12 份。处罚案件 2 件。

【环保项目建设】2021 年，桑日县先后启动实施白堆乡修建污水处理厂项目、白堆乡群众建房历史遗留取料点生态恢复项目、县城污水处理厂周边防洪堤建设项目。截至年末，所有项目已全面建设完成，总投资 781 万余元。

5月2日，县委副书记、县人民政府县长吾金（右三）督察华新水泥（西藏）有限公司生态环境保护工作

（市生态环境局桑日县分局　提供）

年内，划拨国家重点生态功能转移支付资金（第一批）677 万元，主要用于对桑日县中学、桑日镇完全小学和县人民检察院进行绿化美化项目，总投资 321 万元。截至年末，项目建设已完成。为增期乡购置吸污车 1 辆，总投资 25 万元。完成增期乡增期村饮用水源点修建网围栏建设项目，总投资 30 万元。完成增期乡雪巴村老路处修建公厕 1 座，总投资 25 万元。与西藏山南市海星物业管理有限责任公司签订 2021 年乡村生活垃圾转运托管运营工作协议，投入资金 135 万元。截至年末，乡村生活垃圾托管运营工作有序开展中。协助县住房和城乡建设局、县城市管理和综合执法局进一步加大全县垃圾转移力度和县城美化工作。是年，市生态环境局桑日县分局购置大型垃圾转运车 1 辆和电动扫地车 2 辆，总投资 59 万元。

年内，市生态环境局桑日县分局划拨国家重点生态功能转移支付资金（第二批）765 万元用于增期雪巴村开展农村污水治理建设。截至年末，项目建设可研报告已完成，开展工程开标。

【生态岗位】2021 年，市生态环境局桑日县分局认真做好生态岗位落实工作，全县共有自治区级保洁员 29 名，每人每年工资 3500 元，总计 10.15 万元的工资，工资费用从生态岗位补助资金中支出，截至年末，全年四个季度工资已全部兑现。县级保洁员 30 名，每人半年工资 7200

元，总计43.2万元，年度工资已兑现完成，工资费用从2021年重点功能转移支付资金中支出。为更好地落实生态岗位管护责任，市生态环境局桑日县分局已与各乡（镇）人民政府签订责任书，明确相关职责。但调研后发现，个别村保洁员未按照相关规定开展工作，经研究决定，从2021年下半年开始对县级保洁员逐步进行调整更换。截至年末，已调整增期乡增期村2名县级保洁员。

【生态文明示范乡村创建】 2021年，市生态环境局桑日县分局严格按照自治区生态环境厅要求，全面落实生态文明示范乡村创建工作。年内，按照自治区生态文明建设示范县创建标准和《西藏自治区已命名的“生态县、乡、村”创建工作实施方案》要求，市生态环境局桑日县分局将桑日镇洛村、塔木村、颇章村、拉龙村4个村，白堆乡白堆村、夏间村、里龙村、曲果萨村、达西村、许木村、仁青岗村、藏嘎村8个村，白堆乡1个乡提档升级为自治区生态文明建设示范村、镇。每个村计划创建资金6万元，每个乡（镇）计划创建资金14万元，共计资金86万元。截至年末，桑日分局已委托第三方收集自治区生态文明建设示范乡镇、村提档升级材料，前期准备工作已基本完成。已完成编制规划上报自治区生态环境厅，并对初审意见稿进行修改完善。

【农村人居环境整治】 年内，市生态环境局桑日县分局实施农村生活污水治理，按照“生态宜居”总体要求，委托第三方编制桑日县农村生活污水治理专项规划，对3个乡1个镇43个行政村及自然村，结合实际提出科学的污水治理方案。

【项目环评备案】 2021年，市生态环境局桑日县分局完成103个项目环评网上备案，总投资19270万元，其中环保投资425万元。

财税·金融

县财政局

【一般公共预算收入】 地方一般预算收入 2021年，桑日县地方一般预算收入完成10133万元，完成年初预算数的113%，同比减少16万元，减少率0.1%。税收收入完成5957万元，同比减少2078万元，减少率26%，其中增值税完成3987万元，同比减少1930万元，减少33%；企业所得税完成256万元，同比减少101万元，减少28%；个人所得税完成167万元，同比减少116万元，减少41%；资源税完成147万元，同比减少153万元，减少51%；城市维护建设税完成528万元，同比减少288万元，减少35%；印花税完成110万元，同比减少64万元。减少37%；耕地占用税完成603万元，同比增长100%；环境保护税完成159万元，同比减少29万元，减少15%。非税收入完成4176万元，同比增加2062万元，增长98%。非税收收入占地方一般预算收入的比重达到41%。

政府性基金收入 政府性基金收入完成28万元（上级补助收入），同比减少97%。

社会保险基金 全县社会保险基金收入9400万元。分险种来看：全县企业职工基本养老保险基金2267万元，机关事业单位养老保险基金3458万元，城乡居民基本养老保险基金145万元，城镇职工基本医疗保险基金2271万元，城乡居民基本医疗保险基金192万元，工伤保险基金35万元，失业保险基金152万元，职业年金576万元，生育保险144万元，公务员医疗保险160万元。

【一般公共预算支出】 2021年，一般公共预算总执行数为115168万元，一般预算实际支出70631万元，比预算执行数减少44537万元，减少39%。一般公共服务支出19785万元，减少15079万元，减少43%；公共安全支出6200万元，减少1771万元，减少22%；教育支出10579万元，减少2140万元，减少17%；科学技术支出98万元，减少39万元，减少28%；文化旅游体育与传媒支出895万元，减少535万元，减少37%；社会保障和就业支出2907万元，减少2026万元，减少41%；卫生健康支出3112万元，减少2230万元，减少42%；节能环保支出361万元，减少1321万元，减少79%；城乡社区支出924万元，减少4508万元，减少83%；农林水支出23603万元，减少12157万元，减少34%；交通运输支出717万元，减少1915万元，减少73%；资源勘探工业信息等支出50万元，减少50万元，减少50%；自然资源海洋气象等支出448万元，减少327万元，减少42%；住房保障支出323万元,减少300万元，减少48%；灾害防治应急管理支出629万元，减少133万元，减少17%；粮油储备物资保障资金减少6万元，减少100%。政府性基金支出完成5万元（上级补助收入），同比减少99%。

【重点保障项目】 2021年，桑日县财政全力支持巩固拓展脱贫攻坚成果同乡村振兴有效衔接工作，按照关于巩固脱贫攻坚工作资金保障要求，采取有力措施，统筹整合各方资金，全力支持巩固拓展脱贫攻坚成果同乡村振兴有效衔接工作。财政衔接推进乡村振兴整合资金19231.18万元，支出进度达83%。其中中央、自治区财政扶贫专项资金14031.18万元，市级资金4200万元，统筹资金置换及县本级财政资金1000万元。

基础设施建设包括扶贫搬迁点供水保障、农田灌溉蓄水池、防洪堤项目1451.1万元。产业发展建设包括葡萄基地产业发展项目资金15750万元。乡村振兴示范点项目1598.66万元，高素质农民培训60万元，生态岗位整合371.42万元。

年内，桑日县有序推进直达资金支付工作，财政积极对接相关部门加快推进直达资金支付，每月定期反馈支付进度，全年全县共到位直达资金5806.38万元。实际支出4111.06万元，支出进度为70.8%。

进一步做好盘活财政存量资金1.4亿元，存量盘活资金应加快执行，不需按原用途使用的，应按规定统筹用于经济社会发展亟须资金支出领域。

政策性农业保险工作取得较好成绩，促进全县农业生产和发展，涉农政策性保险养殖业赔款1140.18万元，其中养殖业赔付1117.9万元，种植业赔付17.86万元，农房赔付4.42万元。

【深化财政改革】 2021年，按照深化财政改革工作要求，县财政局强化责任担当，狠抓任务落实，积极稳妥推进财政改革，进一步增强财政发展活力和动力。财政事权和支出责任划分改革取得新进展。进一步加强预算绩效管理，在2021年县本级预算编制过程中，整合财政扶持衔接乡村振兴发展资金19231.18万元，要求预算单位申报部门预算项目资金绩效目标。稳步推进预算绩效管理，积极开展重点项目绩效管理及财政一体化改革工作。积极开展减税降费工作，财政部门积极配合税务部门推进减税降费工作，确保各项政策措施不折不扣落实到位，切实减轻企业负担，实施各类减税政策共减免税收8510万元，惠及420户次。

年内，桑日县深化国库管理制度改革，全面推行民生资金“一卡通”和财务核算网络化管理，试点推进财政收入数据分析系统，确保科学决策。以钉钉子精神将监督职责到位，全面深入推进藏传佛教寺庙财税监管工作，县财政局邀请具有相关专业资质的第三方机构，开展各寺庙管理委员会固定资产清理工作。

【财务监督】 2021年，县财政局加大财务监督力度，为提高财政资金使用效率，预算执行情况实行月通报制度，54家单位每月通报预算执行支出进度，年末支出进度排后的5家单位在下一年业务经费中减少3%。积极与各单位加强沟通，及时与各单位核实校对惠民惠农资金，完善低保和优抚资金管理，确保惠民政策落实到位。

年内，县财政局严格按照《中华人民共和国预算法》要求，实施地方政府隐性债务统计监测月报制，扎实推进预决算公开，按照“横向到边、纵向到底”的要求，54家预算单位部门预决算已依法依规在桑日县人民政府门户网站公开。加强扶贫资金动态监控，2020年指标资金接收、分配、支出及绩效目标、自评填报工作已全部完成，在监控平台中接收并分配2021年乡村振兴衔接发展资金19231.18万元，分配率达100%，支出进度达83%。

4月12日，由县人民政府副县长徐兴带队，县财政局工作人员赴各预算单位检查指导工程项目资金、国有资产保管情况、规范履行政府采购程序、“小金库”专项治理等方面情况　（县财政局　提供）

【改善民生】2021年，面对种种困难，桑日县认真落实“积极的财政政策要更加积极有为”的要求，积极主动作为，始终牢固树立“政府过紧日子，人民过好日子”思想，压减一般性支出，严控“三公”经费，把有限财力真正用到发展和民生急需领域。落实民生政策县财政民生领域支出占一般预算支出的80%以上。直接补贴共兑现4206.25万元。其中“三老”人员生活补助163.31万元，受益人次181人；村干部待遇补助286.39万元，受益人次309人次；重点野外文物看管人员生活补助1.7万元，受益人次1次；非物质文化遗产代表性项目代表性传承人员补助4万元，受益人次4人；光伏基地占地补助资金100万元，受益人次314人；失地补偿资金38.66万元，受益人次512人；生态岗位补助资金210.7万元，受益人次602人；环境保监员补助资金7.7万元，受益人次4人；县级保洁员补助资金33万元，受益人次25人；佛协理事生活补助6.7万元，受益人次6人；政协委员生活补助27.42万元，受益人次29人；寺庙班子成员岗位补助2.3万元，受益人次12人；70岁以上寿星老人生活补助53.89万元，受益人次908人；村医工资187.84万元，受益人次921人；“一孩双女”生活补助31.77万元，受益人次331人；优抚对象抚恤补助21.26万元，受益人次35人；义务兵家属优待金及自主就业退役士兵一次性经济补助82.4万元，受益人次11人；森林生态效益补偿资金763.51万元，受益人次598人；新型农牧区合作医疗补助资金58.24万元，受益人次15427人；医疗补助救助资金33.23万元，受益人次25人；农牧民免费医疗预留资金46.72万元，受益人次553人；城乡医疗救助资金49.9万元，受益人次2130人；城乡居民医疗报销资金445.95万元，受益人次562人；“双联户”户长补助100.24万元，受益人次953人；农村危房改造补助资金800.2万元，受益517人；大中型水库农村移民后期补助资金4.8万元，受益80

7月13日，县财政局工作组到增期乡岗布村检查民生资金兑现情况　（县财政局　提供）

人；城乡居民地方补助 6.13 万元，受益 1912 人；兽医人员岗位补助 12.13 万元，受益 58 人；草原生态岗位补助资金 215.86 万元，受益 11733 人；大学生资金 410.3 万元，受益 584 人次。

【整合财力】 2021 年，县财政局坚持整合财力办大事，除年初预算外到位的上级转移支付及盘活存量等资金，重点倾向民生领域，达到上百万元的项目共安排资金 4292 万元。其中自然资源综合风险普查经费 347 万元，增期乡、桑日镇农田网围栏建设资金 600 万元，教育配套（县中学挡墙建设资金）250 万元，扶贫就业楼西南侧公共休闲服务绿化附属工程资金 100 万元，全县公房维修维护经费 400 万元，桑日县沃德投资有限公司注入企业发展资金 400 万元，桑日县葡萄基地基础设施配套用房建设项目资金 1050 万元，增期乡措巴村公路山体地质灾害治理工程资金 296 万元，返还项目上缴尾款及保修金 849 万元等。

【专项调研】 2021 年，按照“八星党组织”总体要求，围绕县委、县人民政府中心工作，县财政局以发现问题、解决问题为出发点和落脚点，到乡（镇）、村（居）开展调查研究，形成专项调研报告，查摆分析当前全县财政工作中存在的突出问题和成因，提出解决问题的思路和措施，积极探索财政投资评审新模式。

【项目培训】 2021 年，县财政局组织全县财务人员，集中培训政府专项债券项目申报，34 人参加学习。

【监督检查】 2021 年，县财政局到全县 55 家预算单位监督检查支付系统、直接支付系统使用熟练情况、凭证装订、会计核算，针对“三公”经费整改情况等进行监督检查 2 次，发现的问题现场交办及时整改并长期坚持。

【政策宣讲】 2021 年，县财政局工作人员深入 3 个乡 1 个镇，开展民生资金监管政策入户宣讲 35 次，开展集中宣讲民生资金监管政策 2 次，参会 45 人次。

【党的建设】 2021 年，为加强党支部规范化、制度化建设，严格党员教育和管理，努力提高党员政治思想素质，县财政局进一步健全完善《学习制度》《“三会一课”制度》《民主生活会制度》《廉政建设制度思想工作汇报制度》《民主评议党员制度》《交纳党费和请假制度》等系列工作制度，坚持用制度规范党组织活动和党员、干部行为。

加强党风廉政建设，接受广大职工监督认真落实党风廉政建设责任制，把党风廉政建设作为支部和党建工作的重点，认真开展警示教育系列活动。结合县财政局具体工作实际，围绕优质服务的重点，制定行之有效的警示教育系列活动实施方案，通过学习党章、实施纲要和艰苦奋斗教育，写体会谈感想，签订廉洁自律承诺，认真开展批评和自我批评，主动接受广大职工的监督。

加强党员队伍建设，充分发挥党支部的战斗堡垒作用，坚持“三会一课”制度，做到会议准备工作充分，主题突出，记录完整，质量较高。组织主题党日活动、警示教育系列活动，做好组织发动工作，动员广大党员干部职工积极参与。围绕县财政局中心工作，充分调动党员的积极性开展党建工作，各项工作有目标、有计划、有措施、有落实，做到党建工作与本职工作互相促进，为各项指标如期完成提供政治保证和具体支持。

税　务

【概况】 2021 年，国家税务总局桑日县税务局（以下简称“县税务局”）坚持“组织收入中心”原则，牢记“为国聚财，为民收税”的神圣使命，从服务发展、服务纳税人缴费人、服务群众等方面着手，以习近平新时代中国特色社会主义思想为指导，坚决贯彻落实中共中央、国务院决策部署，坚持稳中求进总基调，自觉扛牢主责、聚焦主题、抓实主业、突出主线，扎实开展各项工作，持续推动县域经济运行保持总体平稳。

【个人所得税汇算清缴】 2021年，县税务局通过设置个人所得税年度汇算专区，通过微信、电话辅导纳税人年度汇算，组织人员开展退税审核工作，保证退税及时准确。截至年末，企业及机关事业单位个人所得税年度汇算已完成72户，人数2456人，补税65人、豁免52人、退税1900人。

【非税收入】 2021年，县税务局有序开展非税收入征缴工作。

社保费线上缴纳　与辖区内的52家机关事业单位签订三方协议，缴费人可以通过中国农业银行股份有限公司桑日县支行线上缴费渠道缴纳社保费，实现电子社保入库率100%。

社保政策宣传　年内，县税务局联合县财政局举行业务培训会，通过微信群等多种载体宣传社保费降费政策，扎实部署工作。

其他非税收入划转征收　年内，县税务局做好残疾人就业保障金、水土保持补偿费、国有土地使用权出让金和矿产资源专项收入等非税收入划转征收工作，联系相关部门，落实具体工作细则，确保如期完成征收工作。

横向联动　年内，县税务局积极主动向地方党委、政府汇报减税降费工作开展情况，并建立部门协商沟通机制，联合县财政局、县人力资源和社会保障局、县医疗保障局及中国农业银行股份有限公司桑日县支行建立信息互换机制，共享人员增减及基础信息变更、征缴情况等。

【纳税服务】 税法宣传　2021年，县税务局持续强化税法宣传，通过开展缴税培训，上街入户宣传辅导等方式，发放宣传材料400余份，培训户数100余户。

召开座谈培训会　年内，县税务局分批次开展跨区域涉税企业、机关事业单位、辖区内企业商户座谈会，现场讲解个人所得税综合所得汇算清缴、企业所得税汇算清缴、残疾人保障金等内容，共计97人次参会。

简化涉税事项　简化企业开业登记、注销登记涉税事项，实施“无纸化”退税退费业务，优化线上线下办理体验。

“银税互动”专项行动　为营造更好的税收营商环境，纾解小微企业资金困难，推进“纳税信用贷”相关工作，年内，县税务局联合中国农业银行股份有限公司桑日县支行，召开企税银座谈会，帮助符合条件的小微企业及时了解相关贷款渠道，解决企业资金短缺问题。

【新冠肺炎疫情常态化防控】 年内，县税务局严格落实新冠肺炎疫情常态化防控政策。加强政策学习，落实疫情防控政策。第一时间通过钉钉群组织一线税务人员认真学习疫情防控税收优惠政策，保证大厅工作人员全面准确掌握政策，会申报、能指导。做好税收宣传，全面辅导纳税人、缴费人。通过电话、微信群、远程视频指导等方式向纳税人缴费人及时推送疫情防控政策的变动情况，针对辖区内重点税源纳税企业，开展“一对一”辅导，帮助纳税人懂政策、能申报、会操作，确保纳税人应享尽享。开展错峰办税，减少人员聚集。主动引导纳税人缴费人以网络申报为主，错峰稳妥、分类分批办理业务。推行网上办税，倡导“少跑马路、多跑网路”。宣传和引导纳税人利用西藏自治区电子税务

4月，县税务局开展第30个“全国税收宣传月”宣传活动，图为税务干部向纳税人和缴费人当面宣传政策　（县税务局　提供）

2021年，桑日县税务局举办个人所得税、残疾人就业保障金培训会　　　（县税务局　提供）

局办理涉税业务，为纳税人提供“不见面、不出户”办税服务。坚持“人”“物”同防，强化措施。加强办税服务场所等公共区域常态化防控措施，配齐疫情防控物资，落实出入人员体温监测工作，确保公共卫生安全。

【党建工作】 2021年，桑日县税务局党建工作得到地方党委充分肯定，荣获“八星党支部”“先进党组织”荣誉称号。年内，结合“三会一课”等形式，持续引导干部开展党史学习教育。

是年，县税务局开展形式多样的党建活动。参观红色基地。组织全体干部前往克松村、博物馆开展党史教育。观看红色电影。观看《建党伟业》等红色经典历史影片。实施以考促学。加强内部监督，严明政治纪律，严格贯彻落实中央八项规定精神，充分运用“四种形态”，以案为鉴加强警示教育，一体推进“三不”（不敢腐、不能腐、不想腐）体制机制建设，切实把纪律和规矩挺在前面。

中国农业银行股份有限公司桑日县支行

【概况】 2021年，中国农业银行股份有限公司桑日县支行（以下简称“农行桑日县支行”）在自治区、市两级分行党委及当地政府的领导下，以中共十九大精神为统领，以习近平新时代中国特色社会主义思想和中共十九届四中、五中、六中全会精神为指导，认真贯彻落实2021年年初、年中党建和经营工作会议精神，在深入开展党史学习教育、“两学一做”学习教育常态化制度化工作的同时，紧紧围绕“稳中求进”工作总基调，坚持新发展理念，按照高质量发展新要求，深入实施“六维方略”，抓重点、补短板、强弱项，坚持党建和经营工作“两手抓”，统筹推进服务实体经济、防控金融风险、推进经营转型、坚持全面从严治党、从严治行等重点工作，以发展为主线，以利润为目标，以高品质、专业化服务为手段，积极扩展市场、创新产品、培育客户，实现各项业务全面、快速增长。

【经营指标】 截至2021年12月末，农行桑日县支行各项存

3月23日，农行桑日县支行召开2021年党建和经营工作会议
（中国农业银行桑日县支行　提供）

款余额达67134万元，比年初减少11007万元，完成年新增计划3710万元的-525.45%；截至12月末，农行桑日县支行各项贷款余额达57779万元，比年初增加8350万元，完成年新增计划4316万元的193.46%；农牧户贷款证2853本，发证面达到91.53%，其中钻石卡401本，金卡1114本，银卡628本，铜卡710本；发放扶贫贷款证435本，贷款证实际使用率达到109.26%。农牧户到户贷款余额为24278万元，占各项贷款总额的42.01%。

6月15日，中国农业银行桑日县支行开展征信知识宣讲活动，图为工作人员向群众宣讲征信知识（中国农业银行桑日县支行 提供）

【金融服务】 年内，为做好金融扶贫及农牧区金融服务工作，农行桑日县支行创新建立“3+2”流动服务机制，在基层乡（镇）营业所实行“三天坐班、两天走村入户”的流动金融服务模式，走进村庄、走进农户家中，开展“金融知识进万家”、政策宣讲、社保卡发卡激活、农户信息采集建档等形式多样的金融流动服务。

为做好金融服务乡村振兴战略，农行桑日县支行结合本地特色，推出掌上银行藏语模块，可支持账户查询、转账等模块全藏文操作，让现代化金融工具更好地服务“三农”，助力乡村振兴。

贯彻落实减费让利要求，用足用好小微企业金融服务扶持政策，主动减费让利，杜绝不合理收费和加长信贷链条的行为，切实降低民营企业贷款综合成本，降低民营企业信贷融资综合成本和金融服务费用。

完善民营经济金融服务体系，加强银企业沟通协调能力，主动邀约民营企业业主，围绕企业发展遇到的困难、银行方面的信贷准则、银企双方如何解决融资难问题等进行深入交流探讨，不断增进信任，加强沟通，促使全县银企合作基石更加牢固，合作领域更加广阔，合作效益更加显著，努力开创互利双赢的银企合作新局面。

持续开展洗钱、非法集资、反恐融资等资金监测工作，及时向中国人民银行山南市中心支行报送报表，加大客户身份识别，加强客户信息保护工作，确保金融稳定。

【金融宣传】 2021年，农行桑日县支行履行行业职责，持续开展防范电信网络诈骗、非法集资、反洗钱、反假币等领域的宣传宣教活动，努力普及社会公众金融知识，提升农牧民整体金融素养。

【新冠肺炎疫情常态化防控】 层层落实疫情防控责任，通过免费为大厅客户发放口罩、提供免洗手消毒液、购置红外线体温测量仪等防疫物资，做好场所码应用、如实登记行程信息等方式有效落实防疫要求，抓好新冠肺炎疫情常态化防控工作。

教育·文化·广电

教　育

【概况】 2021年，桑日县共有中小学6所，其中初中1所、小学5所；2021年在校生2229人，其中小学1125人，初中566人；共有藏语汉语幼儿园19所，其中县幼儿园1所，乡幼儿园2所，村级幼儿园16所，2021年入园幼儿538人；2021年全县教职工257人，其中中学56人、小学152人、幼儿园49人。专任教师学历合格率达100%，县域内中小学无大班额现象，未设立重点学校和重点班。

【平安校园建设】 新冠肺炎疫情常态化防控　2021年，县教育局全面落实“42256”常态化疫情防控措施。制定出台《春秋季疫情防控应急预案》，精准核查假期进出西藏自治区师生619人，并对其实行动态管理。落实错峰错时开学措施，学生在校期间实行封闭式管理，执行晨、午、晚体温检测制度，设立疫情防控留观点、疫情防控1米线、张贴校园防疫流程图、场所码等25处，有效确保校园安全，保障正常教学秩序。

全面落实维稳责任　建立健全各学校安全稳定工作制度和应急预案，落实校园值班备勤24小时制度，成立护校队，加强日常防控，协调县公安部门增加放学时段出警人次，切实保障学生出行安全。

强化学生安全教育　邀请驻军部队官兵、公安干警等深入学校开展防震、减灾、防火逃生等演练，增强学生自救能力；邀请公检法司等人员深入学校开展“法治进校园”宣讲活动，增强学生自我保护意识，全年累计组织师生参加应急演练和法治讲座20余场次。

强化食品安全监管　年内，对全县各学校“三包”伙食及营养改善物资，县教育局全部以政府集中采购方式进行公开招标，对中标企业进行资质审查，落实食品留样制、集体用餐陪餐制，并协调县市场监督管理局、县卫生健康委员会等部门不定期进行食品安全检查，把好学生安全“入口”关。

全面落实技防工程　2021年，县教育局投入资金79.08万元，为中小学、幼儿园安装数字高清监控设施，监控覆盖率达到100%；投入资金43万余元在全县各中小学幼儿园实施“一键报警系统”安装，并与公安监控系统联网，实现齐抓共管；投资8.73万元对全县19所幼儿园安装煤气漏气报警装置；2021年末，投入资金115.83万元对全县各学校消防设施设备进行完善。

【学校日常管理改革】2021年，桑日县教育局全面落实中小学生“五项管理”和“双减”政策，落实一、二年级学生无书面家庭作业无考试测验，三至六年级学生减少作业量，基本在课堂或能利用晚自习时间完成作业，不定期对教师备批辅改情况进行检查，不存在学生自批自改、家长批改作业的现象；强化学生睡眠管理，保障住校小学生睡眠达到10个小时、中学生达到9个小时的要求；严格落实手机管理制度，禁止学生将手机带入学校，禁止教师用手机布置作业且禁止布置需要使用手机的作业，引导家长严控孩子使用手机时间；强化学生读物管理，各学校累计清理和下架图书室不符合教学要求的书籍3000余册，不存在强制或者变相强制要求学生购买课外读物的行为；加强学生体质提升，落实学生体质监测制度、视力健康干预措施，确保学生每日阳光体育1小时，按时进行“两操”（广播体操、眼保健操），保障体育课无被侵占现象。

【教育教学改革】2021年，在保证国家课程开齐开全开足的基础上，县教育局坚持深化课堂教学改革，坚持开展优质课、同课异构、说课、信息化运用等教研比赛，实施“青蓝工程”、送教下乡等教学活动，构建以学生为

2021年，县教育局工作人员到各学校开展调研（县教育局　提供）

中心、以学习活动为基础的“先学后教、当堂训练”的新型教学模式。加大教学监管力度，实行县教育局党组成员、各科室工作人员深入各学校，以“推门听课”为抓手，参与学校教研教改，全年局党组成员累计参与教学督导12次，参与听课评课活动36场次。建立多元化评价体系，每学期对学前及中小学进行全面的教学工作评价，确保检查覆盖率达100%。落实“期末抽测、集中阅卷、质量分析”阶段性教学质量监控策略，发挥质量监控、评价、反馈功能，强调过程性评价与终结性评价相结合，关注学生综合素养的整体提升，为教育改革和发展提供决策，为学校实施素质教育、改进课堂教学模式，提高教育质量提供参考依据，通过狠抓教育教学过程管理，实现教学质量的稳步提升。

【德育教育】2021年，桑日县教育局坚持德育为先，强化学生意识形态领域建设。在各学校深入开展“国旗下讲话”“小小石榴籽、殷殷中国情”“从小学党史、永远跟党走”“童心向党”等专题活动，以唱红歌、演讲、诗歌朗诵、朗读、藏语汉语书法比赛、演出等形式，在潜移默化中教育引导学生深刻认识“中国共产党为什么能，马克思主义为什么行，中国特色社会主义为什么好”，进一步厚植爱国情怀，反对分裂、铸牢中华民族共同体意识，累计开展各类主题活动30余场次，受教育师生达6000余人次。着力推动县中学深入开展“民族团结进步”创建，铸牢中华民族共同体意识阵地建设。在庆祝中国共产党成立100周年和西藏和平解放70周年之际，各学校以歌舞、诗歌朗诵、书法比赛、竞技游戏等形式，累计开展庆祝活动14场次。

【学生综合能力培养】2021年，桑日县中小学不断提升学生综合

能力，促进学生全面发展。全面贯彻落实教育部关于《学校体育艺术教育工作规程》和《关于深化体教融合促进青少年健康发展的意见》，将增期乡雪巴小学打造为“阳光足球”特色体育校园、推进绒乡完全小学传承“非遗舞蹈”活动等。2020—2021学年，全县小学生体质健康合格率达83%，初中生体质健康合格率达88.2%。鼓励学校组建特色艺术团队、兴趣组等，持续推进桑日镇小学“温馨校园”创建；不断完善学生生活实践和劳动教育体制机制。保证劳动教育课时不少于综合实践活动课时一半，坚持学生值日制度、每月集体劳动制度，健全校外劳动和新时代文明实践活动站志愿服务制度、劳动教育家校合作制度，深化制止餐饮浪费行动，引导学生尊重劳动、热爱劳动、学会劳动。

【教师素质提升】 2021年，县教育局不断加强教师对新课标及“三科”教材的细化学习，准确把握不同学段的学生对学科课程的不同要求。加强教师评课赛课、同课异构、学科教师培训等活动的开展，促进教师学习交流，不断提升教学水平。加强教师思想政治教育。年内，县教育局先后举办2期教师思想政治教育培训班，邀请市、县领导授课15场，授课内容涉及党建、民族团结、意识形态等领域，受教育教师250人次。以“送培入校”的方式，安排国家高级讲师边巴次珠深入各中小学开展“培养什么人、怎样培养人、为谁培养人”主题教育宣讲活动7场，受教育教师267名；邀请拉萨师范高等专科学校平措卓嘎及拉萨市城关区教育局次达瓦在中学阶梯教室为全县267名教师开展以教师心理健康及教师职业素养为内容的集中培训。通过培训解决个别教师事业心、责任心不强，教育教学管理滞后，“不会教”“教不对”等基本功不扎实的问题。

2021年，桑日县各学校举行中共十九届六中全会和中共西藏自治区第十次代表大会精神宣讲，图为宣讲大会现场 （县教育局 提供）

【教育惠民资金】 2021年，县教育局对学生“三包”经费851.89万元和营养改善经费134.2万元，以政府采购方式在自治区范围内进行公开招标，并对中标企业资质进行审查，对供货质量进行监督检查12次，确保学生在校期间的饮食安全。落实大学生资助经费。2021年，县教育局累计为584名大学生兑现资助金410.3万元，实现“上学路上一个都不少”的目标。

【基础设施建设】 2021年，县教育局积极统筹和争取资金2645.51万元先后完成桑日县公共体育场建设、桑日县绒乡完全小学供暖项目、桑日县中学改造建设等5个建设项目。强化内涵式发展。为深入推进初中学业水平测试教育改革工作，县人民政府投入资金10.45万元，不断完善县中学初中物理实验室、化学实验室、生物实验室建设，配齐教学器材和仪器设备，实现实验室标准化建设；投入资金238.56万元，开展各学校网络建设布局，进一步完善“班班通”工程建设。自治区投入资金500万元，实施县中学数字化校园建设工程。投入资金2074.5万元，先后完成桑日县县级幼儿园建设、绒乡程巴村幼儿园、扎巴村幼儿园建设，桑日镇赤康村幼儿园、增期乡岗布村幼儿园供暖项目及绒乡幼儿园、增期乡幼儿园等7所幼儿园直饮水项目等。投入资金2934870元为县幼儿园与扎巴村幼儿园、冲达村幼儿园、程巴村幼儿园购买办公设备、幼儿教学设施、滑梯、玩具等，学前教育软环境得到进一步优化。

【党建工作】2021年，县教育局党组落实党组成员包校联系点制度。实行包校领导负总责，各学校支部书记具体抓的工作机制，狠抓工作目标、制度、责任、实效的落实，形成一级抓一级，层层抓落实的党建工作格局，一体化推进党建带团建、党建带队建工作，为各基层党支部开展党建工作提供有力保障。落实党组织领导下的中小学校长负责制。7月，根据县委要求，对全县5所小学党组织书记及校长按照“一汉族一藏族”的比例配齐配强各学校书记、校长。

深入推进党史学习教育及“三更”专题教育。充分利用周例会、党组学习会、“三会一课”等形式开展各类专题学习30余场次，人均撰写笔记2万余字、撰写心得体会4篇、开展专题研讨5场。深入推进“八星党支部”创建。2021年，局党组开展党建专项检查指导工作3次。10月，对各学校“八星党支部”落实情况进行自评，对未达到六星以上的学校提出整改意见，并对整改情况进行跟踪检查，确保整改到位。深化“三包五带五促”。组织各学校深入开展“三包五带五促”活动10场次，落实包片25处，包户12户，包学生38人，组织全体教师落实包校舍250个，包人1661人。深化教育帮扶。组织全体党员干部、教师深入帮扶对象、残疾儿童家中开展送教上门、走访慰问、政策宣传等，累计投入帮扶资金5万余元；落实教师上门送教、帮扶学生200余人。结合“我为群众办实事”实践活动，开展党员帮扶学习困难学生38名。为密切党群干群关系，促进扶贫产业振兴，利用教职工工会福利金购买价值13万余元农特产品。

2021年，县教育局加强廉洁宣传。在办公区域制作廉政展板，张贴廉政宣传画报打造宣传平台，利用教育系统微信群、“清廉山南”微信公众号、“学习强国”App等作为舆情“微窗口”，开展警示教育，压实责任警钟长鸣。2021年，县教育局党组与各学校负责人签订党风廉政责任书，层层压实责任，党组书记在局党组会、校长例会、党支部会议上对党风廉政建设做到逢会必讲，切实做到警钟长鸣，不断增强党员干部廉洁从政意识。不断完善体制机制建设，建立健全财务管理、采购、考勤、包校服务等制度，规范机关干部和党员教师作风建设，营造风清气正的干事创业环境。突出党组织的监督作用，严格落实“三重一大”议事制度，对重大事项决策、大额资金使用等必须经集体讨论作出决定，切实将权力关进制度的笼子。

文　化

【概况】2021年，桑日县文化（文物）局在县委、县人民政府领导下，在上级专业部门指导支持下，以高度的文化自觉，全力传播先进文化，不断加强公共文化服务体系建设，不断创新文化活动、不断规范文化市场运行、积极保护传承文化遗产，保证各项工作有力有序有效推进。

【文化惠民】2021年，桑日县文化（文物）局扎实开展“送戏下乡”“文化进万家”“非遗进校园”“文化活动进基层”等活动。截至年末，县文化馆开展桑日县党史学习教育红色品读会35次，党史教材借阅130次；公共文化免费开放服务1730人次，其中健身房参与者1300余人次；县图书馆图书借阅1020次，开展培训次数达46次；县电影队深入村（居）、学校、虫草采挖点播放爱国主义影片《金坑》《生死96小时》《热力营救》等480场次，观看人数达3.6万人次；县民间艺术团开展“感恩100周年　奋斗新时代”——桑日县庆祝中国共产党成立100周年巡回演出；联合县委组织部、县委宣传部开展“庆祝中国共产党成立100周年、西藏和平解放70周年”文艺演出活动；

3月25日，桑日县电影队以党史学习教育为契机，精心挑选《英雄儿女》《战狼》《守边人》《红海行动》等影片，深入各村居开展巡回播放爱国主义教育影片活动　　（县文化局　提供）

开展行政村业务骨干培训20余次；组织县民间艺术团、村级文艺演出队开展文艺下乡演出90余场次，覆盖群众达3.9万人次；积极谋划和承办好全县系列文化活动。

【基础设施建设】 2021年，桑日县文化（文物）局积极推进县文化馆（健身房、书画摄影展厅、文化艺术展厅），县图书馆、县非遗展览馆搬迁事宜，已邀请多家专业团队并编制初步方案。

【非物质文化遗产传承】 2021年，为有效发挥非物质文化遗产在助力脱贫攻坚和推动乡村振兴中的作用，县文化（文物）局不断探索“非遗＋扶贫”模式，以传统工艺为重点，对非物质文化遗产资源进行系统梳理，重点选取覆盖面大、从业人员较多、适于带动就业、有市场潜力的非物质文化遗产代表性项目，建立非遗扶贫就业工坊，助力精准扶贫。6月12日，县文化（文物）局举办以“中华民族一家亲　同心共筑中国梦”为主题的桑日县“人民的非遗　人民共享”2021年文化和自然遗产日宣传活动，参与人数达500余人次；投入资金15万元，举办为期25天的非物质文化遗产代表性项目“达布石锅制作技艺”现场培训班；投入资金11万余元维修自治区级非物质文化遗产项目增期贡布卓巴传习所。

【项目建设】 2021年，县文化（文物）局积极与自治区文物局衔接，争取文物保护资金640万元，初步设计自治区级文物保护单位卡玛当寺主殿维修项目；积极推进县民族艺术团排练场所项目，截至年末，已完成前置手续的办理。

【文化市场监管】 2021年，在文化市场管理工作中，县文化（文物）局持续加强执法队伍自身建设，努力提高执法水平。年内，在春节、藏历新年、全国“两会”、国庆节和其他重大节日期间，对全县经营性娱乐场所、网吧、书店、自治区（市、县）级文物保护单位等人员密集场所和

9月2日，县文化局举办为期25天的达布石锅制作技艺现场培训班，20名学员参加，图为培训现场　　（县文化局　提供）

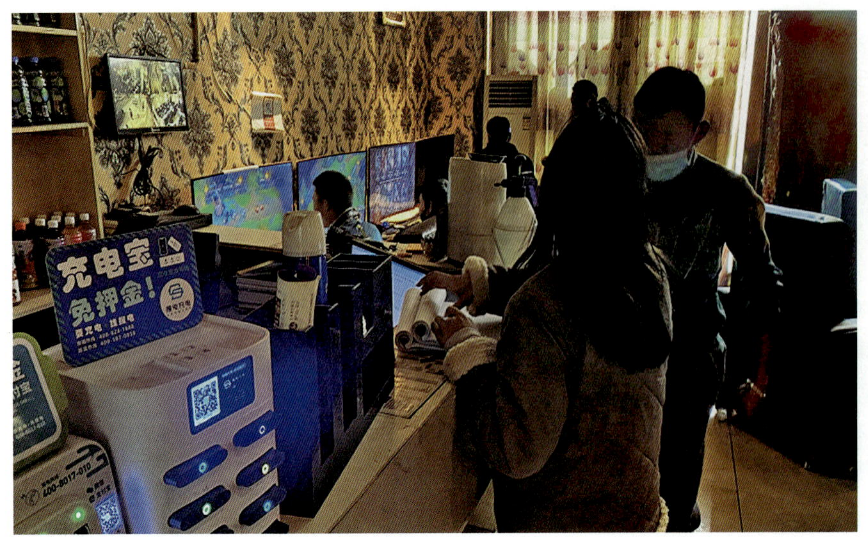

11月22日，桑日县文化市场综合行政执法队对全县网吧进行突击检查，检查指导互联网营业场所安全防控措施及疫情防控措施

（县文化局 提供）

重点单位进行全面检查。截至年末,共出动执法人员 260 余人次，执法车辆 30 余辆次，检查网吧 28 次，检查 KTV 等娱乐场所 28 次，检查出版物市场 218 次，未发现违规经营现象。

【文物保护】 年内，桑日县扎实开展文物安全防控。为做好全县各文物保护单位的安全防范工作，桑日县专门成立文物保护工作领导小组。积极采取措施，联合县应急管理局、县公安局、县消防救援大队等相关单位，严格遵照《中华人民共和国文物保护法》《中华人民共和国消防法》《西藏自治区文物保护单位消防安全管理办法》，对各文物保护单位安全进行检查，按照每月 2 次的检查要求，针对各文物保护单位的文物消防安全责任落实、消防安全制度实施、用火用电用气管理、灭火应急预案制定与演练、消防设施配备与使用和消防安全档案建立等情况进行排查，重点对文物保护单位易引发火灾的隐患进行排查，并对发现的问题及时提出整改意见和建议。加强对文物保护单位的日常巡视与突击检查；实行人防与技防相结合，坚持文物保护单位的 24 小时值班制度；组织开展文物消防安全隐患排查，会同消防部门对存在隐患的单位和主管部门发出整改通知，督促消除火灾隐患；要求每个文物保护单位业主、主管部门重视文物消防安全工作，要加强对重点设备、场所的定期检查，如出现任何故障问题等，及时与县文化（文物）局及消防单位联系，及时消除隐患。截至年末，共出动人员 90 人次、车辆 16 辆次，检查各级文物保护单位 18 个、不可移动文物 18 处、自治区级寺庙拉康 17 座、庄园 1 处（鲁定颇章）、县级寺庙拉康 10 个。

广播电视

【概况】 2021 年，桑日县广播电视台坚持以习近平新时代中国特色社会主义思想为指导，深入学习贯彻落实中共十九大，十九届二中、三中、四中、五中、六中全会精神和中央第七次西藏工作座谈会精神，在县委、县人民政府领导下，在县委宣传部和上级业务部门的指导下，充分发挥“忠诚、团结、敏锐、创新”的广电精神，团结一致，开拓进取，扎实工作，全年各项工作持续推进。

【新闻制作与播出】 2021 年，县广播电视台完成播出《桑日新闻（汉语版）》91 期、356 条；《桑日新闻（藏语版）》播出 298 条。上报市广播电视台新闻 200 余条，采用 82 条。公益广告共播出 71 条，总时长达 4 小时以上，包括新冠肺炎疫情防控公益广告、安全生产公益广告、保密工作公益广告和征兵公益广告等。包括换届选举宣传标语和征兵等宣传标语 28 条，做好县广播电视台自办节目的三级审查制度，确保县广播电视台自办节目安全播出。

【电视剧播出】 2021 年，桑日电视台不定期播放藏语、汉语版优

2021年，县广播电视台持续开展机房应急演练培训

（县广播电视台　提供）

秀主旋律电视剧、电影等，全年共计播放20余部。

【安全播出】 2021年，为确保广播电视安全优质播出，使广大群众在重要保障期能收听收看到安全优质的广播电视节目，县广播电视台不断加强人员、技术保障。针对新技术、新系统、新业务的特点，根据广播电视系统行业技术标准对设备采取相应的维护调整，达到信息安全等级保护要求。坚决落实好安全播出室值班制度；制定2021年桑日县广播电视台春节、藏历新年、各级“两会”、庆祝中国共产党成立100周年暨西藏和平解放70周年等安全播出重点保障期工作方案、预案。年内，县广播电视台特别在重点保障时段开展电视播出应急演练和广播播出应急演练两部分，重点模拟中央电视台一频道节目信号、县广播电视台电视信号出现干扰，广播机房播出信号不好或突然停电等情况下的应急处置。做到全年每天24小时值机人员在岗、在位，在重要节假日、安全播出重要保障期采取多岗值班制，加强机房技术支持，全年未发生停播、错播事故，实现广播电视“零插播”，完成元旦、春节、全国“两会”、“五一”国际劳动节、端午节、国庆节、庆祝中国共产党成立100周年、庆祝西藏和平解放70周年等重要保障期安全播出工作。年内，县广播电视台广播电视安全播出工作实现“零事故”目标。

【整治非法卫星地面接收设备】 为规范全县卫星广播电视地面接收设施的管理，确保社会政治稳定和广播电视的安全传输。年内，县广播电视台加大对全县非法卫星电视广播地面接收设备整治力度，采取有效措施，加强与相关部门协调，密切配合，齐抓共管，持续打击销售、安装和使用非法卫星地面接收设备的行为，全年共出动人员16次，开展执法检查18次，检查商户、用户及宾馆酒店24户，查处非法安装户数34户，查处非法卫星电视广播地面接收设备销售商0家，收缴非法接收设备34套，拆除非法安装设备34套，发放宣传手册340余份。杜绝非法音像在桑日县域的播出，确保全县广播电

2021年，县广播电视台工作人员到寺庙维护“户户通”

（县广播电视台　提供）

视安全播出。

【"村村通"定点维修】 2021年，桑日县广播电视台持续开展党史学习教育"我为群众办实事"实践活动之上门维护"村村通""户户通"，到全县偏远高海拔村（居）入户开展上门维护设备活动。全年入村上门维修"村村通""户户通"设备300余次，上门巡检"村村通""舍舍通"设备180余户（舍），通过主题党日活动开展集中巡检4个行政村，维修"村村通"136户；通过第三方维护覆盖9个行政村、3座寺庙，共计维护维修190余户（舍）；全力保障县城及周边群众有线数字电视正常播出，全年共巡检、维修维护160余次，新安装用户40余户。

【业务培训】 2021年，桑日县广播电视台不定期对机房等重要保障区域进行自查，组织实操培训，开展远程理论学习32人次，开展内部培训4次。

医疗卫生

卫生健康

【新冠肺炎疫情常态化防控】

重点区域新冠肺炎疫情防控督导　2021年，桑日县卫生健康委员会加强新冠肺炎疫情常态化防控工作重点区域疫情防控督导。深入企业、学校、卡点、各医疗单位、物流行业、娱乐等重点场所开展常态化疫情防控督导，全年累计督导28次。

应急物资储备　年内，全县新冠肺炎疫情防控应急防控物资由县卫生健康委员会负责，截至年末，全县通过政府集中采购，使用下达直达资金及本级配套应急物资采购资金累计738.57万元（含本级配套127万元）。县卫生健康委员会严格出入库账，规范疫情防控物资申领程序，进一步建立健全相关制度，制作疫情防控出入库账本2本、疫情防控物资申领登记本2本、疫情防控物资申领单2本，确保疫情防控库存、物资账目相符，严格按照要求做到对重点区域、重点部门进行合理分配，登记造册。前期对集中隔离点、各卡点、火车站等重点区域配备应急防控物资，确保工作落到实处。截至年末，完善各卡点、乡（镇）卫生院、村卫生室、寺庙等重点区域疫情防控物资，配备相应应急物资，确保常态化疫情防控工作落到实处。

设立各卡点、乡（镇）卫生院预检分诊站　年内，县卫生健康委员会安排专人在洛木、江北、扎热塘卡点建立预检分诊站，配备相应设施设备，配备2名医务人员，进行24小时值守。在乡（镇）卫生院设立4个预检分诊站，确保新冠肺炎疫情常态化防控工作落实到位。

新冠疫苗接种和核酸检测　截至11月29日，全县第一针新冠疫苗累计接种15645剂次、第二针新冠疫苗累计接种12282剂次、第三针新冠疫苗累计接种850剂次。3—11岁儿童接种新冠疫苗1394剂次。全年全县核酸检测累计达2713人次。

新冠肺炎疫情防控工作业务培训　2021年，县卫生健康委员会积极与山南市应对新冠肺炎疫情工作领导小组办公室加强沟通衔接，邀请市疾病预防控制中心专家对全县县、乡（镇）、村三级卫生技术人员共计120余人次开展传染病防控业务培训。

年内，县卫生健康委员会选派县疾病预防控制中心、各乡（镇）医务人员共11名到山南市进行为期1周的山南市新冠病毒核酸检测技术培训。年内，县卫生健康委员会组织开展新冠肺炎疫情防控应急演练3次，演练人数共计80人，参与部门6个。

疫情防控医疗督导　2021年，县卫生健康委员会组成疫情防控医疗组一行4人深入企业、卡点、网吧、歌厅、物流行业、各医疗单位（各乡镇卫生院、村卫生室，县人民医院）开展新冠肺炎疫情常态化防控督导工作，就消毒消杀、体温监测等业务性工作进行现场指导，对存在的问题提出整改意见，并以现场示范教学方式帮助疫情防控一线工作人员提升防控水平。

【卫生健康基础设施建设】县人民医院传染病能力提升项目　桑日县人民医院传染病能力提升项目总投资1060万元，5月31日正式动工，6月3日通过地基验收。12月12日竣工。

新建村卫生室项目　3月末，白堆乡夏坚村卫生室正式动工；5月21日，增期乡米东村卫生室正式动工，年内，2个项目均已竣工并投入使用。

核酸检测实验室建设　1月13日，县人民医院简易应急核酸检测实验室通过验收并投入使用。9月26日，总投资530万元的县疾病预防控制中心核酸检测实验室建设项目及附属设施设备配套项目正式动工。截至年末，项目处于收尾阶段。

9月26日，县疾病预防控制中心核酸实验室动工，之后桑日县卫生健康委员会持续推进项目建设，图为县卫生健康委员会工作人员在现场督导项目建设情况　（县卫生健康委员会　提供）

【卫生惠民政策】2021年，县卫生健康委员会兑现2019—2020年基本药物零差率销售补贴资金（不足部分）共计68.09万元；村医补贴共兑现141.95万元；老年人健康补贴兑现人数908人，兑现金额达53.89万元；农牧民孕产妇住院分娩（上半年）兑现共计64人，累计兑现19.88万元。“一孩双女”扶助资金兑现达31.77万元；特殊扶持资金兑现44.04万元，2021年度上半年国家基本公共卫生服务资金兑现47.69万元（乡镇卫生院14.06万元，村卫生室33.63万元），下半年绩效考核兑现资金17.68万元。年内，全民健康体检建档人数15908人，实际体检人数13016人，拨付县人民医院体检经费达172.1万元。

截至年末，全县“一孩、双女”户奖励扶助对象296户、331人，每人每年标准为960元，兑现奖励扶助金31.77万元。独生子女伤残死亡困难家庭奖励扶助对象75户、82人，其中独生子女死亡家庭80人，每人每年5400元；独生子女伤残家庭2人，每人每年4200元，兑现奖励扶助金44.04万元。

【药品“县管乡用”改革】根据2020年“县管乡用”改革进程，县卫生健康委员会已完成改革前期工作，并将全县药品统一交由县人民医院进行统筹管理和配发，人员管理、经费管理、固定资产管理、信息化管理等改革方案均已提交县人民政府常务会议研究审议。

【国家卫生乡镇创建】2021年，桑日县绒乡被列为2021年度创建国家卫生乡镇试点，其中程巴村、卓吉村被列为试点村（居）。年内，县卫生健康委员会已完成

2021年，桑日县持续推进绒乡创建国家卫生乡镇工作，图为绒乡健康教育宣传普及活动现场　　（县卫生健康委员会　提供）

项目申报工作，10月14日，已完成自治区卫生健康委员会初评，等待国家卫生健康委员会终评。

【创建乡镇卫生院优质服务基层工作】2021年，桑日县全面推进桑日镇卫生院优质服务基层工作，加强组织领导，由县卫生健康委员会主任牵头主抓，建章立制，规范功能科室，完善各项诊疗服务。年初，安排县人民医院相关科室负责人担任副组长，加强对桑日镇卫生院创建工作指导。12月21日，由山南市卫生健康委员会基层妇幼科白玛拉姆、措美县哲古镇卫生院院长达瓦、洛扎县卫生服务中心党组书记旦增尼玛、桑日县卫生服务中心副主任王俊林组成优质服务基层行专家组对桑日镇卫生院开展初审工作。

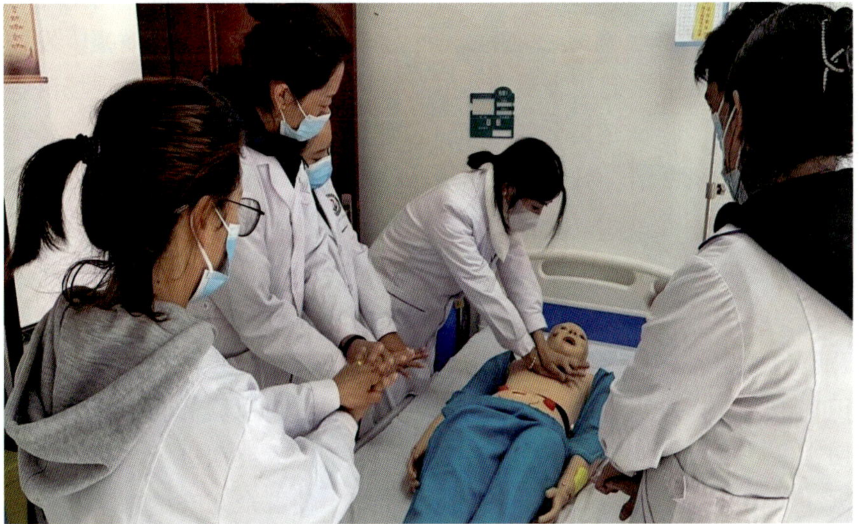

2021年，桑日县卫生健康委员会持续推进桑日镇卫生院优质服务基层创建工作，图为桑日镇卫生院医疗服务培训现场

（县卫生健康委员会　提供）

【乡（镇）卫生院信息化建设】2021年，桑日县在2018年基层信息化建设工作基础上，细化工作措施，与第三方对接，制定基层乡（镇）卫生院信息化建设方案，年内，提交县行政审批和便民服务局通过政府采购形式推进项目实施进度。

【地方病防治】麻风病终期评估考核工作　根据国家“十三五”期间麻风病终期评估考核工作要求，为全面扎实做好迎检工作，2021年，市疾病预防控制中心专家会同县疾病预防控制中心针对辖区历史性病例进行复核。经复核，全县历史性病例共15例，复核12例，失访及死亡3例，无新发及复发病例。为确保桑日县终期评估考核工作如期通过，县卫生健康委员会责成县疾病预防控制中心全面整理相关档案，完善各类防治资料，为迎接国家考核做好充分准备工作。

鼠疫防治　年内，根据全县鼠疫防治面积大范围广的特点，县疾病预防控制中心积极主动开展鼠疫疫情监测及防控工作，切实加强鼠疫防治宣传，全县发放藏语汉语宣传册1500余份，做到“三报、三不”（发现病死旱獭和其他病死动物要报告、发现疑似鼠疫病人要报告、发现不明原因的高热病人和急死病人要报告，不私自捕猎疫源动物、不捕食疫源动物、不私自携带疫源动物及其产品出疫区）制度，并严格执行日报告和周报告制度，县疾病预防控制中心鼠疫监测工作针对旱獭出洞季节，4 月初立即安排部署工作，要求鼠疫防治专业人员重点对老疫区及邻近疫区的非疫区旱獭密度大的区域进行宣传及监测。是月，县疾病预防控制中心专业人员深入绒乡多那村、落木村与增期乡达杰村、白金村等鼠疫自然疫源地和疫源地周边区域开展鼠疫疫情监测工作次数达 25 次，监测疫源地面积累计达 900 公顷，旱獭密度平均达 0.0039 只 / 公顷，保护性灭獭活动时投药堵洞共堵废弃洞 40 洞。采集动物血清 86 份，其中采集狗血清 36 份、羊血清 50 份，年内，县疾病预防控制中心专业技术人员与各乡（镇）人民政府、各学校、各乡（镇）卫生院、全县辖区内各施工队签订《桑日县鼠疫防控工作目标责任书》和《桑日县各类传染病与突发公共卫生事件工作目标责任书》共 20 份。

大骨节病防治　2021 年，县疾病预防控制中心深入各病区监测大骨节病病人 76 人并发放药物，收集粮样 30 份，并深入学校采集学生样本 30 份。

碘盐监测　年内，县疾病预防控制中心采集全县居民碘盐监测样份数 300 份，其中桑日镇 50 份、绒乡 100 份、增期乡 100 份、白堆乡 50 份。碘盐覆盖率 100%、食用碘盐合格率为 100%。县疾病预防控制中心专业技术人员对 8—10 岁学龄儿童、孕妇进行调检，调查方法包括 B 超检查和尿碘检测。县疾病预防控制中心专业技术人员到各乡（镇）完全小学，随机抽取 200 名 8—10 岁学龄儿童进行 B 超甲状腺检查，同时留取尿样以备实验室尿碘检测。

包虫病（棘球蚴病）筛查及救治　2017 年以后，桑日县对全县 4 个乡（镇）43 个行政村 14055 人进行 B 超检查，发现疑似包虫病人 134 例。截至 2021 年末，全县累计确诊人数为 53 例，符合手术条件病人 14 例（其中 1 例患者出现钙化、1 例患者出现手术禁忌，转诊并进行手术治疗 12 例），符合药物治疗人数 39 例（其中 38 例病人已服药治疗，1 例病人于 2017 年由于其他原因死亡）。

年内，县卫生健康委员会提前安排部署，调整充实全民健康体检领导小组，结合城乡居民健康体检工作，组织县人民医院、县疾病预防控制中心工作人员深入各乡（镇）、村开展筛查工作。开展包虫病入户基线调查健康知识宣讲活动，按照工作任务目标切实做好重点人群筛查工作。根据工作要求，县疾病预防控制中心对确诊病例建立“包虫病患者一户一表”“包虫病患者一户一档”健康档案，并定期组织专业人员对手术和药物治疗患者开展包虫病综合防治入户随访工作“回头看”，全面完成数据信息录入工作。

【慢性病管理】　截至 2021 年末，全县家庭医生签约服务建立高血压管理人数 1552 人，管理率达 100%。全年规范化管理 1552 人，规范化管理达 100%；血压控制人数 1221 人，血压控制率达 78.6%；全县糖尿病患者规范化管理 20 例，规范化管理 100%。血糖控制达标 18 人，血糖达标率 90%；全县 65 岁以上老年人 1254 人，规范管理率 100%。全县登记管理并提供随访的严重精神障碍患者 35 人。

【结核病防治】　年内，县疾病预防控制中心利用“3·24”世界防治结核病日、综治宣传日、“五下乡”等对城乡居民持续开展“消除结核病危害”为主题的宣传活动，通过悬挂横幅、发放宣传材料、图片展览、现场讲解等方式向农牧民群众大力宣传结核病症状、危害、防治知识、“三免”（疑似肺结核病人可免费查痰、免费拍片，确诊肺结核病人免费获得抗结核药物）优惠政策等相关知识，发放宣传材料 900 余份、提供现场咨询共 600 余次，耐心为广大群众进行结核病防治讲解，使群众知晓结核病“可防可治并不可怕”，只要坚持规范服药，结核病是可以治愈的，为提高全县结核病发现率奠定基础。截至年末，全县结核病初诊人数 33 人，发现登记活动性肺结核病人 10 例，均为涂阴病例，年内已完成疗程 5 例，其余病人正在接受治疗。

【儿童常规计划免疫】 2021 年，县疾病预防控制中心开展乙肝、卡介苗、百白破、甲肝、A 群流脑、麻腮风等 11 种疫苗的基础免疫接种工作，全县免疫规划疫苗接种率保持在 91% 以上。疫苗全程合格接种率达到 90% 以上，单苗接种率达到 96% 以上，其中乙肝、卡介、百白破、麻腮风、A 群流脑、A+C 群流脑等几种疫苗接种率保持在 95% 以上。

【常规传染病防治】 截至 2021 年末，全县共发生 2 种传染病，共计 7 例（不包括结核病），其中水痘 2 例、手足口病 5 例，无甲类传染病及死亡病例，发病总数与上年相比有所下降。手足口病占发病总数的 60%，为全面有效处置疫情，避免疫情扩散，县疾病预防控制中心针对疑似散发病例，组织专业人员 4 人，分别对各中小学校及 3 个乡 1 个镇开展传染病防治监测共达 8 次，根据相关要求，主要采取加大学校健康知识的宣传力度，积极开展健康教育课程。县疾病预防控制中心工作人员持续深入各中（小）学校，幼儿园、集中开展 6 期健康教育知识讲座，要求学生注意个人及环境卫生，注意饮食卫生，一旦出现疫情要立即报告班主任，避免学校引发重大传染病流行。定期不定期对学校中有关区域进行消毒。针对出现疫情的学校，县疾病预防控制中心专业人员对学校宿舍、教室、厕所等重点区域开展定期不定期消毒工作。认真核对各乡（镇）卫生院疫情报告情况。在接到各乡（镇）卫生院报告的疫情后，县疾病预防控制中心专业人员第一时间赶赴现场，对疫情进一步进行核实，并联合县人民医院相关医师对各乡（镇）报告的病例如何治疗给予技术指导。并要求各乡（镇）卫生院加大对各村及学校的疫情监测力度，确保疫情在最小范围和第一时间内得到有效控制，同时要求规范疫情上报流程制度，逐级上报至县疾病预防控制中心及乡党委、乡人民政府。

【农村环境卫生监测】 为改善全县农村环境卫生，保护广大人民群众身体健康，按照《全国农村环境卫生监测项目工作方案（2018 年版）》要求，结合全县农村环境监测实际，8 月 18—22 日，县疾病预防控制中心 3 名专业人员利用 5 天时间，开展全县农牧区环境卫生监测调查暨土壤样本采集工作，工作组按照统计学规律，深入到 3 个乡 1 个镇，每个乡（镇）随机选择 4 个行政村作为监测点，每个监测点随机选择 5 户家庭作为监测户。每个县城选择 1 所中学和每个乡（镇）选择 1 所小学进行学校卫生状况监测。采集土壤样本，了解人居环境与村居环境，掌握农户基本情况。包括家庭生活垃圾堆放、生活污水排放、户厕卫生，室内外卫生状况等信息。开展土壤采样工作。在每个监测点采集 1000 克重金属土壤样本 20 份和 100 克蛔虫卵土壤样本各 20 份，送往自治区疾病预防控制中心检验。

【食品安全风险监测】 2021 年，根据山南市《关于印发 2021 年食品安全风险监测计划的通知》精神，结合全县实际，县卫生健康委员会制定下发《2021 年桑日县食品安全风险监测工作实施方案》，成立县食源性疾病风险监测工作领导小组，组长由县卫生健康委员会主任担任，制定桑日县食源性疾病暴发事件报告、处置与通报工作制度。根据监测计划及任务安排，制订详细的样品采集、存放、送样等工作计划和工作制度，严格按照采样要求规范采样，确保采样及时准确。全年从超市、农户、菜市场等居民主要购买点采集样品，采样人员以消费者身份购买样品，对样品信息进行详细登记，建立溯源档案，并确保相关样品信息保密性。采集样品有糌粑、牛肉、奶制品、蔬菜水果等 7 种共计 14 份样品。

【死因监测】 2021 年，为认真落实自治区疾病预防控制中心年初制发的疾病预防控制中心工作要点各项要求，切实做好桑日县疾病预防控制死因监测管理工作，及时发现死亡病例中存在的问题，掌握本辖区导致死亡疾病的趋向，按照自治区疾病预防控制中心死因监测要求，在全县死因监测人员和全体乡村医生共同努力下，桑日县扎实开展死亡原因调查报告工作。截至2021年末，中国疾病预防控制中心人口死亡信息登记报告系统中桑日县共计报告死亡病例72例。

【疾病预防控制业务培训】 2021年，桑日县开展县、乡（镇）、村三级医护人员传染病疫情防控及流行病学、新冠肺炎疫情常态化防控、核酸采样及流行病学调查、基层卫生能力提升综合业务等培训累计共6次，参与人数累计120余人次。

【健康教育及健康促进行动】 2021年，桑日县以综治宣传月、卫生节点宣传日、新时代文明实践服务宣传、新任村干部电视电话讲座等活动为契机，全县累计开展65次，即重点开展慢性病防治宣传累计达7次，儿童免疫规划宣传累计3次，新冠疫苗健康教育宣传累计45次，健康教育知识讲座4次，“五下乡”送健康2次，地方病宣传4次。

年内，桑日县专门成立健康教育宣传队伍，培养健康教育与健康促进骨干人才7人，制作宣传栏421栏，全年更换6期宣传栏；举办健康教育活动48场次，基层医疗机构播放健康教育视频资料22场次，全县受益人数累计达9200余人，发放各种宣传材料累计达9000余份。

【农牧区义务教育学生营养监测】 2021年，桑日县被列为自治区示范点，学生营养监测口腔、身高、坐高、血红蛋白、肺活量等健康检查项目共10项，健康检查任务数1500名。截至年末，按要求完成学生营养监测任务。

【卫生监督】 2021年，县疾病预防控制中心重点对县城公共场所卫生安全、饮水安全、职业病防治等开展卫生监督工作。开展医疗机构、公共场所等重点领域监督累计达66家，其中常态化新冠肺炎疫情防控卫生监督21次，出动卫生执法人员18人次；开展个体诊所约谈2次，下达现场监督检查笔录4次。截至年末，全县办理公共场所卫生许可证27份，办理健康证32人次。全年全县各乡（镇）、学校、水厂等重点区域覆盖随机监测共15个点，累计采集62份水样，完成农村生活饮用水枯（丰）水期采样送样工作。其中枯水期水样不合格1份，丰水期水样不合格25份，县卫生健康委员会已向责任单位进行通报并要求限期整改。

【妇幼卫生暨“两降一升”管理】 2021年，共开展业务培训累计3次，业务督导4次。全年开展学校6岁以下儿童生长发育监测及体检130名，重点开展血红蛋白、牙齿、身高、体重、视力等相关检查，其中重点贫血4例，轻度贫血20例。截至年末，全县孕产妇零死亡，5岁以下儿童死亡2人。

【优生优育】 2021年，全县优生优育重点开展办理生育证32人次，其中汉族干部职工9人次。兑现2021年度农牧区“一孩双女”及独生子女伤残死亡户困难家庭奖励扶助金。

【基层巡回诊疗服务】 2021年，县卫生健康委员会切实将基层巡回诊疗服务工作重心下移、优质医疗资源下沉，充分发挥县人民医院、县藏医院的作用，全面指导基层开展优质健康服务，切实让疾病早发现、早治疗，让群众少生病、少生大病。

截至年末，全县共开展巡诊44次，巡诊及签约15759人次，累计宣传41次，随访服务人数1138人。发放宣传材料5767份，撰写简报共25份，发放药品价值2000元，团队乡（镇）覆盖率达100%（与2020年同期相比巡回诊疗次数增加4次，随访服务人数增加538人次）。

【老年人健康管理】 截至11月末，全县60—69岁老年人1154人，70—79岁老年人663人，80—89岁老年人203人，90—

99岁27人。年内，共办理老年人优待证47人次，寿星证1人次。

医疗保障

【概况】 2021年，桑日县医疗保障局在县委、县人民政府领导下，在市医疗保障局指导下，以习近平新时代中国特色社会主义思想，中共十九大及十九届二中、三中、四中、五中全会精神为指导，围绕年度目标任务，坚定履行医疗保障部门职责使命，不断提升医疗保障服务水平，减轻参保群众特别是困难群体就医负担，民生实事见实效、各项工作齐发展，较好地完成各项医疗保障工作。

【基金征缴】 截至11月30日，2021年度全县户籍人口基本医保参保15427人，参保率100%。

【医保基金统筹报销】 截至11月30日，全县住院、门诊医保报销418人次，共计支出299.74万元。

【医保领域扶贫】 2021年，按照县乡村振兴局、县民政局、县退役军人事务局、县残联提供的名单，符合条件困难人员资助参保率为100%。建档立卡脱贫人员住院41人次，共计支出31.96万元；大病救助49人次，支出43.65万元。

年内，在摸排经济困难人员底数基础上，县医疗保障局完善经济困难人员参保信息数据库，实行动态管理，将经济困难群体全部纳入基本医保范围，做到经济困难群体应保尽保。

代缴个人医保费用。年内，全县建档立卡脱贫人口已全部参加城乡居民医疗保险，按一档标准由财政全额代缴，杜绝全县建档立卡脱贫人口因病致贫、因病返贫情况的发生。2021年度政府代缴医保资金96.9万元。

4月25日，县便民服务大厅一站式医保费用报销结算窗口工作人员在解答医保费报销人员疑问　　（县医疗保障局　提供）

建立健全数据动态维护机制，明确专人负责，每月定时获取自治区大救助信息平台和残联系统人员信息进行比对，准确完成新增和核减人员的信息变更。同时，主动联系县民政局等部门，线下获取变更人员情况，并下发至乡（镇）、村再次走访核对，通过线上线下同步核实，确保不漏保一人、不错保一人。

实施“先诊疗后付费”。所有建档立卡人员在医疗机构均能享受先看病后付费并“一站式”报销政策。

注重兜底线，不断提高救助水平。持续开展医疗保障扶贫工作，把牢医疗救助保障底线，努力做到“应保尽保、应享尽享”。强化医疗救助“一站式”结算，最大限度减轻经济困难群众医疗费用负担。

【医保基金监管】 2021年，县医疗保障局通过日常巡查、专项治理等，实现定点医药机构检查6次，检查率100%，现场检查率100%。

年初，县医疗保障局与全县各定点医疗机构签订医保定点服务协议，进行协议管理。坚持把好“三关”。把好住院关，杜绝冒名住院。及时到定点医疗机构抽查住院病历、门诊处方、发票、明细单等，加强对挂床住院、过度检查、不合理治疗和违规用药等现象的监管力度。把好治疗关，防止基金流失。严格要求定点医院按住院指针把好初审关，该门诊治疗的绝不住院治疗，加大住院管理力度，杜绝小病大医，确保基金使用得当不流失。把好“三个目录”（《基本医疗保险药品目录》《基本医疗保险服务设施目录》《基本医疗保险诊疗项目目录》）执行关，严防基金浪费。对定点医院“三个目录”执行情况，采取定期或不定期的形式进行重点稽查，从源头上防止基金流失。

3月15日，县医疗保障局工作人员在县城宣传基本医疗保险政策，发放宣传资料400余份　（县医疗保障局　提供）

【城乡居民医保】2021年，县医疗保障局继续强力推进城乡居民医保工作。积极主动向县委、县人民政府汇报城乡居民医保工作，得到领导重视。年初，城乡居民医保工作被列入县委、县人民政府民生工程进行目标管理，并将任务分解到各乡（镇），年末进行目标考核，有序推进全县城乡居民医保工作持续展开。

【政策宣传】2021年，县医疗保障局制作藏语汉语版本的医保政策问答手册、医保扶贫手册1万余本，深入各乡（镇）持续开展医保扶贫政策宣讲，发放宣传手册、读本1万余本。同时在医保定点医疗机构、医保定点药店、县医疗保障局内设置宣传专栏，进一步提高城镇居民的医保政策知晓率，激发群众参保积极性。

10月，县医疗保障局组织召开桑日县绒乡2021年度医保征缴动员部署暨政策宣讲会议　（县医疗保障局　提供）

【医保政策培训】2021年，县医疗保障局结合第一支部书记、驻村工作队、村干部培训班开展专门培训、解读城乡医保政策，让工作人员先学一步、学深一层，确保工作人员吃透政策，掌握城乡医保办理流程。

【医保数据核对】2021年，县医疗保障局积极与卫生健康、乡村振兴、民政、税务、公安等部门沟通协调，定期交换、比对、核实数据，并将数据比对关口前移到乡（镇），以乡（镇）、村为单元，进一步核实核准参保信息数据，确保数据准确无误。对动态调整的建档立卡脱贫人口，要求逐村、逐户、逐人、逐项核实核准，做到即认定、即参保，确保不漏一户、不漏一人、不漏一项。

【特殊人群管理】 2021年，县医疗保障局对确因异地参保、参加其他基本医保、参军、服刑、死亡等合理化原因不在认定地参保的，要求建立精准到人的管理台账，详细记录相关情况，确保准确无误、依据清晰。

【集中学习教育】 2021年，县医疗保障局定期不定期组织医务人员学习医保法律法规。全年在县人民医院开展学习教育2次，采取面对面授课方式，发放医保政策宣传手册50余份。

【打击欺诈骗保行为】 2021年，县医疗保障局组织开展专项治理“回头看”，重点对公立医院和民营综合性医院开展现场检查，未发现诱导住院和虚假住院等违法情况。联合开展自查自纠工作，重点聚焦“三假”（假病人、假病情、假凭证）欺诈骗保问题。

【宣传贯彻《医疗保障基金使用监督管理条例》】 2021年，县医疗保障局组织开展以“宣传《医疗保障基金使用监督管理条例》、加强基金监管”为主题的集中宣传月活动。线上线下同步宣传，拓宽宣传渠道，印制宣传海报，在2家医保定点医药机构和全县43个行政村宣传栏进行全覆盖张贴，集中展示打击欺诈骗保成果，扩大宣传面。召开1次专题讲座，为定点医药机构和县医疗保障局工作人员专题宣讲《医疗保障基金使用监督管理条例》，提高医保从业人员法律法规意识；开展现场咨询服务活动1次，发放宣传资料200余份，强化宣传效果。

【队伍建设】 业务培训 2021年，县医疗保障局建立周培训、月考试制度，坚持以考促学、以学促用，每周五利用午休时间对窗口人员进行政策讲解、业务指导，并每年开展2次测验检验干部业务能力，规范医保经办业务标准。

“我为群众办实事”实践活动 年内，县医疗保障局扎实发展党史学习教育“我为群众办实事”实践活动，激励和动员党员干部践行初心和使命，真正将学习教育成果转化为工作实效，落实到为人民服务中去。

打造标准化经办窗口 严格落实工作制度化，做到有章可循。通过责任追究制等十项规章制度，规范业务流程，强化权力制约，确保各项工作有章可循，稳步推进。严格落实办事公开化，接受群众监督。在工作过程中，经办机构把所有的政策法规和办事程序公布，方便广大群众和参保人进行监督。

“一切为了参保人” 医保日常工作主要是为参保人服务，年内，县医疗保障局始终坚持“一切为了参保人”的工作理念，把提供优质服务贯穿于工作始终。

【党的建设】 扎实推进党史学习教育。始终把传达学习贯彻习近平总书记重要讲话和重要指示精神作为第一议题，加强局党组理论学习中心组学习。全面加强党建工作。抓思想建设。以专题讲座和业务专题培训为抓手，将“学习强国”学习平台作为党员干部的“充电驿站”，不断提高党员干部业务素质和服务能力。通过办讲座、观看录像、上党课、开座谈会等，推进阵地建设，设立党建文化阵地，营造浓厚的党建工作氛围。抓效能建设。积极衔接中国农业银行股份有限公司桑日县支行，实现各乡（镇）中国农业银行营业点建立“医保工作站”，协助收取住院报销、救助票据，方便群众办事。抓活动载体。积极探索党建工作新载体，规范党组织生活，发挥党员先锋模范带头作用。先后多次组织开展“我为群众办实事”主题党日活动。持之以恒推进党风廉政建设。深入推进医保领域全面从严治党，全年共组织各种警示教育、专题学习、主题党日活动19次。

县人民医院

【概况】 桑日县人民医院坐落于桑日县县城中心，是一所集医疗、急救、保健、计划生育技术服务、健康教育、临床教学等多功能于一体的综合性医院，2020年8月成功创建二级乙等医院，曾先后被授予“平安医院”“文明单位”“民族团结先进模范集体”等称号。截至2021年末，共有医疗专业技术人员40名。其中大专及以上学历人数33名；其中副高级专业技术职称3名，中级专业技术职称15名，初级专业技术职称20名。

【主要工作】 2021年，县人民医院各项工作在县委、县人民政府的领导下，在上级业务部门的指导下，以习近平新时代中国特色社会主义思想为指导，以建设“健康桑日”为总基调，不忘初心、牢记使命、锐意进取、埋头苦干，以公立医院综合改革为契机，深入开展“政风、行风建设”“构建和谐医院”“平安医院”“创先争优”“三好一满意”等活动，全年共计门急诊19215人次（含藏医门诊），收治住院122例（包括住院分娩数3例），出诊126人次，无转院及自动转院和死亡病例。手术5例、胆囊切除术3例、全膝关节置换术2例。完成农牧民及寺庙僧尼健康体检和建档15907人，完成率达100%。积极开展新冠疫苗接种工作，2021年基本完成全县范围内接种，其中累计完成第一针剂接种人数17435人、第二针剂接种人数15832人、第三针剂接种人数8740人，接种率达90.39%。

【基层党建】 2021年，县人民医院以全县医疗卫生工作为先导，在全力应对新冠肺炎疫情防控的同时，围绕创建二级医院复评要求，进一步提高干部职工整体素质，把思想建设始终贯穿到实际工作中，认真学习党的规章制度和习近平总书记系列重要讲话，加强党的思想建设、组织建设、作风建设和制度建设，积极开展医德医风教育活动及党风廉政建设工作，坚持一手抓党建一手抓业务，在医院业务开展中，充分发挥共产党员的先锋模范作用，确保医院各项工作如期展开，并取得较好成绩。

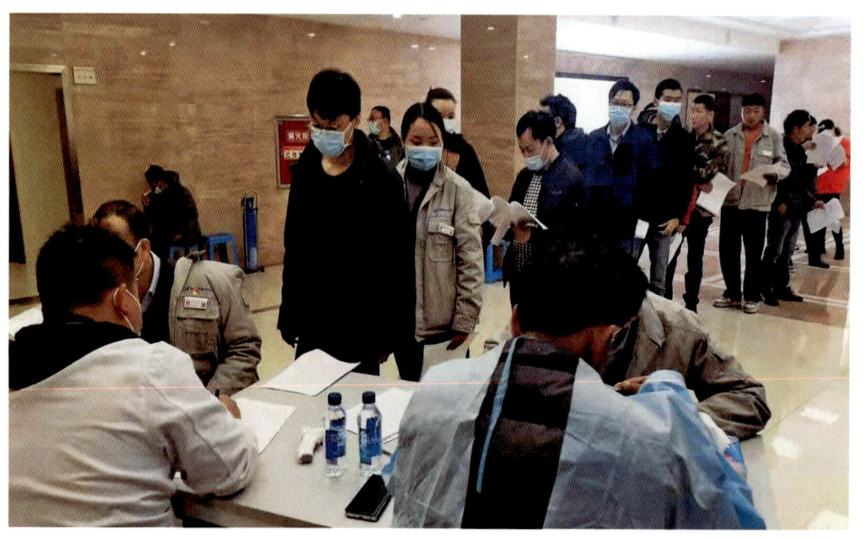

3月31日，县人民医院医护人员深入企业进行新冠疫苗接种

（县人民医院　提供）

【社会治安综合治理】 2021年，县人民医院始终坚持“预防为主、教育疏导、依法调处、防止激化”的原则，认真做好社会治安综合治理各项基础工作，强化矛盾纠纷排查调处工作。完善矛盾纠纷排查调处工作机制，认真做好矛盾纠纷排查调处工作，正确处理人民内部矛盾，尤其是注重医患纠纷方面存在的问题，努力维护社会稳定。认真做好“平安医院”“先进双联户”创建工作。

【新冠肺炎疫情常态化防控】 2021年，根据县新冠肺炎疫情防控指挥部要求，县人民医院对所有进入医院的人员坚持“三个一律”（一律查验健康码、一律测体温、一律佩戴口罩）规定；落实预检分诊制度，一旦发现发热、咳嗽、乏力等症状患者，在做好防护的条件下，由专人引导按规定路径前往发热门诊就诊；到发热门诊就诊的患者扫“健康码”，接诊医生要详细问询患者流行病学史，详细了解患者是否有疫情中高风险地区旅居史；常态化进行疫情防控演练，提高应急处置能力；严格落实医院感染防控措施，按需做好标准预防与额外预防，落实发热门诊患者、新住院患者及陪护人员、医院工作人员全员核酸检测；医疗服务和疫情防控所需药品、试剂、防护用品等储备充足。为加强疫情防控管理和促进防控措施落实，医院相继开展多轮培训，进一步加强新冠肺炎疫情防控工作，保障人民群众就诊安全。

【扶贫帮困】 2021年，县人民医院全面落实住院“先诊疗后付费”惠民政策，实现建档立卡户患者身份信息化，确保应免尽免。疫情期间，对需定期就医或长期服药的建档立卡户患者，组织开展送医送药上门。准确把握健康扶贫帮扶标准，严格执行国家和西藏自治区规定的健康扶贫医疗保障政策，加强建档立卡户患者住院费用监控，严格规范诊疗行为，严格药品和医用耗材使用管理，在保证治疗效果前提下优先选用国家基本药物、基本医保目录药品，从严控制政策范围外医疗费用比例，切实减轻建档立卡户患者医疗负担。上半年完成全县先天性心脏病筛查、妇女“两癌”筛查，组织多次免费下乡义诊，发放药品价值6万余元。

7月15日，县人民医院医务人员开展妇女“两癌”筛查工作

（县人民医院　提供）

【医保政策落实】 2021年，县人民医院严格遵守医保管理制度，认真执行医保部门有关规定，坚持药品和一次性医用耗材零差率销售，实行药品带量采购，高价值医用耗材挂网采购，精准扶贫人员五重保障体系和双向转诊、分级诊疗制度。

【基础设施建设】 2021年，县人民医院加快推进藏医院建设，填补县域内无藏医院的空白。藏医院项目占地面积10.5亩，建筑面积1890平方米，设床位25张，总投资5000万元。截至年末，已经建设医技楼、综合楼，正在建设辅助用房、购置医疗设备。

（王亚林）

社会民生

民 政

【社会保障与救助】 城乡低保 2021年，桑日县民政局扎实推进城乡低保工作。进一步完善桑日县城乡居民最低生活保障（以下简称“低保”）对象申请、入户调查、民主评议、审核审批程序，强化家庭收入核算，将低收入家庭中的重病、重度残疾人员参照“单人户”纳入低保，落实低保标准与城乡居民人均消费支出挂钩的动态调整机制，加强动态管理，切实做到公平公正，应保尽保，应退即退。年内，为第一季度符合农村低保的158户、283人，第二季度符合农村低保的158户、272人，第三季度符合农村低保的158户、275人，第四季度符合农村低保的159户、285人，兑现农村低保资金824628.43元。为1—4月城镇低保18户、18人，5—12月17户、17人，兑现城镇低保资金137537.72元。全年共落实城乡低保资金962166.15元。

特困人员救助供养 强化服务理念，优化管理服务机制和制度。2021年全县特困人员供养对象为189人，集中供养人数99人，分散供养人数90人，集中供养自愿入住率为100%。1—12月，落实供养补助资金208849.07元（其中集中供养1069910.7元、分散供养701165.87元、丧葬费支出173767.5元、分散走访慰问

2月8日，县人民政府副县长嘎珍（前排左一）在县特困人员集中供养中心开展节前慰问
（县民政局 提供）

85005元)；落实特困人员集中供养机构运行经费和人员工资共计2359510.22元。

临时救助 2021年，县民政局进一步发挥社会救助“托底线、救急难”作用，将所有遭遇突发事件、意外伤害、重大疾病或其他特殊原因导致生活陷入困境，其他社会救助制度暂时无法覆盖或救助之后基本生活仍有严重困难的家庭和个人，不论户籍、不分城乡，全部纳入临时救助范围。全年全县临时救助25户、73人，其中困难个人10户、10人；困难家庭15户、63人；兑现资金13.56万元。

【社会福利服务】 保障事实无人抚养儿童权益 2021年，县民政局落实事实无人抚养儿童12人补助资金73596.25元。

救助流浪乞讨人员 全年共救助流浪乞讨人员8人次，落实救助资金270元。

县特困人员集中供养中心服务 2021年，县民政局进一步明确县特困人员集中供养中心安全生产主体责任、部门监管责任，健全应急预案，层层签订目标责任书。对县特困人员集中供养中心开展维稳、消防、食品药品安全生产检查工作共50余次。在原有制度基础上先后制定老人心理危机预防和干预制度，消毒、隔离制度，老人临终关怀制度，外出请销假制度、查房制度、老人入院制度，健全档案制度。为提高县特困人员集中供养服务中心服务质量，按照上级文件要求，联合相关部门以公开招聘形式招收护理员、工作人员14名。每季度组织工作人员和护理员前往分散供养老人家中开展各项慰问和卫生打扫工作，并了解分散供养老人近期身体情况，是否愿意到县特困人员集中供养中心集中生活等信息统计核对工作。对护理人员从服务人员组织纪律、服务人员工作作风、服务对象个人卫生、服务对象个人内务整理四个方面开展季度绩效考核。对考核不称职的人员不予发放绩效工资。

按照中共中央、自治区党委、市委深化党政机构改革部署，为深入贯彻《桑日县机构改革方案》，经请示市委，并结合桑日县特困人员集中供养中心实际，12月14日，完成“县五保集中供养中心”更名为“县特困人员集中供养中心”工作。

【婚姻登记】 2021年，县民政局开展《中华人民共和国民法典(婚姻家庭编)》普法宣传工作，加大婚姻登记机构工作人员参加业务培训力度，不断规范婚姻登记管理工作。全年共办理结婚登记181对，离婚登记19对，全年补办结婚登记31对、无补办离婚登记人员。

【社会组织管理】 2021年，县民政局规范社会组织管理工作。截至年末，全县共有社会组织2家，分别是桑日县牦牛养殖协会和桑日县商会。对于之前注册的常年不开展任何活动、不参加年检的2家社会组织进行注销。

【路牌整治】 2021年，根据路牌整治工作要求，县民政局对全县涉及民政管辖道路路牌开展摸底调查。

【民政项目建设】 2021年，县民政局共启动实施4个项目，分别是总投资80万元的县特困人员集中供养服务中心地面改造项目，截至年末，已完成招标；总投资300万元的曲龙天葬台附属项目年内已竣工验收。年内，总投资6000万元的殡仪馆建设项目和计划投资5000万元的山南市精神福利机构建设项目已完成设计招标、可行性研究报告、项目初步设计等前期工作。

【党建工作】 2021年，县民政局贯彻落实党的路线方针政策和上级党组织的决议决定，认真学习宣传贯彻中共十九大精神，以日常工作促党建，以提高队伍素质为重点，以强化管理为手段，抓好思想政治工作，加强自身的道德品质修养，使全体党员思想政治素质不断提高，管理工作不断进步。民政党支部在上级党委领导下，坚持围绕县民政局工作重点抓党建，抓好党建促发展的工作思路，扎实有效地推进党员队伍思想建设、组织建设、作风建设和制度建设，使党员干部的整体素质不断得到提高，促进各项工作取得明显成效。

【党风廉政建设】2021 年，强化领导班子管党治党责任，推动落实全面从严治党主体责任。调整完善党风廉政建设责任制领导小组，落实好党风廉政建设承担第一责任人述责制度，领导班子成员及各科室负责人要对职责范围内的党风廉政建设工作负领导责任，切实做到各司其职，坚决落实“一岗双责”。制定领导班子及领导干部个人主体责任清单，严格落实责任清单台账管理制度，做好工作台账记录。支部定期召开党风廉政建设专题会议，随时研究部署党风廉政建设和反腐败工作，并针对在新形势下党风廉政建设工作中可能出现的新情况、新问题，积极制定预防新对策，使党风廉政建设责任制得到较好的贯彻执行。

人力资源和社会保障

【概况】2021 年，桑日县人力资源和社会保障局在县委、县人民政府领导下，在上级主管部门指导帮助下，以习近平新时代中国特色社会主义思想为指导，贯彻落实中央第七次西藏工作座谈会精神、“十四五”规划和乡村振兴战略等重大决策部署，围绕习近平总书记视察西藏工作的重要指示，抓好“四件大事”，铸牢中华民族共同体意识，以健全完善民生服务，深入践行为民办实事内容，巩固脱贫攻坚成果衔接乡村振兴，在推动农牧民创业就业工作持续向好发展和排查解决劳务纠纷等各项工作上取得一定成效。

【农牧民转移就业】2021 年，全县农牧民转移就业任务总数为 6700 人，创收任务总数为 0.47 亿元，其中组织化转移任务总数为 4020 人，占总转移人数的 60%，自治区外就业任务总数为 100 人。全年桑日县完成农牧民转移就业人数为 6704 人，实现劳务创收 4788.1 万元，组织化转移 2399 人，自治区外转移就业 32 人。完成率达到人数目标 100.05%，创收目标的 101.87%，组织化目标的 59.67%，自治区外目标的 32%。

【城镇新增就业】2021 年，全县城镇新增就业任务总数 355 人，其中困难群体人员就业任务总数为 32 人，城镇失业人员再就业任务总数为 68 人。全县实际完成城镇新增就业 373 人，完成率达到 105.07%，其中困难群体人员就业 32 人，城镇失业人员再就业 50 人，完成率分别达到 100% 和 73.5%。

【技能培训与创业培训】2021 年，全县技能培训任务总数为 750 人，合格任务达到 90%，转移就业率达 40%；创业培训任务总数为 50 人，合格率任务达到 90%，转移就业率任务达到 10%。年内，已完成技能培训人数 309 人。截至年末，正在开展技能培训人数 336 人，总计培训人数为 645 人，达到培训任务总数的 86%。创业培训总计 50 人，已全部完成培训，合格率达到 100%。

【转移就业基地建设】2021 年，桑日县转移就业基地建设任务为新增 2 家。

7月22日，2021年山南市桑日县第一期计算机培训结业典礼举行

（县人力资源和社会保障局　提供）

年内，全县有8家农牧民转移就业基地正常运转，其中市级3家，分别是华新水泥（西藏）有限公司、桑日镇赤康村葡萄基地、桑日县平安建筑工程有限责任公司。其中桑日县平安建筑工程有限责任公司已申请自治区级转移就业基地建设。县级5家，分别是旭日苗圃基地、桑日镇赤康村苗圃基地、华电西藏能源公司、绒乡卓吉村温室大棚、桑日镇奴卡村温室大棚。对2021年全县新增2家转移就业基地的任务，县农牧民劳动力转移就业工作领导小组办公室根据调研摸排情况，初步拟定为海星物业桑日服务站和桑日县沃德投资有限公司，其中桑日县沃德投资有限公司已上交并审核完成相关材料，截至年末，海星物业桑日服务站正在进行前期资料审核等备案工作。

【专场招聘会】 2021年，桑日县共举办3期9场专场招聘会。8月，桑日县2021年度高校毕业生暨退役军人专场招聘会分别在县城友谊广场、增期乡文化广场、白堆乡文化广场和绒乡巴朗村院内举行。参加本次招聘会的有中国人寿保险股份有限公司山南市分公司、山南爱尔眼科医院有限公司、艺轩教育等56家用人单位，提供就业岗位623个，其中高校毕业生就业岗位392个，退役军人岗位若干个。

12月13—16日，由山南市信达人力资源服务有限公司承办的桑日县2021年度高校毕业生暨农牧民转移就业冬季专场招聘会分别在白堆乡藏嘎村和绒乡卓吉村、桑日镇雪巴村和增期乡雪巴村举办。共有中国人寿保险股份有限公司山南市分公司、山南爱尔眼科医院有限公司、艺轩教育等45家用工企业，提供就业岗位619个，其中高校毕业生岗位261个、农牧民岗位358个。

上述招聘会共提供就业岗位1861个，先后有1200余人次参加，共收到应聘者求职登记表260份，发放宣传资料共1000余份。

【高校毕业生就业】 2021年，县人力资源和社会保障局已完成214名应届高校毕业生信息核实工作；完成214名应届高校毕业生配对结对帮扶工作，共安排二级主任科员及以上和中级及以上专技人员干部进行一对一配对214名应届高校毕业生，指导高校毕业生就业帮扶工作；全面掌握214名应届高校毕业生就业情况，全县应届高校毕业生已就业213名，1名录入显示尚未毕业（其中，公务员及事业单位就业21名，自治区外企业就业19名，自治区内市场就业112名，定向生3名，自主创业3名，升学7名，大学生基层成长计划48名，就业率达100%）。

【专业技术人员管理】 2021年10月，县人力资源和社会保障局开展岗位设置管理工作与编制核岗工作，其间转正考核2020年11月参工专技人员2人，已上会研究。

岗位设置管理　根据市人力资源和社会保障局岗位设置工作开展要求，年内，县人力资源和社会保障局对政府事业单位编制及在册人员进行初步摸底，同时进行岗位设置相关表格填报收集，通过各事业单位岗位设置核准汇总，通过2021年县人民政府第15次常务会议研究审议，全县设置岗位总量224个，其中管理岗位40个（七级4个、八级36个），专业技术岗位169个（高级专业技术岗位29个、中级岗位67个、初级岗位73个），工勤技能岗位15个（技师1个、高级工4个、中级工5个、初级工5个）。截至年末，岗位设置工作正处于农牧、文化、卫生行业沟通整合阶段。

编制核查　2021年，县人力资源和社会保障局编制核查工作是针对全县专技人员与工勤人员的个人信息与档案信息进行一一核对，并出具单位情况报告。截至年末，已对22家单位进行编制核查。

【人事人才】 2021年，桑日县建立主管部门考勤考评制度，县人力资源和社会保障局与县教育局等相关单位成立职称评定领导工作小组，成立县奖励表彰工作领导小组；同时设立岗位需求，逐步完善定岗定责相关体制建设，对每年的招录人员进行试用期考察，并根据文件要求，落实转正定级制度，全年已完成5名专业技术人员转正定级；履行专业技术人才对口规培管理、审核，截至2021年末，涉及医院、教育、农业技术等多个领域外出规培人员13人，根据相关政策，人社系统区域及跨区域集中培训开展3次。

在充分发挥人才激励措施方面，2021年，县人力资源和社会保障局对全县专业技术人员的工资收入、住房、就医、子女入学、退休安置等各方面提供支持政策；实行向乡（镇）、边境县、高海拔地区倾斜的工资政策。落实西藏特殊津贴核算办法和公务员奖金制度。年内，县人力资源和社会保障局已完成对桑日县事业单位工作人员（不含教育系统）307人和工勤人员58人（不含教育系统）审核，均按2018年7月至2021年8月在编在职时间和规定工资标准执行。

【工资待遇】 2021年，县人力资源和社会保障局落实2021年长期援藏专业技术人员补差工资情况，总人数为3人，月西藏补差工资为30396元；落实2021年短期援藏专业技术人员补差工资情况，总人数为8人，月西藏补差工资为78274元。

年内，县人力资源和社会保障局对16名2021年桑日县事业单位专业技术人员考录新生及1名非西藏生源地定向西藏工作毕业生进行工资待遇审核并落实。按照西藏自治区党委组织部《关于录用（聘用）拉巴旺堆等198名同志为公务员（事业编制人员）的通知》精神审核并落实1名录用（聘用）事业编制人员工资待遇。

年内，县人力资源和社会保障局在落实政策制度上，开展机关工勤人员正常晋升及事业单位工作人员正常晋升薪级工资晋升审核及兑现工作。共兑现机关工人14人，月增资为3264元，兑现事业单位人员215人，月增资38489元；办理丧葬费、一次性抚恤金2人；兑现2020年度被评为“优秀”人员奖金，共计40人，奖金金额61500元；落实职称晋升人员待遇，人数为18人，其中中级12人、初级6人，工资月增资为15233元。按照西藏自治区党委组织部《关于录用（聘用）拉巴旺堆等198名同志为公务员（事业编制人员）的通知》精神审核并落实1名录用（聘用）事业编制人员工资待遇。

【大学生返乡创业支持计划】 2021年，县人力资源和社会保障局完成近五年应往届有创业意愿毕业生实地调查、资料初审、启动资金和水电场地费补贴申请工作。全年共有35名高校毕业生申请自主创业补贴资金，其中26名高校毕业生申请创业启动资金，9名高校毕业生申请水电房租补贴，共申请创业启动资金162万元、水电房租补贴22.21万元。

年内，县人力资源和社会保障局鼓励引导有创业意愿和创业能力的大学生、农牧民等人员返乡入乡创业，加大对初次创业实体的支持力度，进一步降低创业成本，提升创业持续发展，全年全县返乡大学生等人员创业启动资金共申请91万元，政策扶持率达100%。

2021年，全县返乡创业大学生共有15人，主要创业形式为农牧民专业合作社、汽车美容、广告传媒、铝合金加工、餐饮、网吧等行业。其中，大专学历13人、本科2人，男10人、女5人，平均年龄约24岁，带动短期灵活就业60人；经营场所100%设置在村（居），70%具有带动农民就业增收效果，30%带动农村基础设施和人居环境改善。

【工勤人员技师考核报名】 2021年，县人力资源和社会保障局完成对全县事业单位工勤人员技师考核报名工作，通过审核资格人数15人。

【政策宣传】 2021年，为预防拖欠农牧民工资问题的发生，县人力资源和社会保障局工作人员深入各施工单位宣传《中华人民共和国劳动合同法》《中华人民共和国劳动法》11场次，悬挂横幅11条、张贴宣传画28张、发放《中华人民共和国劳动合同法》《中华人民共和国劳动法》等政策法律法规宣传资料1390份，参与劳动者2400人次，其中发放劳务合同模板318份。

【劳动监察】 2021年，县人力资源和社会保障局已受理拖欠民工工资总案件共30起，涉及总民工471人、涉及总金额1302.57万元。接受县信访局转办案件4起，涉及民工119人、涉及金额485.29万元，年内，已全部结案。全年受理上访案件26起，涉及民工352人，涉及金额817.28万元，截至年末，已全部结案。

9月23日，县人力资源和社会保障局组织开展就业创业、社保政策宣讲（县人力资源和社会保障局 提供）

【农民工工资保证金】 2021年，县人力资源和社会保障局严格依照《桑日县预防和处理拖欠农民工工资实施办法（试行）》精神，各项目各建设单位在开工之前，按相关文件规定足额向县人力资源和社会保障局缴纳农民工工资保证金，做好与各部门衔接合作，对拒不缴纳民工工资保证金的建设单位，不得办理施工许可证及开工令。

年内，山南市锦砻担保集团公司及人民保险共收缴22家企业农民工工资保证金，缴纳民工工资保函共计1056.1万元，退保1家，金额6万元。

【社会保障】 2021年，全县城乡居民基本养老保险参保人数为10835人，实现参保人数为9038人，困难群体实现参保人数298人，60岁以上享受待遇领取人数为2046人，发放待遇金额4656280.72元，发放率为100%。死亡人数为44人，死亡人员共兑现丧葬补助金和个人账户金105510元，按上级要求为到龄人员通过社保卡发放城乡居民基本养老保险金。

5月27日，县人力资源和社会保障局劳动监察工作人员在大古水电站实地检查劳动用工及民工工资发放情况（县人力资源和社会保障局 提供）

年内，对全县城市居民养老保险待遇领取额人员卡号不规范的66人，按照下发文件要求全部核实完成。

【社保数据治理】 2021年，按照下发数据治理相关文件通知，县人力资源和社会保障局下发2542条治理数据，均在规定时间内核实完成。

【社保基金管理风险排查】 2021年，根据《西藏自治区社会保险基金管理风险排查工作实施方案》文件精神，县人力资源和社会保障局成立工作领导小组，制定工作方案，明确工作目标，确保工作有序推进，并按期完成全县社保基金管理风险排查工作。

【社保基金管理问题专项整治】 11 月 22 日，按照《关于下发〈山南市社保基金管理问题专项整治工作方案〉的通知》要求，桑日县社会保险事业管理局工作人员入户调查惠民惠农财政补贴“一卡通”管理问题落实情况并开展入户采集社保卡业务。截至年末，已核实完增期乡 296 人，地方补贴资金总额为 15.35 万元，已兑现到位，养老金 266.07 万元，已兑现到位。社保卡采集办理 32 人，重置密码 59 人，需金融部门上门服务 1 人，重置密码 2 人。

乡村振兴

【概况】 6 月 1 日，桑日县乡村振兴局正式揭牌成立。县委书记康爱民为桑日县乡村振兴局揭牌并致辞，县委副书记、人大常委会主任王雅峰主持揭牌仪式，县委常委、组织部部长、直属机关工委书记邬建军，县人民政府副县长罗布出席揭牌仪式。

桑日县乡村振兴局成立后，继续发扬脱贫攻坚精神，按照中共中央、自治区党委、市委乡村振兴战略总体部署，围绕“谋局、巩固、守线、起步”总体工作思路，全力推进巩固拓展脱贫攻坚成果同乡村振兴有效衔接，努力开创全县乡村振兴工作新局面。

6月1日，桑日县乡村振兴局挂牌成立 （县乡村振兴局 提供）

【巩固拓展脱贫攻坚成果同乡村振兴有效衔接】 2021 年，桑日县始终坚持“四个不摘”的总体要求，严格落实习近平总书记“脱贫摘帽不是终点，而是新生活新奋斗的起点”的重要指示，坚持因地制宜，持续巩固拓展全县脱贫攻坚成果，创新乡村振兴工作方式方法，以更加饱满的工作干劲、工作热情做好新时代、新形势下全县乡村振兴相关工作。

制定总体规划　根据中共中央、自治区党委、市委关于乡村振兴工作的一系列指示精神，为有效推进巩固拓展脱贫攻坚成果同乡村振兴有效衔接工作，2021 年，桑日县先后制定下发《桑日县乡村振兴战略总体规划（2021—2035）》《西藏桑日县关于全面推进乡村振兴工作“五年行动”实施意见》，建立健全《桑日县防止返贫动态监测和帮扶机制》。

强化组织领导　年内，成立以县委书记康爱民为组长的县委农村工作领导小组，定期研究全县“三农”工作，安排部署当前一段时期重点工作，为全县“三农”工作（巩固拓展脱贫攻坚成果同乡村振兴有效衔接工作）把准方向。要求各部门把巩固拓展脱贫攻坚成果同乡村振兴有效衔接工作作为一项重大的政治任务，严格落实“四个不摘”要求，扎实做好巩固拓展脱贫攻坚成果同乡村振兴有效衔接工作。

选优配强队伍　调整充实各村第一支部书记 43 人，选优配强驻村工作队伍 129 人，配备乡村振兴专干 40 人，为做好乡村振兴工作充实基层工作力量。

结对帮扶　按照“四个不摘”的总体要求，督促干部职工严格落实结对帮扶，全县累计开展结对帮扶工作 4000 余人次，

2021年，桑日县巩固拓展脱贫攻坚成果同乡村振兴有效衔接工作部署会议召开，图为会议现场　（县乡村振兴局　提供）

涉及金额80余万元，解决群众实际困难300件次。

督察整改　2021年，国家乡村振兴局调研暗访组反馈问题公布后，虽然反馈问题未涉及桑日县，但桑日县仍认真对照国家乡村振兴局调研暗访组反馈问题，举一反三，主动认领问题8项，截至年末，除1个问题未排查完毕以外，其余问题全部整改完毕并长期坚持。

年内，桑日县强化巩固拓展脱贫攻坚成果同乡村振兴有效衔接工作督导力度，采取明察暗访、查阅资料、面对面核实、走访群众和随机抽查等方式，不定期常态化加强帮扶人员到岗、履职情况、脱贫攻坚巩固工作、脱贫政策连续性稳定性，对脱贫摘帽后“不摘责任、不摘政策、不摘帮扶、不摘监管”落实情况进行监督检查，找准问题，建立台账，切实做到责任不落实不放过、问题不整改不放过，着力整治脱贫攻坚形式主义、官僚主义等突出问题，防止虚假脱贫、数字脱贫，为全县巩固拓展脱贫攻坚成果同乡村振兴有效衔接提供坚强有力的保障。

政策学习　年内，桑日县多次召开学习会议，专题学习中共中央、自治区党委、市委关于巩固拓展脱贫攻坚成果同乡村振兴有效衔接的指示批示，并对照上级党委要求，积极探索创新思路举措，健全完善长效工作机制，强化防止返贫动态监测，构建完善帮扶救助机制，发展壮大产业，促进脱贫人口就业增收，推进易地搬迁后续扶持，全面落实“四个不摘”要求，脱贫成果得到有效巩固，有序推进衔接乡村振兴。

【产业项目建设】　建设项目2021年统筹整合资金项目共计9个，总投资1.92亿元，截至年末，已开工8个（未开工项目为桑日县增期乡雪巴村乡村振兴试点建设项目，截至年末，可行性研究报告、初步设计报告、图纸均已完成评审，正在筹备挂网招标工作），竣工验收并投入使用4个，项目收尾建设阶段4个，已拨项目款项1.13亿元，拨款进度达到83%。

8月27日，县委副书记、县人民政府县长索朗巴珠（左一）在增期乡实地调研巩固拓展脱贫攻坚成果同乡村振兴有效衔接相关工作　（县乡村振兴局　提供）

编制“十四五”规划项目 年内，桑日县规划编制“十四五”规划乡村振兴项目共计49项，总投资6.99亿元。其中，2021年9个项目，总投资19272.06万元；2022年9个项目，总投资16806.68万元；2023年8个项目，总投资5558.58万元；2024年11个项目，总投资13507.01万元；2025年12个项目，总投资14770.3万元。

【增期乡雪巴村乡村振兴示范引领建设项目】 2021年，桑日县持续推进增期乡雪巴村乡村振兴示范引领建设项目，对接涉及单位，多次修改完善村庄建设规划，切实做好示范点建设各项谋划工作，截至年末，项目可行性研究报告、初步设计报告、图纸已形成，筹备挂网招标工作。

【扶贫资产后续管理】 2021年，桑日县涉及扶贫资产后续管理项目43个，涉及需确权移交资产95个，截至年末，均已确权完毕，后续将陆续完成移交工作，确保项目有人管护、能持续运营，可不断产生效益带动脱贫群众增收。

【产业项目增收带动】 2021年，桑日县产业项目累计分红410.1万元，涉及群众586户，户均增收6998.29元。项目建设期间带动群众务工6000余人次，兑现劳务工资、机械费用、土地流转金共计3561万元。

【转移就业】 2021年，全县共计完成农牧民转移就业6440人，实现劳务增收4709.56万元，人均增收7312.98元。农牧民转移就业基地成效显著，全县共有8家农牧民转移就业基地，共吸纳农牧民就业961人，实现务工增收3680.54万元，人均增收3.83万元。

是年，全县共举办3期9场专场招聘会，提供就业岗位1861个，共有1200余人次参加招聘会，求职登记260余人。

【创业扶持】 2021年，桑日县共有创业扶持资金项目6个，带动就业34人，实现劳务增收72万元，人均增收2.12万元。年内，桑日县鼓励大学生返乡创业，提供自主创业补贴资金，共有26名高校毕业大学生申请创业启动资金162万元，带动农牧民就近就便就业22人，实现劳务增收56.26万元，人均增收2.56万元。

【技能培训】 2021年，桑日县持续有序开展农牧民转移就业技能培训。截至年末，共完成培训226人，涉及蔬菜种植、果树园艺、驾驶技能等多个专业，培训合格率100%，就业率22%。

【兑现惠民政策】 2021年，桑日县严格执行落实各项惠民政策。

教育 教育“三包”政策兑现资金851.89万元，惠及2115人；落实农村义务教育学生营养改善计划，兑现资金134.16万元，惠及1677人；落实山南市大学生学费返还政策，兑现资金410.3万元，惠及582人；落实自治区内外高校“建档立卡大学生”免费教育补助，兑现资金70.87万元，惠及95人；开展送教上门工作，组织教师30余人次，对全县3名因疾病、残疾不能入校就学的学生送教上门37次。年内，桑日县加大教育基础设施建设，累计投入2628.51万元，改善全县办学条件。

医疗 落实城乡居民基本医疗参保政策，截至年末，全县城乡居民医保参保率100%，落实医疗报销应报尽报，医保基金统筹报销累计299.74万元；落实建档立卡脱贫户个人医保费用代缴政策，代缴资金96.9万元。年内，桑日县持续加大医疗基础设施建设力度，累计投入1590万元，改善全县医疗条件。

住房安全 落实农村危房改造政策，兑现资金1002万元，惠及638户。落实农村“厕所革命”政策，对所有14座公共厕所统一交由第三方公司运营维护，拨付维护经费49.63万元，完成户厕改造工作2250座，兑现户厕奖补资金386.8万元。

金融惠民 认真履职仔细核对，每月对接中国农业银行股份有限公司桑日县支行、各乡（镇）人民政府，对当月上报贷款需求人员进行仔细核查，协助银行确定符合小额信贷贷款标准人员，每月统计录入小额信贷发放情况，为110户脱贫户及边缘易致贫户提供扶贫小额信贷524万元。

生态岗位补助　为全县生态岗位700人兑现生态岗位补助资金245.18万元。

饮水安全　投入水利设施养护资金402.75万元，实施农村饮水维修，山洪沟治理，切实提高农牧民群众饮水安全和山洪灾害抵御能力，委托第三方开展水质检测2次。截至年末，水质均已达标，后续继续加强水质检测工作，确保群众饮水安全，针对增期乡个别村冬季管道冻结，饮水困难的问题，桑日县组织送水车定时定期给相关村庄村民送水，保障高寒村居冬季日常生活用水。

道路通信　截至2021年末，全县共有公路里程561.23千米，其中通村公路里程248.3千米，自然村通硬化路比达80%以上，基本实现通信网络信号全覆盖，村村通光缆（网络）。

兜底保障　落实农村低保政策，兑现资金96.22万元，惠及285人，落实特困人员救助供养政策，兑现资金127.73万元，惠及190人，落实临时救助政策，兑现资金13.56万元，惠及73人。

【消费帮扶】2021年，桑日县对消费帮扶工作持续强力推动，加强管理，每周进行调度，把消费帮扶行动推进情况作为各单位、部门作为年末乡村振兴考核评价工作的依据。

截至年末，全县共有扶贫产品8种，覆盖4个乡（镇），销售扶贫产品累计500余万元，带动建档立卡脱贫户108户户均增收2000余元；全年开展农牧产品展销活动2次，销售额达118.83万元。

年内，增期乡创新举措，开展“周末小市场”活动，定期销售农畜产品，截至年末，已举办12期，销售额达19.98万元，有效改善全县部分农产品销售渠道狭窄的难题。

【易地搬迁后续帮扶】2021年，桑日县乡村振兴局对全县2个安置点121户476人搬迁人口进行全面摸底，精准、翔实掌握每户创业就业、产业发展、教育、医疗、兜底保障等基础信息和每个安置点基础设施、公共服务设施建设现状，建立完善后续帮扶县、乡（镇）、村“三级台账”，做到底子清、情况明；查短板，补弱项。围绕搬迁群众“搬得出、稳得住、能脱贫、可致富”总体目标，对标查找产业发展、就业创业、置点基础设施和公共服务设施建设等方面存在的短板和弱项，统筹协调行业主管部门加大资金支持和帮扶力度，确保各项扶持措施落地落实。投资1.69亿元实施绒乡卓吉村葡萄基地建设、卓吉村农田开发、卓吉村高效温室建设、卓吉村饮水保障、卓吉村农田蓄水池建设、卓吉村农田防洪堤建设、霍布塘葡萄基地建设、霍布塘农田开发、霍布塘饮水保障等一批项目，惠及群众121户476人；制定标准，统一制定易地扶贫搬迁后续扶持工作档案资料，确保后续扶持工作过程扎实、结果真实。

【健全防止返贫动态监测机制】

强化动态监测　为确保发生规模性返贫事件，2021年，桑日县及时制定《桑日县防返贫监测机制》，对全县人口进行动态监测工作，尤其是脱贫人口收入稳定且增幅明显。截至年末，全县脱贫人口人年均收入1.42万元。

强化信息对比　持续密切关注脱贫群众收支情况，不定期深入乡（镇）、村（居）了解掌握脱贫群众收支是否稳定，是否存在突发意外，同时，研判分析统计数据，做到底数清、情况明。

强化帮扶举措　截至年末，全县纳入监测对象共有4户（3户因突发疾病，1户突发意外事故），均因突然意外情况开支增加，致使返贫风险加大，桑日县针对此类人员迅速做出反应，制定多重帮扶措施，县委、县人民政府、县人大常委会、县政协主要领导及县直属部门单位结对帮扶，给予突发困难群众支持帮助累计金额7000余元，依照相关规定给予政策帮扶（阳光资金），最后通过干部职工、国有企业进行捐款帮扶，截至年末，累计捐款5000余元，解决部分生活费用。年内，县乡村振兴局、县人民医院、县卫生健康委员会、县医疗保障局等相关单位工作人员深入监测户家中，解决监测户医疗报销、残疾等级鉴定、日常生活用具等相关燃眉之急，急群众所急、思群众所想，坚决杜绝4户监测群众返贫。

强化兜底保障　年内，桑日县将脱贫人口中突发意外情况，完全丧失劳动能力或部分丧失劳动能力的，且无法通过产业分红、劳动就业获得稳定收入的人口，按照政策规定纳入农村低保或特困人员供养范围，按照困难类型给予专项补助、临时救助，做到“应保尽保，应救尽救，应兜尽兜”。截至年末，“三类人员”中共有2户11人符合标准并已纳入民政农村低保兜底。

【五大乡村振兴工程】提质升级产业　把农业发展摆在突出的位置，把产业发展摆在突出的位置，深入推进农业供给侧结构性改革，推动农业由增产导向转向提质导向，加快培育乡村产业促进农村一、二、三产业融合发展，实现农牧民增收富裕农村经济繁荣，结合各村实际，积极谋划建设项目，实施一批带动强、效益好、持续长的乡村振兴项目。

培育优良人才　运用政策、机制、机会等多种方式，鼓励社会各类人才看到乡村发展希望、看好乡村发展未来、看见乡村生活，吸引人才返乡就业创业，并给予一定帮扶支持。

弘扬优秀文化　以社会主义核心价值观为引领，采取符合农村、农民特点的有效方式，深化中国特色社会主义与中国梦宣传教育，大力弘扬民族精神与时代精神。加强爱国主义、集体主义、社会主义教育，深化民族团结进步教育。扎实开展文化下乡，实施“非遗+乡村振兴”工程，切实提高村文艺演出队整体素质，有针对性地实施一批提升全县文化振兴基础的工程。

绿色发展生态　绿水青山就是金山银山，冰天雪地也是金山银山，桑日县始终秉持改善生态环境就是发展生产力、“水光山色与人亲”，良好生态环境就是乡村振兴的重要支撑，不断打造人与自然和谐共生发展新格局，从而逐步实现生态宜居、乡村美丽。

建强健全组织　积极开展基层党组织业务培训工作，不断夯实党在基层的执政基础，切实做到基层组织工作强、带动强，始终成为党在基层一线的战斗堡垒，同时也为开展好乡村振兴工作奠定扎实的基础。

退役军人事务

【概况】2021年，在县委、县人民政府的领导下，在上级业务部门的帮助指导下，县退役军人事务局始终坚持以习近平新时代中国特色社会主义思想为指导，深入学习贯彻习近平总书记关于退役军人工作的重要论述和重要指示批示精神，紧紧围绕上级决策部署和目标任务，坚持以退役军人为中心，积极主动作为，认真履职尽责，带着责任和感情为全县退役军人办实事、办好事，退役军人服务保障取得较好成效，广大退役军人幸福感、荣誉感、归属感显著增强。

【基层党建】2021年，县退役军人事务局党组班子成员充分发挥带头作用，通过党史学习教育、“三更”专题教育及局党组学习、支部集中学习等平台，先后组织带头学习党史、习近平新时代中国特色社会主义思想、习近平总书记关于西藏重要论述及新时代党的治藏方略、习近平总书记关于退役军人工作重要论述、习近平总书记在西藏考察时重要讲话精神、中共十九届六中全会精神。全年累计召开党组会议暨理论学习中心组学习会议12次、民主生活会1次、专题民主生活会1次。

落实领导班子意识形态工作的主体责任，将意识形态工作作为全局工作的重要内容认真落实，并将意识形态工作纳入局党组重要议事日程，从提高思想认识、强化责任落实、明确工作重点等方面，努力开创新形势下意识形态工作新局面。

始终牢固树立“不抓党建就是失职、抓不好党建就是不称职”的责任意识。局党组书记切实履行党建工作第一责任人职责，局党组其他成员带头实行“一岗双责”，结合分工抓好党建工作，做到业务工作和党建工作同安排、同部署、同落实。局党支部进一步推动“八星党支部”创建工作作为重点，以优化组织建设为核心，强化凝心聚力，坚持每月开展主题党日活动，抓好“三会一课”制度落实，全年召开支部党员会议5次、主题党课4次；结合“三更”专题教育、“以案促改”等警示教育活动，严抓党员教育管理，持续开展政治教育，严格抓好党员考评工作。

以“三更”专题教育等活动为重要抓手，建立健全反腐倡廉长效机制，着力打造清正廉洁的干部队伍。严格落实党风廉政建设责任，进一步加大宣传力度，严明责任主体，明确责任担当，推动党风廉政建设责任全面落实；在局党组扩大会议、支部学习会议加强学习违纪违法典型案例，积极开展反面典型警示教育，通过大会小会讲纪律，时时处处谈纪律，工作生活守纪律，确保廉洁从公。

【退役军人就业创业】2021年，县退役军人事务局通过退役军人系统服务平台、三级退役军人服务中心（站）、退役军人政策宣传微信群等方式向全县退役军人发布就业招聘信息57条，积极与县人力资源和社会保障局协调，举办高校毕业生暨退役军人专场招聘会，提供退役军人岗位，涵盖医疗、教育、保险、人力资源、行政管理、广告设计、酒店餐饮，文秘、建筑工程、护理学、保安保洁等岗位；组织未就业退役军人参加山南市退役军人专场招聘会，提供就业岗位，帮助退役军人与用人单位达成初步用工意向。

8月9日，县退役军人事务局与县人力资源和社会保障局联合举行“我为群众办实事”暨引导退役军人就业创业专场招聘会

（县退役军人事务局　提供）

【优抚抚恤】2021年，县退役军人事务局严格按照优抚对象抚恤补助政策和自然增长机制，及时调整抚恤补助标准，每月按时足额发放抚恤金和生活补助金。截至11月末，全县享受国家抚恤补助和生活补助的优抚对象共计35人，全年及时足额发放优抚资金。

【立功报喜】2021年，县退役军人事务局为获得个人三等功以上荣誉的桑日籍现役军人家庭送去喜报并发放慰问金。

【走访慰问】2021年，县退役军人事务局利用各种节日对现役军人、退役军人和重点优抚对象、驻军部队进行走访慰问，帮助解决实际困难，将拥军优属责任落到实处。县退役军人服务中心按照“退役返乡必访、立功受奖必访、英模典型必访、重要节日必访、遇到困难必访、重大变故必访”的“六必访”要求，在春节、藏历新年、“八一”中国人民解放军建军节、“老兵永远跟党走、把党的关爱送到老兵心中”主题慰问、庆祝中国共产党成立100周年等重大节庆期间，使用县人民政府预算专项资金开展走访慰问，为退役军人送去党和政府的关怀和温暖。全年慰问县人民武装部、武警桑日中队、县消防救援大队2次，发放价值2.5万元的慰问品；对全县退役军人、无军籍人员、伤残民兵、伤残警察、“三属”、立功受奖现役军人、

9月22日，桑日县退役军人事务局举行2021年度义务兵家属优待金集中发放仪式　　（县退役军人事务局　提供）

维和军人家庭开展各类慰问走访活动，并发放慰问金。

【宣传教育】 2021年，县退役军人事务局、县退役军人服务中心结合退役军人档案采集更新、慰问走访、常态化联系等工作，组织工作人员到各乡（镇）、村、户开展多层次的宣传教育和矛盾纠纷排查工作，通过宣传《中华人民共和国退役军人保障法》《中华人民共和国军人地位和权益保障法》，介绍移交接收、退役安置、教育培训、就业创业、优待抚恤、褒扬激励、服务管理等法律。全年深入3个乡1个镇、村等宣传政策20余次。

【创建全国示范型退役军人服务中心（站）】 2021年，县退役军人事务局按照创建全国示范型退役军人服务中心（站）通知及考评要求，持续推进创建工作，强化服务中心阵地，打造退役军人"温馨之家"。县退役军人服务中心成立后，坚持"以退役军人为中心"工作理念，严格落实"五有"（有机构、有编制、有人员、有经费、有保障）总要求，融入军地文化高标准建设服务阵地，以"一站式"服务温暖兵心，切实提升退役军人荣誉感、归属感、获得感。腾出房间，投入资金9.3万元，突出军队特色和家的味道，高标准打造退役军人服务中心，配备现代化办公设备，接待设施和活动设施等，将退役军人服务中心建成广大退役军人的暖心营地。规范工作流程。建立退役军人服务中心工作职责、信访接待制度等五项工作制度十一类服务对象相关事项办理程序，悬挂在各级退役军人服务中心显眼位置，供服务对象和群众了解。制作退役军人暖心服务卡，发放到全县退役军人手中；制定现场接待"六个一"（一张笑脸、一声问候、一杯热水、一把椅子、一站服务、一办到底）服务承诺，每名服务中心工作人员践行各自服务承诺，确保让退役军人服务有阵地、服务有措施、服务有规范、服务有保障。建立沟通交流制度。定期召开县、乡（镇）、村三级服务中心（站）负责人会议，及时传达上级有关指示精神和政策文件精神，听取工作开展情况，交流工作经验，研究部署

2月4日，县退役军人事务局、县人民武装部工作人员为立功受奖现役军人家庭送喜报　　（县退役军人事务局　提供）

工作。9月，创建工作通过自治区地市交叉验收。

【业务培训】 2021年，县退役军人事务局完善业务培训制度。选派人员参加自治区、市组织的退役军人服务中心（站）人员培训，每半年开展1次乡（镇）、村退役军人服务站负责人业务知识培训。全年共计选派5人参加退役军人服务保障各类培训。

【退役军人信息采集更新】 2021年，县退役军人事务局重新开展全县退役军人信息采集更新，建立常态化动态管理的“一人一档”。投入1.2万余元专门为退役军人量身定制档案盒，明确由专人负责进行审核、填表，做到不错登、不漏登，确保高标准、高质量完成全县退役军人和其他优抚对象动态信息采集，实现退役军人信息“一人一档”和定期动态更新。采集档案盒标注退役军人姓名、属性、编号等基本信息，并将退役前后各类奖惩、党组织关系、收入明细、就业创业，家庭基本情况等列入档案，进一步了解退役军人教育、住房、技能、就业创业等情况，做到底数清、情况明、无遗漏、无死角。

创先争优强基础惠民生活动

【概况】 2021年4月，桑日县创先争优强基础惠民生活动第十批干部驻村工作开展后，在县委、县人民政府领导下，全县各级各部门自觉把精准推进干部驻村工作作为一项重大政治任务，高度重视、精心组织，周密部署、有效推进。广大驻村干部和第一书记聚焦新时代干部驻村“七项职责”以坚定的信念、坚强的党性、严明的纪律、优良的作风，大力弘扬“老西藏精神”、“两路”精神，坚守、奋战、奉献在基层一线，强基惠民工作取得显著成效。

【全县驻村工作队基本情况】 2021年，桑日县共派驻43个驻村工作队129名驻村工作队员，其中，藏族干部82名，汉族干部45名，其他民族2名；男66名，女63名；党员103名。全县共派驻村党组织第一书记43名，大学生村官6名，平均年龄32.8岁。

【第九批驻村工作队受表彰】 3月31日，西藏自治区创先争优强基础惠民生活动第九批驻村工作总结表彰暨第十批驻村工作动员大会在拉萨市召开。会上，桑日县驻增期乡达杰村工作队被表彰为“西藏自治区先进驻村工作队”，桑日县绒乡驻程巴村工作队队员拉巴次仁、桑日县白堆乡驻白堆村工作队副队长仓姆拉、桑日县桑日镇驻拉龙村工作队队长刘勇被表彰为“西藏自治区先进驻村工作队员”。

【驻村工作】 2021年，桑日县创先争优强基础惠民生活动领导小组办公室坚持聚焦新时代干部驻村工作七项职责，扎实推进驻村工作新使命，把压实工作职责融入日常、抓在经常，以时不我待、只争朝夕的精神，紧扣“稳定、发展、生态、强边”四件大事，进一步落实驻村各项工作任务，推动全县驻村工作争先进位。

理论宣讲　持续推进习近平新时代中国特色社会主义思想扎根铸魂。结合“不忘初心、牢记使命”主题教育成果巩固、“四讲四爱”群众教育实践及党史学习教育，以庆祝中国共产党成立100周年、西藏和平解放70周年为契机，用通俗易懂的语言、喜闻乐见的方式，通过召开党员大会、举办农牧民夜校、走村入户、深入田间地头、工地、寺庙，利用微信群等新媒体，用藏语汉语向群众宣讲习近平新时代中国特色社会主义思想、中共十九大、十九届五中全会和中央第七次西藏工作座谈会精神，引导广大基层干部群众在政治立场、政治方向、政治原则、政治的道路上同党中央保持高度一致，自觉维护以习近平同志为核心的党中央权威和集中统一领导，更加紧密地团结在以习近平同志为核心的党中央周围，使广大农牧民群众听党话、感党恩、跟党走的信心决心更加坚定。截至年末，共计累计宣传364场次，发放宣传资料2200余份，开辟专题宣传栏90期，举办专题讲座73次，受教育群众达1500余人次。

11月16日，桑日县创先争优强基惠民活动第三季度干部驻村工作推进会召开（县创先争优强基础惠民生活动领导小组办公室　提供）

铸牢中华民族共同体意识　凝心聚力，将民族团结创建、开展党的民族政策法规教育、反分裂斗争教育、社会主义核心价值观教育，以及“三个离不开”“五个认同”“五观两论”教育工作作为一项重要议事日程，及时召开专题会议，对相关文件及会议精神组织学习，将《西藏自治区民族团结进步模范区创建条例》《中华人民共和国民族区域自治法》等内容纳入驻村干部集中学习内容，带领村“两委”班子成员、农牧民党员、巾帼志愿者进行学习，切实将思想和行动统一到铸牢中华民族共同体意识上。年内，各驻村工作队召开民族团结专题会议50余次，学习习近平总书记关于民族团结进步重要论述会议40余次，开展民族团结活动共43场次，发放宣传手册1500余份，悬挂宣传横幅43条，受教育群众达1.3万余人次，将宣传工作全覆盖、不留死角。全面推进国家通用语言文字普及工作，各驻村工作队开设“六微六学”（开设微夜校集体学、进行微辅导带动学、组织微交流相互学、提供微服务跟进学、开展微节目趣味学、举行微测试督促学）课堂，全面推进国家通用语言文字教育培训工作走深走实。截至年末，已结成帮学对子510余对，实现村“两委”、村监督委员会成员结对帮学全覆盖，覆盖党员群众4800余人。

维护社会稳定　夯实社会治理基础。协助村“两委”组织召开抵制十四世达赖集团的分裂渗透破坏活动、开展与十四世达赖集团划清界限等签字活动和专题会议40余场次，参会群众1500余人次；积极化解和妥善处理各类社会矛盾21件，农牧民群众“我要稳定”的意识越来越强烈。

新冠肺炎疫情常态化防控　年内，各驻村工作队协助村“两委”通过在职党员履职尽责，无职党员设岗定责，设立“政策宣传岗、卫生消毒岗、教育引导岗”，动员广大农牧民群众全力投入疫情防控工作中，制定疫情防控党员“三包”工作责任分解图，充分发挥基层党组织战斗堡垒作用。成立“三支队伍”积极向群众宣传中共中央、自治区、市、县关于新冠肺炎疫情防控工作的安排部署和新冠疫苗接种工作。共走访1200余户，开展宣传教育130余次，发放宣传资料3500余份，引导群众正确认识疫情、科学防控疫情。

建强村党组织　筑牢基层战斗堡垒。年内，各驻村工作队围绕自治区、市、县村“两委”换届工作部署要求，精心组织，周密部署，规范流程，如期完成全县43个村“两委”换届工作，巩固村“两委”班子成员全部为党员的成果，实现年龄、学历“一降一升”目标。全面推行村干部坐班制度和群众事务代办制，充分发挥村级“一站式”便民服务大厅作用，帮助办理民政报销、户籍证明、组织关系转接等“一站式、一条龙”服务，实现群众少跑腿、办事更便捷，不断增强群众满意度和幸福感；截至年末，帮助群众解决实际困难200余件。全面推行“群众活动日”，让党员通过参加经常性的党内活动受到熏陶、得到锻炼、增强党性，累计开展群众教育服务活动287场次，参加群众达1.1万人次。

推进乡村振兴　谱写“三农”工作新篇章。年内，各驻村工作队坚持把塑形铸魂作为推进乡村振兴的重要抓手，以建设产业兴旺、生态宜居、乡风文明、治理有效、生活富裕的美好家园为目标，协助村“两委”积极向群众宣传草场承包、强化湿地保护和恢复，扩大退耕还林，开展植树种草、整治脏乱差、建设美丽乡村、“保护雪域高原一草一木、山山水水”活动738场次，“四旁”植树31216棵，种草157亩。积极引导和督促43名乡村振兴专干协助村“两委”抓好产业发展、生态环保、移风易俗、服务群众等工作职责，激励引导他们发挥自身优势，为推动乡村振兴战略提供坚强的保障。

加强乡村治理　年内，全县各驻村工作队认真贯彻落实《关于全面推进乡村振兴加快农业农村现代化的意见》，协助建立完善群防群治工作机制，完善村规民约，教育引导农牧民群众践行社会主义核心价值观，扎实推进人居环境整治工作和移风易俗活动，宣传“两降一升”和医疗卫生知识政策，积极发挥活动场所和村级文艺演出队作用，组建村级文艺演出队，积极开展丰富多彩、积极向上的文体活动。深入开展普法教育、组织群众学习法律常识，努力提高基层社会治理法治化水平，营造人人懂法、人人守法的良好局面。扎实开展“三送”（送健康、送文艺、送体育）活动，教育引导农牧民群众崇尚科学、破除迷信，争做文明向上好公民。截至年末，累计开展环境卫生整治活动400余次，宣传地方综合病防治工作316场次，宣讲法律常识活动225场次，开展“三送”活动40场次，组建村级文艺队43支，完善村规民约142条，受教育群众达5000余人次。

“我为群众办实事”实践活动　全县各驻村工作队立足实际，把学党史与悟思想融会贯通、办实事与新开局同向发力，坚持知行合一、人民至上、目标导向、底线思维，积极改进工作作风、提高工作能力，充分发挥驻村工作队职能作用，进一步强化“为人民服务”的宗旨意识，从群众最关心、最直接、最现实的利益问题入手，通过入户摸排登记、协调上级部门、动员辖区群众等方式，多措并举，注重解决群众急难愁盼问题，把群众满意作为民办实事的出发点和落脚点，真心实意听民意、察民情、解民忧，不断提升广大农牧民群众的获得感和幸福感。截至年末，各驻村工作队“我为群众办实事”实践活动318件，投入资金1.9万余元。

【经费投入】2021年，为确保驻村工作取得实效。桑日县按照往年标准，及时从本级财政配套经费184万元，按照大村5万元、小村4万元的标准分别用于驻村工作队开展农牧民技能培训、村干部文化素质提升50%；用于困难群众受灾群众访贫问苦50%。全力支持驻村干部为民办实事好事。

【关心关爱驻村干部】2021年，县创先争优强基础惠民生活动领导小组办公室在第十批驻村工作队进驻前，严格要求派驻单位落实岗前体检要求，对体检不达标的坚决做到不选派。在春节、藏历新年期间，对43支驻村工作队进行慰问，统一配送蔬菜、牛奶等生活物资，共计5.59万元，确保驻村干部全身心“吃在村、驻在村、干在村”。

【驻村工作管理】2021年，县创先争优强基础惠民生活动领导小组办公室聚焦新时代干部驻村工作“七项职责”，重点围绕中共十九届五中全会精神、中央第七次西藏工作座谈会精神，结合党史学习教育，坚持稳中求进的工作总基调，针对基层工作实际，对乡村振兴、“三农”工作、民族团结、民法典、基层党建等方面的政策法规和业务知识进行专题培训，全县43支驻村工作队队长、村党组织第一书记、驻村工作队队员、4个乡（镇）党委副书记、强基惠民专干共计81人参加培训。并设置现场观摩课程，分别前往乃东区克松红色教育基地、山南市博物馆等地进行实地参观学习。

【驻村帮扶展销会】为进一步展现全县强基惠民活动开展以来第一批至第十批驻村工作队帮扶壮大的村集体经济产品，9

月 28—29 日，县创先争优强基础惠民生活动领导小组办公室联合县总工会举办驻村帮扶“心连心”暨职工福利消费助力拓展脱贫攻坚成果展销会，通过展销会进一步拓宽全县农特产品销售渠道，为农牧民群众增收 50 余万元。

12月14日，桑日县举行“讲好驻村故事　传播基层声音”主题演讲比赛，图为颁奖现场

（县创先争优强基础惠民生活动领导小组办公室　提供）

【驻村故事演讲比赛】 年内，县创先争优强基础惠民生活动领导小组办公室组织开展“讲好驻村故事，传播基层声音”主题演讲比赛，展现全县驻村干部勇于担苦、担难、担重、担险的昂扬向上的精神风貌，展现驻村干部扎根在一线、坚守在一线、服务在一线、战斗在一线，舍小家、顾大家，履职尽责，主动作为，展现雪域高原干部“缺氧不缺精神，海拔高境界更高”的良好状态，以实际行动践行对以习近平同志为核心的党中央的绝对忠诚。

应急救援

应急管理

【概况】2021年，县应急管理局在县委、县人民政府的领导下，在市应急管理局的指导下，在各乡（镇）、各部门、各企业的支持下，全面贯彻落实中共十九大，十九届二中、三中、四中、五中、六中全会精神，中央第七次西藏工作座谈会精神及中央政治局第十九次集体学习会议精神，以习近平总书记、李克强总理关于应急管理及安全生产重要指示批示精神为指导，全面贯彻落实《中共中央、国务院关于安全生产领域发展改革意见》《安全生产专项整治三年行动》精神，紧紧围绕安全稳定大局，以全县经济建设为中心，严防事故发生，推进全县应急管理、安全生产工作持续稳定。

【安全生产事故】2021年，全县共发生4起安全事故，其中1起为一般生产安全责任事故（5月17日，桑日县幼儿园建设项目触电亡人事故，造成1人死亡，直接经济损失99万元），与上年同期相比事故起数上升100%、死亡人数上升100%；3起为非生产经营性事故（道路交通事故，受伤5人），与上年同期相比分别上升300%、500%。

事故发生后，县应急管理局对事故责任单位山南市民福顺德建筑有限责任公司处以罚款21万元，对项目经理、专职安全员各处罚5000元，共计罚款22万元，对相关涉及部门负责人由县安全生产委员会领导进行约谈。

全年共接到1起安全生产举报案件，经县应急管理局调查核实部分举报内容属实，对被举报单位（企业）处以罚款5万元，2名负责人分别处以罚款2万元，共计处罚9万元。

【自然灾害】5月25日，白堆乡达西村内遭遇突发性阵风，造成1户村民6间房屋屋顶掀翻，房屋整体受到不同程度损坏，灾情造成受灾人员3人，直接经济损失约1万元，与上年同期相比下降50%。年内，受灾情况已通过国家自然灾害管理系统上报。

【安全生产工作开展】2021年，县委常委会会议、县人民政府常务会议分别听取1次应急管理工作汇报，召开各类会议7次（县安全生产委员会会议5次、第一次全国自然灾害综合风险普查会议2次）。会议紧紧围绕省级安全生产交叉检查和各重要时间节点召开安全生产工作推进会，县安全生产委员会主要领导针对考

3月9日，县委副书记、县人民政府县长吾金（左四）到大古水电站调研电站建设安全生产情况　（县应急管理局　提供）

核及关键时期进行周密部署，提出具体措施，扎实推进安全生产责任落实。县应急管理局安全生产工作紧紧围绕各重要节点和时段，突出监管重点，全面落实属地责任和企业主体责任，持续开展道路交通、建筑施工、非煤矿山、危险化学品、工贸行业、人员密集场所、食品药品、消防安全等领域专项整治行动，切实解决以往执法检查中存在的“简单化、随意性、一刀切”的问题，实现辖区安全生产良好态势。

县安全生产委员会办公室以重要时间节点，特别是围绕“两个大庆”（庆祝中国共产党成立100周年和西藏和平解放70周年），全年共组织联合执法32次，排查隐患232处，现场整改30处，责令限期整改202处，下发责令限期整改指令书28份，督办通知11份。截至年末，隐患已全部整改完毕。

【安全监管】 隐患排查整治　强化“三个必须”监管原则，持续开展道路交通、非煤矿山、危险化学品、消防安全、施工建设、人员密集场所专项检查，实现监管领域全覆盖，监督检查全覆盖，问题整改全覆盖，真正以排查隐患、消除隐患，预防事故为目标，保证重点领域安全生产持续稳定。

重点时段安全监管　在全年各个重点时段，持续开展危险化学品、非煤矿山、重点领域专项检查。不断强化辖区危险化学品销售、储存、运输、使用、流失、回收等关键环节监管。狠抓零散油料管理，落实公安民警、乡（镇）驻站等安全保卫措施，杜绝违规使用和储存零散油料，保证危险化学品生产流通领域的绝对安全，确保各重要时段社会的安全稳定。

交通安全隐患治理　年内，县安全生产委员会办公室投入7万元，508省道K88+119M至K93+876M段治理7处安全隐患，为交通出行提供安全保障。

应急物资采购　年内，县安全生产委员会办公室投入20万元，采购应急物资帐篷等7种1024件（顶、套），补充到增期乡应急物资仓库。

【安全生产宣传】 年内，县安

11月11日，桑日县组织举行新修订《安全生产法》专题讲座　（县应急管理局　提供）

全生产委员会办公室从专项经费中投入55万余元，制作《中华人民共和国安全生产法》、安全生产手册、防灾减灾、森林草原防火等相关宣传资料及宣传物品，围绕“5·12”全国防灾减灾日、“安全生产月”“安全生产周”，持续开展宣传教育，结合安全生产“九进”要求，深入乡（镇）、村（居）、企业、寺庙、人员密集场所等进行宣传，不断提升群众及一线务工人员安全防护意识。全年共开展12次宣传活动，发放宣传资料1.5万余份，宣传礼品6000余份。11月14日，邀请四川省安全生产专家、副教授华道友在县城开展新修订安全生产法讲座。投入10万元，在全县3个乡1个镇、7所中小学与县城3个小区设立防灾减灾救灾科普知识宣传栏，提高全民安全意识和自救互救能力。

7月29日，桑日县召开第一次全国自然灾害风险普查工作动员部署会议　　（县应急管理局　提供）

【专项整治】 2021年，县安全生产委员会办公室组织执法人员深入开展危险化学品、非煤矿山大排查大整治大执法等专项整治工作，整治突出企业生产管理，突出问题整改落实。

危险化学品专项整治　聘请重庆美高科技有限公司危险化学品专家组深入4家加油站，华新水泥（西藏）有限公司进行专项督导检查，并提出相关整改项目。截至年末，已基本完成整改。

非煤矿山专项整治　积极协助市应急管理局非煤矿山专家，深入辖区内非煤矿山企业开展安全生产专项检查，主要针对矿山生产安全、汛期措施、制度规章、特种设备、资质情况等问题进行专项检查。

重点领域专项整治　突出铁路、电站、水泥生产、建筑施工等方面专项检查（复工复产），解决企业难点热点等突出问题。

【第一次自然灾害综合风险普查】 2021年，按照上级统一部署，桑日县按时启动全国自然灾害综合风险普查工作，县自然灾害综合风险普查办公室各成员单位及各乡（镇）、村（居）共收集调查数据138条（其中承载体64条数据、减灾体74条数据），家庭减灾能力880条，历史灾害数据706条。截至年末，全县普查在地调查与质量审查的总进度为86%，其中应急、交通、水利系统进度100%，林业和草原进度85%，住房和城乡建设进度45%。年内，桑日县如期通过应急系统市级核查。

【安全生产专项整治三年行动】 2021年是安全生产专项整治三年行动的攻坚之年，县安全生产委员会、县安全生产委员会办公室根据中共中央、自治区、山南市关于安全生产三年专项整治行动的总体部署，严格按照“四不两直”工作方式，对辖区内各大领域定期不定期进行明察暗访，召开专题会议，继续分析、研究、及时解决专项整治工作中发现的问题，确保全县安全生产三年专项整治工作的持续开展。

消防救援

【概况】 2021年，在山南市消防救援支队党委领导下，桑日县消防救援大队党支部以党史学习教育为思想引领，以“我为群众办实事”为行为准则，带领全体指战员以“降低火灾风险、做好应急准备、确保队伍稳定”为根本目标遵循,始终盯牢主责主业,持续强化火灾隐患整治,稳步推进基层基础建设,深入开展主题宣传教育,严格规范执勤战备秩序,防控成效梯次增进,救援实力循序渐进,年内,辖区未发生较大以上或有影响的火灾事故,较好地维护辖区消防形势和队伍管理“双稳定”,以高效优质消防服务赢得各级党委、人民政府和人民群众“双满意”。

【党建工作】 2021年,县消防救援大队充分发挥党支部核心领导作用,强化党支部统揽全局、把关定向的核心能力和政治定力,增强“四个自信”、坚定“四个意识”、做到“两个维护”,始终在思想上政治上行动上同以习近平同志为核心的党中央保持高度一致。大队坚持以党史学习教育为主导,通过开展“牢记领袖训词、永做忠诚卫士”“学习讨论月”“习近平总书记授旗训词三周年”等专项活动,不断加强思想和组织建设,工作开展卓有成效,全年队伍内部指战员思想统一,无任何违纪违规现象的发生。

加强党支部班子建设,增强班子驾驭全局的能力。努力建设学习型领导班子,县消防救援大队党支部要求各支部成员要以各自岗位为出发点,以执法规范化建设为抓手,以打造消防铁军为契机,不断提高监督执法及灭火抢险救援指挥能力。始终坚持民主集中制原则,坚持党支部集体领导制度,班子成员之间坦诚相见,在指战员普遍关注的焦点、热点问题上大队党支部不搞“一言堂”和“暗箱”操作,凡是重大决策必经支部会议研究决定,班子成员自觉做到会上一个声音、会下一个调子。认真落实党组织生活制度,坚持党务公开制度,认真对大队党务工作进行公示,使大队党务工作做到公开、透明,时刻接受指战员监督,极大地调动全体指战员参与队伍建设的积极性。加强与指战员联系,领导班子成员经常与干部、消防员、政府专职消防员、文员交心谈心,每逢重大节日以座谈会形式增进了解、加强友谊,急、难、险、重、迫在眉睫的任务,班子成员首先冲锋在前,积极做好表率,保证大队工作无往不胜。在大队党支部带领下,各项工作稳步推进,如期完成全年上级下达的各项目标任务。

持续开展政治教育,为各项工作提供思想保证。在坚持队伍内部管理和各项业务工作如期开展的同时,始终将政治工作置于首位,每次政治专题教育都组织指战员认真学习,开展讨论,撰写心得体会和剖析材料,并及时做好学习记录,领会其精神实质,并将其落到实处,确保每次政治学习都取得实实在在的效果。以“学党史、担使命,知藏史、感党恩”主题教育实践活动为契机,大力开展宣传教育活动,大队党支部召开专题会进行研究部署,进行专题学习,召开大讨论,撰写心得体会,营造良好的学习氛围。积极部署廉政教育和纪律作风教育整顿活动,年内,县消防救援大队认真组织开展纪律作风大检查和党风廉政活动10余次,全面加强大队廉政文化建设。在廉政建设上开展“三个一”活动,集中组织一次廉政教育学习1次、集中观看正反典型教育片2次、集中开展一次大讨论活动1次。在对外宣传上县消防救援大队把廉政建设的开展与日常消防宣传工作相结合,做到消防宣传到哪里,廉政教育宣传就到哪里,并组织大队监督执法人员面向社会述职述廉2次,随时接受人民群众和服务对象监督。

【消防监督执法】 2021年,桑日县消防救援大队以消防监督执法作为全年业务工作重点,在山南市消防救援支队领导下,结合三年专项整治工作,重点开展“寺庙文物古建筑”“九小场所”“打通生命通道”等消防安全专项整治工作,确保全县火灾形势持续稳定。

年内,县消防救援大队持续开展消防安全专项整治,全面消除火灾隐患。为确保辖区火灾形势持续稳定,预防和遏制重特大火灾尤其是群死群伤恶性火灾事故发生,深入开展“文物古建筑”“九小场所”“电动车整治”“易燃易爆场所”“寺庙五项措施推进工作”等专项治理活动。在治理过程中，县消防救援大队结合全县实际，科学制定专项治理工作方案，依据相关政策规定和技术规范，督促各行业职能部门、各重点单位按时完成火灾隐患整改任务，加大对消防违法行为查处力度，使火灾隐患得以消除，消防违法行为得到处罚，全县消防安全环境得到净化，火灾形势持续稳定。

全面开展执法规范化建设，依法实施行政许可。为进一步规范消防监督执法行为，提高执法质量水平，年内，县消防救援大队结合消防监督执法岗位大练兵活动及上级政治巡察相关工作要求，为着力提高消防监督员业务水平，进一步规范消防监督执法行为，严格依法行政。根据工作实际，配合山南市消防救援支队，对县消防救援大队近三年执法案卷开展自查整改工作，重点对执法案卷装订制作不规范、案件超期、流程错误等情况进行检查，针对发现的问题及时组织相关人员查摆，形成情况说明和检讨书上报。全面学习贯彻消防业务理论知识，为提高大队监督执法人员的业务能力和素质，积极制定学习计划，定期组织大队监督执法人员学习相关法律法规、建筑规范等，为开展监督执法打牢基础。全面夯实公安派出所消防执法基础，为进一步提高公安派出所消防监督执法水平，县消防救援大队积极协调3个乡1个镇公安派出所，组织相关人员进行专项培训，通过专题授课、实地操作等方式进行业务培训，确保公安领域整体消防执法水平提升和执法程序规范。

【消防安全宣传】 2021年，县消防救援大队持续普及防火知识。结合辖区实际，积极开展消防安全宣传工作。积极做好协调工作，确保宣传工作成效显著。县消防救援大队先后协调县委、县人民政府及相关职能部门，组织召开“119”全国消防安全日宣传活动分工进行细化，全面夯实社会整体消防安全宣教基础。结合“119”全国消防安全日宣传专项活动，根据消防宣传“七进”的要求，认真开展消防宣传和培训工作，着力提升广大社会群众消防安全的“四个能力”（检查消除火灾隐患能力；扑救初期起火能力；组织人员疏散逃生能力；消防宣传教育培训能力）。

年内，县消防救援大队配合市消防救援支队全媒体中心，充分发挥媒体平台，全面普及消防安全知识。协调桑日县委宣传部、桑日县广播电视台等相关职能部门，积极拍摄相关消防安全提示视频，大大提高消防安全知识的普及率，并通过实地走访，微信转发等方式，组织辖区人民群众注册“全民消防安全学习”云平台，并督促重点企业、寺庙、单位组织人员学习。

【落实消防安全主体责任】 2021年，县消防救援大队积极主动作为，全面统筹协调，组织辖区重点单位消防安全负责人召开全县消防工作会议，分析研判辖区当前火灾形势，全面落实辖区重点单位消防安全主体责任，为下一阶段火灾防控工作的如期开展打下坚实基础。

【实战训练】 2021年，县消防

8月14日，县消防救援大队联合各职能部门到西藏山南旭日建筑有限责任公司工地开展消防安全专项检查　　（县消防救援大队　提供）

3月，县消防救援大队队员到桑日镇小学向小学生传授如何正确使用灭火器　（县消防救援大队　提供）

救援大队进一步夯实实战训练业务基础。大队始终坚持每周至少开展2次辖区熟悉演练，开展“全过程、全要素”实战拉动演练，并将微型消防站、政府职能部门及企事业单位等社会应急联动力量纳入熟悉演练体系。年内开展重点单位灭火救援熟悉演练60余家次，结合辖区实际修订完善预案30份。修订完善辖区《水源道路手册》，与公安、交通运输、卫生、供电、应急管理等部门，开展联合拉动应急救援演练1次，通过联合演练和实战应急救援，有效提升队伍应急救援能力。

进一步加强应急处置能力。年内，县消防救援大队扎实开展全员岗位大练兵工作，科学制定训练计划，通过月抽考、季普考、阶段比武等方式，使全体指战员实战打赢本领不断增强。进一步规范灭火救援行动。

2021年，县消防救援大队按照“一专多能、专常兼备，辐射区域、形成网络”的思路，全面规范灭火救援现场作战行动，狠抓灭火救援安全教育管理，督促队伍严格落实安全作战规定，强化作战安全责任。结合“九无”“作战训练安全”专项活动，切实开展“四个一”活动即组织召开专题会议1次、安全形势分析会1次、进行作战训练安全大讨论1次、开展一次执勤车辆装备大检查4次，并根据上级要求开展低温雨雪冰冻灾害救援准备工作专项活动1次。

【装备器材建设】 2021年，为全面做好县消防救援大队应急通信保障工作，投入经费17万余元用于改造红门影院、购买新会议系统及通信设备、防寒器材。年内，县消防救援大队科学分析研判当前辖区主要灾害类型，有计划强化对装备器材配置，先后协调县人民政府争取地震救援装备专项经费30万元。截至年末，正处于西藏自治区消防救援总队公开招标阶段。

【接处警】 截至年末，县消防救援大队共接处警30起，火灾2起，抢险救援2起，勤务26次。

6月，县消防救援大队开展加油站熟悉演练

（县消防救援大队　提供）

乡镇

桑日镇

【概况】 桑日镇是桑日县唯一的建制镇，镇机关距县政府0.5千米，距山南市主城区29千米，全镇地域面积520平方千米，其中耕地面积436.99公顷。下辖拉龙、洛、比巴、赤康、颇章、塔木、雪巴、奴卡8个行政村18个村民小组，有赤康村幼儿园、洛村幼儿园、比巴村幼儿园、桑日镇小学4所学校，卡玛当寺、丹萨梯寺2座寺庙。全镇共有1054户（农牧户籍1029户、城镇户籍25户），3722人（其中女性1864人）。桑日镇党委下设1个村级党委、4个村级党总支、20个党支部、1个“两新”组织。全镇共有党员495名，其中农牧民党员461名，全年发展党员12名，培养入党积极分子12名。

【基层党建】 桑日镇党委始终把党的建设放在首位，在学习教育、换届选举、重要活动、“三重一大”、巡视巡察、宣传活动、为民办实事活动等上下功夫，进一步增强基层党组织和党员群众“四个意识”、坚定“四个自信”、做到“两个维护”，不断提升基层级党组织履职尽职能力。如期完成村“两委”班子、镇党委换届工作，选举产生第十届党政班子11人，新一届村“两委”班子44人，并开展各类培训，提升基层干部履职能力。

6月7日，桑日镇人大举行新一届镇人民政府、镇人大班子成员向宪法宣誓仪式（桑日镇人民政府 提供）

年内，桑日镇举行庆祝中国共产党建党100周年、西藏和平解放70周年文艺演出。11月20日，桑日镇举行向全镇农牧民发放参加西藏和平解放70周年庆祝活动的中央代表团所赠送纪念品发放仪式，向全镇农牧民群众发放中央代表团赠送的领袖像、《习近平谈治国理政》精装版、西藏和平解放70周年纪念章、健康包、洗衣机、音箱、电饼铛等纪念品。

年内，桑日镇结合党史学习教育、“三更”专题教育，组织镇党委理论学习中心组学习18次，开展换届选举相关知识、党风廉政教育、党史学习教育等专题学习共13次。开展党史学习教育、“三更”专题教育专题学习研讨会共10次，共提交研讨稿52篇，机关干部共提交心得体会38篇。坚持干部讲堂制度，结合干部自身所学所思所想，鼓励全镇干部争做开口能讲、提笔能写、埋头能干的“三能干部”，充分发挥理论宣讲、政策宣传的导向作用，积极弘扬和践行社会主义核心价值观，开展“干部讲堂”2次。坚持周学习会议，结合学习重点，召开周学习会议，采取自学和集中学习相结合，个人体会和集体讨论相结合的方式，各党组织召开学习会议100余场次。组织完成全年各基层党组织党员教育培训2次，新批准吸收预备党员12名，批准6名预备党员转为正式党员，培养入党积极分子12名。

2021年第十届镇党委班子召开党委会议17次，全年党委会研究基层事项18项，研究政府工作6次、研究人大工作3次、研究党建工作8次、研究纪检工作3次、研究人事3次、研究经费9次，研究综治维稳及其他工作5次，严格落实大项事件、重点项目、重大经费、人事变动审议研究，严格执行“三重一大”制度。全年镇党委下发文件166份，召开党建专题会议6次、镇党委理论学习中心组学习会21次、各村党组织书记述职评议会1次、民主生活会2次、机关支部召开党史学习专题组织生活会1次、其他专项会议20余次。

11月20日，桑日镇举行西藏和平解放70周年中央代表团赠送纪念品发放仪式，图为仪式之后现场合影　（桑日镇人民政府　提供）

年内，桑日镇党委完成县委十届第一轮村级巡察工作，对拉龙村、洛村巡察进驻、问题反馈、问题整改事项专项督导，确保巡察工作高标准高质量完成。

完成基层党建现场会筹备，完成迎接和接待自治区、市、县各级领导的督导检查，接待友邻县（区）赴基层党组织参观学习等事项。

加强宣传宣讲舆论氛围。结合换届、新冠肺炎疫情常态化防控宣传、脱贫攻坚、感党恩、民族团结进步创建等工作，通过走村入户、微信群微宣讲方式，发挥新时代文明实践所（站）基层宣讲员骨干作用，开展理论宣讲1000余次。开展“悦”读“月”精彩党史学习教育主题党日活动，讲党课、主题党日等活动12次，受众人数500余人。组织干部群众集中观看党史电影、红色经典历史故事影片17场次，受教育群众人数1000人。组织村党组织书记、党组织第一书记、乡村振兴专干、驻村工作队、镇机关干部等200余人，开展红色教育打卡活动6次，受众人数400余人。开展“甜茶馆里话党恩”志愿服务活动10次，受益人达500余人。年内，镇新时代

4月1日，桑日镇组织新时代文明实践者开展卫生清洁志愿服务活动　　（桑日镇人民政府　提供）

文明实践所（站）理论宣讲志愿服务队的成员们结合党史学习教育，持续利用应急广播设备广播宣传600余次。

持续开展“我为群众办实事”实践活动。党委认真开展新时代文明实践所、站志愿服务队结合“五个起来”活动，通过召开意见征求会、村（居）走访等方式收集10项群众最迫切需要解决的问题，据此制定桑日镇“我为群众办实事”实践活动清单，定责定人定时推进，围绕巩固拓展脱贫攻坚成果同乡村振兴有效衔接，组织开展结对帮扶活动20余次，切实为群众“办实事、解难事”。

【党风廉政建设】2021年，桑日镇党委始终履行党风廉政建设主体责任，抓好反腐倡廉各项工作，以落实监督责任的实际举措和成效推动党委主体责任落实。党委领导班子在廉洁自律上积极发挥表率作用，认真履行“一岗双责”，加强作风建设和反腐倡廉工作宣传教育，带领全镇党员干部把抓学习、重教育、履职责放在工作的首位，形成党委书记负责抓、班子成员协助抓、党支部书记具体抓的良好工作局面。狠抓政治规矩，镇党委始终把维护党的政治纪律和政治规矩放在首位，深入开展政治教育，以“五史”宣讲教育、重要会议精神宣讲教育为契机，坚持深入基层群众宣讲党的政策、理论、法规和各项重要会议、讲话精神，入户宣讲和集中宣讲20余场次，积极组织和发动基层党组织开展教育宣讲71场次，发挥思想引领作用。严明党的纪律，镇纪委牵头对各项政策的落实、扶贫领域、巩固拓展脱贫攻坚成果同乡村振兴有效衔接工作等开展情况监督检查共计50余次，针对发现的问题进行现场反馈，限期整改，维护中共中央和各级党委、政府的决定，促进全镇党员干部在思想上与镇党委保持高度一致，确保政令畅通。狠抓作风建设，镇党委为增强干部责任意识和纪律意识，及时对班子成员、分管领导、干部职工、村组织书记进行谈心谈话、提醒告诫20次，有效遏制“四风”问题发生。紧盯重要节假日，坚决查处违反中央八项规定精神问题、持续纠正“四风”问题，强化事前防范，全年镇党委瞄准重点工作，重要节点召开节日提醒会议7次，开展监督检查40余次。完善制度建设。始终把党风廉政建设和反腐败工作当作头等大事来抓，积极履行好监督职能，集中精力抓好监督、执纪、问责工作。进一步修订完善桑日镇各项规章制度，修订完善镇党政领导班子议事规则，严格执行重大事项决策制度和民主集中制的原则，达到党务、政务、村务、财务公开，用制度管人管事，抓早抓小，持续营建“不能腐”的制度机制。

【农村经济】2021年，桑日镇农作物播种面积436.97公顷，粮、经、饲比例为73∶20∶7，完成粮食产量2692吨，发放除草剂爱秀882瓶、千里寻1104瓶，受益亩数133.67公顷，发放春、秋两季化肥133.8吨，完成49.9吨种子包衣工作。全力应对蝗虫灾害，先后开展4次药剂喷洒防治，66.67公顷农林地得到保护。赤康村“藏青2000号”6.67公顷二级种子田如期通过自治区验收。兑现种粮一次性补贴共计985户4.77万元。

扎实开展畜牧业工作。认真开展草畜平衡工作，参与草场承包户数为961户3714人，草场可利用面积为29001.13公顷，核定载畜量为45199.76只，2021年牲畜存栏数共6588头（只、匹），折合24329.6只绵羊单位，实现草畜平衡，兑现草奖2020年补贴资金87万元，发放草原监督员补贴资金63万元。全面完成春、秋两季重大动物疫情防控疫苗接种，注射牛口蹄疫、猪口蹄疫、猪瘟、禽流感等疫苗，注射免疫密度达100%，免疫抗体合格率80%免疫卡登记达100%。全面完成畜禽资源普查，群体数量16127头（只、匹），其中公畜3863头（只、匹）、能繁母畜7159头（只、匹）。

2021年，桑日镇投入资金307.16万元进行农牧业基础设施建设，修建农田网围栏41340米；投入资金188万元，新修农田水渠6153.69米。桑日县比巴农机农民专业合作社经营模式初步形成。年内，启动新建桑日镇雪巴村吉秀村民小组道路硬化项目。

【乡村振兴】 2021年，桑日镇巩固拓展脱贫攻坚成果，有效衔接乡村振兴工作。走访排查脱贫户146户341人，监测户19户47人，落实精准帮扶措施，开展防止返贫致贫的常态化监测机制。兑现第二批住房改造资金24.1万元，受益16户，实施第三批住房改造，兑现资金44万元，受益26户。生态岗位转移就业140人，抓好农村五保户、低保户、残疾人等特困人口动态管理，全面落实优抚保障政策。促进农牧民增收。葡萄种植基地月累计用工4000人次，年累计用工4万人次，全年累计务工增收近480万元；赤康村苗圃基地实现就业28人，群众增收20余万元；依托拉林铁路附属设施建设，县域内项目务工转移劳动力3400余人次，积极开展农牧民烹饪、装载机驾驶、种植技术等技能培训。做好产业项目衔接。协助做好葡萄基地展销中心建设项目、产业强镇项目与比巴村、塔木村乡村振兴示范村建设项目前期工作；葡萄基地扩大种植约800亩，进一步做大做强特色产业；整合镇级强基惠民资金330万元，计划实施桑日镇奴卡村“汽车美容中心”和拉龙村“服务区”建设项目；中央扶持村集体项目比巴村湿地生态林卡、雪巴村商品房建设项目通过竣工验收；年内，洛村生态果园由施工方经营，桃树长势良好、苹果树和梨树长势较差，种活率约80%；拉龙村水磨糌粑加工厂扩建项目建成投入使用，且运转良好、增效明显。

【人民生活】 2021年，桑日镇围绕民生福祉，推进社会保障更加完善。始终践行以人民为中心的发展思想，以高度责任感抓实抓好民生工作，补齐民生短板，让广大农牧民群众共享发展成果，不断提升群众获得感和幸福感。落实好新冠肺炎疫情常态化防控。督促新冠疫苗免费接种，强化新冠疫苗接种宣传力度，做好江北疫情防控卡点管理服务，全镇目标人群3696人中已接种3467人，接种率93.8%；投入资金10万元用于疫情防控。

社会保障能力不断提高。进

7月10日，桑日镇党委乡村振兴工作推进会召开

（桑日镇人民政府　提供）

一步提升就业质量。落实“十道保障线”机制，统筹做好特困人员、孤儿、残疾人等各类群体关心关爱工作。实现城乡居民“两险”（医疗保险、养老保险）参保率达100%。认真落实各项惠民政策，加大对低保户和残疾人动态管理、农村特困人员生活关注。先后慰问14名困难残疾人，送去慰问金1.2万元，为10名困难残疾人申请“阳光家园”项目，兑现资金共1.5万元。积极开展医疗卫生服务工作，2021年城乡居民医疗保险参保人数3602人，实际参保缴费金额285640元，参保率100%。持续推动医疗卫生事业发展，强化医疗卫生保障，协助县卫生健康委员会开展好全民健康体检、包虫病综合防治、妇女“两癌”综合防治、先天性心脏病患儿免费救治等惠民政策落实工作和风湿病、结核病、肝炎筛查工作，做好孕产妇“两降一升”工作。提升社会保障水平，落实城乡居民基本医疗保险制度、大病、慢性病大额医疗救助和应急医疗救助制度。

年内，桑日镇持续推进生态文明建设工作。结合义务植树，组织动员、精心安排，重点开展“无树路补植补栽”工作，并多次督促检查后期管护工作。全年无树路补植补栽项目造林4437株，“四旁”植树造林共种植2.1万余株。

2021年，桑日镇持续开展农村人居环境整治三年行动，着力整治乱堆乱放、私搭乱建，广泛动员群众参与环境治理，人人保洁、户户清洁、村村整洁，实现村庄常态化清洁。举办50余次环境专项整治活动，参与人数达800人次，先后投入800余人次，出动装载机、挖掘机、拖拉机，共清理桑日镇村级河道4条。加强饮用水源管理，提升农田灌溉率和农村安全饮用水保障率。扎实开展“厕所革命”三年行动计划，全年完成425座农村户厕改造。

【人大工作】 2021年，桑日镇人大自觉维护镇党委，统揽全局，紧紧围绕镇党委决策部署，深入贯彻自治区党委、市委、县委人大工作会议精神，认真落实各项工作。坚持依法依规完成换届选举。6月初，桑日镇如期完成人大代表、镇人大主席团、镇人民政府组成人员换届选举工作。依法划分产生县级人大代表的选区数19个、产生镇级人大代表选区数20个，登记选民数2974人，选举产生县级人大代表27名、镇级人大代表48名，选举产生人大主席团主席1名、兼职副主席1名、镇人民政府镇长1名、副镇长3名。

2021年，桑日镇先后召开3次人大代表会议，听取和审议《桑日镇人民政府工作报告》《桑日镇人大主席团工作报告》《桑日镇2020年财务预算执行情况与2021年财务预算报告》《桑日镇人民政府关于农牧民增收工作的专项报告》。收集有关水利、农田、征地补偿等内容的意见建议共15条，表决通过桑日镇第十四届人民代表大会代表资格审查委员会成员名单等。

年内，桑日镇人大坚持学习培训制度，提升代表履职能力，强化代表履职能力建设，持续夯实工作基础，组织开展新任人大代表培训4次，培训代表160余人次，邀请桑日镇镇、村两级宣讲员格桑巴珠以学党史、讲身边故事的方式给人大代表宣讲民族政策，组织镇人大代表到曲松县考察学习，组织开展国家通用语言文字学习活动12次，进一步提高人大代表政治素养，把握时局，提高履职能力，进一步打造“学习型”人大代表队伍、“宣传型”人大代表队伍。

坚持法治宣传，完善平台建设。桑日镇人大针对提高人民群众法律意识，营造良好的民主法治环境，先后开展法律法规宣传宣讲活动3次。坚持把提升人大代表服务保障水平作为基础性工作来抓，在原有基础上提档升级“人大代表之家”1个、“代表联络站”8个。

白堆乡

【概况】 白堆乡位于桑日县城以东30千米处，地处雅鲁藏布江中游河谷地段，平均海拔3700米。白堆乡东邻增期乡，南邻曲松县，西靠桑日镇，北接拉萨市墨竹工卡县。下辖8个行政村，其中纯牧业村1个，乡人民政府驻地白堆村。2021年末国民经济统计数据显示，全乡548户（农户448户、牧户100户），1883人（男900人、女983人），劳动力人口1086人。全乡面积462平方千米，耕地面积181.51公顷，草场总面积30193.33公顷，林地面积15333.33公顷；2021年粮食产量83.61万千克，其中青稞产量76.71万千克、小麦产量6.9万千克、油菜产量6.89万千克、其他作物产量123.32万千克；农牧民年人均纯收入19484.7元，牲畜存栏总数9901头（匹、只），其中牛存栏数为9627头、马83匹、驴28匹、羊163只。全乡共有中共正式党员446名，预备党员15名，入党积极分子35名。

【基层党建】 2021年，白堆乡党委牢牢把握党的组织体系建设基本要求，大胆探索，创新推行党组织设置方式，如期开展村“两委”班子和乡党委班子换届选举，发扬党内民主，全面加强党支部标准化、规范化建设；开展软弱涣散村党组织排查整顿工作，以整改促行动、以整改促进步、以整改促变化、以整改促严格要求，全面加强乡、村两级领导班子、党员干部队伍、基层组织建设，以严密组织体系确保党的领导坚强有力，推动从严管党治党走深走实。

年内，白堆乡统筹选育管派、建强基本队伍，着眼于建设坚强有力的战斗堡垒和锻造作风过硬的先锋队伍，乡党委聚焦育人才、选干部、配班子、强队伍“四个精”，全面加强农村干部队伍建设。

结合工作实际，形成“围绕一主题、抓住两条线、找准三个点、凝聚四颗心”的基层党建“一二三四”工作思路，“一主题”即加强基层党组织建设；“两条线”即“党建品牌”“基层党组标准化”；“三个点”即“八星党支部创建”、党员“三包五带五促”“三个专项行动”；“四颗心”就是教育引导党员群众“强信心、聚民心、暖人心、筑同心”。

年内，白堆乡党委健全落实党建工作领导责任制，召开党委会议研究党建工作制度，定期听取党建工作情况汇报，及时研究解决好党建工作中遇到的困难和问题；建立落实党员领导干部联系基层党组织建设工作制度，与基层党组织一起认真研究加强组织建设举措办法，形成上下联动、横向互动的党建工作格局；严格落实党的组织生活制度，督促指导推动各基层党组织和全体党员认真参加党的组织生活，全面推行“三会一课”制度、民主生活会和组织生活会制度、谈心谈话制度、民主评议党员制度和请示报告制度。

2021年，白堆乡党委立足特色推进，提升基本能力，找准特色推进基层党建工作的着力点。全面落实自治区党委组织部《关于贯彻落实〈中国共产党农村基层组织工作条例〉的工作措施》要求，乡机关党建工作围绕机关效能建设做文章，以提升服务质量，提高办事效率为着力点，狠抓“五型机关”（学习型、服务型、创新型、效能型、廉洁型）建设。

是年，白堆乡党委强化经费保障，严格落实每村每年10万元的村党组织党建工作经费，乡党委严格管理经费使用，做到把钱用在“点子上”，用在“刀刃上”，确保村级组织高效运转；抓好村级活动场所标准化建设。按照县委统一安排部署，实施里龙、曲果萨、许木、仁青岗、夏间、达西、白堆7个村级组织活动场所标准化建设和纠偏改造，结合霍布塘易地扶贫搬迁，打造藏嘎村标准化活动场所建设，全乡8个行政村村级活动场所均达到自治区“四性”“三化”“八个阵地”的目标要求。

年内，白堆乡持续实施集体经济“空壳村”清零行动。坚持党建促经济发展，坚决贯彻“稳中求进、党建创新引领，经济全面发展”的工作总基调，整合落实中共中央组织部消除“空壳村”项目资金150万元和强基惠民项目资金315.72万元，打造仁青岗村菜籽油加工厂、达西“多肋骨”牦牛藏餐馆、藏嘎村扶贫就业基地、曲果萨糌粑加工厂、许木门塘林卡、夏间畜产品

9月，仁青岗村菜籽油加工厂正在进行生产

（白堆乡人民政府　提供）

加工厂等项目，全面消除集体经济“空壳村”。

【乡村振兴】农牧业　严格执行基本农田保护制度，乡与村、村与户层层签订目标责任书；农牧民补助奖励机制草畜平衡牲畜清点工作及信息录入工作已全部完成，2020年末草畜平衡减畜任务完成率100%，2020年草补资金已全部兑现；积极开展科技工作，为有效推进农村科技产业发展和经济结构调整，促进全乡农业增效和农牧民群众增收，全乡专门配备科技特派员16名，抓住国家实施农机补贴政策的机遇，积极加快先进实用农机具推广应用，鼓励农牧民群众在适宜耕地上开展农机化作业，努力提高全乡农业机械化水平；积极有效开展动物防疫工作，周密部署防控工作，及时对全乡黄牛和牦牛进行口蹄疫W型疫苗免疫注射，确保全乡不发生区域性重大动物疫情和重大动物产品质量安全事件。全年白堆乡未发生任何重大动物疫情和食物中毒事件；严格做好农作物田间管理工作，播种面积181.54公顷，其中冬小麦16.67公顷，春小麦10公顷，春青稞113.87公顷，油菜36.67公顷，饲草4.33公顷。发放化肥32.99吨，农作物调运工作如期完成；积极开展饲草贮备，牧区饲草储备库2座、乡级1座，共62吨、农牧民贮备饲草830吨，共有饲草贮备892吨。

林业　2021年，白堆乡共有护林人员、野生动物保护人员、湿地保护人员、草原监督员等生态岗位人员64人，全乡有护林人员156人，全年白堆乡未发生任何偷猎、盗猎野生动物，无乱砍滥伐树木和任何森林火灾，无占用林地、林木现象发生。绿化植树12920棵，绿化面积10.67公顷。

水利　年内，全乡饮水工程建设有序开展，全年饮水清理8次，政策宣传16次，未发现饮水问题。全年各村开展水渠和水塘清理20次。

惠农政策落实　年内，白堆乡兑现2018年、2019年农户厕所改造资金125户25万元，2020年农户厕所改造218户已全部完成验收工作，兑现资金43.6万元。

民政　2021年，全乡城乡低保户数为4户4人，全年无新增特困对象，基本上实现应保尽保。完成对106名残疾人基本状况与需求的调查，年内完成识别新增4人。全乡残疾人在基本生活保障、医疗、养老、教育、康复、培训就业、对国家政策认识等各方面均有明显改善和提高。

【维护稳定】2021年，白堆乡高度重视维护稳定工作，召开专题会议研究部署具体任务，确保“三不出”目标。加强社会面管控，落实值班带班、“零”报告制度；强化执勤巡逻投入力度，对重点领域开展24小时不间断巡逻排查；落实“三级信访接待日”制度，全年无一起矛盾纠纷上报至县级以上。加强危险化学品管理，对中国水利水电第六工程局有限公司（鱼类增殖站）、湖南省送变电工程公司沃卡变电站等企业油库定期进行安全检查，做好登记，对购买零散成品油一律实行实名登记制。加强道路交通管理，常态化宣传安全知识，从严整治超载、超速、酒后驾车及农用车辆载人等违法违规行为。加强重点领域管理，对商店、农牧民专业合作社、工地、企事业单位定期开展安全检查，确保全年安全事故为零。认真开展扫黑除恶专项斗争，排查扫黑除恶专项整治24次，未发现涉黑、涉恶线索。

【乡、村换届工作】 村“两委”换届 白堆乡下辖8个行政村、3个党总支部、11个党支部，有党员414名。年内，乡党委扎实推进村“两委”换届工作，8个行政村村“两委”班子换届工作全部如期完成，选举秩序井然，8个行政村村“两委”班子候选人均高票当选，村“两委”班子实现平稳过渡。

县党代表选举及乡党委班子换届 4月27日，完成出席中国共产党桑日县第十届代表大会代表选举工作，共选举产生66名乡党代表。4月29日，中国共产党第十届白堆乡委员会班子成员全部全票当选，选举产生1名书记、3名副书记、5名党委委员。

人大代表选举及乡人民政府班子、人大主席团班子换届 5月22日，8个行政村选举14名县级人大代表、43名乡级人大代表。5月31日，选举新一届白堆乡人大主席团成员、新一届白堆乡人民政府班子成员，选举产生1名人大主席团主席和1名副主席、选举产生1名乡人民政府乡长和3名副乡长。

5月，白堆乡曲果萨村第十届村民委员会、村务监督委员会选举大会召开
（白堆乡人民政府 提供）

【创先争优强基础惠民生活动】 2021年，第十批创先争优强基础惠民生工作队选派干部24名，其中乡干部选派13名。年内，绝大多数驻村干部能够严格要求自己，急群众之所急、想群众之所盼，全力以赴做好新时代干部驻村“七项重点任务”和山南市驻村“三项任务”。推进乡村振兴战略。按照乡村振兴“二十字”总体目标要求，先后组织引导各村动员广大村民群众开展60余次生态环保知识宣传，制作环保袋105个，开展415次环境整治行动。引导大家摒弃陋习恶习，争做新时代中国特色社会主义好公民。驻村工作队结合党史教育“我为群众办实事”实践活动，为群众办实事45件、惠及人数1947人。

【宗教事务管理】 全年白堆乡召开宗教工作专题会议3次，开展寺庙法治教育、爱国主义教育学习；认真组织开展宗教工作自查督查，重点清理“经幡”乱挂，围绕“三不增加”持续开展排查，并及时自查督查发现问题。

【基层精神文明创建】 2021年，白堆乡深入开展“四讲四爱”群众教育实践活动，把整个活动贯穿于“深入学习贯彻习近平新时代中国特色社会主义思想和中共十九届历次全会、中央第七次西藏工作座谈会精神”主线上来。按照自治区总体方案要求，全年开展各类宣传、宣讲300余场次，受教育群众1.5万人次；开展“我为群众办实事”实践活动、“‘全民参与净家园、乡村整洁倡文明’家庭卫生评比”等活动；营造宣传氛围，通过在辖区主干路段、人员集中区醒目位置张贴标语、

10月，藏嘎村举行庆祝西藏和平解放70周年中央代表团赠送纪念品发放仪式（白堆乡人民政府　提供）

悬挂横幅、制作宣传展板、竖立户外广告牌等形式，做到“我为群众办实事”实践活动办在实处、惠及群众。重视基层生态环境保护与建设，继续巩固和提升环境保护力度。

年内，白堆乡完成庆祝西藏和平解放70周年中央代表团赠送纪念品发放仪式。

【国防后备力量建设】年内，白堆乡全面实施改革强军战略，开展民兵整组工作，全年民兵力量参与维稳执勤巡逻、值班若干人次；开展适龄青年应征入伍兵役登记工作，网上报名率达100%；在虫草采挖点开展“依法服兵役是每个公民应尽的光荣义务”主题宣讲活动；做通家长思想工作，通过层层把关、严格筛选，最终多名优秀适龄青年应征入伍。

增期乡

【概况】增期乡位于桑日县东北部，距县城60千米，位于省道306沿线，北邻墨竹工卡县，东接加查县，平均海拔4500米，属于三类区。全乡总面积1239.4平方千米，下辖13个行政村，42个自然村（6个牧区行政村、7个农区行政村），2个寺庙管理委员会（曲龙寺庙管理委员会、增期寺庙管理委员会），5座寺庙拉康（真措拉康、莫塔青林寺、尼玛林寺、桑林寺、曲桑寺），2所学校（增期乡完全小学、雪巴小学），全乡共计1160户4384人，全乡劳动力人口2636人、护林员292名；全乡耕地面积588公顷，草场面积90020公顷，牲畜总头数33304头（只、匹）；建有乡级综合文化站1个、农牧综合服务中心1个，截至2021年末，村级组织活动办公场所标准化建设完成13个。

【经济】2021年，增期乡扎实做好“六稳”“六保”工作。依托资源区域优势，加快措巴阿玛卡、雪巴沃卡一带特色旅游项目规划和开发步伐，大力支持林卡、温泉宾馆等旅游餐饮业，增强项目在农村经济发展中的支撑作用，形成完善的村集体经济体系，建立乡村一体化发展新机制。针对集体产业项目建设滞后问题，研究上报岗布村“牧家乐”项目、白金村绵羊养殖项目2个，召开乡党委会研究项目推进情况3次，针对项目建设初期发现困难，提出切实可行的推进办法，为发展壮大村集体经济奠定基础。全面升级改造措巴村、雪巴温泉基础设施，提升服务功能，增强发展后劲，让优势资源成为群众致富的重要支柱产业。年内，措巴村收入达42万元，雪巴温泉收入达313万元。设立“增期乡周六小市场”，引进各类商家和本土特色农畜产品，全年共举办12期周末小市场，实现营业额19.98万元，带动商户共37户，助力每户商户增收5400元。

2021年，增期乡完成农村经济总收入8492.64万元，实现增长13%，农村常住居民人均可支配收入19363.07元，比上年增长13%。

11月25日，县委督导检查组督导检查温泉产业项目运行情况与相关企业环境卫生和疫情防控工作　　（增期乡人民政府　提供）

【党史学习教育】 2021年，增期乡党委始终坚持以习近平新时代中国特色社会主义思想为指导，深入贯彻中共十九大，十九届二中、三中、四中、五中、六中全会及中央第七次西藏工作座谈会精神，全面贯彻习近平总书记关于西藏工作的重要论述和新时代党的治藏方略，深入学习贯彻落实中国共产党西藏自治区第十次代表大会精神及中国共产党山南市第二次代表大会、“两会”精神，结合党史学习教育暨“三更”专题教育，组织全乡各党组织党员干部学深悟透理论知识，完善乡党委学习和乡党委理论学习中心组学习制度，制订学习计划，坚持读原著、学原文、悟原理，做到及时跟进学、全面系统学、深入思考学、联系实际学，并通过笔试测试、口试面答检验、巩固学习成果。召开乡党委（扩大）会议学习22次，开展乡党委理论学习中心组学习11次，专题研讨4次，各党组织开展集中学习450余场，开展宣讲300余场，学习讨论110余场，开展学习成果测试20余场次。结合党史学习教育，开展调查研究，贴近群众实际需求，为民办实事98件。

【基层党建】 2021年，增期乡党委履行书记抓党建第一责任人责任，先后召开党建专题会3次，认真研究党建工作，层层传导压力、落实责任，形成“书记抓、抓书记”“齐抓共管、协同推进”的良好局面。党委班子成员落实“一岗双责”，督导党建工作30余次，推动基层党建工作落地落实。扎实推进“八星党支部”创建工作，全乡13个村级党组织及1个乡机关党支部中8个达到“七星党组织”标准，6个达到“六星党组织”标准。紧紧围绕基层党组织标准化建设的各项要求，全面推进党支部标准化、规范化建设，如期完成乡党委、乡人民政府换届工作，选优配强13个村党组织班子成员，结合“六微六学”（制定“微目标”，统筹计划自学；开设“微课堂”，举办讲座领学；建好“微平台”，交流研讨促学；举办“微座谈”，分享心得互学；实施“微联动”，多方联动广学；开展“微调研”，实地走访活学），全年对村党组织书记进行全员培训450余次。持续抓实“三包五带五促”（包项目、包稳定、包脱贫，带干部促社会、带职工促行业、带学生促家庭、带居民促基层、带工作促服务），召开“三包五带五促”专题会4次，着力解决新一届班子“五带五促”的短板、弱项，帮助党员干部更好推进工作、落实任务。以“六个基本”为重点，打造达古村党建示范点，对雪巴村、增期村党建示范点打造进行改造提升，基层党组织内生动力不断增强。严格按照党员发展要求，吸收入党积极分子10人，确定发展对象18人，转正10人。扎实开展软弱涣散党组织和违规违纪发展党员排摸整治。

【意识形态工作】 2021年，增期乡党委召开乡党委会分析研究解决全乡意识形态领域、宣传教育工作4次，指导各村落实工作责任4次。加强新时代文明实践所（站）建设，充分发挥所（站）在基层的宣传引领作用，8支志愿队伍工作突出，深入开展思想政治教育、反分裂斗争教育以及民族团结创建等宣讲150余场，受教育群众3000余人次。结合庆祝中国共产党成立100周年开展群众文化活动14场次，参与党员群众850余人次，坚定广大党员群众听党话、感党恩、跟党走的信心决心。扎实推进民族团结进步创建，定期研究部署创建工作，召开民族团结进步工作会议3次，明确目标任务，强化责任落实，深入开展宣传教育，营造人人知晓、人人参与的浓厚氛围，把理性对待宗教、淡化宗教消极影响、杜绝宗教高消费等纳入村规民约，用制度规范群众行为。

【党风廉政建设】2021年，增期乡纪委服务新冠肺炎疫情常态化防控大局，认真抓好疫情防控常态化的监督检查工作，动态调整监督重点，在春节、藏历新年及县、乡、村换届期间，对各村、学校、卫生院、卡点等人员密集、人口流动性大的场所开展疫情防控专项监督检查6场次，督促整改共性问题2个。

年内，增期乡纪委强化换届风气监督。通过设立举报箱14个、张贴藏语汉语换届监督公告14张、宣传标语80余条，实现全天候、全方位不间断掌握和监测换届风气情况，开展换届风气监督检查14场次。进一步严明政治纪律和政治规矩，在“萨嘎达瓦”等重要节日节点开展政治纪律专项检查工作4场次，检查村级党组织6次。

【基础设施建设】饮水安全 2021年，增期乡始终坚持以农牧民饮水安全保障为目标，多措并举，确保农村饮水安全有保障，全乡农村饮用水水源点58处，全年开展水质清淤消毒工作4次，确保饮水安全保障措施到位，针对牧区村居气候严寒，持续降雪等突发自然灾害情况，增期乡采取“集中供车送水+就近就便提水”等方式，解决群众实际困难。

“厕所革命” 2021年，全乡实施农村“厕所革命”491户，资金落实98.2万元。

基础设施补短板 2021年，增期乡争取2000万元资金，实施措巴村农村公路建设。农村人居环境整治、“厕所革命”、高标准农田、水利设施建设稳步推进。

农村危房改造 年内，坚定不移地将“最危险的住房、最困难群众住房”作为农村危房改造工作的“重中之重”。认真开展调查摸底工作，筛选确定危房改造项目对象户，狠抓落实，确保全面完成农村危房改造任务。全年完成农村危房改造任务共102户（其中建档立卡户11户、低保户2户、残疾户23户）。兑现资金165.7万元。

【医疗卫生】2021年，增期乡卫生院及村卫生室等各项基础建设不断完善。年内，实施完成县级米东村卫生室建设项目，投入资金70万元。全乡诊疗服务水平不断提高，藏医特色服务持续发展，常见病、地方病、慢性病综合防治能力不断提升，深入开展健康教育工作，全乡各族群众健康素养不断提升，卫生健康事业持续发展。全年开展健康教育12场次，受教育群众2300人次，共接诊群众8000余人次，申请医疗救助人员25人，落实医疗救助资金311582元。

【惠民政策】2021年，增期乡政府严格按照工作要求，从严审核上报材料，协助县级各单位积极兑现各项惠民资金，采取多种方式，对各项惠民政策进行持续宣传，提高群众对政策的知晓率。

农牧资金兑现 截至2021年末，乡农牧综合站已兑现资金共计978.78万元。其中牲畜出栏资金与牲畜仔畜成活资金共计兑现27.75万元；耕地地力保护补贴652户，兑现资金36.84万元；牲畜未超载农牧户草奖补贴1089户，资金兑现298.66万元；草原监护33人，工资兑现23.1万元；科技特派员和兽医48人，工资兑现61.93万元；野生动物肇事赔偿资金已兑现530.5万元。

民政资金兑现 截至年末，全乡残疾人共306人，共计兑现资金138.39万元；2021年临时救助5人，共救助金额2.59万元；事实无人抚养儿童1人，共兑现资金4200元；农村低保户共计20户44人，共兑现资金15.04万元；特困户共计19人，共兑现资金57.7万元。养老补贴全年兑现120.43万元。寿星老人健康补贴 171 人，全年兑现资金 4.44 万元。全年涉及民政、卫生、养老保险等各项惠民资金共计发放 339.01 万元。

生态岗位资金兑现 2021 年，全乡共有生态岗位 183 人，其中林业系统岗位 111 人、草场监督员 54 人、水生态岗位 5 人、公路养护员 5 人、城镇环境保洁员 7 人、疫情防控 1 人。截至年末，已兑现资金共计 43.09 万元。

【生态文明建设】 2021 年，增期乡牢固树立“绿水青山就是金山银山，冰天雪地也是金山银山”的发展理念，持续开展环境整治。积极动员全乡农牧民参与到共建美丽家园当中，各村对辖区道路、村委会等定期进行清扫，定期将生活垃圾转运至定点场所，做到及时清扫、卫生干净、环境整洁，农牧区整体环境得到明显改善。做好生态保护。统筹推进山水林田湖草沙冰一体化保护和系统治理，广泛开展乡村绿化造林，巩固消除“无树村”“无树路”“无树户”工作成果，全乡海拔 4300 米以下行政村“四旁”植树 5 万余株。加大草场和森林保护力度，全乡护林员和草原监护员定期巡逻，落实“预防为主、积极消灭”的森林防火方针，及时排查火灾隐患，堵住火灾漏洞。强化宣传监督。积极开展“6・5”世界环境日等宣传活动，提升群众生态文明意识。加大对村（居）生态文明建设工作落实情况的监督指导，及时完善工作制度，落实工作责任，全乡生态环境明显改善。

【抵边搬迁】 2021 年，增期乡坚持“屯兵与安民并举，固边与兴边并重”，先后组织主要领导和工作人员、群众等 12 人到边境县考察参观搬迁安置点 3 次，梳理汇总 5 个方面 13 条优惠政策，广泛开展宣传动员，搬迁工作有序推进。截至年末，全乡有意愿搬迁群众 25 户 95 人。

8月25日，县残联深入增期乡开展第五次全国残疾人预防日活动

（县残联　提供）

绒　乡

【概况】 2021 年，在县委、县人民政府领导下，绒乡严格落实各级党委关于全面从严治党总体要求，以习近平新时代中国特色社会主义思想为指导，全面贯彻中共十九届六中全会精神、中央第七次西藏工作座谈会精神，增强“四个意识”、坚定“四个自信”、做到“两个维护”，推动乡党委、乡人民政府各项工作有效落实，围绕党建、党风廉政、乡村振兴等中心工作，践行初心使命，持续推进全乡经济社会全面发展。

【基层党建】 2021 年，绒乡党委强化政治建设。坚持把党的政治建设摆在首位，深入贯彻习近平新时代中国特色社会主义思想，增强“四个意识”、坚定“四个自信”、做到“两个维护”。强化谋划部署。坚持党建工作与经济社会发展、业务工作同谋划、同部署、同推进、同考核。每年专题研究基层组织建设、党风廉政建设等党建工作不少于 4 次。严格落实党内法规执行责任制，建立健全党委运行规则，建立健全党建工作制度。强化责任传导。结合实际制定职责分工，明确党委书记和领导班子其他成员承担的责任。每年组织开展 1 次党组织书记抓党建述职评议考核。并将落实党建责任作为年度民主生活会对照检查内容，深入查摆存在的问题，开展严肃认真的批评与自我批评，提出务实管用的整改措施。加强以村党组织书记为重点的村级干部管理；认真执行村党组织书记履行党建职责“双述双评”制度，加强农村后备干部选拔培养和农村致富带头人队伍建设。加强非公有制党建工作。准确掌握辖区内非公有制企业、社会组织基本情况，符合条件的及时组建党组织，确保实现党的组织覆盖和工作覆盖。强化工作保障。按规定配备党建工作人员，落实党建工作经费保障。

年内，绒乡党委牵头制定党委成员“一岗双责”具体内容并指导督促落实，支持、指导和督促领导班子其他成员、党支部书记履行全面从严治党主体责任，发现问题及时提醒纠正。牵头开展党组织书记抓党建工作述职评议考核。明确党建工作思路。认真落实“第一责任”，亲自研究制定基层党建年度工作计划，明确全年基层党建工作重点任务和具体措施。原则上每半年至少组织研究1次党建工作领导小组会议。抓带头示范。带头遵守全面从严治党各项规定，自觉接受党组织、党员和群众监督。带头开展批评与自我批评，带头参加双重组织生活，带头到联系点讲党课，带头开展谈心谈话，特别是发现存在问题的，应及时进行提醒谈话或约谈。抓督促指导。经常性开展党建工作调查研究，及时发现问题，总结先进经验，及时对党员参加“三会一课”等组织生活情况进行通报，对领导班子成员工作情况进行通报。

压紧压实党委班子成员党建工作责任。按要求抓好职责范围内的党的建设工作，不定时听取个人党建工作汇报并开展谈心谈话。抓制度执行。主动参加领导班子民主生活会，严格落实领导干部双重组织生活。抓联系指导。经常性深入联系点调研指导党建工作，每年至少讲1次党课。

压紧压实党组织书记党建工作责任，组织制定支部年度党建工作计划。抓制度执行。严格执行“三会一课”、组织生活会、谈心谈话等制度，每月组织召开1次党支部委员会会议，每季度组织召开1次党员大会，督促党小组长每月组织召开1次党小组会，每季度组织上1次党课。抓情况公示。每季度对全体党员参加“三会一课”等组织生活情况进行1次公示，对多次不参加组织活动的党员进行谈心谈话。对党员进行教育、管理、监督和服务，做好经常性发展党员工作，做好党费收缴、使用和管理工作，从严从实抓好发展党员工作和处置不合格党员工作，加强流动党员服务管理。抓活动开展。结合“三会一课”，每月相对固定1天开展主题党日、党群活动日，组织党员集中学习、过组织生活、进行民主议事和志愿服务等。每年向上级党组织作1次抓党建工作述职，接受评议考核，督促党支部其他委员履行职责、发挥作用。深入推进党支部标准化规范化建设，打造“六个基本”示范点，按时开展党支部换届工作。培树党建品牌。树立品牌意识，着力推动党建工作内容、形式、载体、制度、机制等方面创新。

督促普通党员认真学习贯彻习近平新时代中国特色社会主义思想，增强“四个意识”、坚定“四个自信”、做到“两个维护”。加强政治学习。结合“两学一做”学习教育、党史学习教育，利用早读、夜校、周例会、党委扩大会等开展党员政治学习，提高党性修养。严格组织生活。严格落实“三会一课”、组织生活会、民主评议党员、谈心谈话等制度，按时足额交纳党费。通过设岗定责、承诺践诺等，积极干好本职工作，积极参加志愿服务活动。

【党风廉政建设】 2021年，绒乡纪委始终把党员思想政治教育挺在前面，旗帜鲜明讲政治、讲规矩，切实在纪检监察使命中砥砺前行。第一季度乡纪委结合周例会、早读、夜校等集体学习机会，组织党员干部学习十九届中央纪委六次全会、十届自治区纪委二次全会、二届市纪委二次全会等精神4场次。紧盯元旦、春节、藏历年等重点节日，转发市、县两级纪委关于廉洁过节节前提醒3次，传达学习上级纪委典型案例通报文件3场次，筑牢干部职工守住底线思想防线。乡纪委始终立足自身监督职责，在县纪委统一部署下，勇于担当，履职尽责，聚焦主责主业，认真学习新冠肺炎疫情常态化防控相关工作要求，动态调整监督重点，在春节、藏历新年期间重点对各村、卡点等人员密集、人口流动性大的场所开展疫情防控专项监督检查2场次，深入村（居）重点监督新冠疫苗接种情况监督检查1场次。紧盯巩固拓展脱贫攻坚成果同乡村振兴有效衔接“过渡期”专项监督工作，与桑日镇纪委协作开展为期7天的专项监督检查，发现问题5条，立行立改5条，年内均已整改完成。紧盯十届县委第一轮巡察整改工作，协助县委巡察工作领导小组办公室开展意见反馈工作的同时，先后4次深入4个被巡察村级党组织，监督巡察整改方案、措施制定和整改落实工作，发现问题9条，立行立改5条，向乡党委汇报并提出推进建议4条。

【经济发展】2021年，绒乡党委、乡人民政府积极践行新发展理念，扎实做好“六稳”“六保”工作，科学确定特色农业产业、发挥新型农业经营主体带动作用、加强农村富余劳动力转移就业等举措促增收，全年绒乡工资性收入达到7353.3万元、经营性收入达到2862.3万元、财产性收入达到156.8万元、转移性收入达到896.6万元，收入占比分别为65%、25%、2%、8%，农牧民人均纯收入达到20140元，经济运行在合理区间，超额完成年初制定的增收目标任务，进一步巩固提升脱贫攻坚成果。

【基础设施建设】2021年，绒乡人民政府完成投资90.99万元的卓吉村饮水保障建设、279.99万元的卓吉村农田灌溉水塘建设项目，投资87.08万元的卓吉村周边环境整治建设项目。按照易地搬迁拆旧复垦相关政策，完成总投资680.96万元的易地搬迁拆旧复垦项目。完成投资210万元的桑日县巴资村、叶琼村、平琼村羊毛加工厂项目。积极协助县直属各部门完成投资1067万元的鲁牧沟治理、2410万元的江南灌区续建配套与节水改造工程。

7月1日，绒乡举行全体党员在党旗下开展重温入党誓词活动

（绒乡人民政府　提供）

【民生工作】2021年，针对绒乡特殊人群，配合县直属业务部门足额按时兑现各项政策资金，为51户112人低保户兑现低保金35.74万元（含城镇低保）；为42名分散供养特困人员兑现生活补助32.06万元；为60岁以上867名老人兑现生活补贴1548021.02元；为448名残疾人兑现生活补贴323.86万元；为63名“三老”人员共兑现生活补贴47.02万元；全年绒乡政策性涉农保险及野生动物肇事保险赔款金额共计215.95万元；2021年绒乡脱贫户享受生态岗位人员有314人，共兑现生态岗位工资109.9万元，其中护林员239人，兑现岗位工资83.65万元，野生动物保护员34人、兑现岗位工资11.9万元，草原监督员27人，兑现岗位工资9.45万元。有村级水管员8人，兑现岗位工资2.8万元、农村公路养护员1人，兑现岗位工资3500元；村级保洁员5人，兑现岗位工资1.75万元。

全乡实行全覆盖家庭医疗签约，其中重点签约对象1907人、普通签约3680人、慢性病签约780人、脱贫户签约138人。2021年孕产妇总数59人，其中新生儿39人，住院分娩率达到100%，孕产妇零死亡，5岁以下新生儿零死亡，住院分娩奖励资金共计发放9.7万元，落实“一孩双女”相关政策，全乡131户“一孩双女”户共兑现补助资金12.58万元。

针对400万元以下政府投资项目，绒乡靠前服务、创造条件，让有资质的农牧民施工企业参加项目招投标，全年共有4个400万元以下政府投资项目交由农牧民施工队实施，其中卓吉村饮水保障项目实现转移就业600人次，带动群众务工增收13.2万元；卓吉村农田灌溉蓄水池建设项目实现转移就业1800人次，带动群众务工增收39.6万元；卓吉村周边环境建设项目实现转移就业600人次，带动群众务工增收13.2万元；卓吉村农田防洪堤项目实现转移就业1140人次、带动群众务工增收25.08万元。

【乡村振兴】 2021年，绒乡按照“产业兴旺、生态宜居、乡风文明、治理有效、生活富裕”总体要求，持续推进乡村振兴战略，做好巩固拓展脱贫攻坚成果同乡村振兴有效衔接工作，认真贯彻落实《桑日县关于全面推进乡村振兴工作“五年行动”实施方案》《桑日县乡村振兴战略总体规划（2021—2035年）》精神，提前谋划、积极推进乡村振兴各项工作开好局、起好步，做好巩固拓展脱贫攻坚成果同乡村振兴有效衔接工作。

产业兴旺　在深入开展调研基础上，结合辖区内自然资源禀赋，进行具体分析，建立“十四五”规划项目库，为如期实现乡村振兴的宏伟目标绘制发展蓝图，按照易地搬迁后续巩固所需，在卓吉村新建101座温室大棚，乡党委、乡人民政府实行科级干部包片管理，技术人员蹲点送技术等举措，对温室大棚管理和技术指导上的监督检查延伸到每一座温室，有效杜绝管理不当、技术不成熟带来的负面影响，期间县农业农村局为卓吉村群众免费提供蔬菜种子与流动出售蔬菜所需配备车辆，通过线上线下对卓吉村大棚蔬菜进行专题宣传后，县直属各部门结合“主题党日”“我为群众办实事”实践活动，前往卓吉村温室大棚购买蔬菜，结对帮扶责任人通过消费扶贫形式入户走访并购买蔬菜，全年卓吉村大棚蔬菜实现增收40.06万元，户均收入达到3966元。为改善搬迁群众生产生活条件，卓吉村开发土地18.71公顷用于基本农田，新开发耕地粮食收入达到20余万元；旭日苗圃基地带动辖区内群众务工8111人次，带动群众增收146万余元；积极协助县农业农村局有序开展葡萄基地建设项目，以卓吉村、吉荣村为主的农牧民群众通过“以工代赈”及机械租赁等方式，实现创收272万余元。

生态宜居　始终牢固树立“绿水青山就是金山银山，冰天雪地也是金山银山”的环保理念，全面开展义务植树活动，全年累计种植5443棵树苗，全面开展消除“无树路”“无树村”“无树户”行动，使绿化覆盖率明显提升，着力开展爱国卫生运动、人居环境整治活动，各村有组织开展卫生清扫、垃圾清运环保工作600余场次。积极推进农村改厕工程，全年共计完成农厕改造802间，向辖区群众兑现农厕改造补贴资金160.4万元。

乡风文明　2021年，绒乡党委、乡人民政府坚持党组织抓乡风、以党风带民风，强化村级党组织对民风文明建设的核心引领作用，积极倡导科学文明健康的生活方式和行为习惯。年内，在乡党委统一安排下，坚持分级负责、上下联动，以通俗易懂的语言、喜闻乐见的方式向辖区群众宣传以“崇尚科学、破除迷信”为主题的乡风文明宣传工作200余场次。举办庆祝中国共产党成立100周年暨西藏和平解放70周年系列活动，弘扬伟大建党精神，回顾在中共中央的关心关怀下西藏翻天覆地的变化。以环境整治为契机，改善城乡居住环境，按照自治区住房改造工作部署，

2021年，绒乡卓吉村举办大棚蔬菜病虫害防治技术培训会
（绒乡人民政府　提供）

先后完成住房改造任务 231 户，兑现住房补贴资金 370.3 万元，引导群众树立良好卫生意识、养成良好卫生习惯为目标，开展城乡环境卫生整治及美丽乡村建设工作，助推共建清洁美丽新家园。

乡村治理　2021 年，绒乡健全乡村自治、推动乡村法治、弘扬乡村德治有机结合的方式，立足辖区内各村实际，建立健全村规民约、以村民喜闻乐见的方式，积极开展普法活动，持续开展宪法及相关法律法规宣传，积极处理基层矛盾，将基层矛盾消灭在萌芽状态，弘扬乡村德治，在村（居）树立正能量的道德观，持续开展社会主义核心价值观宣传活动，召开会议表彰民族团结进步家庭、优秀共产党员和党务工作者、“优秀双联户”，崇尚道德模范，宣扬典型案例，传播真善美。不断加强党对农村工作的全面领导，夯实党在乡村治理中的核心作用，不断提升乡村治理现代化水平。

生活富裕　是年，绒乡通过发展集体经济、组织农民外出务工、经商等多种途径，不断缩小城乡居民收入差距，乡人民政府坚持把促进农村劳动力转移就业作为增加农牧民收入的重要途径，鼓励群众外出务工，并对每名劳动力每月外出务工情况进行跟踪登记，建立台账。2021 年，人均收入达到 2.01 万元。

【抵边搬迁】 2021 年，绒乡党委、乡人民政府深刻认识抵边搬迁工作在党和国家事业全局中的重大意义，切实把思想和行动统一到习近平总书记关于治边稳藏重要论述和一系列重要指示批示精神上来，统一到习近平总书记关于“做神圣国土的守护者、幸福家园的建设者”重要指示精神上来。持续推进抵边搬迁工作。通过政策宣传、前往边境县考察参观等方式，改变扎嘎沟为主的群众“故土难离、穷家难舍”的思想观念，持续推进抵边搬迁各项工作深入开展。

11月5日，绒乡新时代文明实践所开展“甜茶馆里话党恩”活动
（绒乡人民政府　提供）

附 录

人物名录

县级各部门领导名录

中共桑日县委员会

县委书记　康爱民

县委常务副书记，岳阳市第九批援藏工作队领队

　　宋　为（援藏）

县委副书记　布　琼（藏族，6月免）

　　　　　　张　鑫（6月任）

中共桑日县委员会办公室

县委常委、县委办公室主任　周萍（女，6月任）

主　任　巴桑次仁（藏族，6月免）

副主任　莫小军

　　　　巴桑旺杰（藏族）

　　　　格旦拉姆（女，藏族）

桑日县人民代表大会常务委员会

县委副书记、县人大常委会主任　王雅峰

县人大常委会副主任　杨显芳（女，藏族）

　　杨卫刚（5月任）

　　李　浪（2月任，5月免）

　　黄兰周（7月免）

　　索朗旺久（藏族，7月免）

　　旦巴旺久（藏族，5月任）

　　达瓦坚参（藏族，5月任）

桑日县人民代表大会常务委员会办公室

县人大常委会办公室主任　单增罗布（藏族，2月免）

　　采留超（2月任）

副主任　达娃曲珍（女，藏族）

县人大财政经济和农牧城建环境资源委员会主任

委员　琼　达（藏族）

县人大法制司法监察委员和民族宗教委员会主任

委员　赵小坤

县人大教育科学文化卫生和社会建设委员会主任

委员　平措多吉（藏族）

县人大教育科学文化卫生和社会建设委员会主任

委员　刘　强（5月免）

桑日县人民政府

县委副书记、县人民政府县长　吾金（藏族，7月免）
　　索朗巴珠（藏族，7月任）
县委常委、县人民政府副县长　李申武（7月免）
县委常委、县人民政府常务副县长　贾锋（7月任）
县委常委、县人民政府副县长　赖毅（7月任，援藏）
县人民政府副县长　嘎　珍（女，藏族，7月免）
　　徐兴应（7月免）
　　拉　桑（藏族，7月任）
　　孙祥伍
　　刘积庭（7月任）
　　易　万（7月任，援藏）
　　罗　布（藏族）
　　白玛央金（女，藏族，7月任）
　　桑　布（藏族）

桑日县人民政府办公室

主　任　德庆央金（女，藏族）
副主任　西绕加措（藏族）
　　白玛旺姆（女，藏族）
　　朝亚龙

中国人民政治协商会议桑日县委员会

第二届桑日县政协委员会
县政协主席　罗布次仁（藏族，7月免）
县政协副主席　拉　桑（藏族，7月免）
　　索朗央宗（女，藏族）
　　扎　西（藏族）
　　蒋宏伟（7月免）
第三届桑日县政协委员会
县政协主席　巴桑次仁（藏族，7月任）
县政协副主席　索朗央宗（女，藏族）
　　扎　西（藏族）
　　张　楠（7月任）
　　彭　东（2021年7月任）
中国人民政治协商会议桑日县委员会办公室
主　任　周燕霞（女，藏族）
副主任　伍　溢

纪检、巡察、县人民法院、县人民检察院

中共桑日县纪律检查委员会、桑日县监察委员会
县委常委、纪委书记、监委主任　支张（藏族）
纪委副书记、监委副主任　钟志宏
　　李春莲（女，土族）
　　米玛建增（藏族）
监督检查室主任　谢复泽
党风政风室主任　蒲　雄
审查调查室主任　黄　灿
综合办公室主任　邓雪梨（女）

中共桑日县委巡察领导小组办公室（巡察组）

主　任　格桑拉姆（女，藏族）
县委巡察组组长　武宝江（蒙古族）
副主任　部素娟（女）
县委巡察组副组长　普　珍（女，藏族）
桑日县人民法院
院　长　拉巴卓玛（女，藏族，6月免）
　　旦增宗巴（女，藏族，7月任）
副院长　扎　桑（女，藏族）
　　曹成鹏（4月免）

桑日县人民检察院

检察长　白月明
副检察长　白玛康卓（女，藏族）
侦查监督科科长　银生卓玛（女，藏族）

党群系统工作部门

中共桑日县委组织部

县委常委、组织部部长、直属机关工委书记
　　邬建军
常务副部长　宁利锋
副部长、县委机构编制委员会办公室主任
　　桑旦罗布（藏族）
副部长、老干部局局长　扎西罗布（藏族，12月免）
　　索朗多吉（藏族，12月任）
副部长、公务员局局长　胡　婷（女）

副部长、“两新”工委书记　旦增（藏族，12 月任）

中共桑日县委宣传部

县委常委、宣传部部长　程永亮（5 月任）
常务副部长、县委网络安全和信息化办公室主任
　　边　巴（藏族）
副部长、广电局局长　卓　玛（女，藏族）
副部长　张　峰

中共桑日县委统战部

县委常委、统战部部长、县民族宗教事务局局长
　　强　巴（藏族，5 月免）
　　边巴次仁（藏族，5 月任）
常务副部长　索朗旺堆（藏族）
副部长、县民族宗教事务局副局长　晋美旦达（藏族）
副部长　秦自龙
　　索朗曲珍（女，藏族）

中共桑日县委政法委员会

县委常委、政法委书记　郭　林（6 月免）
　　次仁达瓦（6 月任）
常务副书记　格桑多吉（藏族）
副书记　扎西曲杰（藏族）
　　王晓得

桑日县总工会

主　席　洛　桑（藏族，12 月免）
　　次仁旺久（藏族，12 月任）
副主席　王秀花（女）

共青团桑日县委员会

书　记　罗桑次仁（藏族）
副书记　王晓蕊（女）
　　姚　瑶（女）

桑日县妇女联合会

主　席　次仁措姆（女，藏族）
副主席　杨晓雪（女，藏族）

桑日县工商业联合会

主　席　次仁旺久（藏族）
副主席　益西旺姆（女，藏族）

桑日县残疾人联合会

理事长　白玛曲宗（女，藏族）

桑日县人民政府工作部门

桑日县发展和改革委员会

主　任　尼　玛（女，藏族）
副主任　扎西旦增（藏族）
　　拜惠艳（女，回族）
　　彭梦阳

桑日县人力资源和社会保障局

局　长　代德平
副局长　巴桑卓嘎（女，藏族）
　　西洛次仁（藏族，1 月免）
　　普布次仁（藏族，2 月任）

桑日县文化（文物）局

局　长　李　剑（6 月免）
　　钟志宏（6 月任）
副局长　格桑达瓦（藏族）
　　索朗嘎珠（女，藏族，12 月免）
　　达　娃（女，藏族，12 月任）
桑日县文化执法队副队长　旦增洛追（藏族，11 月免）

桑日县统计局

局　长　张　勇
副局长　旦增次白（女，藏族）
　　白玛仁青（藏族，4 月任）

桑日县教育（体育）局

局　长　杜　鹏
副局长　邵晓丹（女，1 月免）
　　达瓦扎西（藏族）

洛　桑（藏族，2月任）

桑日县公安局

县委常委、政法委书记、局长、督察长　郭林（6月免）
次仁达瓦（6月任）
副局长　姚季欣
次仁玉珍（女，藏族）

桑日县民政局

局　长　索朗多吉（藏族）
副局长　余谨利（女）
尼玛卓嘎（女，藏族）
县特困人员集中供养服务中心主任
阿米那（女，藏族，2月免）
旦增热杰（藏族，12月任）

桑日县审计局

局　长　米玛单增（藏族）
副局长　松　青（女，藏族）
副局长　顿秋蓉（女）

桑日县退役军人事务局

局　长　平措多吉（藏族，5月免）
顿珠次仁（藏族，7月任）
副局长　黄洪明
古桑德吉（女，藏族）
县退役军人服务中心主任　次仁曲珍（女，藏族）

桑日县司法局

局　长　向路红
副局长　桑木旦（藏族）
次仁拉姆（女，藏族）

桑日县财政局

局　长　次仁拉姆（女，门巴族）
副局长　孔维全
尼　玛（女，藏族）
索朗曲珍（女，藏族）

桑日县自然资源局

局　长　嘎　珠（藏族，3月免）
副局长　旺　加（藏族）
陈　娜（女）
次仁顿珠

山南市生态环境局桑日县分局

局　长　扎西顿珠（藏族）
副局长　群　宗（女，藏族）
李海燕（女，9月免）

桑日县住房和城乡建设局

局　长　薛　磊
副局长　扎西顿珠（藏族）
布　西（女，藏族）
益西尼玛（藏族）
毛　丹（援藏）

桑日县交通运输局

局　长　普布顿珠（藏族，7月免）
旦　巴（藏族，7月任）
副局长　熊　浩
格桑朗杰（藏族）
德　吉（女，藏族）
县交通运输管理所所长　旦增扎西（藏族）

桑日县水利局

局　长　琪　梅（女，藏族，7月免）
李　剑（7月任）
副局长　索朗次仁（藏族，12月免）
胡运华（12月免）
索朗扎西（藏族）
白玛曲宗（女，藏族，12月任）
白玛仁青（藏族，12月任）

桑日县农业农村局（科学技术局、乡村产业发展局）

局　长　王　鹏（6月免）
符　伟（6月任）

副局长　平措卓玛（女，藏族）
　　　　旦增平措（藏族）
　　　　嘎　玛（藏族，1 月免）
　　　　邓文平（1 月任）

桑日县商务局

局　长　田宏生
副局长　乌索玛（回族）
　　　　扎西央金（女，藏族）

桑日县卫生健康委员会

主　任　尼　玛（女，藏族）
副主任　达　珍（女，藏族，8 月退休）
　　　　巴桑拉珍（女，藏族）
　　　　邓凤平

桑日县医疗保障局

局　长　扎西央宗（女，藏族）
副局长　次仁曲珍（女，藏族）
　　　　苏　俊

桑日县市场监督管理局

局　长　徐永胜
副局长　央　宗（女，藏族）
　　　　达娃仓决（女，藏族）
　　　　拉巴顿珠（藏族）

桑日县应急管理局

局　长　次仁顿珠（藏族）
副局长　扎西建增（藏族）
　　　　普布顿珠（藏族）
　　　　姚群英（女）

桑日县城市管理和综合执法局

局　长　洛桑益西（藏族）
副局长　俞桂芳（女）
　　　　益西旦增（藏族）

桑日县旅游发展局

局　长　雷佳丽（女）
副局长　格桑仓决（女，藏族，1 月免）
　　　　西绕曲扎（藏族）
　　　　佟付照（1 月任）

桑日县林业和草原局

局　长　琪　梅（藏族）
副局长　索朗坚参（藏族）
　　　　仓　决（女，藏族）

桑日县乡村振兴局

局　长　次仁旺久（藏族，6 月任）
副局长　罗布旺堆（藏族，6 月任）
　　　　李成福（土族，6 月任）
　　　　丁　亮（藏族，6 月任）

桑日县行政审批和便民服务局

局　长　高　涛
副局长　阿乃曲吉（女，藏族）
　　　　边　珍（女，藏族）

桑日县信访局

局　长　龚成勇
副局长　嘎　玛（藏族）
　　　　次仁巴珠（藏族）
　　　　央　吉（女，藏族）

国家税务总局桑日县税务局

局　长　胡庆江（12 月免）
　　　　吕凤刚（12 月任）
副局长　汪　静（女）

桑日县创先争优强基础惠民生活动领导小组办公室

县委常委、组织部部长、主任　邬建军
县委组织部副部长、副主任
　　扎西罗布（藏族，12 月免）

索朗多吉（藏族,12 月任）

直属事业单位

桑日县藏语文工作委员会办公室（编译局）

局　长　扎西顿珠（藏族）

副局长　曲尼卓嘎（女，藏族）

桑日县卫生服务中心

主　任　洛桑德庆（藏族）

副主任　王俊林

次旦平措（藏族）

藏医院副院长　巴桑次仁（藏族）

桑日县广播电视台

台　长　强久多吉

桑日县机关后勤服务中心

副主任　次仁多吉

阿旺群宗（女，藏族）

格桑曲珍（女，藏族）

企事业单位

桑日县中学

校　长　罗　列（藏族，9 月免）

令狐克刚（9 月任）

副校长　巴桑罗布（藏族，9 月免）

令狐克刚（9 月免）

嘎　多（藏族，9 月任）

杨　珠（藏族，9 月任）

中国邮政集团有限公司西藏自治区桑日县分公司

总经理　王志刚（4 月任）

国网桑日县供电公司

总经理　边巴扎西（藏族）

副总经理　靳东亮（8 月任）

桑日县自来水厂

董事长　严树元

总经理　高天世

各乡镇

桑日镇

镇党委书记　边巴次仁（藏族，4 月免）

闫　杰（4 月任）

副书记、镇长　巴桑次仁（藏族，6 月任）

副书记、人大主席团主席

格桑仓决（女，藏族，1 月任）

副书记、人大主席团副主席　刘德龙（4 月任）

党委组织委员　采留超（1 月免）

刘　薇（女，1 月任）

党委委员、纪委书记　美日央（女，回族）

党委宣传委员　达　珍（女，藏族）

党委统战委员、政法委员、副镇长

旺堆扎西（藏族，4 月任）

党委委员　江　相（4 月免）

多吉益西（藏族，4 月任）

副镇长　赵意能（4 月免）

益西旦增（藏族，1 月免）

刘　勇（6 月任）

巴桑旺杰（藏族，6 月任）

增期乡

县政协副主席、乡党委书记　张　楠

乡党委副书记、乡长　旦　巴（藏族，5 月免）

索朗旺堆（藏族，5 月任）

乡党委副书记、人大主席团主席

顿珠次仁（藏族，5 月免）

旦　增（藏族，5 月任）

乡党委副书记、人大主席团副主席　安廷操

乡党委副书记　旦　达（藏族，4 月免）

乡党委委员、纪委书记　洛桑顿珠（藏族）
乡党委组织委员　西热朗杰（藏族）
乡党委政法委员、统战委员、副乡长
　格桑加措（藏族）
乡党委宣传委员　邓文平（1月免）
　　　　　　　　陈　冰（1月任）
乡党委委员　洛　桑（藏族，1月免）
　　　　　　胡志强（1月任）
乡党委委员、派出所所长　巴桑次仁（藏族，4月免）

白堆乡

乡党委书记　罗桑尼玛（藏族，4月免）
　　　　　　任　琰（4月任）
乡党委副书记、乡长　洛桑尼玛（藏族，5月任）
乡党委副书记、人大主席团主席
　旦　达（藏族，5月任）
乡党委副书记　向升林
乡党委组织委员　张贻龙
乡党委委员、纪委书记　益西美郎（藏族，1月任）
乡党委宣传委员　琼　啦（女，藏族）
乡党委统战委员、政法委员、副乡长
　次仁加措（藏族，1月任）
乡党委委员　多吉益西（藏族，4月免）
　　　　　　陈蒙蒙（4月任）
乡党委政法委员、乡人民政府副乡长
　普布次仁（藏族，1月免）
乡人民政府副乡长　曲珍旺姆（女，藏族）
　　　　　　　　　多吉次仁（藏族，5月任）

绒乡

乡党委书记　伟斯赤列（藏族）
乡党委副书记、乡长　赵意能
乡党委副书记、人大主席团主席　单增罗布（藏族）
乡党委副书记　尼玛德吉（女，藏族）
乡党委纪委书记　次旦卓玛（女，藏族）
乡党委委员　洛桑贡布（藏族）
乡党委政法委员、统战委员　旦增欧珠（藏族）
乡党委组织委员　邓正果
乡党委宣传委员　雷阿妹（女）
乡人民政府副乡长　赵　晶
　　　　　　　　　巴桑达瓦（藏族）

先进集体与个人

2021年桑日县受自治区（部、委）级表彰集体一览表

表4

获奖单位	荣誉称号	授奖单位	授奖时间
桑日县民间艺术团	2021年度全国文化科技卫生“三下乡”活动优秀团队	中共中央宣传部	2021年2月
桑日县巾帼志愿服务队	全国巾帼志愿服务“十大暖心故事”	全国妇联	2021年3月5日
桑日县扶贫开发办公室	西藏自治区脱贫攻坚先进集体	中共西藏自治区委员会 西藏自治区人民政府	2021年4月28日
山南旭日建筑有限公司	西藏自治区脱贫攻坚先进集体	中共西藏自治区委员会 西藏自治区人民政府	2021年4月28日

2021年桑日县受市（厅）级表彰集体一览表

表5

获奖单位	荣誉称号	授奖单位	授奖时间
桑日县驻增期乡达杰村工作队	西藏自治区第九批先进驻村工作队	自治区创先争优强基础惠民生活动领导小组办公室	2021年3月31日
中共桑日县白堆乡白堆村支部委员会	全区基层党建示范点	中共西藏自治区委员会组织部	2021年7月
县教育（体育）局机关支部委员会	全市先进基层党组织	中共山南市委员会	2021年7月
中共桑日县中学支部委员会	全市先进基层党组织	中共山南市委员会	2021年7月
中共桑日县白堆乡白堆村支部委员会	全市先进基层党组织	中共山南市委员会	2021年7月
中共桑日县桑日镇洛村支部委员会	全市先进基层党组织	中共山南市委员会	2021年7月
县退役军人事务局	2021年度自治区级优秀示范型退役军人服务中心	西藏自治区退役军人事务厅、西藏自治区退役军人服务中心	2021年11月

2021年桑日县受县（处）级表彰集体一览表

表6

获奖单位	荣誉称号	授奖单位	授奖时间
桑日镇塔木村民委员会	全市“四讲四爱”群众实践活动先进集体	中共山南市委宣传部	2021年2月
县教育局	桑日县“四讲四爱”群众教育实践活动先进集体	中共桑日县委员会	2021年4月
中共桑日镇委员会	桑日县“四讲四爱”群众教育实践活动先进集体	中共桑日县委员会	2021年4月
白堆乡白堆村	桑日县“四讲四爱”群众教育实践活动先进集体	中共桑日县委员会	2021年4月
县卫生中心	桑日县党史学习教育知识竞赛二等奖	中共桑日县委员会	2021年5月
中共桑日县委办公室	2021年度县级八星党支部	中共桑日县委	2021年6月29日
县市场监督管理局“小个专”联合党支部	2021年度县级八星党支部	中共桑日县委	2021年6月29日
桑日镇洛村党支部	2021年度市级八星党支部	中共山南市委组织部	2021年7月
桑日县人民法院党组	2021年度先进基层党组织	中共山南市中级人民法院党组	2021年7月
中共桑日县委办公室	2021年度先进基层党组织	中共桑日县委员会	2021年7月
桑日县帕竹荣顺庄园葡萄酒	2021年山南市旅游商品大赛铜奖	山南县旅游发展局	2021年9月30日
桑日县帕竹荣顺庄园葡萄酒	2021年山南市旅游商品大赛山南市必购礼品奖	山南县旅游发展局	2021年9月30日
桑日县帕竹荣顺庄园葡萄酒	2021年山南市旅游商品大赛最具地域特色奖	山南县旅游发展局	2021年9月30日

续表6

获奖单位	荣誉称号	授奖单位	授奖时间
县商务局	山南市2021第41届雅砻物资交流会优秀组织奖	山南市2021第41届雅砻物资交流会组委会	2021年12月
桑日镇洛村民委员会	全市“先进双联户创建评选工作”先进集体	中共山南市委政法委员会	2021年12月
县疾病预防控制中心	创建2020年度健康促进示范村建设工作先进集体	山南市疾病预防控制中心	2021年12月

2021年桑日县受自治区（部、委）级表彰人员一览表

表7

姓名	性别	民族	工作单位	荣誉称号	授予单位	授奖时间
洛　桑	男	藏族	县教育局	全区脱贫攻坚先进个人	中共西藏自治区委员会、西藏自治区人民政府	2021年4月28日
旦增平措	男	藏族	桑日县农业农村局	全区脱贫攻坚先进个人	中共西藏自治区委员会、西藏自治区人民政府	2021年4月28日
洛桑德吉	男	藏族	桑日县农业农村局	全区脱贫攻坚先进个人	中共西藏自治区委员会、西藏自治区人民政府	2021年4月28日
李梦瑶	女	汉族	白堆乡人民政府	全区脱贫攻坚先进个人	中共西藏自治区委员会、西藏自治区人民政府	2021年4月28日
次仁旦增	男	藏族	日县仁青岗寺专职管理特派员机构	全区脱贫攻坚先进个人	中共西藏自治区委员会、西藏自治区人民政府	2021年4月28日
央金拉姆	女	藏族	桑日县绒乡人民政府	全区脱贫攻坚先进个人	中共西藏自治区委员会、西藏自治区人民政府	2021年4月28日

2021年桑日县受市（厅）级表彰人员一览表

表8

姓名	性别	民族	工作单位	荣誉称号	授予单位	授奖时间
格桑巴珠	男	藏族	桑日镇塔木村民委员会	2017—2020年全区“四讲四爱”群众教育实践活动优秀宣讲员	中共西藏自治区委员会宣传部	2021年1月
拉巴次仁	男	藏族	绒乡驻程巴村工作队	西藏自治区第九批先进驻村工作队员	自治区创先争优强基础惠民生活动领导小组办公室	2021年3月31日
仓姆拉	男	藏族	白堆乡驻白堆村工作队	西藏自治区第九批先进驻村工作队员	自治区创先争优强基础惠民生活动领导小组办公室	2021年3月31日
刘　勇	男	汉族	桑日镇驻拉龙村工作队	西藏自治区第九批先进驻村工作队员	自治区创先争优强基础惠民生活动领导小组办公室	2021年3月31日
索朗坚参	男	藏族	县林业和草原局	全区“十三五”防沙治沙突出贡献先进个人	西藏自治区林业和草原厅	2021年3月
扎西卓玛	女	藏族	桑日镇洛村党支部	2021年度山南市优秀共产党员	中共山南市委	2021年7月

续表8

姓名	性别	民族	工作单位	荣誉称号	授予单位	授奖时间
索朗多吉	男	藏族	桑日县委组织部	2021年度山南市优秀党务工作者	中共山南市委	2021年7月
白玛曲宗	女	藏族	桑日县残联	2021年度山南市优秀党务工作者	中共山南市委	2021年7月
洛桑旺姆	女	藏族	桑日县绒乡程巴村村委会	2021年度山南市优秀基层干部	中共山南市委	2021年7月
邓雪梨	女	汉族	桑日县纪委监委	2021年度山南市优秀基层干部	中共山南市委	2021年7月

2021年桑日县受县（处）级表彰人员一览表

表9

姓名	性别	民族	工作单位	荣誉称号	授予单位	授奖时间
邵晓丹	女	汉族	县教育局	2021年度桑日县优秀共产党员	中共桑日县委员会	2021年6月29日
其米宗巴	女	藏族	县编译局	2021年度桑日县优秀共产党员	中共桑日县委员会	2021年6月29日
拜惠艳	女	回族	县发展和改革委员会	2021年度桑日县优秀共产党员	中共桑日县委员会	2021年6月29日
李金鹏	男	汉族	县纪委监委	2021年度桑日县优秀共产党员	中共桑日县委员会	2021年6月29日
尼　珍	女	藏族	县民政局	2021年度桑日县优秀共产党员	中共桑日县委员会	2021年6月29日
孔维全	男	汉族	县财政局	2021年度桑日县优秀共产党员	中共桑日县委员会	2021年6月29日
白玛顿珠	男	藏族	县财政局	2021年度桑日县优秀共产党员	中共桑日县委员会	2021年6月29日
琼　达	男	藏族	县人民法院	2021年度桑日县优秀共产党员	中共桑日县委员会	2021年6月29日
洛桑罗布	男	汉族	县教育局	2021年度桑日县优秀基层干部	中共桑日县委员会 桑日县人民政府	2021年6月29日
古　桑	男	藏族	桑日镇比巴村	2021年度桑日县优秀基层干部	中共桑日县委员会 桑日县人民政府	2021年6月29日
达　嘎	男	藏族	桑日镇赤康村	2021年度桑日县优秀基层干部	中共桑日县委员会 桑日县人民政府	2021年6月29日
旦增曲珍	女	藏族	白堆乡人民政府	2021年度桑日县优秀党务工作者	中共桑日县委员会	2021年6月29日
米玛央金	女	藏族	编译局	2021年度桑日县优秀党务工作者	中共桑日县委员会	2021年6月29日
拉　吉	女	藏族	县发展和改革委员会	2021年度桑日县优秀党务工作者	中共桑日县委员会	2021年6月29日
黄　灿	男	汉族	县纪委监委	2021年度桑日县优秀党务工作者	中共桑日县委员会	2021年6月29日
扎西央宗	女	藏族	县纪委监委	2021年度桑日县优秀党务工作者	中共桑日县委员会	2021年6月29日

续表9

姓名	性别	民族	工作单位	荣誉称号	授予单位	授奖时间
唐　伟	男	汉族	县民政局	2021年度桑日县优秀党务工作者	中共桑日县委员会	2021年6月29日
阿旺尊追	男	藏族	县广播电视台	2021年度桑日县优秀党务工作者	中共桑日县委员会	2021年6月29日
罗布顿珠	男	藏族	桑日镇洛村党支部	2021年度桑日县优秀党务工作者	中共桑日县委员会	2021年6月29日
央　宗	女	藏族	县市场监督管理局	2021年度桑日县优秀党务工作者	中共桑日县委员会	2021年6月29日
德庆曲珍	女	藏族	县人民法院	2021年度桑日县优秀党务工作者	中共桑日县委员会	2021年6月29日
拉巴顿珠	男	藏族	县市场监督管理局	2021年度桑日县优秀党务工作者	中共桑日县委员会	2021年6月29日
尼玛扎巴	男	藏族	县教育局	《信息技术与藏语文教学的融合》研究成果一等奖	山南市教育局	2021年9月
普布卓玛	男	藏族	桑日镇洛村民委员会	全市“先进双联户创建评选工作”先进联户单位	中共山南市委政法委员会	2021年12月
康爱民	男	汉族	中共桑日县委员会	2021年度桑日县优秀公务员	中共桑日县委员会 桑日县人民政府	2021年12月
张　鑫	男	汉族	中共桑日县委员会	2021年度桑日县优秀公务员	中共桑日县委员会 桑日县人民政府	2021年12月
莫小军	男	汉族	中共桑日县委办公室	2021年度桑日县优秀公务员	中共桑日县委员会 桑日县人民政府	2021年12月
达瓦央金	男	藏族	中共桑日县委办公室	2021年度桑日县优秀公务员	中共桑日县委员会 桑日县人民政府	2021年12月
巴桑旺杰	男	藏族	中共桑日县委办公室	2021年度桑日县优秀公务员	中共桑日县委员会 桑日县人民政府	2021年12月
洛桑卓玛	女	藏族	中共桑日县委办公室	2021年度桑日县优秀公务员	中共桑日县委员会 桑日县人民政府	2021年12月
旦增卓嘎	女	藏族	中共桑日县委办公室	2021年度桑日县优秀公务员	中共桑日县委员会 桑日县人民政府	2021年12月
武宝江	男	蒙古族	县委巡察工作领导小组办公室	2021年度桑日县优秀公务员	中共桑日县委员会 桑日县人民政府	2021年12月
阿乃曲吉	女	藏族	县行政审批和便民服务局	2021年度桑日县优秀公务员	中共桑日县委员会 桑日县人民政府	2021年12月
朱　潇	男	彝族	县行政审批和便民服务局	2021年度桑日县优秀公务员	中共桑日县委员会 桑日县人民政府	2021年12月
任　琰	女	汉族	白堆乡人民政府	2021年度桑日县优秀公务员	中共桑日县委员会 桑日县人民政府	2021年12月
洛桑尼玛	男	藏族	白堆乡人民政府	2021年度桑日县优秀公务员	中共桑日县委员会 桑日县人民政府	2021年12月
张贻龙	男	汉族	白堆乡人民政府	2021年度桑日县优秀公务员	中共桑日县委员会 桑日县人民政府	2021年12月

续表9

姓名	性别	民族	工作单位	荣誉称号	授予单位	授奖时间
陈蒙蒙	男	汉族	白堆乡人民政府	2021年度桑日县优秀公务员	中共桑日县委员会桑日县人民政府	2021年12月
次仁加措	男	藏族	白堆乡人民政府	2021年度桑日县优秀公务员	中共桑日县委员会桑日县人民政府	2021年12月
曲珍旺姆	女	藏族	白堆乡人民政府	2021年度桑日县优秀公务员	中共桑日县委员会桑日县人民政府	2021年12月
旦增曲珍	女	藏族	白堆乡人民政府	2021年度桑日县优秀公务员	中共桑日县委员会桑日县人民政府	2021年12月
米玛央金	女	藏族	县编译局	2021年度桑日县优秀公务员	中共桑日县委员会桑日县人民政府	2021年12月
谭淇健	男	汉族	县发展和改革委员会	2021年度桑日县优秀公务员	中共桑日县委员会桑日县人民政府	2021年12月
益西旺姆	女	藏族	县工商业联合会	2021年度桑日县优秀公务员	中共桑日县委员会桑日县人民政府	2021年12月
德　吉	女	藏族	县交通运输局	2021年度桑日县优秀公务员	中共桑日县委员会桑日县人民政府	2021年12月
西绕曲扎	男	藏族	县旅游发展局	2021年度桑日县优秀公务员	中共桑日县委员会桑日县人民政府	2021年12月
尼　珍	女	藏族	县民政局	2021年度桑日县优秀公务员	中共桑日县委员会桑日县人民政府	2021年12月
索朗卓嘎	女	藏族	县民政局	2021年度桑日县优秀公务员	中共桑日县委员会桑日县人民政府	2021年12月
旦增多吉	男	藏族	县财政局	2021年度桑日县优秀公务员	中共桑日县委员会桑日县人民政府	2021年12月
刘德龙	男	汉族	中共桑日镇委员会	2021年度桑日县优秀公务员	中共桑日县委员会桑日县人民政府	2021年12月
旺堆扎西	男	藏族	中共桑日镇委员会	2021年度桑日县优秀公务员	中共桑日县委员会桑日县人民政府	2021年12月
刘　勇	男	汉族	中共桑日镇委员会	2021年度桑日县优秀公务员	中共桑日县委员会桑日县人民政府	2021年12月
金珠次仁	男	藏族	中共桑日镇委员会	2021年度桑日县优秀公务员	中共桑日县委员会桑日县人民政府	2021年12月
代国荣	男	汉族	中共桑日镇委员会	2021年度桑日县优秀公务员	中共桑日县委员会桑日县人民政府	2021年12月
田　权	男	汉族	中共桑日镇委员会	2021年度桑日县优秀公务员	中共桑日县委员会桑日县人民政府	2021年12月
德　吉	女	藏族	中共桑日镇委员会	2021年度桑日县优秀公务员	中共桑日县委员会桑日县人民政府	2021年12月
田宏生	男	汉族	县商务局	2021年度桑日县优秀公务员	中共桑日县委员会桑日县人民政府	2021年12月
达娃仓决	女	藏族	县市场监督管理局	2021年度桑日县优秀公务员	中共桑日县委员会桑日县人民政府	2021年12月
胡运华	男	汉族	县水利局	2021年度桑日县优秀公务员	中共桑日县委员会桑日县人民政府	2021年12月

续表9

姓名	性别	民族	工作单位	荣誉称号	授予单位	授奖时间
吴金平措	男	藏族	县信访局	2021年度桑日县优秀公务员	中共桑日县委员会 桑日县人民政府	2021年12月
次　珍	女	藏族	县林业和草原局	2021年度桑日县优秀公务员	中共桑日县委员会 桑日县人民政府	2021年12月
王秀花	女	汉族	县总工会	2021年度桑日县优秀公务员	中共桑日县委员会 桑日县人民政府	2021年12月
仓姆拉	女	藏族	白堆乡人民政府	2021年度桑日县优秀事业单位人员	中共桑日县委员会 桑日县人民政府	2021年12月
姑桑德青	女	藏族	白堆乡人民政府	2021年度桑日县优秀事业单位人员	中共桑日县委员会 桑日县人民政府	2021年12月
格桑曲珍	女	藏族	县机关后勤服务中心	2021年度桑日县优秀事业单位人员	中共桑日县委员会 桑日县人民政府	2021年12月
格桑梅朵	女	藏族	中共桑日镇委员会	2021年度桑日县优秀事业单位人员	中共桑日县委员会 桑日县人民政府	2021年12月
罗布顿珠	男	藏族	中共桑日镇委员会	2021年度桑日县优秀事业单位人员	中共桑日县委员会 桑日县人民政府	2021年12月
色　珍	女	藏族	县机关后勤服务中心	2021年度桑日县优秀工勤人员	中共桑日县委员会 桑日县人民政府	2021年12月
美多卓嘎	女	藏族	县广播电视台	2021年度桑日县优秀专业技术人员	中共桑日县委员会 桑日县人民政府	2021年12月
董　旭	男	汉族	县消防救援大队	优秀消防员	山南市消防救援支队	2021年12月
益西平措	男	藏族	县消防救援大队	优秀专职员	山南市消防救援支队	2021年12月
伍金群培	男	藏族	县消防救援大队	优秀专职员	山南市消防救援支队	2021年12月
琼　吉	女	藏族	县消防救援大队	优秀消防文员	山南市消防救援支队	2021年12月
索朗益西	男	藏族	县消防救援大队	嘉奖	山南市消防救援支队	2021年12月
董　旭	男	汉族	县消防救援大队	嘉奖	山南市消防救援支队	2021年12月

2021年桑日县晋升副高以上专业技术职称人员一览表

表10

姓名	单位	性别	民族	籍贯	学历	毕业院校	职称	晋升时间
扎西措姆	桑日县中学	女	藏族	西藏曲松	本科	西藏大学	高级教师	2021年8月6日
桑旦曲珍	桑日镇小学	女	藏族	西藏桑日	本科	西藏大学	高级教师	2021年8月6日
次仁桑珠	白堆乡小学	男	藏族	西藏洛扎	本科	成都体育学院	高级教师	2021年8月6日
扎西顿珠	增期乡雪巴小学	男	藏族	西藏乃东	大专	西藏大学	高级教师	2021年8月6日
旦增次旺	增期乡小学	男	藏族	西藏乃东	本科	西藏大学	高级教师	2021年8月6日
索朗多布庆	县教育局教研室	男	藏族	西藏措美	本科	安徽师范大学	高级教师	2021年8月6日

统计数据

桑日县2021农村基本情况及农业生产条件情况表

表11

指　标	单位	绝对值	2020年	2021年	桑日镇	绒乡	白堆乡	增期乡
一、农村基层组织情况								
乡镇个数	个	0	4	4	1	1	1	1
其中：镇个数	个	0	1	1	1	—	—	—
村民委员会个数	个	0	43	43	8	14	8	13
二、农村基础设施		0	0	0	0	0	0	0
自来水受益村数	个	0	43	43	8	14	8	13
通汽车村数	个	0	43	43	8	14	8	13
通电话村数	个	0	43	43	8	14	8	13
通电的村	个	0	43	43	8	14	8	13
通邮的村	个	0	43	43	8	14	8	13
能收看电视的村	个	0	43	43	8	14	8	13
通有线电视的村	个	—	4	4	2	2	—	—
通宽带的村		—	43	43	8	14	8	13
三、乡村人口与从业人员								
乡村户数	户	30	4184	4214	1029	1477	548	1160
其中：农业户	户	28	3678	3706	1007	1474	448	777
牧业户	户	54	454	508	22	3	100	383
半农半牧户		−52	52	0	0	—	—	0
乡村人口数	人	44	15571	15615	3722	5626	1883	4384
男	人	−76	7751	7675	1858	2742	900	2175
女	人	120	7820	7940	1864	2884	983	2209
其中：农业人口	人	−38	13519	13481	3638	5620	1494	2729
牧业人口	人	209	1925	2134	84	6	389	1655
半农半牧业人口	人	−127	127	0	0	—	—	0
乡村劳动力资源数	人	506	9090	9596	2422	3284	1254	2636
占乡村人口数比重	%	0	0.58	0.6	0.65	0.58	4.00	0.60
1. 男	人	245	4668	4913	1239	1670	617	1387
2. 女	人	261	4422	4683	1183	1614	637	1249
其中：劳动年龄内	人	1072	8524	9596	2422	3284	1254	2636
乡村从业人员数	人	67	8524	8591	2072	3230	1086	2203
占乡村劳动力资源数比重	%	0	0.94	0.90	0.86	0.98	0.87	0.84
其中：劳动年龄内	人	176	7895	8071	1989	3058	1042	1982

续表11

指 标	单位	绝对值	2020年	2021年	桑日镇	绒乡	白堆乡	增期乡
（一）按性别分	人	67	8524	8591	2072	3230	1086	2203
1. 男	人	60	4372	4432	1080	1642	535	1175
其中：从事农业人员		—	2045	1903	342	608	403	550
2. 女	人	7	4152	4159	992	1588	551	1028
其中：从事农业人员		—	2278	2557	513	912	307	825
（二）按国民经济行业分	人	67	8524	8591	2072	3230	1086	2203
1. 农业从业人员	人	137	4323	4460	855	1520	710	1375
2. 工业从业人员	人	21	178	199	9	68	32	90
3. 建筑业从业人员	人	-3	1655	1652	577	683	64	328
4. 交通仓储和邮电业从业人员	人	-31	392	361	114	111	36	100
5. 信息、传输、计算机服务和软件业	人	-49	102	53	6	7	0	40
6. 批零贸易从业人员	人	-105	207	102	25	33	23	21
7. 住宿和餐饮	人	11	318	329	50	115	44	120
8. 其他行业从业人员	人	86	1349	1435	436	693	177	129
四、农业用地情况								
1. 耕地	公顷	0	1531	1531	403.26	566.25	211.26	350.23
2. 园地	公顷	0	0	0	0	—	—	—
3. 林地	公顷	0	99333	99333	56.95	42.63	0	—
4. 草地	公顷	0	182838.80	182838.80	—	—	—	—
5. 设施农业用地	公顷	0	42.00	42.00	9.35	30.27	0.00	2.38
五、农业机械化情况								
（一）农用机械总动力合计	千瓦	-108197	212544	104347	39808	33524	15044	17316
1. 柴油发动机动力	千瓦	-108197	212544	104347	39808	33524	15044	17316
2. 汽油发动机动力	千瓦	—	—	0	—	—	—	—
3. 电动机动力	千瓦	—	—	0	—	—	—	—
4. 其他机械动力	千瓦	—	—	0	—	—	—	—
（二）主要农业机械与设备		—	3556	11443	3123	4090	1564	2666
大中型拖拉机	台	253	2286	2539	714	1093	264	468
	千瓦	2789	25203	27992	7871.85	12050.33	2910.60	5159.70
小型拖拉机	台	-214	2538	2324	664	691	341	628
	千瓦	-2202	26116	23914	6832.56	7110.39	3508.89	6462.12
大中型拖拉机配套农具	台	1236	727	1963	376	542	74	971
小型拖拉机配套农具	台	1350	1969	3319	674	1410	707	528
农用排灌电动机	台	23	0	23	23	—	—	—
	千瓦	1346	—	1346	1345.5	—	—	—
农用排灌柴油机	台	0	0	0	—	—	—	—

续表11

指　标	单位	绝对值	2020年	2021年	桑日镇	绒乡	白堆乡	增期乡
	千瓦	0	—	0	—	—	—	—
联合收割机	台	-67	159	92	51	23	11	7
	千瓦	-1668	3959	2291	1269.9	572.7	273.9	174.3
自走式机动收割晒机	台	-64	117	53	53	0	0	0
	千瓦	467	—	467	467	0	0	0
机动脱粒机	台	-802	1801	999	521	294	142	42
	千瓦	-17684	39712	22028	11488.05	6482.7	3131.1	926.1
农用运输车*16千瓦	辆	-437	563	126	44	35	25	22
	千瓦	-91245	117554	26309	9187.20	7308.00	5220.00	4593.60
机电井	眼	0	5	5	3	2	0	0
节水灌溉机械	套	0	0	0	—	0	0	0
农用水泵	台	0	0	0	0	0	0	0
六、农业主要能源及物资消耗								
1. 乡、村办水电站数	个	0	0	0	—	—	—	—
装机容量	千瓦	0	0	0	—	—	—	—
发电量	千瓦时	0	0	0	—	—	—	—
2. 农村用电量	千瓦时	-4016345	7950000	3933655	741799	1610858	604444	976554.34
每户用电量		3756	0	3756	721	1091	1103	842
3. 农用化肥施用量	吨	-105	421.00	315.74	94.00	121.20	25.24	75.30
其中：氮肥	吨	-157	253.00	95.54	16.00	44.90	4.34	30.30
磷肥	吨	-9	46.00	37.40	27.00	10.40	0.00	0.00
钾肥	吨	—	0.00	21.47	13.00	0.00	2.67	5.80
复合肥	吨	39	122.00	161.33	38.00	65.90	18.23	39.20
4. 农用塑料薄膜使用量	吨	—	0.00	—	0	0	—	—
其中：地膜使用量	吨	—	—	—	—	—	—	—
地膜覆盖面积	公顷	—	—	—	—	—	—	—
5. 农用柴油使用量	吨	-8	182.27	174.58	31.5	68.74	29.34	45
6. 农药使用量	吨	0.00	3.00	3	—	—	—	—
七、农田水利建设情况								
有效灌溉面积	公顷	0	1531	1531.00	403.26	566.25	211.26	350.23
旱涝保收面积	公顷	0	—	—	—	—	—	—
机电排灌面积	公顷	0	—	—	—	—	—	—
八、耕作和收获机械利用情况								
机耕面积	公顷	52	1235	1287	354.6	474.8	127.17	330.1
机播面积	公顷	52	1235	1287	354.6	474.8	127.17	330.1
机械收获面积	公顷	52	1235	1287	354.6	474.8	127.17	330.1

续表11

指　标	单位	绝对值	2020年	2021年	桑日镇	绒乡	白堆乡	增期乡
九、自然灾害情况								
受害面积合计	公顷	0	0	0	—	—	—	—
成灾面积合计	公顷	0	0	0	—	—	—	—
粮食减产面积	公顷	0	0	0	—	—	—	—
减产粮食	吨	0	0	0	—	—	—	—
减产油料	吨	0	0	0	—	—	—	—
死亡人口	人	0	0	0	—	—	—	—
死亡大牲畜	头	0	0	0	—	—	—	—
死亡羊	只	0	0	0	—	—	—	—
倒塌民房	间	0	0	0	—	—	—	—
损坏民房	间	0	0	0	—	—	—	—
成灾人口合计	人	0	0	0	—	—	—	—
缺粮人口	人	0	0	0	—	—	—	—
牛粪	吨	2	2899	2900.62	929	787.78	703.84	480
薪柴	立方米	-365	980	614.70	34	27	543.7	10
沼气　290个×8立方米=2320立方米	立方米	-54	54	0.00	0	0	0	0
十、农村人居环境建设和环境综合整治								
有贸易市场的村	个	0	0	0	—	—	—	—
有绿化建设的村	个	0	0	0	—	—	—	—
有农家书屋的村	个	0	43	43	8	14	8	13
有综合文化体育设施	个	0	43	43	8	14	8	13
村级广播站	个	0	43	43	8	14	8	13
观看流动电影的村	个	0	43	43	8	14	8	13
有卫生站的村	个	0	43	43	8	14	8	13
有太阳能公共照明的村	个	0	43	43	8	14	8	13
有硬化道路的村	个	0	43	43	8	14	8	13
有农村垃圾污水处理的村	个	—	—	1	—	1	—	—

2021年桑日县农业主要产品生产情况（面积）一览表

表12

指　标	单位	序号	绝对值	2020年	2021年	桑日镇	绒乡	白堆乡	增期乡
农作物播种面积	公顷	1	62.11	1477.55	1539.66	437.00	549.24	182.24	371.18
一、粮食作物合计	公顷	2	50.00	1113.53	1163.53	321.34	414.87	110.52	316.80
其中：夏收谷物	公顷	3	—	0.00	0.00	—	—	—	—
（一）谷物	公顷	4	49.17	1110.83	1160.00	320.01	414.20	109.99	315.80
1. 小麦	公顷	6	19.14	287.53	306.67	66.68	233.33	6.66	

续表12

指　标	单位	序号	绝对值	2020年	2021年	桑日镇	绒乡	白堆乡	增期乡
其中：软粒小麦	公顷	7	—	0.00	0.00	—	—	—	—
春小麦	公顷	8	—	0.00	0.00	—	—	—	—
冬小麦	公顷	9	19.14	287.53	306.67	66.68	233.33	6.66	0.00
2. 其他谷物	公顷	10	30.03	823.30	853.33	253.33	180.87	103.33	315.80
其中：青稞	公顷	11	30.03	823.30	853.33	253.33	180.87	103.33	315.80
大麦	公顷	12	—	0.00	0.00	—	—	—	—
荞麦	公顷	13	—	0.00	0.00	—	—	—	—
（二）豆类合计	公顷	14	0.83	2.70	3.53	1.33	0.67	0.53	1.00
1. 大豆	公顷	15	—	0.00	0.00	—	—	—	—
2. 杂豆	公顷	16	—	0.00	0.00	—	—	—	—
3. 豌豆	公顷	17	0.83	2.70	3.53	1.33	0.67	0.53	1.00
二、油料合计	公顷	18	–5.26	128.59	123.33	33.33	60.02	16.65	13.33
其中：油菜籽	公顷	19	–5.26	128.59	123.33	33.33	60.02	16.65	13.33
三、蔬菜	公顷	20	9.85	158.33	168.18	53.33	60.00	34.85	20.00
四、其他作物	公顷	21	7.52	77.10	84.62	29.00	14.35	20.22	21.05
其中：青饲料	公顷	22	7.52	77.10	84.62	29.00	14.35	20.22	21.05

指标	计量单位	对比	2020年	2021年	桑日镇	绒乡	白堆乡	增期乡
一、粮食作物合计	吨	515.01	9061.00	9576.01	2599.85	3792.15	838.05	2345.96
粮食亩产	千克	6.20	542.48	548.68	539.38	609.37	505.52	493.68
（一）谷物	吨	512.15	9054.00	9566.15	2595.65	3790.45	836.05	2344.00
1. 小麦	吨	221.30	2996.00	3217.30	707.05	2441.25	69.00	—
小麦亩产	千克	4.75	694.65	699.41	706.91	697.51	690.69	0.00
其中：春小麦	吨	—	0.00	0.00	—	—	—	—
冬小麦	吨	221.30	2996.00	3217.30	707.05	2441.25	69.00	0.00
冬小麦单产	千克	4.75	694.65	699.41	706.91	697.51	690.69	—
3. 其他谷物	吨	290.85	6058.00	6348.85	1888.60	1349.20	767.05	2344.00
其中：青稞	吨	290.85	6058.00	6348.85	1888.60	1349.20	767.05	2344.00
青稞亩产	千克	5.46	490.55	496.00	497.00	497.30	494.88	494.83
（二）豆类合计	吨	2.86	7.00	9.86	4.20	1.70	2.00	1.96
3. 豌豆	吨	2.86	7.00	9.86	4.20	1.70	2.00	1.96
豌豆单产	千克	13.38	172.84	186.22	210.53	169.16	q	130.67
二、油料合计	吨	–7.08	433.99	426.91	112.50	202.50	68.91	43.00
其中：油菜籽	吨	–7.08	433.99	426.91	112.50	202.50	68.91	43.00
油菜籽亩产	千克	5.77	225.00	230.77	225.03	224.93	275.92	215.06
三、野生植物的采集								
1. 野生药材	千克	–25.90	3723.71	3697.81	742.60	108.43	691.78	2155.00

续表12

指标	计量单位	对比	2020年	2021年	桑日镇	绒乡	白堆乡	增期乡
虫草	千克	−740.98	1249.71	508.73	16.05	16.70	23.98	452.00
贝母	千克	715.08	2474.00	3189.08	726.55	91.73	667.80	1703.00
2. 柴草	吨	0.00	0.00	0.00	—	—	—	—
四、蔬菜	吨	261.75	3824.25	4086.00	1488.75	1786.48	348.25	462.53
蔬菜亩产	千克	9.45	1610.25	1619.70	1861.05	1984.97	666.19	1541.77
五、其他作物	吨	−450.50	2844.75	2394.25	909.70	529.28	386.27	569.00
其中：青饲料	吨	−450.50	2844.75	2394.25	909.70	529.28	386.27	569.00
青饲料亩产	千克	−573.52	2459.79	1886.28	2091.27	2458.91	1273.56	1802.06

2021年桑日县蔬菜及特种作物生产情况表

表13

指标名称	单位	对比	2020年	2021年	桑日镇	绒乡	白堆乡	增期乡
蔬菜合计	公顷	9.85	158.33	168.18	53.33	60.00	34.85	20.00
1. 叶菜类	公顷	−3.17	26.80	23.63	6.50	17.13	0.00	0.00
其中：菠菜	公顷	−2.73	15.60	12.87	3.67	9.2	—	—
芹菜	公顷	2.93	4.20	7.13	2	5.13	—	—
油菜	公顷	−3.37	7.00	3.63	0.83	2.8	—	—
2. 白菜类	公顷	−1.13	30.00	28.87	11.78	15.66	0.00	1.43
其中：大白菜	公顷	−10.00	30.00	20.00	7.345	11.225	—	1.43
3. 瓜菜类	公顷	−1.20	6.70	5.50	2.13	2.87	0.00	0.50
其中：黄瓜	公顷	−1.20	6.70	5.50	2.13	2.87	—	0.5
4. 根茎类	公顷	74.59	23.00	97.59	25.42	19.25	34.85	18.07
其中：白萝卜	公顷	0.22	23.00	23.22	6.2	5.24	8.85	2.93
胡萝卜	公顷	1.20	0.00	1.20	1.2	—	—	—
土豆	公顷	1.34	71.83	73.17	18.02	14.01	26	15.14
5. 茄果类	公顷	—	—	11.79	6.70	5.09	0.00	0.00
其中：茄子	公顷	—	—	—	—	—	—	—
辣椒	公顷	—	—	6.50	3.5	3	—	—
西红柿		—	—	5.29	3.2	2.09	—	—
6. 葱蒜	公顷	—	—	0.50	0.50	0.00	0.00	0.00
其中：大葱	公顷	—	—	0.50	0.5	—	—	—
蒜头	公顷	—	—	—	—	—	—	—
7. 甘蓝类	公顷	—	—	0.30	0.30	0.00	0.00	0.00
其中：卷心菜	公顷	—	—	0.30	0.3	—	—	—
8. 其他蔬菜	公顷	—	—	—	—	—	—	—

续表13

指标名称	单位	对比	2020年	2021年	桑日镇	绒乡	白堆乡	增期乡
蔬菜合计	吨	261.75	3824.25	4086	1488.745	1786.475	348.25	462.53
1. 叶菜类	吨	-6.69	530.50	523.81	181.155	342.655	0	0
其中：菠菜	吨	19.65	329.35	349	123.75	225.25	—	—
芹菜	吨	9.11	66.15	75.26	23.63	51.63	—	—
油菜	吨	-35.45	135.00	99.55	33.775	65.775	—	—
2. 白菜类	吨	-8.90	562.50	553.6	221.05	293.75	0	38.8
其中：大白菜	吨	-56.90	562.50	505.6	205.05	277.75	—	22.8
3. 瓜菜类	吨	-24.00	180.90	156.9	57.6	87	0	12.3
其中：黄瓜	吨	-24.00	180.90	156.9	57.6	87	—	12.3
4. 根茎类	吨	109.74	2550.35	2660.09	916.49	983.92	348.25	411.43
其中：白萝卜	吨	1.95	776.25	778.2	289.49	342.21	96.25	50.25
胡萝卜	吨	32.00	0.00	32	32	—	—	—
土豆	吨	75.79	1774.10	1849.89	595	641.71	252	361.18
5. 茄果类	吨	159.70	0.00	159.7	80.55	79.15	0	0
其中：茄子	吨	0.00	0.00	0	—	—	—	—
辣椒	吨	74.15	0.00	74.15	40.28	33.87	—	—
西红柿	吨	85.55	0.00	85.55	40.27	45.28	—	—
6. 葱蒜	吨	27.90	0.00	27.9	27.9	0	0	0
其中：大葱	吨	27.90	0.00	27.9	27.90	—	—	—
蒜头	吨	0.00	—	—	—	—	—	—
7. 甘蓝类	吨	4.00	0.00	4	4	0	0	0
其中：卷心菜	吨	4.00	0.00	4	4	—	—	—
8. 其他蔬菜	吨	—	—	—	—	—	—	—

2021年桑日县设施农业生产情况表

表14

指　标	单位	代码	对比	2020年	2021年	桑日镇	绒乡	白堆乡	增期乡
一、蔬菜	公顷	01	-2.88	42	39.12	7.16	29.58	0	2.38
其中：生姜	公顷	02	0.00	0	0	—	—	—	—
辣椒	公顷	03	-2.85	9.35	6.5	0.97	5.53	—	—
芹菜	公顷	04	2.80	0	2.8	—	2.8	—	—
油菜	公顷	05	-1.27	9	7.73	2.6	5.13	—	—
菠菜	公顷	06	0.00	0	0	—	—	—	—
黄瓜	公顷	07	-2.20	6.7	4.5	1.67	2.83	—	—
西红柿	公顷	08	-1.71	7	5.29	—	5.29	—	—
其他	公顷	09	2.35	9.95	12.3	1.92	8	—	2.38
二、设施数量	个	11	-81.00	795	714	357	332	0	25
三、设施占地面积	公顷	12	-2.88	42	39.12	7.16	29.58	0	2.38
四、设施使用面积	公顷		-2.88	42	39.12	7.16	29.58	0	2.38

续表14

指　标	单位	代码	对比	2020年	2021年	桑日镇	绒乡	白堆乡	增期乡
一、蔬菜	吨	01	-34.24	882	847.76	130.42	637.41	0	79.93
其中：生姜	吨	02	0	0	0	—	—	—	—
辣椒	吨	03	-38.05	112.2	74.15	6.875	67.275	—	—
芹菜	吨	04	49.33	0	49.33		49.33	—	—
油菜	吨	05	-35.45	135	99.55	7.275	92.275	—	—
菠菜	吨	06	0	0	0	—	—	—	—
黄瓜	吨	07	-24	180.9	156.9	29.95	126.95	—	—
西红柿	吨	08	-29.95	115.5	85.55	—	85.55	—	—
其他	吨	09	43.88	338.4	382.28	86.32	216.03	0	79.93

2021年桑日县林业生产情况

表15

指　标	单位	对比	2020年数据	2021年数据	桑日镇	绒乡	白堆乡	增期乡
一、荒山荒（沙）地造林面积		-26.67	126.67	100.00	—	—	—	—
1. 人工造林	公顷	-26.67	126.67	100.00	—	—	—	—
其中：竹林面积	公顷	—	0.00	0.00	—	—	—	—
乔木林面积	公顷	—	0.00	0.00	—	—	—	—
2. 飞播造林	公顷	—	0.00	0.00	—	—	—	—
3. 无林地和疏林地新封	公顷	—	0.00	0.00	—	—	—	—
（一）按经济成分		-26.67	126.67	100.00	—	—	—	—
（1）公有经济造林	公顷	-26.67	126.67	100.00	—	—	—	—
其中：国有经济造林	公顷	-26.67	126.67	100.00	—	—	—	—
集体经济造林	公顷	—	0.00	0.00	—	—	—	—
（2）非公有经济造林	公顷	—	—	—	—	—	—	—
（二）按林种用途分		—	0.00	0.00	—	—	—	—
（1）用材林	公顷	—	0.00	0.00	—	—	—	—
其中：速生丰产林面积	公顷	—	0.00	0.00	—	—	—	—
（2）经济林	公顷	—	0.00	0.00	—	—	—	—
（3）防护林	公顷	-26.67	126.67	100.00	—	—	—	—
（4）薪炭林	公顷	—	—	—	—	—	—	—
（5）特种用材林	公顷	—	—	—	—	—	—	—
二、有林地造林面积		—	—	—	—	—	—	—
1. 林冠下造林	公顷	—	—	—	—	—	—	—
2. 飞播营林	公顷	—	—	—	—	—	—	—
3. 有林地和灌木林地新封	公顷	—	—	—	—	—	—	—
三、更新造林	公顷	—	—	—	—	—	—	—
四、低产低效林改造面积	公顷	—	—	—	—	—	—	—

续表15

指　标	单位	对比	2020年数据	2021年数据	桑日镇	绒乡	白堆乡	增期乡
五、零星（四旁）植树	株	–2146.00	217511.00	215365.00	92853	26309	95863	340
六、年末实有封（沙）育林面积	公顷	0.00	—	—	—	—	—	—
七、幼林抚育作业面积	公顷	0.00	—	—	—	—	—	—
八、幼林抚育实际面积	公顷	0.00	—	—	—	—	—	—
九、成林抚育面积	公顷	0.00	—	—	—	—	—	—
其中：中、幼龄林抚育面积	公顷	0.00	—	—	—	—	—	—
十、抚育改造出材量	立方米	0.00	—	—	—	—	—	—
其中：中、幼龄林抚育出材量		0.00	—	—	—	—	—	—
十一、林木种子采集量	公顷	0.00	—	—	—	—	—	—
十二、当年苗木产量	吨	0.00	—	—	—	—	—	—
十三、育苗面积	公顷	0.00	—	—	—	—	—	—
其中：本年新育	公顷	0.00	—	—	—	—	—	—
十四、年末实有母树林面积	公顷	0.00	—	—	—	—	—	—
十五、年末实有种子园面积	公顷	0.00	—	—	—	—	—	—
十六、主要林产品产量	吨	0.00	—	—	—	—	—	—
其他：	吨	0.00	—	—	—	—	—	—
十七、竹木采伐		0.00	—	—	—	—	—	—
1.木材	立方米	0.00	—	—	—	—	—	—
其中：村及村以下	立方米	0.00	—	—	—	—	—	—
2.竹材	根	0.00	—	—	—	—	—	—
其中：村及村以下	根	0.00	0.00	—	—	—	—	—

2021年桑日县畜牧业主要产品生产情况表

表16

指标	序号	单位	绝对值	2020年	2021年	桑日镇	绒乡	白堆乡	增期乡
牲畜总头数	1	头	–61	83125	83064	18872	20981	9907	33304
当年购入	2	头	–5102	8413	3311	929	405	659	1318
当年生仔畜	3	头	–2242	25606	23364	4669	6680	2357	9658
当年出售	4	头	–1388	2690	1302	68	956	267	11
成畜死亡	5	头	459	398	857	206	370	112	169
年初牛存栏数	6	头	925	82200	83125	19791	19141	12413	31780
当年出售和自宰的肉用（出栏）	7		–4945	29522	24577	6240	3922	5143	9272
一、大牲畜	8	头	4037	60182	64219	10300	11038	9738	33143
其中：从事农事劳役的	9	头	–2672	5018	2346	2062	127	157	0

续表16

指标	序号	单位	绝对值	2020年	2021年	桑日镇	绒乡	白堆乡	增期乡
当年购入	10	头	-4668	7476	2808	663	300	657	1188
当年生仔畜	11	头	-2835	23450	20615	3629	5030	2315	9641
当年出售	12	头	-717	1722	1005	5	766	223	11
成畜死亡	13	头	252	237	489	153	60	111	165
年初栏数	14	头	11843	48339	60182	7775	8958	12202	31247
当年出售和自宰的肉用	15		1098	16794	17892	1606	2427	5102	8757
1. 牛	16	头	4576	59139	63715	10199	10766	9627	33123
其中：肉用牛	17	头	24428	29224	53652	9363	9860	7436	26993
奶牛	18	头	25	4846	4871	836	832	2191	1012
役用牛	19	头	-19877	25069	5192	0	74	0	5118
能繁殖的母畜	21	头	1393	28735	30128	4022	5479	3378	17249
当年购入	22	头	-4730	7441	2711	653	265	615	1178
当年生仔畜	23	头	-2831	23419	20588	3620	5017	2311	9640
1—2岁	24	头	4705	18714	23419	4048	3374	2531	13466
2—3岁	25	头	5372	13342	18714	2133	3170	3554	9857
当年出售	26	头	-1317	1684	367	1	197	169	0
成畜死亡	27	头	240	224	464	153	53	98	160
年初牛存栏数	28	头	11828	47311	59139	7686	8161	12070	31222
当年出售和自宰的肉用（出栏）	29		768	17124	17892	1606	2427	5102	8757
（1）黄牛	30	头	3160	12143	15303	3261	4529	3131	4382
能繁殖的母畜	31	头	1047	6003	7050	1590	2712	905	1843
当年购入黄牛	32	头	265	577	842	111	159	33	539
当年生仔畜	33	头	1125	5317	6442	1416	2590	839	1597
1—2岁	34	头	162	5155	5317	1069	2365	998	885
2—3岁	35	头	1917	3238	5155	1008	1390	930	1827
当年出售	36	头	-1074	1228	154	0	85	69	0
成畜死亡	37	头	29	98	127	38	35	25	29
年初黄牛存栏数	38	头	-795	12938	12143	2185	3653	3299	3006
当年出售和自宰的肉用	39		-1520	5363	3843	413	1753	946	731
（2）良种及改良乳牛	40	头	-404	1628	1224	448	774	2	0
能繁殖的母畜	41	头	-129	651	522	168	354	0	0
当年购入乳牛	42	头	0	47	47	47	0	0	0
当年生仔畜	43	头	29	437	466	152	314	0	0
1—2岁	44	头	-390	827	437	84	254	20	79

续表16

指标	序号	单位	绝对值	2020年	2021年	桑日镇	绒乡	白堆乡	增期乡
2—3岁	45	头	264	563	827	144	456	25	202
当年出售	46	头		183	119	1	24	94	0
成畜死亡	47	头	−68	85	17	4	13	0	0
年初存栏数	48	头	−1015	2643	1628	378	810	126	314
当年出售和自宰的肉用	49	头	−450	1231	781	82	313	30	314
（3）牦牛	50	头	1856	45083	46939	6490	5358	6447	28644
能繁殖的母畜	51	头	454	22075	22529	2264	2413	2446	15406
当年购入牦牛	52	头	−4893	6715	1822	495	106	582	639
当年生仔畜	53	头	−3995	17660	13665	2052	2113	1457	8043
1—2岁	54	头	4945	12715	17660	2895	750	1513	12502
2—3岁	55	头	3182	9533	12715	981	1307	2599	7828
当年出售	56	头	−184	272	88	0	88	0	0
成畜死亡	57	头	279	41	320	111	5	73	131
年初存栏数	58	头	13584	31499	45083	5123	3551	8607	27802
当年出售和自宰的肉用	59	头	2745	10478	13223	1069	319	4126	7709
（4）犏牛	60	头	−36	285	249	0	105	47	97
能繁殖的母畜	61	头	21	6	27	0	0	27	0
当年购入犏牛	62	头	−102	102	0	0	0	0	0
当年生仔畜	63	头	10	5	15	0	0	15	0
1—2岁	64	头	−12	17	5	0	5	0	0
2—3岁	65	头	9	8	17	0	17	0	0
当年出售	66	头	5	1	6	0	0	6	0
成畜死亡	67	头	0	0	0	0	0	0	0
年初存栏数	68	头	54	231	285	0	147	38	100
当年出售和自宰的肉用	69	头	−7	52	45	0	42	0	3
2. 马	70	匹	35	214	249	96	50	83	20
能繁殖的母畜	71	匹	−6	53	47	26	10	10	1
当年购入马	72	匹	37	31	68	10	32	16	10
当年生仔畜	73	匹	0	16	16	9	3	3	1
1—2岁	74	匹	5	11	16	14	2	0	0
2—3岁	75	匹	8	3	11	8	3	0	0
3—4岁	76	匹	−10	13	3	0	1	1	1
当年出售马	77	匹	24	16	40	2	0	27	11
成畜死亡	78	匹	−4	13	9	0	0	4	5

续表16

指标	序号	单位	绝对值	2020年	2021年	桑日镇	绒乡	白堆乡	增期乡
年初数	79	匹	18	196	214	79	15	95	25
3. 驴	80	头	–574	829	255	5	222	28	0
当年生仔畜	81	头	–4	15	11	0	10	1	0
当年购入驴	82	头	25	4	29	0	3	26	0
1—2岁	83	头	–14	29	15	0	14	1	0
2—3岁	84	头	29	0	29	0	29	0	0
当年出售驴	85	头	576	22	598	2	569	27	0
成畜死亡	86	头	16	0	16	0	7	9	0
年初数	87	头	–3	832	829	10	782	37	0
二、猪	88	头	–234	1516	1282	988	174	6	114
其中：藏香猪	89	头	1008	159	1167	928	123	2	114
能繁殖的母畜	90	头	–397	828	431	292	78	1	60
当年购入猪	91	头	–253	526	273	118	39	2	114
当年生仔畜	92	头	492	271	763	699	60	4	0
当年出售猪	93	头		410	35	35	0	0	0
成畜死亡	94	头	4	4	8	8	0	0	0
年初猪存栏数	95	头	–437	1953	1516	963	103	0	450
当年出售和自宰的肉用	96		407	820	1227	749	28	0	450
三、羊	97	只	–3864	21427	17563	7584	9769	163	47
能繁殖的母畜	98	只	–479	4646	4167	813	3286	45	23
当年购入羊	99	只	–55	285	230	148	66	0	16
当年生仔畜	100	只	265	1721	1986	341	1590	38	17
当年出售羊	101	只	–275	537	262	28	190	44	0
成畜死亡	102	只	318	42	360	45	310	1	4
年初存栏数	103	只	–10481	31908	21427	11053	10080	211	83
当年出售和自宰的肉用	104		–6450	11908	5458	3885	1467	41	65
1. 山羊	105	只	–3369	17564	14195	5783	8317	83	12
能繁殖的母畜	106	只	–90	3795	3705	724	2927	45	9
当年购入山羊	107	只	–115	284	169	104	65	0	0
当年生仔畜	108	只	344	1311	1655	285	1320	38	12
当年出售山羊	109	只	–289	434	145	0	107	38	0
成畜死亡	110	只	267	26	293	26	266	1	0
年初存栏数	111	只	–9372	26936	17564	9012	8459	93	0
当年出售和自宰的肉用	112	只	–5752	10507	4755	3592	1154	9	0

续表16

指标	序号	单位	绝对值	2020年	2021年	桑日镇	绒乡	白堆乡	增期乡
2. 绵羊	113	只	–495	3863	3368	1801	1452	80	35
能繁殖的母畜	114	只	–389	851	462	89	359	0	14
当年购入绵羊	115	只	60	1	61	44	1	0	16
当年生仔畜	116	只	–79	410	331	56	270	0	5
当年出售绵羊	117	只	14	103	117	28	83	6	0
成畜死亡	118	只	51	16	67	19	44	0	4
年初存栏数	119	只	–1109	4972	3863	2041	1621	118	83
当年出售和自宰的肉用	120	只	–698	1401	703	293	313	32	65
四、家禽	121	羽	2773	4110	6883	400	6336	120	27
其中：肉鸡	122	只	0	1270	1270	179	1049	30	12
蛋鸡	123	只	2773	2840	5613	221	5287	90	15
禽蛋	124	吨	20.90	12.78	33.68	1.33	31.72	0.54	0.09
其中：鸡蛋	125	吨	20.90	12.78	33.68	1.33	31.72	0.54	0.09
五、当年出售和自宰的肉用猪	126	头	407.00	820	1227.00	749.00	28.00	0.00	450.00
六、当年出售和自宰的肉用牛	127	头	768.00	17124	17892.00	1606.00	2427.00	5102.00	8757.00
七、当年出售和自宰的肉用羊	128	只	–6450.00	11908	5458.00	3885.00	1467.00	41.00	65.00
其中：出售和自宰的肉用绵羊	129	只	–698.00	1401	703.00	293.00	313.00	32.00	65.00
出售和自宰的肉用山羊	130	只	–5752.00	10507	4755.00	3592.00	1154.00	9.00	0.00
八、当年出售和自宰的家禽	134	只	–5831.00	6544	713.00	0.00	713.00	0.00	0.00
其中：活鸡	135	只	–5831.00	6544	713.00	0.00	713.00	0.00	0.00
九、当年肉总产量	136	吨	28.82	2614.89	2643.71	316.68	362.79	714.85	1249.39
1. 当年猪牛羊肉总产量	137	吨	37.57	2605.07	2642.64	316.68	361.72	714.85	1249.39
其中：猪肉	138	吨	20.35	41.00	61.35	37.45	1.40	0.00	22.50
牛肉	140	吨	107.52	2397.36	2504.88	224.84	339.78	714.28	1225.98
羊肉	142		–90.30	166.71	76.41	54.39	20.54	0.57	0.91
（1）山羊肉	144	吨	–80.53	147.10	66.57	50.29	16.16	0.13	0.00
（2）绵羊肉	145	吨	–9.77	19.61	9.84	4.10	4.38	0.45	0.91
2. 家禽肉产量	146	吨	–8.75	9.82	1.07	0.00	1.07	0.00	0.00
其中：鸡	147	吨	–8.75	9.82	1.07	0.00	1.07	0.00	0.00
十、奶类产量	148	吨	98.99	5304.00	5402.99	822.99	930.00	810.00	2840.00

续表16

指标	序号	单位	绝对值	2020年	2021年	桑日镇	绒乡	白堆乡	增期乡
其中：牛奶产量	149	吨	98.99	5304.00	5402.99	822.99	930.00	810.00	2840.00
羊奶产量	151	吨	—	—	—	—	—	—	—
十一、羊毛产量	152	吨	–13.58	32.65	19.07	11.60	7.12	0.22	0.12
绵羊毛产量	153	吨	–1.67	7.46	5.79	3.06	2.43	0.18	0.12
其中：细羊毛	154	吨	–1.67	7.46	5.79	3.06	2.43	0.18	0.12
半细羊毛	155	吨	—	—	—	—	—	—	—
山羊毛	156	吨	–11.91	25.19	13.28	8.54	4.69	0.05	0.00
其中：山羊毛	157	吨	–3.28	9.43	6.15	3.15	2.96	0.03	0.00
山羊绒产量	158	吨	–8.63	15.76	7.13	5.39	1.73	0.01	0.00
十三、牛毛产量	159	吨	6.79	15.75	22.54	2.56	1.78	4.30	13.90
十四、牛绒产量	160	吨	0.39	8.56	8.95	0.80	1.21	2.55	4.38
十五、牛皮产量	161	张	768.00	17124.00	17892.00	1606.00	2427.00	5102.00	8757.00
十六、羊皮产量	162	张	–6450.00	11908.00	5458.00	3885.00	1467.00	41.00	65.00
其中：绵羊皮产量	163	张	–698.00	1401.00	703.00	293.00	313.00	32.00	65.00
十七、牛犊皮	164	张	—	—	—	—	—	—	—
十八、羔皮	165	张	0.00	—	—	—	—	—	—
十九、牛尾	166	公斤	0.00	—	—	—	—	—	—

2021年桑日县耕地面积情况表

表17

指　标	对比	2020年	2021年	桑日镇	绒乡	白堆乡	增期乡
一、年初耕地总资源	0.00	1531.00	1531	403.26	566.25	211.26	350.23
二、年内增加	0.00	—	—	—	—	—	—
其中：新开荒地	0.00	—	—	—	—	—	—
园地改为耕地	0.00	—	—	—	—	—	—
三、年内减少	0.00	—	—	—	—	—	—
其中：国家基建占地	0.00	—	—	—	—	—	—
其他基建占地	0.00	—	—	—	—	—	—
退耕还林还草占地	0.00	—	—	—	—	—	—
耕地改为园地	0.00	—	—	—	—	—	—
四、年末耕地总资源	0.00	1531.00	1531.00	403.26	566.25	211.26	350.23
（一）常用耕面积	0.00	1531	1531.00	—	—	—	—
其中：水浇地	0.00	1531	1531.00	—	—	—	—
（二）临时性耕地	0.00	—	—	—	—	—	—
其中：25度以上陡坡耕地	0.00	—	—	—	—	—	—
草场建设情况							

续表17

指　标	对比	2020年	2021年	桑日镇	绒乡	白堆乡	增期乡
草场建设（公顷）	—	—	—	—	—	—	—
总草场面积	0.0	182838.8	182838.8	—	—	—	—
其中：可利用草场面积	0.0	173726.87	173726.87	—	—	—	—
其中：已利用草场面积	0.0	173726.87	173726.87	—	—	—	—
围草场面积	—	—	—	—	—	—	—
其中：网围栏面积	—	—	—	—	—	—	—
当年禁牧面积	—	—	—	—	—	—	—
草场灌溉面积	—	—	—	—	—	—	—
人工种草面积	—	—	—	—	—	—	—

2021年桑日县农村劳动力外出务工情况表

表18

指　标	单位	对比	2020年数据	2021年数据	桑日镇	绒乡	白堆乡	增期乡
一、外出务工人员	人	-233	6311	6078	1642	2082	685	1669
其中：自治区内	人	32	1597	1629	326	771	148	384
本县	人	46	1923	1969	1181	525	139	124
本乡	人	-307	2699	2392	109	755	393	1135
自治区外	人	-4	92	88	26	31	5	26
二、外出务工人员情况	人	-233	6311	6078	1642	2082	685	1669
1. 男	人	-657	3891	3234	910	1048	379	897
2. 女	人	424	2420	2844	732	1034	306	772
三、外出务工人员按从事行业分	人	-233	6311	6078	1642	2082	685	1669
1. 农业从业人员（包括采挖虫草）	人	121	2047	2168	629	293	261	985
2. 工业从业人员	人	-11	205	194	29	126	16	23
3. 建筑业从业人员	人	-325	1767	1442	560	712	104	66
4. 交通仓储和邮电业从业人员	人	-97	496	399	123	164	35	77
5. 信息、传输、计算机服务和软件业	人	-20	55	35	4	9	3	19
6. 批零贸易从业人员	人	-119	227	108	12	47	15	34
7. 住宿和餐饮	人	-11	370	359	82	130	42	105
8. 其他行业从业人员	人	229	1144	1373	203	601	209	360
四、外出务工人员收入情况		0	0	0	—	—	—	—
1. 外出务工得到的总收入	元	70858358	226177708	297036066	132843605	113044903	16987575	34159983

续表18

指 标	单位	对比	2020年数据	2021年数据	桑日镇	绒乡	白堆乡	增期乡
其中：年内已得到的收入	元	16967178	226177708	243144886	110621370	89352290	12370875	30800351
尚未得到的收入	元	53891180	0	53891180	22222235.0	23692613.0	4616700.0	3359632.0
务工人均收入	元	—	—	—	—	—	—	—

2021年桑日县农林牧渔业增加值情况表

表19

	单位	2021年	2020年	同比增长（%）	程序数据
一、农、林、牧、渔业总产值	万元	10314.73	9414.82	9.6	10314.74
1. 农业	万元	5162.28	4790.74	7.8	5162.29
2. 林业	万元	47.30	45.29	4.4	47.3
3. 牧业	万元	4835.14	4315.79	12.0	4835.15
5. 农林牧渔业服务业	万元	270	263	2.7	270
中间物质消耗比重（%）		0.418	0.414	—	—
二、中间物质消耗		4313.33	3894.20	10.8	4313.33
（一）中间物质消耗	万元	4313.33	3894.20	10.8	4313.33
1. 农业	万元	2511.67	2281.49	10.1	2511.67
2. 林业	万元	54.43	52.71	3.3	54.43
3. 牧业	万元	1665.23	1480.00	12.5	1665.23
5. 农林牧渔业服务业	万元	82	80	2.5	82
二、增加值	万元	6001.40	5520.63	8.7	6001.41
1. 农业	万元	2650.62	2509.25	5.6	2650.62
2. 林业	万元	–7.13	–7.41	–3.8	–7.13
3. 牧业	万元	3169.91	2835.79	11.8	3169.92
4. 农林牧渔业服务业	万元	188.00	183	2.7	188

2021年桑日县农林牧渔业总产值计算表

表20

	单位	计算产值的产品产量	按现行价格计算		2020年	对比（%）
			价格（元）	2021年		
农林牧渔业总产值		—	—	10314.73	9414.82	9.6
一、农业产值合计		—	—	5162.28	4790.75	7.8
（一）谷物及其他作物		—	—	2151.39	2036.87	5.6
1. 谷物		—	—	1906.97	1804.68	5.7
（1）小麦	吨	—	—	579.11	539.28	7.4
其中：春小麦	吨	—	—	—	—	—
冬小麦	吨	3217.30	1800.00	579.11	539.28	7.4

续表20

	单位	计算产值的产品产量	按现行价格计算		2020年	对比（%）
			价格（元）	2021年		
（2）其他谷物	吨	—	1800.00	1142.79	1090.44	4.8
其中：青稞	吨	6348.85	1800.00	1142.79	1090.44	4.8
荞麦	吨	—	—	—	—	—
（3）谷物副产品	吨	—	—	185.06	174.95	5.8
小麦秸	吨	6434.60	110.00	70.78	65.91	7.4
稻草	吨	—	—	—	—	—
玉米秆	吨	—	—	—	—	—
青稞秆	吨	12697.70	90.00	114.28	109.04	4.8
其他各物秸秆	吨	—	—	—	—	—
2. 薯类	吨	—	—	—	—	—
其中：马铃薯	吨	—	—	—	—	—
薯藤	吨	—	—	—	—	—
3. 豆类		29.58	—	0.75	0.53	41.4
杂豆	吨	9.86	660.00	0.65	0.46	41.5
豆秸	吨	19.72	50.00	0.10	0.07	40.9
4. 油料		—	—	91.36	92.88	-1.6
油菜籽	吨	426.91	1900.00	81.11	82.46	-1.6
油菜籽杆	吨	853.82	120.00	10.25	10.42	-1.7
5. 其他农作物	亩	—	—	152.32	138.78	9.8
青饲料	亩	1269.30	1200.00	152.32	138.78	9.8
（二）蔬菜、园艺作物		—	—	461.72	420.67	9.8
1. 蔬菜	吨	4086.00	1130.00	461.72	420.67	9.8
（1）叶菜类	吨	—	—	0.00	0.00	—
（3）块根、块茎菜类	吨	—	—	0.00	0.00	—
（5）葱蒜类		—	—	0.00	0.00	—
（三）水果、坚果、饮料和香料		—	—	75.00	72.00	4.2
1. 水果、坚果	吨	—	—	0.00	0.00	—
（1）园林水果		—	—	0.00	0.00	—
苹果	吨	—	—	0.00	0.00	—
其他水果	吨	150.00	5000.00	75.00	72.00	4.2
（四）野生植物采集		—	—	2474.18	2261.21	9.4
1. 野生药材		—	—	2474.18	2261.21	9.4
虫草	公斤	508.73	45500.00	2314.72	2186.99	5.8
贝母	公斤	3189.08	500.00	159.45	74.22	114.8
2. 柴草	吨	0.00	—	0.00	0.00	—

续表20

	单位	计算产值的产品产量	按现行价格计算		2020年	对比（%）
			价格（元）	2021年		
二、林业产值		—	—	47.30	45.29	4.4
1. 林木的培育和种植	公顷	—	—	47.30	45.29	4.4
（1）育种育苗	公顷	—	—	—	—	—
（2）造林	公顷	100.00	1500.00	15.00	12.67	18.4
其中：人工造林	公顷	100.00	1500.00	15.00	12.67	18.4
（3）抚育和管理		—	—	—	—	—
零星植树	株	215365.00	1.50	32.30	32.63	-1.0
迹地更新	公顷	—	—	—	—	—
幼林抚育	公顷	—	—	—	—	—
成林抚育	公顷	—	—	—	—	—
2. 竹木采运		—	—	—	—	—
（1）木材采运	立方米	—	—	—	—	—
其中：村及村以下	立方米	—	—	—	—	—
（2）竹材采运	根	—	—	—	—	—
其中：村及村以下	根	—	—	—	—	—
3. 林产品的采集	吨	—	—	—	—	—
（1）天然和人工林的果实	吨	—	—	—	—	—
核桃	吨	—	—	—	—	—
花椒	吨	—	—	—	—	—
其他果实	吨	—	—	—	—	—
三、牧业产值（畜产品）		—	—	4835.14	4315.79	12.0
（一）牲畜的饲养		—	—	4808.44	4281.85	12.3
1. 牛的饲养		—	—	3346.29	2760.13	21.2
（1）黄牛当年出售	头	154.00	1700.00	26.18	104.38	-74.9
（2）良种及改良乳牛当年出售	头	119.00	1900.00	22.61	16.47	37.3
（3）牦牛当年出售	头	88	18500	162.80	217.60	-25.2
（4）犏牛当年出售	头	6.00	6000.00	3.60	0.35	928.6
（5）牛肉产量	吨	2505	12500.00	3131.10	2421.33	29.3
2. 羊的饲养		—	—	89.84	85.71	4.8
其中：山羊当年出售	只	145.00	950.00	13.78	21.70	-36.5
绵羊当年出售	只	117	950.00	11.12	5.67	96.0
羊肉产量	吨	76.41	8500.00	64.95	58.35	11.3

续表20

	单位	计算产值的产品产量	按现行价格计算		2020年	对比（%）
			价格（元）	2021年		
3. 其他牲畜饲养		—	—	38.28	2.28	1578.9
（2）马当年出售	匹	40	600.00	2.40	0.96	150.0
（3）驴当年出售	匹	598	600.00	35.88	1.32	2618.2
（3）骡当年出售		—	—	—	—	—
4. 奶产品		—	—	918.51	822.12	11.7
其中：牛奶	吨	5402.99	1700.00	918.51	822.12	11.7
羊奶	吨	—	—	—	—	—
5. 毛绒产品		—	—	205.37	437	–53.0
山羊毛	吨	13.28	7500.00	9.96	18.19	–45.2
绵羊毛	吨	5.79	6000.00	3.47	4.10	–15.4
山羊绒	吨	7.13	260000.00	185.38	409.77	–54.8
牛毛	吨	22.54	1600.00	3.61	2.52	43.1
牛绒	吨	8.95	3300.00	2.95	2.83	4.3
牛尾	公斤	—	—	0.00	0.00	—
6. 其他牲畜产品	张	23350.00	90.00	210.15	174.19	20.6
羔皮	张	—	—	—	—	—
牛犊皮	张	—	—	—	—	—
（二）猪的饲养	吨	—	—	9.11	16.81	–45.8
出售猪		35.00	500.00	1.75	12.30	—
猪肉产量	吨	61.35	1200.00	7.36	4.51	63.2
（三）家禽（毛重）		—	—	17.59	17.13	2.7
1. 肉禽		—	—			—
鸡	只	713.00	20.00	1.43	11.12	–87.2
2. 禽蛋	吨	33.68	4800.00	16.17	6.01	169.0
五、农林牧渔服务业		—	—	270.00	263.00	2.7
1. 农业服务业		—	—	128.00	125	2.4
（1）灌溉服务		—	—	—	—	—
（2）农产品初加工服务		—	—	—	—	—
（3）其他农业服务		—	—	128.00	125	2.4
2. 林业服务业		—	—	47.00	46	2.2
3. 牧业服务业		—	—	95.00	92	3.3
（1）兽医服务		—	—	61.00	59.00	3.4
（2）其他畜牧服务		—	—	34.00	33.00	3.0

2021年桑日县农、林、牧、渔业中间消耗值计算表

表21

指　标	单位	数量	价格（元）	金额（万元）2021年	2020年	对比（%）
农、林、牧、渔业生产中间消耗总计		—	—	4313.33	3894.20	10.8
一、农业		—	—	2511.67	2281.49	10.1
（一）中间物质消耗		—	—	2301.67	2071.49	11.1
1. 用种量		—	—	1009.20	783.00	28.9
小麦	吨	3200.00	1300.00	416.00	275.00	51.3
玉米	吨	—	—	0.00	0.00	—
其他杂粮	吨	3500.00	1400.00	490.00	420.00	16.7
其中：青稞	吨	3500.00	1400.00	490.00	—	—
豆类	吨	—	—	0.00	0.00	—
油料		258.00	4000.00	—	—	—
其中：油菜籽	吨	258.00	4000.00	103.20	88.00	17.3
蔬菜、瓜类	吨	—	—	0.00	0.00	—
其中：莲花白		—	—	0.00	0.00	—
其他用种		—	—	0.00	0.00	—
2. 役畜用饲料、饲草		—	—	600.60	567.60	—
饲料用粮	吨	—	—	0.00	0.00	—
饲料用油饼	吨	—	—	0.00	0.00	—
糠麸	吨	—	—	0.00	0.00	—
饲料作物		—	—	0.00	0.00	—
农作物秸梗	吨	9100.00	660.00	600.60	567.60	—
饲草		—	—	0.00	0.00	—
其他		—	—	0.00	0.00	—
3. 肥料		—	—	8.55	11.88	–28.0
氮肥	吨	30.00	900.00	2.70	3.60	–25.0
钾肥	吨	—	—	0.00	0.00	—
磷肥	吨	10.00	850.00	0.85	1.28	—
复合肥	吨	100.00	500.00	5.00	7.00	–28.6
绿肥		—	—	0.00	0.00	—
饼肥		—	—	0.00	0.00	—
其他肥料	吨	—	—	0.00	0.00	—
4. 燃料		100.00	600.00	6.00	7.20	–16.7
柴油	吨	100.00	600.00	6.00	7.20	–16.7
汽油	吨	—	—	0.00	0.00	—
润滑油		—	—	0.00	0.00	—

续表21

指　标	单位	数量	价格（元）	金额（万元）2021年	2020年	对比（%）
煤	吨	—	—	0.00	0.00	—
其他	吨	—	—	0.00	0.00	—
5. 农药	吨	1.50	85.00	0.01	0.01	27.5
6. 农用塑料薄膜	公顷	—	—	0.00	0.00	—
7. 用电量	千瓦时	1169500.00	0.49	57.31	81.81	-30.0
8. 小农具购置费	个	—	—	0.00	0.00	—
9. 办公用品购置		—	—	0.00	0.00	—
10. 其他物质消耗		—	—	620.00	620.00	0.0
（二）生产服务支出		—	—	210.00	210.00	0.0
1. 修理费	次	—	—	0.00	0.00	—
2. 外雇运输费	次	—	—	0.00	0.00	—
3. 生产性邮电费		—	—	0.00	0.00	—
4. 保险费		—	—	0.00	0.00	—
5. 广告费		—	—	0.00	0.00	—
6. 职工教育费		—	—	0.00	0.00	—
7. 技术咨询费		—	—	0.00	0.00	—
8. 外雇排灌费		—	—	0.00	0.00	—
9. 外雇机耕费		—	—	0.00	0.00	—
10. 上交管理费		—	—	0.00	0.00	—
11. 差旅费		—	—	0.00	0.00	—
12. 会议费支出		—	—	0.00	0.00	—
13. 其他劳务费		—	—	210.00	210.00	0.0
二、林业		217511.00	2.30	54.43	52.71	3.3
（一）中间物质消耗		—	—	43.07	50.03	-13.91
1. 用种量		—	—	43.07	50.03	-13.9
种子		—	—	0.00	0.00	—
树苗	株	215365.00	2.00	43.07	50.03	-13.9
2. 肥料		—	—	0.00	0.00	—
化学肥料	吨	—	—	0.00	0.00	—
氮肥	吨	—	—	0.00	0.00	—
钾肥	吨	—	—	0.00	0.00	—
磷肥	吨	—	—	0.00	0.00	—
复合肥	吨	—	—	0.00	0.00	—
其他肥	吨	—	—	0.00	0.00	—
3. 燃料		—	—	0.00	0.00	—

续表21

指　标	单位	数量	价格（元）	金额（万元）2021年	2020年	对比（%）
柴油	吨	—	—	0.00	0.00	—
汽油	吨	—	—	0.00	0.00	—
润滑油	吨	—	—	0.00	0.00	—
煤		—	—	0.00	0.00	—
其他	吨	—	—	0.00	0.00	—
4. 农药	吨	—	—	0.00	0.00	—
5. 用电量	千瓦时	—	—	0.00	0.00	—
6. 小农机具购置费		—	—	0.00	0.00	—
7. 办公用品购置费		—	—	0.00	0.00	—
8. 其他物质消耗		—	—	0.00	0.00	—
（二）生产服务支出		—	—	11.36	2.68	—
1. 修理费	次	—	—	0.00	0.00	—
2. 外雇运输费	次	—	—	0.00	0.00	—
3. 生产性邮电费	次	—	—	0.00	0.00	—
4. 保险费		—	—	0.00	0.00	—
5. 广告费		—	—	0.00	0.00	—
6. 技术咨询费		—	—	0.00	0.00	—
7. 上交管理费		—	—	0.00	0.00	—
8. 差旅费		—	—	0.00	0.00	—
9. 会议费		—	—	0.00	0.00	—
10. 其他劳务费		—	—	11.36	2.68	—
三、牧业		—	—	1665.23	1480.00	12.5
（一）中间物质消耗		—	—	1410.23	1228.00	14.8
1. 用种量		—	—	0.00	0.00	—
种蛋	吨	—	—	0.00	0.00	—
种蚕	吨	—	—	0.00	0.00	—
其他	吨	—	—	0.00	0.00	—
2. 饲料、饲草		—	—	859.23	680.00	26.4
饲料用粮	吨	5650.00	990.00	559.35	432.00	29.5
饲料用油饼	吨	—	—	0.00	0.00	—
糠麸	吨	—	—	0.00	0.00	—
饲料作物	吨	—	—	0.00	0.00	—
农作物秸梗	吨	—	—	0.00	0.00	—
饲草	吨	—	—	0.00	0.00	—
青饲料作物	吨	8820.00	340.00	299.88	248.00	20.9

续表21

指　标	单位	数量	价格（元）	金额（万元）2021年	2020年	对比（%）
其他	吨	—	—	0.00	0.00	—
3. 燃料	吨	—	—	0.00	0.00	—
柴油	吨	—	—	0.00	0.00	—
汽油	吨	—	—	0.00	0.00	—
润滑油	吨	—	—	0.00	0.00	—
煤	吨	—	—	0.00	0.00	—
其他	吨	—	—	0.00	0.00	—
4. 用电量	千瓦时	—	—	0.00	0.00	—
5. 畜牧用药品	吨	—	—	29.00	28.00	3.6
6. 其他物质消耗		—	—	522.00	520.00	0.4
（二）生产服务支出		—	—	255.00	252.00	1.2
1. 修理费	次	—	—	0.00	0.00	—
2. 外雇运输费	次	—	—	0.00	0.00	—
3. 生产性邮电费		—	—	0.00	0.00	—
4. 保险费		—	—	0.00	0.00	—
5. 广告费		—	—	0.00	0.00	—
6. 职工教育费		—	—	0.00	0.00	—
7. 配种费		—	—	0.00	0.00	—
8. 防疫费	次	—	—	0.00	0.00	—
9. 技术咨询费	次	—	—	0.00	0.00	—
10. 上交管理费		—	—	0.00	0.00	—
11. 差旅费		—	—	0.00	0.00	—
12. 会议费		—	—	0.00	0.00	—
13. 其他劳务费		—	—	255.00	252.00	1.2
五、农林牧渔服务业中间消耗		—	—	82.00	80.00	2.5

2021年桑日县农村非农行业总产值情况表

表22

指　标	单　位	2021年	2020年	对比（%）
农村非农行业总产值		9621	9395	2.41
一、农村工业总产值		126	125	0.80
1. 乡办工业产值		—	—	—
2. 村办工业产值		—	—	—
3. 村以下办工业产值		126	125	0.80

续表22

指　标	单　位	2021年	2020年	对比（%）
二、农村建筑总产值		1650	1600	3.13
1. 建筑安装工程产值		1650	1600	3.13
（1）兴建房屋产值		1650	1600	3.13
（2）农田水利工程产值		—	—	—
（3）其他		—	—	—
2. 其他		—	—	—
其中：开垦荒地		—	—	—
三、农村运输业总产值		4620	4610	0.22
1. 乡办运输企业货运产值		—	—	—
2. 村办运输企业货运产值		—	—	—
3. 村以下办运输企业货运产值		4620	4610	0.22
四、农村批发零售贸易业、饮食业总产值		3225	3060	5.39
1. 批发零售贸易业产值		1900	1850	2.70
其中：农村供销社		—	—	—
2. 饮食业产值		1325	1210	9.50
其中：农村供销社		—	—	—

2021年桑日县农林牧渔业商品产值表

表23

指　标	单　位	2020年	2021年	对比（%）
农林牧渔业商品产值		4747.43	5063.43	6.7
一、农业商品产值		3115.43	3165.43	1.6
（一）种植业		115.43	115.43	0.0
1. 主要产品商品产值		115.43	115.43	0.0
（1）粮食作物合计		—	—	—
谷物		—	—	—
豆类		—	—	—
（2）油料（产值30%）		24.74	24.74	0.0
（4）蔬菜（产值13%）		54.69	54.69	0.0
瓜类		—	—	—
（5）茶、桑、果（吨）		22	22	0.0
（6）其他种植业		14	14	0.0
其中：饲料作物		—	—	—
2. 副产品商品产值		—	—	—
（1）粮食作物产品		—	—	—
其中：谷物副产品		—	—	—

续表23

指　标	单　位	2020年	2021年	对比（%）
（2）其他副产品		—	—	—
（二）其他农业		3000	3050	1.7
1. 采集野生植物		3000	3050	1.7
2. 农民家庭兼营商品性工业		—	—	—
二、林业商品产值		—	—	—
（一）营林		—	—	—
（二）林产品		—	—	—
（三）竹木采伐		—	—	—
其中：村及村以下		—	—	—
三、牧业商品产值（从产值表取得）		1632.00	1898.00	16.3
（一）牲畜的商品产值		1610.00	1185.00	-
1. 大牲畜		1338.00	1005.00	−24.9
（1）牛（除了出售产值外还包括肉的出售产值）		1280	367	−71.3
（2）马		50	40	−20.0
（3）驴		8	598	7375.0
（4）骡		—	—	—
2. 猪		36	35	−2.8
3. 羊		77	145	88.3
4. 其他		159	0	−100.0
（二）家禽		22	713	3140.9

重要文件

强化使命担当　忠诚履职尽责 以高质量纪检监察工作为桑日社会主义现代化新征程提供坚强纪律保障

——在中国共产党桑日县第十届纪律检查委员会第二次全体会议上的工作报告

（2022年3月10日）

县委常委、纪委书记、监委主任　支张

这次会议的主要任务是：坚持以习近平新时代中国特色社会主义思想为指导，深入学习贯彻党的十九大和十九届历次全会精神，深入贯彻落实十九届中央纪委六次全会、十届自治区纪委二次全会、二届市纪委二次全会精神，贯彻落实市第二次党代会和县第十次党代会决策部署，总结2021年工作，部署2022年任务。刚才，康爱民书记作了讲话，对深入系统学习贯彻十九届中央纪委六次全会精神特别是习近平总书记重要讲话精神、十届自治区纪委二次全会精神特别是王君正书记讲话精神和二届市纪委二次全会精神特别是许成仓书记讲话精神作出了全面部署，对准确把握党风廉政建设和反腐败斗争形势，坚持不懈推进全面从严治党向纵深发展，落实各级党委和纪委政治责任提出了明确要求，我们要认真学习领会，坚定贯彻落实。

一、2021年工作回顾

2021年是中国共产党成立100周年和西藏和平解放70周年。桑日县纪委监委在市纪委监委和县委的坚强领导下，深入贯彻落实中央、自治区、市纪委监委决策部署，忠实履行党章和宪法赋予的职责，始终贯穿落实“推动纪检监察高质量发展”工作方针，坚持稳中求进工作总基调，坚定不移推进全面从严治党、党风廉政建设和反腐败斗争，各项工作蹄疾步稳、扎实有效。一是突出政治建设，强化理论指导实践。持续深化理论武装，以“三更”专题教育、党史学习教育为抓手。先后召开县纪委常委会（扩大）会议5次，召开专题学习会议38次，开展专题研讨5次，深入学习《习近平谈治国理政》一二三卷、深刻领会习近平总书记关于全面从严治党重要论述、中央第七次西藏工作座谈会精神，深入学习宣传贯彻党的十九届六中全会、自治区第十次党代会以及市第二次党代会、市“两会”精神；专题组织学习监察法及其实施条例、监察官法、监督执纪工作规则、监督执法工作规定等法规制度9次，切实在学懂弄通做实上下功夫，不断巩固深化学习成果，强化成果运用。二是强化政治监督，坚定促进政令畅通。推动政治监督具体化、常态化、可视化，做到党中央、区党委、市委、县委重大决策部署到哪里，监督检查就跟进到哪里。围绕党史学习教育、学习贯彻中央第七次西藏工作座谈会精神、“十四五”规划实施、富民惠民政策落实、生态环保问题整治、常态化疫情防控、政法队伍教育整顿、“萨嘎达瓦”重要节点、换届风气等开展监督检查 139 场次，发现并反馈问题 32 个，督促整改 32 个。积极探索对“一把手”的监督，制定《县纪委书记同各党委（党组）书记谈话方案》，对三乡一镇 34 名班子成员进行政治监督谈心谈话全覆盖，及时梳理共性问题 7 个，均整改完成，发现个性问题 18 个，督促整改完成 16 个，不断推动管党治党责任层层压实、落实到位。严把廉政意见复函关，对公务员转正、提拔、评先评优等共计 1349 人次进行了廉政意见回复，客观准确地反馈了党员干部个人党风廉政建设意见。召开全县党风廉政建设述责述廉会议，对 8 家单位进行现场质询、评议。三是监督融会贯通，保障群众根本利益。紧盯重点对象、重点环节、重点领域，深入开展脱贫攻坚同乡村振兴有效衔接、温室大棚使用、农村乱占耕地建房、抵边搬迁、供暖工程、楼堂馆所等问题专项监督检查 18 场次，发现问题 30 个，督促整改 27 个，推动 3 个问题立行立改。着力解决群众关注的热点难点问题，推动蹲点调研常态化，开展粮食购销领域腐败问题专项整治监督检查 5 场次，发现问题 10 个，提出意见建议并督促整改完成 10 个；召开惠民惠农财政补贴“一卡通”管理问题专项治理工作安排部署会，下发督办通知，要求涉及 23 家单位落实责任，开展监督检查 7 次，发现问题 5 个并及时督促整改，有效推进惠民惠农财政补贴“一卡通”专项整治工作。结合党史专题学习教育，认真开展为民办实事活动，解决白金村放牧点 4 户 15 人未通电问题，进一步增强人民群众的获得感、幸福感。四是抓好廉政教育，筑牢党员思想防线。组织全县党员干部分四批次 350 余人观看《全面从严治党在西藏》《正风反腐就在身边》《尽锐出战　护航脱贫攻坚》等警示教育片，学习典型案例通报 16 期，发放《忏悔录》选编 2 期共计 59 本。县纪委书记先后 3 次以近年来查处的违纪违法典型案例为新任干部 134 人次讲授廉政党课，督促新任领导干部在新岗位上起好步、尽好责，树立正确干事创业导向。深化“以案促改”，针对部分农牧民党员“不怕处分”“怕丢面子”的情况，组织违规违纪农牧民党员在村一级党支部大会上作检讨 4 场次，达到了良好的教育效果，拉近了监督距离，拧紧了日常监督阀，切实做到了“红脸出汗、治病救人”。以农牧民群众喜闻乐见的形式开展党内各项党纪党规宣传，累计向党员群众发放廉政宣传手册 3000 余份，引导农牧民群众依法有序监督、实事求是反映问题，推动解决农牧民群众反映强烈的突出问题。五是严肃执纪审查，持续保持高压态势。围绕执纪监督工作部署，持续强化不敢腐的震慑，坚持无禁区、全覆盖、零容忍，坚持重遏制、强高压、长震慑，保持反腐败高压态势不减，坚持抓早抓小、“红脸出汗”、治病救人，深化运用“四种形态”，认真履行监督执纪问责职责，加大重点领域和关键环节反腐力度，重点整治群众身边腐败和作风问题，坚决遏制腐败蔓延势头，净化党员队伍政治生态。2021 年，全县纪检监察共受理问题线索 28 件（含 2020 年遗留 5 件），处置 28 件，处置率 100%，办结 19 件，未办结 6 件，移送 3 件。下发纪律检查建议 4 份，党内警告 1 人，党内严重警告 7 人，政务撤职 1 人，降低岗位等级 1 人。运用第一种形态 11 人次，占 55%；运用第二种形态 8 人次，占 40%；运用第三种形态 1 人次，占 5%；运用第四种形态 0 人次。六是狠抓正风肃纪，巩固作风建设成果。坚决落实中央八项规定及其实施细则精神，以钉钉子精神深挖细查隐形变异的“四风”问题，推动作风建设不断往深里走、往实里走。扎实开展“私车公养”问题专项治理工作，深入县后勤、县乡村振兴局等 7 家单位开展检查，并要求全县各乡镇、各单位针对“私车公养”问题进行自查，收集梳理自查报告 51 份。紧盯重要节日节点，利用手机短信、网信桑日等载体，进行节前廉洁提醒工作 11 批次，受众 1800 余人次，并及时转发上级典型案例通报，下发书面通知，对加强作风建设提出明确要求。采取不定期明察暗访，针对违规使用公款吃喝送礼、违规发放津贴补贴、公车私用等问题进行监督检查 20 余场次。开展会风会纪专项监督，紧盯党代会、人代会等重要会议，对未按要求着装、玩手机、打瞌睡等问题进行现场纠正、依规处理，对县级重要会议迟到的 38 人进行会后提醒，进一步严肃会风会纪。七是突出问题导向，发挥巡察震慑作用。拟定十届县委巡察五年规划，抓好十届县委巡察工作。召开十届县委第一轮巡察工作动员部署会，成立了以 3 个四级调研员为组长的巡察组开展本轮巡察工作，针对基层党组织软弱涣散和易地搬迁等矛盾较集中的 12 个村级党组织开展常规巡察工作，发现问题 95 个，移交问题线索 2 件。立足巡察整改“两个责任”实际，对九届县委被巡察单位整改情况、疫情防控和年初县委各项任务安排落实情况开展专项监督，发现 3 个方面 5 个问题，目前已全部整改完成。县委巡察主动认领巡视反馈问题 6 个，成立巡视整改领导小组，研究制定整改落实方案，召开专题会议分析问题，确保巡察整改工作抓实抓细，截至目前已经全部整改完成。八是加强自身建设，锻造纪检监察铁军。制定完善县纪委监委《常委会议事规则》《干部请销假制度》《办案人员工作制度》，切实加强内部管理，做到以制度管人、制度管权。组织纪检监察干部利用“纪检监察内网”“学习强国”等平台学习相关法规制度，选派 2 人次到中国纪检监察学院学习，7 人次到上级纪委监委跟班学习、跟案锻炼；整合县乡纪检监察力量，安排 8 人到县纪委监委跟案。选举产生第十届纪律检查委员会常务委员会委员 5 名、书记 1 名、副书记 2 名，县纪委监委、巡察机构交流提拔干部 5 人，其中提任上一级领导职务 3 人、进一步使用 1 人、晋升职级 1 人；乡镇纪委交流提拔 1 人。坚持以党的政治建设为统领，强化党支部政治功能，通过专题学、分批学、集中学等多种形式，打造政治型、学习型、实干型、创新型、廉洁型“五型机关”，有力破解“灯下黑”“两张皮”难题，锤炼一支让党放心、人民信赖的纪检监察“铁军”。积极推进村务监督委员会建设，围绕村务监督委员会的职责就如何开展监督检查，举办全县村务监督委员会培训班，对全县 43 个行政村新任村务监督委员会成员进行系统培训 5 批次，打通基层监督“最后一公里”。

二、全县全面从严治党、党风廉政建设和反腐败斗争面临的形势

十九届中央纪委六次全会上习近平总书记发表重要讲话，用“六个必须”深刻阐述了党的自我革命的战略思想，用“九个坚持”深刻总结了新时代我们党管党治党的新鲜经验，深刻指出“四个任重道远”的反腐败斗争阶段性特征，要求以迎接和开好党的二十大为主线，着力做好 2022 年重点工作，并对纪检监察队伍建设提出了具体要求。自治区第十次党代会要求，要增强全面从严治党永远在路上的政治自觉，要切实加强党风廉政建设和反腐败斗争，营造风清气正的政治生态。十届自治区纪委二次全会上王君正书记对 2022 年纵深推进全面从严治党作出 6 个方面 21 项具体安排部署，王卫东书记从 7 个方面全面部署了 2022 年全区纪检监察工作。市第二次党代会提出，要持续加强作风建设，巩固反腐败斗争压倒性胜利，以更大决心和勇气，抓好党的自身建设，推进自我革命，坚决清除一切损害党的先进性、纯洁性的因素。这些重要会议、重要要求，为桑日全面从严治党、党风廉政建设和反腐败斗争提出了要求、明确了任务。

一年来，全县纪检监察工作取得了新进展、新成效。但我们要清醒看到，全县全面从严治党任务依然艰巨繁重，党风廉政建设和反腐败斗争形势依然严峻。一是反腐败斗争面临的形势严峻复杂。有的党员干部对党风廉政建设和反腐败斗争的重要性紧迫性认识不到位，对纠“四风”树新风的长期性、复杂性缺乏清醒的认识；个别党员干部党性观念和宗旨意识淡薄、理想信念缺失，不知敬畏、不知收敛、不知悔改，顶风违纪；有的党员干部存在侥幸心理和从众心态，觉得小心一点、隐蔽一点就不会被发现；有的重点领域、重点岗位腐败问题仍易发多发。二是纠治作风不实问题仍需持续用力。有的党员干部深陷赌博、醉酒酗酒等不良嗜好；有的存在“躺平”“等靠要”“等退休”的心态，遇到问题

讲特殊、找理由，工作落实拖着干、推着走；有的单位违反中央八项规定精神和“四风”问题还时有发生，形式主义官僚主义问题依然存在，个别党员干部社交圈、生活圈、朋友圈还需进一步净化。三是基层“微腐败”易发多发。有的在扶贫专项资金、惠农专项资金、集体“资金、资产、资源”管理等领域中“雁过拔毛”，虚报冒领、克扣侵占、挪用资金；有的对待民生疾苦态度冷漠、推诿扯皮、门好进、事难办。四是主体责任被动落实现象还未改变。有的党委（党组）对主体责任认识不清、落实工作流于形式，存在说起来重要、干起来次要、忙起来不要的现象；有的党委（党组）管党治党责任意识不强，对党员干部日常教育监督管理不到位，重业务安排轻思想教育；个别主要负责同志在抓早抓小、动辄则咎上还有差距，对一些苗头性问题未及时抓早抓小，导致单位、部门出现违纪违法问题。五是纪检监察队伍综合素质有待提升。全县各级纪检监察机关对推进新时代纪检监察工作高质量发展的历史任务、内涵规律、实践要求把握不够精准、落实不够有力，开展监督检查审查调查工作的方式方法还不系统、不深入、单一老套；有的纪检监察干部受人情社会熟人社会影响，不愿监督不敢监督问题不同程度存在；个别纪检监察干部能力素质与新形势新任务新要求不能完全适应，业务能力有待提高，监督针对性和实效性还不够强。对上述存在的问题和不足，我们要高度重视、认真研究解决。

三、2022年主要工作

2022 年是党的二十大召开之年，是党和国家历史上具有里程碑意义的一年，是贯彻落实自治区第十次党代会和市第二次党代会精神的开局之年，是推动“十四五”规划深入实施的重要一年，做好纪检监察工作意义重大。今年工作的总体要求是：坚持以习近平新时代中国特色社会主义思想为指导，深入学习贯彻党的十九大和十九届历次全会精神及中央第七次西藏工作座谈会精神，学习贯彻习近平总书记关于全面从严治党和西藏工作重要论述，贯彻落实十九届中央纪委六次全会和自治区第十次党代会安排部署，按照十届自治区纪委二次全会、市第二次党代会、二届市纪委二次全会和县第十次党代会部署要求，坚决捍卫“两个确立”、增强“四个意识”、坚定“四个自信”、做到“两个维护”，忠实履行协助职责和监督责任，坚持严的主基调不动摇，立足“四个走在全国前列”“六个走在全区前列”，始终贯穿落实“推动纪检监察高质量发展”工作方针，发挥好监督保障执行、促进完善发展作用，坚持不懈把全面从严治党向纵深推进，继续打好党风廉政建设和反腐败斗争攻坚战持久战，以实际行动迎接党的二十大胜利召开。

（一）坚决做到“两个维护”，以强有力的政治监督推动党中央重大决策部署落地见效。坚持以习近平新时代中国特色社会主义思想武装头脑，持续巩固深化“不忘初心、牢记使命”主题教育、党史学习教育和“三更”专题教育成果，教育引导督促全县党员干部坚定理想信念、提高党性修养，始终坚定正确政治方向、胸怀“两个大局”、心系“国之大者”，把“两个确立”转化为坚决做到“两个维护”、为党分忧、为国尽忠、为民奉献的实际行动。自觉把纪检监察工作放在党和国家工作全局中思考谋划推进，准确把握新时代党的治藏方略，围绕“四件大事”，保障党中央和区党委重大决策，市委和县委部署要求落实落地。依法做好县监委向本级人大常委会报告专项工作，确保纪检监察工作始终沿着正确政治方向前进。

（二）始终保持惩治腐败高压态势，推动实现“三不”一体推进战略目标。坚定不移推进全面从严治党，巩固发展反腐败斗争压倒性胜利，坚持受贿行贿一起查，做到惩治腐败力度决不减弱、零容忍态度决不改变，保持“不敢腐”的高压。深刻把握全面从严治党的阶段性特征，注重从政治全局上抓重点，聚焦政策支持力度大、权力集中、资金密集、资源富集的部门、行业、领域，严厉惩治不收敛不收手问题，遏制腐败增量，严肃查处金融风险背后的腐败问题，重点查处“关键少数”“关键岗位”特别是“一把手”和年轻干部腐败问题。科学准确用好监督执纪“四种形态”，认真落实“三个区分开来”要求，做到早发现早提醒，推动容错纠错机制落地见效，实事求是、积极稳妥做好澄清正名工作，坚持保障举报人的合法权益与打击诬告陷害行为一起抓，维护风清气正的检举控告秩序，保护和激发干部干事创业积极性。巩固深化“以案促改”“以案促治”专项活动，实现查处一案、警示一片、治理一域的综合效应，健全“不能腐”的机制。加强思想道德和党纪国法教育，在全覆盖、常态化、更精准上下功夫，做好本县案例的分析和警示运用，用身边人身边事教育党员干部，做到警钟长鸣、震慑常在，形成“不想腐”的自觉。

（三）始终强化党的作风建设，推动落实中央八项规定精神常态化长效化。坚持不懈落实中央八项规定及其实施细则精神，综合运用明察暗访、专项检查、“蹲点式”检查等监督举措，对顶风违纪行为从严查处，对典型案例一律通报曝光。严肃纠治在落实中央和自治区、市、县委重大决策部署中悬空、虚假、不作为慢作为等问题，坚决整治“包装式”落实、“洒水式”落实、“一刀切式”落实等形式主义、官僚主义问题。聚焦“十四五”规划贯彻落实，着力整治搞本位主义，“铺摊子”搞政绩工程等问题。深入开展改进作风狠抓落实专项整治活动，集中查处和纠治只表态不落实、不担当不作为、层层加重基层负担、“怕慢假庸散”以及“把说了当做了，把做了当做好了，把做了一点当做了全部”等突出问题。严查享乐主义、奢靡之风，持续纠治违规收送礼品礼金、违规发放津贴补贴、违规公款吃喝、餐饮浪费等突出问题，深挖彻查不吃公款吃老板、私车公养、公车私用、违规报销等隐形变异问题。加强整治作风顽疾，严查党员干部赌博、工作期间饮酒、酒驾醉驾等问题。深入纠治严肃查处政府采购价格虚高、公车过度保养装饰、“三包”费用管理乱象以及食堂餐饮浪费等问题。

（四）始终坚持以人民为中心的执纪执法理念，不断增强人民群众获得感幸福感安全感。聚焦群众痛点难点，加强与相关职能部门沟通协作，优化信息共享、问题会商、线索移送等工作机制，聚焦医疗教育、养老社保、生态环保、安全生产、食品药品安全、执法司法等民生领域开展专项整治，坚决查处问题背后的腐败、责任和作风问题。做好过渡期监督工作，强化对巩固“四不摘”政策成果的监督，督促保持现有帮扶政策总体稳定，监督推动巩固拓展脱贫攻坚成果同乡村振兴有效衔接，保障各项惠民富民政策落实落地。紧盯群众身边不正之风和基层“微腐败”问题，常态化开展疫情防控专项检查。常态化惩治涉黑涉恶腐败和“保护伞”，让人民群众在全面从严治党中感受到公平正义，切实增强人民群众的获得感、幸福感、安全感。

（五）始终坚持政治巡察定位不动摇，推动巡察工作质效提升。把准政治巡察方向，抓好各项学习培训任务，进一步提高巡察人员素质，做到边巡边学，精准适应新时期巡视巡察工作的新要求、新任务。以巡促学，强化“六个环节”精准无纸化办公衔接，夯实巡察工作大数据采集基础。精心谋划好巡察工作任务，着力做到巡察工作质量和水平双提升，不断立足政治巡察定位，注重加快巡察工作进度，兼顾巡察工作质量，计划安排两轮巡察，拟对 24 家党组织开展常规巡察，加大巡察力度、有效形成震慑，确保巡察工作计划如期按质完成。注重多措并举、鼓励探索创新，进一步助推巡察成果应用实效。围绕压实政治责任,加强巡察成果运用，加大对巡察整改情况的督查工作力度，做好巡察“后半篇”文章，落实巡察日常监督工作机制，压实被巡察党组织整改主体责任，加强对被巡察党组织落实整改的过程跟踪和监督,对整改责任不落实、整改不力的党组织和主要领导进行严肃问责，以巡察的实际成效推动全面从严治党向纵深发展。

（六）始终坚持监督第一职责不放松，推动健全各项监督协调贯通形成合力。深入贯彻落实《党委（党组）落实全面从严治党主体责任规定》《关于加强对“一把手”和领导班子监督的意见》，强化对领导班子特别是“一把手”监督，督促落实全面从严治党主体责任和书记第一责任人职责，促进管党治党主体责任和监督责任贯通协同联动，一体落实。紧盯权力运行的关键环节，抓住关键人、关键事、关键岗位，严格依规依纪依法开展监督，及时发现和查处遵规守纪、依法履职、秉公用权、廉洁从政以及道德操守等方面问题，推动监督下沉落地，改进监督方式、突出监督重点，做实同级监督、深化下级监督、加强村务监督，不断提升日常监督工作的针对性和实效性。持续运用好信访受理、线索处置、约谈提醒、谈话函询和参加民主（组织）生活会等有效手段，对监督工作实行台账化管理。加强监督检查室、乡镇纪委（派出监察室）联动协作机制，共享监督信息，增强监督效能。坚持以党内监督为主导，充分发挥反腐败协调小组职能作用，推动人大监督、民主监督、行政监督、司法监督、审计监督、财会监督、统计监督、群众监督、舆论监督等各类监督有机贯通、相互协调，形成常态长效的监督合力。加强对中（区）直部门纪检监察机构业务指导和工作联系。

（七）始终坚持“打铁还需自身硬”，打造忠诚干净担当的桑日纪检监察铁军。深入学习贯彻《中华人民共和国监察法实施条例》和《中华人民共和国监察官法》，及时更新知识结构，增强自我净化、自我完善、自我革新、自我提高的能力。全面准确贯彻执行《中国共产党纪律检查委员会工作条例》，认真践行区党委“六个表率”和市委“七个表率”要求，不断提高政治判断力、政治领悟力、政治执行力。强化以案代训、跟班学习、实训实战，不断提高政策把握能力和纪法运用能力。认真学习推行“四边”工作法，充分运用调研成果，不断做深做实监督各项工作。加强深入贯彻落实《关于加强新时代纪检监察干部监督工作的意见》，严格监督约束，严守纪检监察权力边界，严查知纪违纪、知法违法、打听案情、说情干预行为，决不让党和人民赋予的权力腐蚀生锈，以铁一般的纪律作风锻造桑日纪检监察铁军。

同志们，砥砺奋进正当时，乘风破浪再扬帆，让我们更加紧密地团结在以习近平同志为核心的党中央周围，在自治区纪委监委、市纪委监委和县委的坚强领导下，担当实干、锐意进取，奋力书写全面从严治党、党风廉政建设和反腐败斗争新篇章，以高质量纪检监察工作为桑日社会主义现代化新征程提供坚强纪律保障，为党的二十大胜利召开交上一份合格答卷。

桑日县人民法院工作报告

——在桑日县第十四届人民代表大会第三次会议上

桑日县人民法院党组书记、院长 旦增宗巴

2021年工作回顾

过去一年，桑日县人民法院在县委坚强领导、人大及其常委会的有力监督、政府大力支持、政协民主监督和上级法院的正确指导下，坚持以习近平新时代中国特色社会主义思想为指导，深入贯彻落实党的十九大和十九届二中、三中、四中、五中、六中全会精神以及中央第七次西藏工作座谈会精神、习近平关于西藏工作的重要指示和重要论述，特别是考察西藏时的重要讲话精神，认真贯彻落实习近平法治思想，紧紧围绕“努力让人民群众在每一个司法案件中感受到公平正义”工作目标，充分发挥审判职能作用，努力保障社会安定有序、人民安居乐业。全年共受理各类案件 209 件（含旧存 9 件），与上一年同期相比上升 46.31%，审执结 182 件（含旧存 9 件），结案率 87.08%。

一、以思想政治建设为统领，全面加强党的领导

强化政治理论学习。采取党组理论中心组学习示范引领、以支部为主体、以“三会一课”、党员“夜校”为基本形式，精心研究制定学习计划，以突出政治学习为根本，以党员干警为重点，坚持做到每周集中学习 1 次，推进学习贯彻习近平新时代中国特色社会主义思想往深里走、往心里走、往实里走，信仰之基进一步筑牢、精神之钙进一步补足、思想之舵进一步把稳。开展党组理论中心组学习 13 次，支部“夜校”学习 45 次。严明纪律规矩。始终牢记法院姓党是永远不变的根和魂，教育引导广大干警增强“四个意识”、坚定“四个自信”、捍卫“两个确立”、做到“两个维护”，确保司法审判事业始终沿着正确的政治方向前进。严格执行《中国共产党政法工作条例》，主动向县委、县委政法委请示，报告重点工作、重大事项、重大案件。确保党中央、区党委、市委和县委各项决策部署在法院得到不折不扣执行。坚定政治方向。增强斗争精神，旗帜鲜明与任何削弱、歪曲、否定党的领导和中国特色社会主义制度的错误言行作斗争，正确处理坚持党的绝对领导与依法独立公正行使审判权的关系，切实维护司法领域意识形态安全，坚定捍卫中国特色社会主义司法制度。

二、维护社会大局持续稳定，推进平安桑日建设

我院始终牢固树立“稳定压倒一切”的思想，始终坚持“严打”方针不动摇，进一步强化审判执行工作，维护社会和谐稳定。扎实开展维稳工作。把维护稳定作为压倒一切的首要政治任务，突出维稳主责，结合法院工作实际，按照区、市、县各项维稳工作要求，值班备勤、矛盾纠纷联调和治安巡逻等维稳具体措施落地有声。投入警力 300 余人次，车辆 50 余台次。推动扫黑除恶常态化。坚决贯彻党中央、区党委和市委、县委决策部署，巩固深化扫黑除恶专项斗争成果，深入辖区开展宣传活动和线索排查，持之以恒打击黑恶势力及其“保护伞”，持续深化“六清”行动，推动扫黑除恶常态化。依法惩治刑事犯罪。全年受理各类刑事案件 26 件（含

旧存 1 件），同比上升 85.71%，审结 23 件（含旧存 1 件），其中危害公共安全罪 10 件；侵犯公民人身权利罪 3 件；侵犯财产罪 7 件；职务犯罪 1 件；破坏社会主义市场经济秩序罪 1 件。结案率 88.46%。判处实刑 18 人，判处缓刑 15 人。保障了社会安定有序、人民安居乐业。加强人权司法保障。坚持以事实为依据，以法律为准绳，落实宽严相济刑事政策，坚持法律面前一律平等，坚持程序公正和实体公正相统一，坚持严格公正司法。深入推进以审判为中心的刑事诉讼制度改革，全面准确适用认罪认罚从宽制度。会同县司法局推进刑事案件律师辩护试点工作，为 52 名被告人指定辩护，刑事案件律师辩护率实现全覆盖；保障律师依法履行职权。

三、化解各类矛盾纠纷，促进社会公平正义

推进法治政府建设。持续深化“三项机制”，坚持依法保护行政相对人合法权益与监督支持行政机关依法行政并重，加强行政法律法规知识宣传，促进法治政府建设。妥善处理民商事纠纷。贯彻以人民为中心的发展思想，紧盯群众操心事、烦心事、揪心事，深化司法为民实践，增强人民群众司法获得感。全年受理民商事案件 115 件（含旧存 5 件），同比上升 23.66%，审结 97 件（含旧存 5 件），其中依法审结合同类案件 79 件，审结人格权、侵权责任案件 4 件，婚姻家庭、继承等案件 10 件，劳动争议案件 2 件，司法确认案件 2 件。结案率 84.35%，调撤率 77.9%。全力破解执行难题。巩固提升“基本解决执行难”成果，充分发挥执行指挥平台作用，开展“集中异地执行”专项行动，召开执行联动机制联席会议，运用网络查控系统，创新财产发现机制，完善失信惩戒机制，着力解决查人找物难题，执行模式发生深刻变革，朝着“切实解决执行难”目标坚实迈进。全年共受理执行案件 68 件（含旧存 3 件），同比上升 106.06%，执结 62 件（含旧存 3 件），结案率 91.18%。执行到位标的额 693 万余元，有财产可供执行案件法定期限内执结率 100%；发布失信被执行人个人信息 11 人次，限制失信被执行人高消费、乘飞机、出境 10 人；为农民工追偿薪金 5 万元，赴区外执行“骨头案”9 件。

四、践行司法为民宗旨，保障人民安居乐业

诉讼服务转型升级。依托“互联网 +”“大数据”等科技创新手段，坚持把非诉讼纠纷解决机制挺在前面，不断深化推进一站式多元解纷机制和诉讼服务体系建设。坚决落实立案登记制。畅通立案诉讼服务渠道，绝不让群众无处申诉，绝不许对群众诉求置之不理。全年跨域立案 3 件、网上立案 9 件（其中审核驳回 4 件），12368 诉讼服务热线提供服务 482 人次。同时，结合为民办实事活动，建立健全利民便民机制 10 条。进一步延伸“车载流动法庭”服务广度和深度，把巡回办案作为重要办案形式，充分发挥主动调处纠纷，打造流动的诉讼服务中心，司法为民服务更加给力。车载科技流动法庭巡回办案 64 件。加强巡回法治宣传。认真落实“谁执法、谁普法”普法责任制，以法官为法治宣传的生力军，充分发挥司法教育、引导功能，回应群众期望和代表委员建议，结合党史学习教育、民族团结进步创建，“遵行四条标准、争做先进僧尼”等活动，采取专题宣传、法治讲座、以案释法、法律咨询、有奖问答等多种形式，拓展和创新法治宣传内容和形式，深入田间地头、草原牧场、学校、乡村、寺庙，开展法律知识为主要内容，党史知识、党的惠民政策为辅助内容的巡回法治宣传教育活动 21 场次，助力乡村振兴。强化司法社会责任。结合“三项教育”和为民办实事活动，开展案件回访 9 件，为 9 名困难案件当事人、家属发放“爱心基金”0.31 万元。以党支部“主题党日”活动为平台，积极发挥党员先锋模范作用，到身患残疾的案件当事人家中开展爱心活动，投入资金 0.12 万元。在年前和大庆前向退休老干部、老党员和五保集中供养中心开展送温暖活动，投入资金 0.68 万元。为贫困案件当事人减免诉讼费 0.87 万元。持续落实结对帮扶责任，组织干警开展结对帮扶活动和高校毕业生就业帮扶工作，帮忙提出致富增收、发展产业、劳务输出、合作社创收等建议 7 条，投入帮扶资金 1.03 万元，帮助群众解决生产生活实际困难。

五、大力实施“两轮”驱动，确保司法公正高效权威

把司法体制改革和智慧法院建设作为推动审

判能力和审判体系现代化的“两轮”，根据上级法院的统一部署，立足我院实际稳步推进各项工作。稳步推进司法体制改革。深入推进诉讼制度改革，适用速裁、简易程序审结刑事案件20件，适用简易程序审结民事案件73件，更加及时高效处罚犯罪，调处矛盾纠纷，让公平正义“加速度”。结合队伍教育整顿，开展内部案件评查，协调乃东区法院开展异地案件评查，倒逼案件质效提升。进一步落实“让审理者裁判，由裁判者负责”的办案质量终身负责制，完善法官、合议庭办案责任制；强化审判委员会、专业法官会议作用，落实院庭长办案要求，健全院庭长办案机制，实现院庭长办案常态化，全年院庭长办理案件209件，占案件总数100%。稳步推进智慧法院建设。全业务网上办理，全流程依法公开和智能化服务成为常态，强化信息化应用，全面投入使用互联网法庭，完成国产化终端配置工作，并着重强化干警运用和运维保障力度。依托信息化平台，公开裁判文书36篇，公开案件信息53件，案件庭审网络直播38场次，点击量达6.7万余人次，让公平正义经得起围观，让办案全过程成为全民共享的法治公开课。

六、狠抓队伍自身建设，不断提升司法公信力

始终突出政治建设，严格执行重大事项报告制度，严格实行意识形态工作责任制，坚定不移走中国特色社会主义法治道路。加强法院党的建设。落实新时代党的建设总要求和组织路线，始终把党的政治建设摆在首位，紧紧围绕“六个基本”要求，全面聚焦和着力夯实党组织标准化建设的各项任务，深入开展“八星党支部”各项工作。执行“周一党员活动日”制度，在融入日常、常抓不懈上出真招，使党员思想建设进一步强化。持之以恒正风肃纪。落实全面从严治党“两个责任”，严格落实中央八项规定及其实施细则精神。将防止干预司法“三个规定”专项整治、“以案释德、以案释纪、以案释法”警示教育、“以案促改”专项活动融入“全面加强政治建警、打造过硬法院队伍”专项教育整顿，确保队伍绝对忠诚、绝对纯洁、绝对可靠。加强司法能力建设。以队伍教育整顿为契机，结合党史学习教育和“政治标准要更高、党性要求要更严、组织纪律性要更强”专题教育，加强干警政治理论水平的同时，强化业务能力水平提升。共派出干警14人次参加上级组织的各类培训，通过队伍教育整顿“五大专项行动”组织干警业务知识学习7次，促进知识结构的更新和司法能力的提升；派出2名干警到乃东区人民法院跟班学习；按照队伍教育整顿“回头看”和“五大专项行动”方案，开展了法律大学习、执法大培训、素质大提升等活动17次。加强基层审判设施建设，投资306万元的诉讼服务中心项目已竣工，预计今年投入使用，并投入27万余元建设配套综合布线和局域网、监控设备建设，司法服务条件得到进一步改善。主动接受各界监督。依法接受人大监督，及时、主动地向县人大常委会报告审判执行工作2次和提交任免职议题2次。主动邀请人大代表、政协委员参加庭审观摩活动。在队伍教育整顿查纠整改环节，邀请县人民检察院开展案件评查，依法主动接受检察机关法律监督。全面落实人民陪审员制度，召开人民陪审员培训暨总结表彰大会，并对人民陪审员参审补助进行了兑现，人民陪审员参审率达100%，保障群众了解司法、参与司法、监督司法的权利。

各位代表，法院工作取得的成绩和进步，是县委坚强领导、人大有力监督、上级法院正确指导和政府、政协及社会各界关心支持的结果；是全院干警努力奋斗的结果，也凝结着人大代表、政协委员的关心厚爱。在此，我代表全院干警表示衷心的感谢，并致以崇高敬意！

回顾过去一年的工作，桑日县人民法院虽然取得了一定成绩，但存在一些不足和困难：一是加强诉源治理，增强纠纷化解合力，助推桑日社会治理体系和治理能力现代化有待深入探索；二是强化审判权监督制约，落实司法责任制举措有待进一步加大；三是司法理念、司法能力与新时代形势任务和人民日益增长的司法需求相比还有差距。

2022年工作思路

我院将坚持以习近平新时代中国特色社会主义思想为指导，深入贯彻习近平法治思想，紧紧围绕“努力让人民群众在每一个司法案件中感受到公平正义”工作目标，紧扣立足新发展阶段、贯彻新发展理念、服务和融入新发展格局，推动高质量发展主题，认真落实本次大会决议，忠实履行宪法法律赋予的职责，坚持党对法院工作的绝对领导，坚持服务大局、司法为民、公正司法，坚持以人民为中心。

（一）坚定不移坚持党的领导。深入学习贯彻习近平新时代中国特色社会主义思想，真学真信笃行习近平法治思想，增强“四个意识”、坚定“四个自信”、捍卫“两个确立”、做到“两个维护”，深入学习贯彻党的十九届六中全会精神，把坚持党的领导和依法独立公正行使审判权统一起来，把讲政治和讲法律统一起来，对标对表党中央决策部署，不断提高政治判断力、政治领悟力、政治执行力。深刻把握司法领域意识形态工作的重要性和复杂性，切实维护司法领域意识形态安全，更好地将党的领导优势转化为司法治理效能。

（二）坚定不移维护社会稳定。牢固树立总体国家安全观，把维护国家安全贯穿到法院工作的各方面全过程，增强第一责任意识，准确把握中央对西藏新的战略定位和“五期叠加”阶段特征，推动扫黑除恶常态化。严惩各类违法犯罪，加大腐败犯罪打击力度，主动参与社会治安综合治理，积极开展“八五”普法工作。加强涉诉信访矛盾纠纷排查化解工作。

（三）坚定不移保障改善民生。牢固树立以人民为中心的发展思想，提供更加优质、更有针对性的司法服务。依法严厉打击破坏市场经济秩序犯罪，优化营商发展环境。把贯彻实施好民法典作为践行习近平法治思想的生动实践，精准对接群众司法需求，服务巩固拓展脱贫攻坚成果同乡村振兴战略有效衔接。全面开展民法典宣讲，助推家庭教育促进法落地实施，提升群众民事权利司法保护水平，加强妇女、儿童、老年人、残疾人权益保障。认真落实未成年人保护法和预防未成年人犯罪法，充分发挥青少年法庭职能作用，加大法治宣传力度；加强涉诉信访工作，做到件件有人办，件件有回声，充分发挥诉讼服务中心作用，推进一站式多元解纷和诉讼服务体系建设，健全“分调裁审”机制，在“案结事了”上下功夫；加大执行工作开展力度，掌握和更新与被执行人沟通方式方法，健全善意文明执行制度，有效运用网络查控系统及各类机制，深挖执行联动机制优势，加大信用联合惩戒力度，用“真金白银”兑现当事人胜诉权益。

（四）坚定不移深化司法体制改革。全面贯彻中央关于深化司法责任制综合配套改革的意见和最高人民法院实施意见，推进民事诉讼程序繁简分流改革工作和以审判为中心的刑事诉讼制度改革，对已经实施的改革加强评估问效，巩固各项改革举措成果。加强互联网法院建设，完善审判权责清单制度，构建与新型审判权力运行模式相适应的制约监督体系。加强司法制约监督，规范司法权力运行，完善人员分类管理。健全人民陪审员履职管理和保障机制。

（五）坚定不移加强自身建设。以政治建设为统领，持续巩固提升党史学习教育、政法队伍教育整顿和“三更”专题教育，加强专业化能力建设，认真开展“法律大学习、执法大培训”活动，积极沟通对接相关部门，优化线上线下教育培训，着力提升“七种能力”。以全区“改进作风狠抓落实”工作为契机，持续强化正风肃纪，持之以恒纠治“四风”，巩固和深化教育整顿成果，继续开展“作风大整顿”，严格落实防止干预司法“三个规定”等铁规禁令，以零容忍态度严惩司法腐败。自觉接受人大、政协监督和社会各界监督。全方面提升法院作风建设，打造桑日法院铁军。

踔厉奋发，笃行不怠。新的一年，桑日县人民法院全体干警将紧密团结在以习近平同志为核心的党中央周围，在县委坚强领导、人大及其常委会的有力监督、上级法院的正确指导，政府政协和社会各界的关心支持下，砥砺奋进，再谱新篇，坚持司法为民，公正司法，奋力开创桑日法院工作新局面，竭尽全力推进桑日长治久安和高质量发展贡献更多的司法智慧和力量，以优异成绩迎接党的二十大胜利召开！

桑日县人民法院审判执行工作情况图

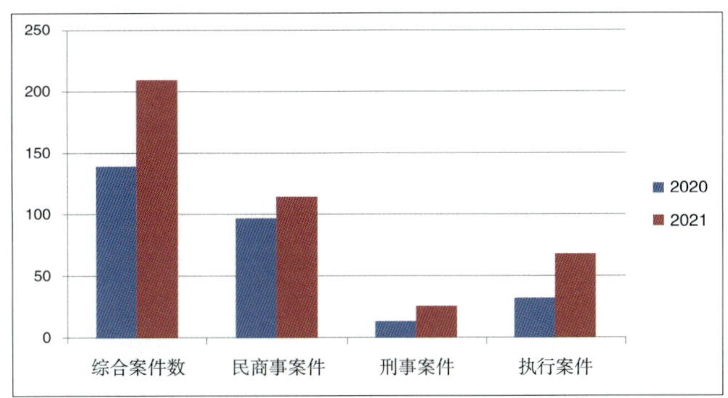

两年来桑日县人民法院受理案件同期对比图

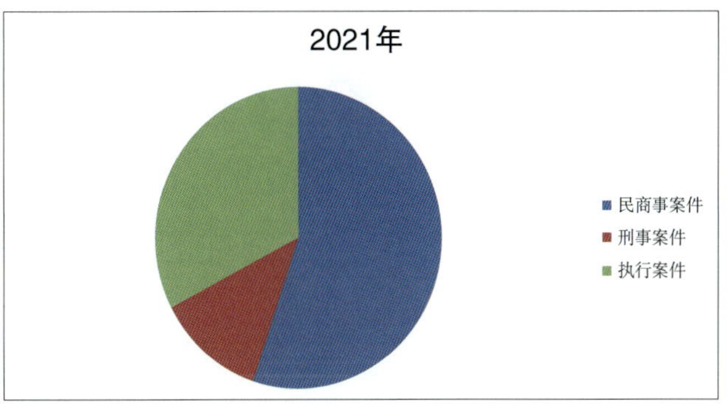

2021年桑日县人民法院案件构成图

桑日县人民检察院工作报告

——2022年1月16日在西藏桑日县第十四届人民代表大会第三次会议上

桑日县人民检察院党组书记、检察长　白月明

2021年主要工作情况

2021 年，我院在县委和上级检察机关的正确领导、县人大的有力监督、县政府、政协和社会各界的大力支持下，牢牢把握新时代检察机关政治属性和宪法定位，以“旗帜鲜明讲政治、主动融入保大局、坚守法治促公正、凝心聚力谋发展”为总体思路，推动“四大检察”深度融入稳定发展生态强边“四件大事”，为服务保障桑日长治久安和高质量发展作出了突出贡献。全年共受理各类案件 87 件，同比上升 21%，其中，刑事检察案件 51 件，同比上升 168%；民事检察案件 10 件，同比下降 60%；行政检察案件 2 件，同比上升 200%；公益诉讼检察案件 24 件，同比下降 4%。

这一年，我们旗帜鲜明讲政治，着力筑牢对党政治忠诚

坚持以习近平新时代中国特色社会主义思想为指导，深入学习党的十九大、十九届历次全会和中央全面依法治国工作会议、中央人大工作会议、中央民族工作会议、中央第七次西藏工作座谈会精神，深入学习贯彻习近平总书记在党史学习教育动员大会上的重要讲话精神、“七一”重要讲话精神和在西藏考察时的重要指示精神，以党组理论中心组学习为抓手，以“四个到位”周密部署、“五个抓好”统筹推进党史学习教育、“政治标准要更高，党性要求要更严，组织纪律性要更强”专题教育，着力提升政治判断力、政治领悟力、政治执行力，不断增强“四个意识”、坚定“四个自信”、捍卫“两个确立”、做到“两个维护”，始终在思想上政治上行动上同以习近平同志为核心的党中央保持高度一致。全年开展党组理论中心组学习 12 次，班子成员参加支部学习 60 余次，撰写心得体会 15 篇，讲党课 6 次，交流发言 10 余次。

始终坚持党对检察工作的绝对领导，做到一切检察工作“从政治上看”，找准找实检察工作服务大局切入点、着力点，推动“四大检察”深度融入“四件大事”“八大任务”“四个走在前列”。坚决执行《中国共产党政法工作条例》，全年向党委、上级院党组请示报告重大事项 5 次，召开党组会议 22 次，推动党的政治建设与检察业务工作深度融合，政治担当与检察履职深度融合，以高度的政治自觉、法治自觉和检察自觉，确保党委各项决策部署在检察环节落实落细，以做好检察工作的实际行动体现对以习近平同志为核心的党中央的绝对忠诚。

这一年，我们主动融入保大局，着力服务保障“四件大事”

以桑日持续和谐稳定为目标。坚决维护国家安全和社会稳定。围绕中心，服务大局，在县委的统一安排部署下，积极参与社会治安综合治理，确保重要时段社会局势持续和谐稳定。全年干警参加维稳值班 400 余人次，巡逻 200 余人次，出动车辆 40 余台次；助力推进巩固拓展脱贫攻坚成果和乡村振兴战略实施，扎实开展“我为群众办实事”活动，用心办好司法“民生工程”，共选派 1 名优秀干警

驻绒乡冲达村，投入办实事经费1万余元，为民办实事50余件次；检察长下沉乡镇、寺庙驻点督导30余天，履行“河湖长”职责巡查浪郎河6次，督导村“两委”换届选举工作4次；成立涉黑涉恶案件专业办案队伍，共开展扫黑除恶线索排查2次，专题宣传2次，发放宣传资料300余份，持续推进扫黑除恶专项斗争深入开展。切实在疫情防控中践行初心使命。按照最高人民检察院关于充分履行检察职能主动服务疫情防控大局工作要求，结合我县疫情防控实际，全年召开党组会议研究部署疫情防控工作2次，依职权对食品卫生行业领域开展防疫安全隐患排查3次，提出意见建议1条，检察长深入村居、学校、寺庙开展防疫督导6次，提出意见建议2条。同时，加大内部防护力度，采购防疫装备20余套，开展院内环境卫生整治100余次。

以桑日高质量发展为目标。严厉打击各类刑事犯罪。全年受理审查逮捕案件16件55人，同比上升433%和588%，批准逮捕16件54人，不批准逮捕1人；受理审查起诉案件31件79人，同比上升94%和243%，其中，危险驾驶案15件15人，占刑事犯罪总数的48%，是目前我县处于第一位的刑事犯罪，盗窃案8件21人，占刑事犯罪总数的26%，处于第二位，故意伤害案4件5人，占刑事犯罪总数的13%，处于第三位，提起公诉22件65人，不起诉6件14人，正在审查3件7人；适时介入案件侦查2件2人；落实宽严相济刑事政策，做到慎捕慎诉，开展羁押必要性审查5人，变更强制措施4人，适用认罪认罚从宽24件62人。持续关注未成年人健康成长。认真贯彻落实未成年人犯罪“教育为主，惩罚为辅”原则，执行“教育、感化、挽救”方针，坚持“少捕、慎诉、少羁押”理念，共办理涉未成年人刑事案件1件2人，依法作出相对不起诉决定1件2人，开展相对不起诉决定宣告并进行训诫教育1次，最大限度地促进涉罪未成年人悔过自新、回归社会。同时，针对侦查机关办案民警在办理未成年人案件中存在执法不规范问题，制发侦查活动监督通知书1份；办理未成年人检察一般预防案件7件，排查校园安全隐患3次，督促整改问题3条，切实预防和减少未成年人犯罪，呵护未成年人健康成长。

以桑日绿色发展和生态文明建设为目标。深入学习贯彻落实习近平生态文明思想，共开展公益诉讼线索排查40余次，发现公益诉讼案件线索30余条，立案24件，发出检察建议4份，督促行政机关清除违法堆放各类垃圾24吨，回收和清理生产类废物13吨，非法占地12亩，查处60余家商铺销售假冒伪劣食品、日化用品1000余份、价值1万余元，督促14名餐饮行业从业人员办理健康证，切实守护雪域高原生灵草木、万水千山和人民群众“舌尖上的安全”。同时，针对拉林铁路桑日段生态环境整治问题向市生态环境局桑日分局公开宣告送达检察建议书2份，汇聚雅江沿线生态环境司法保护合力，打造桑日检察公益诉讼“新名片”。

以深入推进县域社会治理助力“大边防”建设为目标。深入学习领会新时代党的治藏方略和习近平总书记在西藏考察时的重要指示精神，以积极投身社会治理的实际行动助力边疆少数民族地区“大边防”建设。全面贯彻落实中央政法工作会议精神，严格落实最高人民检察院明确规定的检察机关建设“12309检察服务中心”“检察听证室”“未成年人教育中心”的具体要求，落实自治区人民检察院调研反馈问题和市委第三巡察组巡察反馈意见，确保人民群众充分行使控告、申诉权利，全年向县委、政府请示汇报综合功能用房建设项目4次，现该项目正在积极推进中；严格落实“谁执法、谁普法”工作责任，发挥检察优势，采取以案释法、法律进校园、法律进村居等方式方法，深入街道、村居、中小学校开展法治宣传13场次，受教育人数1.2万余人次，发放宣传资料3万余份，加强新媒体普法宣传，推送法治新闻和案例82条；持续落实“四号检察建议”，开展全县道路窨井盖安全隐患专项排查1次，发现问题13处，通过诉前磋商程序督促相关行政机关整改落实到位，以“小井盖”护佑“大民生”。

这一年，我们坚守法治促公正，着力助推法治桑日建设

督促行政机关依法履职。调阅审查县交警大队、县林草局行政处罚案件3件，法律文书24份，立案2件，发出检察建议2份，对行政机关在整改中存在的现实困难和法律困惑，积极提供法律咨询，从法律层面提供帮助，实现法律服务和法律监督相结合，真正实现双赢多赢共赢。

开展民事诉讼监督。调阅审查县人民法院民事诉讼案件20件，民事执行案件13件，对民事执行活动中存在的不规范行为立案10件，发出类案检察建议1份，切实维护国家利益和社会公共利益。同时，积极组织干警学习相关法律法规，提升法律监督水平。

开展刑事执行监督。调阅审查县人民法院财产刑执行案件25件，发现罚金未执行问题8条、执行迟缓问题5条，反馈整改意见13个，共同探讨财产刑执行及监督存在的困难和问题，促进刑事涉财产刑执行工作的有序进行；严格落实社区矫正人员“一人一档”制度，对县司法局、三乡一镇司法所监管的17名社区矫正人员进行谈话和档案核查，防止社区矫正人员脱管漏管。

开展案件公开听证。邀请县人大代表、政协委员、人民监督员和相关单位代表，依法组织召开公开听证会3次，对3件拟不起诉危险驾驶案、2件公益诉讼案开展公开听证，其中，1次为山南市首例食药领域公益诉讼案件公开听证，公开听取社会各界代表的意见建议，切实让人民群众在每一起司法案件中都感受到公平正义。

这一年，我们凝心聚力谋发展，着力推进自身高质量发展

不断深化组织建设，提升干事创业实效性。着眼司法体制改革，根据《山南市基层检察机关内设机构改革方案》，重新调整组建内设机构，科学配置人才资源，并就内设机构改革工作先后向县委和上级检察机关请示汇报3次，确保内设机构改革任务顺利推进；着眼班子队伍建设，为配齐配强班子和检察队伍，先后向县委请示汇报2次，选齐配强内设机构负责人2名，上报人才需求计划2名。

不断推进纪律作风建设，纪律规矩意识向上向好。融合推进检察队伍教育整顿与市委第三巡察组巡察“回头看”，高度重视，强力推动，传导压实从严管党治检“主体责任”，深入整治顽瘴痼疾和群众反映强烈的突出问题。全年组织开展“三个规定”及其实施办法自查活动7次，填报重大事项报告120余人次，组织《中国共产党章程》《中国共产党廉洁自律准则》《中国共产党纪律处分条例》学习10余次，签订廉洁从检、严格执行“三个规定”、西藏检察机关共产党员的政治承诺、八小时外行为规范等承诺书80份，开展谈心谈话22人次；聚焦检察队伍教育整顿，抓源治本、建章立制，建立完善各类规章制度和长效机制8条，自查梳理顽瘴痼疾问题线索10条，办结10条，召开检察队伍教育整顿专题民主生活会2次，专题组织生活会1次；聚焦市委第三巡察组巡察“回头看”反馈问题，成立巡察整改工作领导小组，明确责任领导、责任人、牵头科室、配合科室和整改时限，研究制定整改措施30条，落实30条，召开巡察整改专题民主生活会1次。

不断深化业务能力建设，增强检察履职能力。以打造“五个过硬”检察队伍为目标，以开展“三项”教育活动为契机，深入推进“互联网+教育培训”，用好学习强国、中检网、检答网和检察教育云课堂，组织网络学习50课时，实现在线学习常态化；发挥“传帮带”积极作用，邀请援藏业务骨干开展检、警同堂培训2次，召开检察官联席会议3次，检察官手把手教学20案次，切实提升年轻干警业务水平，增强办案能力；坚持检委会学习常态化、制度化、规范化，组织检委会业务学习6次，及时学习新法律法规，学习高检院指导性案例和典型案例，更新司法理念，规范司法行为。

不断加快检察信息化建设，助推检察工作长效发展。将现代化科技作为增强检察监督方式的重要手段，投入30余万元建成检察工作网、统一业务2.0云平台、案件质证系统、会务系统和电子卷宗高速扫描制作系统等信息化建设，为案件办理和法律监

督工作提供智能、高效的现代化科技支撑，有效提升案件办理效率。

各位代表，2021 年桑日检察工作取得的进步，离不开县委和上级检察机关的正确领导，离不开县人大及其常委会的有效监督，离不开县政府、政协和社会各界的大力支持，更离不开广大检察干警及其家属的无私奉献。在此，我谨代表桑日县人民检察院，向各位表示衷心的感谢并致以崇高的敬意！

回顾一年来的工作，在看到成绩的同时，我们也清醒地认识到，面对新形势、新任务、新要求，我们在工作中还存在着一些困难和不足：一是民事诉讼监督、行政检察监督推进力度不够，公益诉讼检察职能发挥不全面；二是检察队伍整体能力素质有待提升，应对新型、疑难、复杂案件经验不足；三是面对全面从严治党治检新要求，压力传导和承接力不够，队伍履职能力、纪律作风仍需加强；四是检察基础功能用房建设缓慢，不能满足新时期检察工作需要。

2022年检察工作任务

各位代表，2022 年，是开启全面建设社会主义现代化国家新征程、向第二个百年奋斗目标进军的开局之年，自治区第十次党代会为未来五年西藏长治久安和高质量发展绘就了宏伟蓝图，市第二次党代会做出了“六个走在全区前列”的重要部署，在新时代新发展格局中，我们使命光荣、责任重大。在“两个一百年”交汇的新起点上，我们的总体工作思路是：坚持以习近平新时代中国特色社会主义思想为指导，全面贯彻习近平法治思想，深入学习贯彻党的十九大、十九届历次全会精神、自治区第十次党代会精神、市第二次党代会精神和县第十次党代会精神，全面落实《中共中央关于加强新时代检察机关法律监督工作的意见》，增强“四个意识”、坚定“四个自信”、捍卫“两个确立”、做到“两个维护”，紧紧围绕融入“四件大事”、推进“四个创建”、努力做到“四个走在前列”和“六个走在全区前列”，切实担负起服务保障桑日长治久安和高质量发展的政治责任、法治责任、检察责任，以高度的政治自觉、法治自觉和检察自觉，奋力谱写全面依法治国新篇章。

（一）在坚持党对检察工作的绝对领导上做好文章。把党的绝对领导作为最高政治原则，贯穿检察工作始终，学深悟透习近平法治思想和新时代党的治藏方略，学深悟透党的十九届历次全会、自治区第十次党代会、市第二次党代会精神和县第十次党代会精神，严格执行《中国共产党重大事项请示报告条例》《中国共产党政法工作条例》，在不断增强政治判断力、政治领悟力、政治执行力上下足功夫，更加自觉地贯彻党的路线方针政策，更加自觉地落实党委和上级检察机关决策部署，做到一切检察工作“从政治上看”。进一步把党史学习教育、“政治标准要更高，党性要求要更严，组织纪律性要更强”专题教育推深走实，传承好伟大建党精神和人民检察红色基因，从党的伟大历程中汲取精神力量，把党的绝对领导、党的事业、党的初心使命作为检察工作的政治标准，铸牢政治忠诚之魂。全面加强党的建设，落实党建责任制，通过强党建带队建促业务，不断增强谋划检察工作的政治能力，从政治高度认识和处理业务问题，推动党的政治建设与检察业务工作深度融合，把政治担当与检察履职统一起来，切实在依法履行法律监督职能中增强“四个意识”、坚定“四个自信”、捍卫“两个确立”、做到“两个维护”。

（二）在服务法治社会建设上抓好落实。以习近平法治思想为指引，贯彻落实全面依法治国新理念新思想新战略，深刻领会“两个大局”“国之大者”对检察工作的时代要求，加强对生效民事判决、裁定、调解书监督，加强审判人员违法行为监督和审判监督、刑事、民事执行监督、侦查活动监督，规范司法行为，维护司法公正、法律权威，同时，积极推动民营经济健康发展，为民营企业营造市场化、法治化、制度化的长期稳定发展环境，以“前有标兵、后有追兵，标兵渐行渐远、追兵越来越近”的时代紧迫感，奋力推进法治桑日建设，让人民群众在每一起司法案件中感受到公平正义。

（三）在融入社会发展大局上下好功夫。深入贯彻落实《中共中央关于加强新时代检察机关法律监督工作的意见》，紧扣“四件大事”，落实“三个赋予一个有利于”要求，主动适应形势变化，把服务保障桑日发展大局作为重大使命，提高站位、自觉融入、精准发力，立足“四大检察”“十大业务”检察职能，严厉打击各类违法犯罪，自觉融入大局护航经济发展，强化法律监督职能作用，保护社会公共利益不受侵害，保障宪法法律统一正确实施，同时，坚持以人民为中心的执法司法理念，持续发挥反对分裂、维护稳定“利剑”作用，服务常态化疫情防控，落实司法救济制度、认罪认罚从宽制度、少捕慎诉慎押刑事司法制度，持续做好优化刑事“案－件比”、保护未成年人成长、保障人民群众头顶上、舌尖上、脚底下的安全、妥善处理涉法涉诉信访案件等人民群众最关心最直接最现实的问题，努力破解不会监督、不愿监督、不敢监督等难题，全方位提升监督质效，传导司法温暖，传递检察温情，为桑日经济发展和社会和谐稳定提供有力司法保障，为桑日更加出彩贡献检察力量。

（四）在推进自身高质量发展上见到实效。深入贯彻落实中央28号文件和王君正书记提出的“六个表率”具体要求，坚持新时代好干部标准和民族地区干部“四个特别”要求，自觉干事担事、破解难题、解决难题，全面提升法律监督质量和效果。严格履行党组“把方向、管大局、促落实”主体责任，突出“关键少数”表率作用，着力提升领导班子的凝聚力、战斗力、创造力，严格落实“三重一大”民主决策制度，不断提升科学决策、民主决策、依法决策水平，严格实行会前酝酿、会上决定原则，做到充分民主，避免议而不决。深入推进“互联网＋教育培训”学习模式，使学习教育常态化、制度化、规范化，不断更新检察人员司法理念。严肃、规范、优化检察法律文书制作，在表述精准、增强说理性上狠下功夫，让检察法律文书真正成为检察官公正文明司法的集中体现。坚持全面从严治检不放松，在改变作风、狠抓落实上下大力气，以“永远在路上”的执着和韧劲，引导检察人员知责于心、担责于身、履责于行，促进检察队伍革命化、正规化、专业化、职业化建设，确保政治生态进一步优化、纪律作风进一步好转、素质能力进一步增强、检察公信力进一步提升，努力打造一支理想信念坚定、执法为民、敢于担当、清正廉洁的高素质检察队伍。

各位代表，不忘初心再出发，牢记使命勇担当。我们将更加紧密地团结在以习近平同志为核心的党中央周围，认真学习贯彻习近平法治思想，在县委的坚强领导下，以时不我待的精神状态和只争朝夕的奋斗姿态，为全面建设团结富裕文明和谐美丽的社会主义现代化新桑日而努力奋斗。

桑日县2021年国民经济和社会发展计划执行情况与2022年国民经济和社会发展计划（草案）的报告

——2022年1月16日在西藏桑日县第十四届人民代表大会第三次会议上

一、2021年国民经济和社会发展计划执行情况

2021年是党和国家历史上具有里程碑意义的一年，是实现第一个百年奋斗目标、开启向第二个百年奋斗目标进军新征程的一年，面对百年变局和全球疫情，在县委、政府坚强领导下，在对口援藏省市大力支援下，全县上下牢牢把握“稳中求进”的工作总基调，坚持“五位一体”总体布局和“四个全面”战略布局，落实“三个赋予一个有利于”的高质量发展要求，统筹推进常态化疫情防控和经济社会发展，推动巩固拓展脱贫攻坚成果同乡村振兴有效衔接，高质量发展不断取得新成效，实现了“十四五”良好开局。

2021年全县国民生产总值预计完成21.63亿元，同比增长6.9%；规上工业增加值预计完成6.33亿元，同比下降13.4%；社会固定资产投资预计完成22.45亿元，同比下降21.4%；社会消费品零售总额预计完成1.6亿元，同比增长9%；农牧民人均可支配收入预计完成19300元，同比增长13%。

（一）高质量发展取得实效。一是农牧业生产稳中有进。2021年全县粮经饲比例为75∶19∶6，各类农作物种植面积达2.3万亩，粮食产量9576.01吨，同比增长5.69%。年末牲畜存栏83064头，肉产量、奶产量同比去年增加28.82吨、98.99吨。二是旅游业持续恢复。2021年，全县共接待国内外游客36.42万人次，同比增长10.4%；完成旅游总收入1274.9万元，同比增长24.9%。开展了思金拉措景区建设项目前期工作，完成了项目可研，项目预计2022年6月开工建设。三是工业发展结构得到优化。2021年，全县规上工业增加值预计完成6.33亿元。开展了华电大古分公司入库升规工作，华新水泥、华电大古公司预计分别完成产值8.1亿元、3亿元。虽然华新水泥因市场因素产值下滑，但随着华电大古公司投产，彻底改变了我县“完全依托华新”的工业发展局面。四是固投质量持续提升。2021年，全县计划实施项目61个，总投资440.36亿元。其中续建项目25个，总投资176.64亿元；计划新开工项目36个，总投资263.72亿元。截至年底，已复工项目25个，新开工项目36个，开复工率达到100%。全年除街需水电站因国家核准文件下达原因以及山南市精神病福利机构、山南市殡仪馆建设项目因前置手续办理原因未能按照预期计划开工建设，其余项目均按照预期计划开工建设。2021年大古电站预计完成投资14亿元，拉林铁路桑日段预计完成投资4.44亿元，站前配套设施建设预计完成投资3662万元，其他政府投资项目预计完成投资2.5亿元，援藏项目完全投资2905万元。全年计划实施招商引资项目4个，实际开工3个，完成招商

引资投资 5497 万元。开展了“十三五”项目审计工作。上报桑日县“十三五”期间政府投资项目 68 个，自治区审计厅抽查项目 7 个，总投资 1.15 亿元，配合自治区审计厅完成项目资料审查以及项目实地调查工作。

（二）以人民为中心发展理念不断深化。一是乡村振兴日新月异。2021 年全县统筹整合资金实施乡村振兴项目共计 10 个，已开工 8 个。脱贫人口及边缘易致贫户中外出务工人数为 802 人，人均增收 1637.4 元。发放扶贫小额信贷 524 万元。完成总投资 3427 万元的 5218 亩高标建设农田建设。全县 400 万以下政府投资项目计划交由农牧民施工企业实施 26 个，总投资 5190 万元，以上项目共吸纳农牧民用工人数 591 人，实现农牧民劳务收入 312 万元。二是民生福祉不断增进。县人民医院传染病能力提升、县人民医院简易应急核酸实验室建设、疾控中心核酸实验室建设及附属设施设备配套、增期乡米东村、白堆乡夏间村卫生室建设项目相继竣工并投入使用，常态化疫情防控工作不断加强，新冠疫苗接种工作不断推进。严格落实 80% 援藏资金向基层、向改善民生倾斜要求，完成了桑日县帕竹文化乡村特色产业基础设施建设，开工建设了桑日县增期乡乡镇（村）供水工程。实施了公共体育场、县中学维修改造、县级幼儿园、绒乡小学、程巴村、扎巴村、雪巴村、赤康村、岗布村幼儿园供暖、7 所幼儿园的直饮水等教育领域项目，累计支出“三包”及营改经费 947.43 万余元，为 582 名大学生兑现资助金 410.3 万元。全年完成农牧民转移就业 6704 人，实现劳务创收 4788.1 万元，桑日籍应届高校毕业生就业率达到 99.53%。三是城乡统筹不断深化。水利、交通、电力、通信等各项基础设施不断完善，实施了达西姆曲防洪堤工程、绒乡鲁牧沟治理工程、桑日县江南灌区续建配套与节水改造工程，完成了增期乡措巴村原农村公路改建项目建设，开展了比巴三组至荣堆岗公路等 29 条农村公路的小修保养（水毁）工程，对 2019 年开展的桑日镇 5 台公改变、绒乡桑油 141 线路改造、增期乡公变改造、白堆乡公变改造、桑日县 10 千伏康江 148 线路公变改造等电网改造项目进行了收尾，建设完成了县城 9 个电信 5G 基站、乡镇以下 6 个电信基站建设，通信质量和信息化水平不断提高。四是改革步伐更加稳健。推动“互联网 + 政务服务”改革，全县共梳理出依法编制依申请类政务服务事项共 481 项，全程网办率为 55.87%，自治区一体化平台受理运行平台受理办件达 32434 件，认领电子证照 81 类、证照采集 61572 个、已签发共 59166 个，监管数据上报共 2650 次。

（三）山水林田湖草沙冰系统治理不断推进。一是河湖长制不断加强。全年县级河湖长巡河（湖）132 人次、乡级河湖长巡河（湖）291 人次，清理河湖垃圾 12 余吨，全面加大汛期河道采砂监管，严厉打击汛期非法采砂行为，让绿水青山成为标配。二是生态安全屏障不断筑牢。开展造林“先造后补”工作，完成全民义务植树 82930 株。积极配合山南市开展的“江北沙漠化评估及对策研究”，在海拔 4300 米以下行政村（居）种植 7.27 万株树木，在海拔 4300 米以下有条件的地方补植补栽 2000 株，雅江流域生态屏障不断筑牢。三是环境治理效能不断提高。开展了拉林铁路（桑日段）桑日镇奴卡村、雪巴村周边的无主生活垃圾、建筑垃圾集中清理。全年下发责令整改通知书 12 份，处罚案件 2 件。完成了白堆乡污水处理厂建设项目、白堆乡群众建房历史遗留取料点生态恢复项目、县城污水处理厂周边防洪堤建设项目建设，运行了县城污水处理厂，为打赢污染防治攻坚战打下坚实基础。

在充分肯定成绩的同时，我们也要清醒地认识到经济发展面临的困难。一是市场竞争不断加剧。随着贡嘎县祁连山水泥正式投产，全市水泥制造行业市场竞争加剧，我县华新水泥面临着巨大的市场挑战，华新水泥产值从 2020 年的 14 亿元下降至今年的 8 亿元，导致我县规上工业增加值出现下滑。二是招商引资工作开展困难。虽然通过全年的努力，本年度招商引资项目都已开工建设，但项目落地难、企业入驻少、投资入库慢依然是我县招商引资工作的现状。三是固投任务目标完成困难。桑日县固定资产投资主要依靠国家重点项目建设，随着拉林铁路、大古电站建成，街需电站因等待国家核准文件下达，未能按照预计计划开工建设。同时，山南市精神病福利机构、山南市殡仪馆等2个项目资金到位未能及时开工建设，导致全年固投任务无法完成。

二、2022年经济社会发展主要目标和任务

2022年将召开党的二十大。要做好经济工作，必须坚持以习近平新时代中国特色社会主义思想为指导，深入学习贯彻习近平经济思想，贯彻习近平总书记视察西藏重要讲话重要指示精神，坚持“稳字当头、稳中求进”总基调，落实“三个赋予、一个有利于”要求，继续做好“六稳”“六保”工作，着力抓好“四件大事”、实现“四个确保”，不断推进桑日高质量发展，保持平稳健康的经济环境，以优异成绩迎接党的二十大胜利召开。

2022年，我县经济社会发展的主要预期目标为：

——生产总值计划完成23.58亿元，同比增长9%；

——全社会固定资产投资计划完成23.8亿元，同比增长6%；

——规上工业增加值计划完成8亿元，同比增长26%；

——社会消费品零售总额计划完成1.76亿元，同比增长10%；

——农牧民人均可支配收入计划完成21809元，同比增长13%。

为实现上述目标，我们将重点抓好以下几个方面的工作：

（一）持续扩大有效投资。把稳投资作为经济工作的重中之重，积极配合县民政局加快山南市殡仪馆、山南市精神病福利机构的手续办理，确保项目能尽快开工建设。加快2022年计划新建项目前置手续办理，确保30个计划新建项目能按照预期开工建设。加快推进华新垃圾协同处置项目、街需35千伏输变电工程项目、华能乡村振兴街需村综合服务中心项目建设进度，督促投资2800万元的H型钢结构生产建设项目以及投资2000万元的一般固废替代燃料项目尽快开工建设。继续组织实施好桑日县“十四五”规划，积极与市直部门对接，争取国家资金，做到项目成熟一个、申报一个、落地一个。

（二）加快推动产业结构调整。坚持产业规模化标准化品牌化导向，做好大古电站后期运营服务管理，帮助企业协调解决运营中的困难和问题。加快街需水电站前期进度，待国家核准文件下达后，及时配合街需水电站开工建设。协助巴玉电站、增期乡抽水蓄能电站开展好前期工作，确保项目能按照预期计划建设实施。突出培育葡萄优势产业，做好桑日县2021年葡萄基地建设项目续建工作，加快推进2022年2167亩葡萄基地建设，实现“万亩葡萄基地”产业发展目标。大力发展旅游业，力争在2022年完成思金拉措景区建设项目，推动思金拉措景区成为桑日旅游的新名片。办好西藏山南首届“思金拉措”旅游民歌节，不断提升桑日旅游知名度，吸引更多游客到桑日旅游观光消费。

（三）深化统筹城乡协调发展。始终把乡村振兴作为重中之重，加强脱贫户动态监测，住房安全、教育医疗、社会保障、农业保险等政策现阶段不变，建立稳定增收机制，加强就业和产业指导，督促桑日县增期乡雪巴村、桑日镇塔木村乡村振兴试点建设项目尽快开工。加强保障性安居工程建设，推动县人民医院旁的56套公租房建设尽快实施。加强水利基础设施建设，争取在2022年开工建设白堆乡、增期河、德里姆曲防洪堤工程项目。继续深入开展抵边搬迁动员工作，力争完成市政府交办的219人抵边搬迁任务。

（四）持续改善人民生活品质。始终坚持“五个根本”规律性认识，把“人民至上”作为一切经济工作前提，稳步推进教育事业改革，全面普及学前三年教育，加快城乡义务教育一体化发展，加快各学校信息化建设步伐，完成白堆乡小学、雪巴幼儿园等校舍供暖建设。织牢社会保障网络，进一步精准认定最低生活保障对象，推动特困人员供养服

务机构规范化、标准化运营，全力推进山南市精神病人福利机构和殡仪馆项目建设，大力实施创业培训和政策扶持力度，促进各项惠民政策精准落实，不断增强群众幸福感和获得感。加强公共卫生服务体系建设，推进基层卫生系统信息化建设，加快推进疾控中心核酸实验室建设项目及设备配备工作，完成绒乡卫生院改扩建援藏惠民项目，加强疾控人才队伍建设，强化公共卫生服务，不断提升全县卫生应急处突能力。

各位代表，新形势下做好桑日县2022年国民经济和社会发展工作，任务艰巨，意义重大。我们将在县委、政府的坚强领导下，在人大、政协的有力监督下，努力推进全县经济社会发展各项工作，为促进全县经济社会平稳健康发展而不懈努力奋斗！

索引

说 明

一、本索引采用主题分析法编制，按主题词首字汉语拼音顺序排列，同音字按声调排列，音调相同按下一字的音序排列。

二、“特载”“大事记”“附录”等部类的具体内容未做索引，仅以其一级目名称标引。其他相同标题名称5条以上的不做索引。

三、类目、分目用黑体字标引，条目用宋体字标引。索引款目后的阿拉伯数字表示内容所在的页码。

A

B

C

D

E

F

G

H

J

W

X

Y

Z

数字